DIMITRI SPECK

PETRUS ERFAND JESUS

DIMITRI SPECK

PETRUS ERFAND JESUS

WIE DIE
WUNDER-LEGENDEN
ENTSTANDEN

mvgverlag

Bibliografische Information der Deutschen Nationalbibliothek
Die Deutsche Nationalbibliothek verzeichnet diese Publikation in der Deutschen Nationalbibliografie; detaillierte bibliografische Daten sind im Internet über http://d-nb.de abrufbar.

Für Fragen und Anregungen:
dimitrispeck@mvg-verlag.de

1. Auflage 2010

Nymphenburger Straße 86
D-80636 München
Tel.: 089 651285-0
Fax: 089 652096

Umschlaggestaltung: Weiss Werkstatt, München
Satz: HJR, Jürgen Echter, Landsberg am Lech
Druck: CPI – Ebner & Spiegel, Ulm
Printed in Germany

ISBN 978-3-86882-028-7

Welchen Satz hat Jesus gesagt?

»Wer nicht seinen Vater und seine Mutter hasst,
kann nicht mein Jünger sein«,

oder:

»Ehre Vater und Mutter!«

Nur der erste ist original, doch beide stehen im Neuen Testament

– sie widersprechen einander …

INHALT

VORWORT

Er vollbringt Wunder und steht nach seinem spektakulären Ableben einfach wieder auf. Er sagt weise Worte und spricht vom jenseitigen Himmel: Jesus. So berichtet es die Bibel. Doch wie wäre es, wenn sich herausstellte, dass es ganz anders war? Und dass er etwas anderes sagte? Die biblische Überlieferung ist nicht zuverlässig. Das verdeutlicht beispielsweise die Aufnahme von Legenden. Durch innere Zusammenhänge ergeben sich jedoch weitere Informationen. Zudem gibt es außerbiblische Quellen. Ist es jetzt, nach rund zweitausend Jahren, möglich aufzuklären, was sich damals ereignete? Können wir herausfinden, was Jesus wirklich sagte?

Die vier Evangelien des Neuen Testaments der Bibel sind die bekanntesten Quellen für Leben und Lehre Jesu. Ihre Hauptinhalte wie etwa die Kreuzigung sind allgemein bekannt. Zur Lebenszeit Jesu wurden sie entweder mündlich übermittelt oder durch wiederholtes Abschreiben weitergegeben. Beide Übermittlungsarten sind nicht sehr zuverlässig, es wurden Fehler gemacht, es kam aber auch zu Übertreibungen und sogar zu gezielten Verfälschungen.

In der Antike gab es neben diesen biblischen Schriften weit mehr Texte, die über Jesu Taten und Aussagen berichteten. Die meisten fanden keinen Eingang in die Bibel, sie wurden nicht »kanonisiert«. Einige von ihnen zeichnen auch ein ganz anderes Jesusbild als das, welches wir aus der Bibel kennen. So gibt es Schriften, in denen Jesus keine Wunder begeht, oder solche, die Jesus in lockerer Frage-und-Antwort-Runde zeigen. Einheitlich waren diese Texte keineswegs, ihre Spanne reichte von klaren, prägnanten Jesusworten bis hin zu schwer nachvollziehbaren Berichten über Engelsscharen. Die meisten dieser Texte gingen im Laufe der Zeit verloren. Viele wurden auch von der Kirche vernichtet, um den Gläubigen ein einheitliches Bild von Jesus zu vermitteln und um vermeintlich Falsches zu eliminieren. Einige dieser Texte waren tatsächlich Fälschungen. Andere hingegen enthielten wahre Jesusworte.

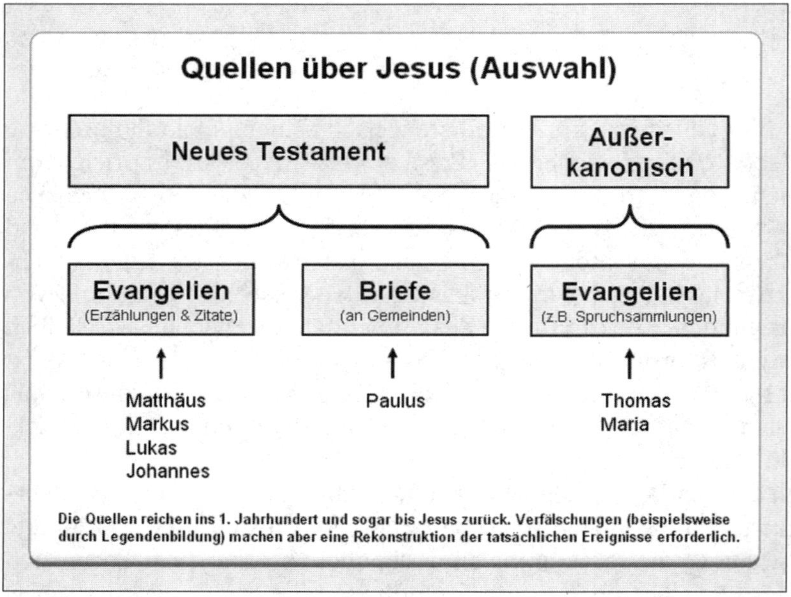

Abbildung 1: Quellen über Jesus (Auswahl)

Zum Glück gingen diese außerkanonischen Werke nicht gänzlich verloren. In der Antike hatte man die Texte auf Papyrus geschrieben. Diese »Papyri« wurden manchmal in Höhlen versteckt oder Gräbern beigelegt. Erfreulicherweise überdauerten einige die Jahrhunderte. Sie wurden erst in jüngerer Zeit wiederentdeckt und gelangten in die Hände von Wissenschaftlern. Dank dieser Funde sind heute mehr Quellen über Jesus zugänglich als zu irgendeiner anderen Zeit seit der Antike.

Ohne diese neuen Funde wäre es nicht möglich, die tatsächlichen Vorgänge um Jesus zu entschlüsseln. Aufgrund der Mängel und Verfälschungen der Texte genügt eine gute Datenbasis alleine aber noch nicht. Es ist zusätzlich eine konsequente Auswertung der Schriften nötig. Moderne Methoden aus der Sprachwissenschaft wie die Textanalyse oder solche aus der Informatik wie die computergestützte Mustererkennung helfen, die alten Schriften zu entziffern. So gelingt es, das Ursprüngliche herauszulesen und von manch überliefertem Falschen zu trennen. Es ist jedoch nicht so, dass man die Texte einfach lesen und die damaligen Vorgänge linear aufklären könnte. Vielmehr ähnelt diese oft mühsame Arbeit der Aktivität eines Kriminalpolizisten, der sich von Spur zu Spur hangelt, viele Fährten verfolgt und einige davon wieder aufgibt. Diejenigen, die die Überlieferung mehr oder minder bewusst verfälschten, wollten schließlich nicht, dass man ihnen auf die Schliche kommt.

Andererseits haben sie auch nicht einfach alles frei erfunden. Vielmehr haben sie, ihrer Meinung nach, Erzählungen und sogar Jesussprüche »verbessert«. Sie nahmen beispielsweise authentische Vorlagen, veränderten sie und schmückten sie aus. Dabei hinterließen sie Spuren. Bei solchen Spuren kann es sich um einzelne originale Wörter handeln, die ursprünglich als Inspiration für die Erfindung einer Legende dienten, dann aber in ihr verblieben und so Hinweise auf die Entstehung der Legende liefern. Mithilfe solcher Spuren können wir in einem vielschichtigen Analyseprozess der Entstehung des Neuen Testaments auf den Grund gehen. Am Ende lassen sich die Handlungen Jesu, die stattgefunden haben, zuverlässig von denen trennen, die erfunden wurden. Es lässt sich sogar zeigen, welches Jesuswort wahr und welches ihm in den Mund gelegt worden ist.

Eigentlich klingt das ganz einfach. Doch wieso gelingt es angesichts zahlreicher Versuche erst jetzt, die Entstehung des Neuen Testaments zu rekonstruieren? Dazu sind einige innovative Lösungsansätze nötig, insbesondere eine spezielle Umklammerungstechnik. Bei dieser wird zu jeder Legende der Ausgangspunkt gesucht. Durch diese Verknüpfung zielt die Rekonstruktion nicht bloß von der Legende irgendwie zurück in die Vergangenheit. Eine solche Vorgehensweise wäre mit großen Unsicherheiten verbunden, denn von einem Punkt ausgehend kann man in viele Richtungen gehen. Indem aber zwei Punkte miteinander verbunden werden, liegt eine Richtschnur vor. Dadurch gibt es anstelle vieler Möglichkeiten konkrete Anhaltspunkte, die Irrtümer vermeiden helfen und sukzessive zum Erfolg führen.

Abbildung 2: Umklammerungstechnik

Die wunderhafte Erzählung der »Brotvermehrung« wird die erste Legende sein, bei der die Verknüpfung mit ihrem Ausgangspunkt, der Legendenwurzel, stichhaltig gezeigt werden wird. Ihre Wurzel ist ein metaphorisches Jesuswort über das »Brotaufgehen«. Sowohl in diesem Ausgangszitat wie in der Legende selbst ist ein Stichwort enthalten, das zuverlässig Ausgangs- und Endpunkt, Legendwurzel und Legende, verbindet. Mithilfe der Umklammerungstechnik wird erstmals beweiskräftig die Rekonstruktion der Entstehungsgeschichte einer Jesus-Legende möglich, wie im Kapitel »Eine Bäckerin, Sauerteig, etwas Zeit – fertig ist die Brotvermehrung« ausführlich dargelegt wird.

Ausgehend von solchen Einzelschritten können weitere Legenden mit ihren Wurzeln verknüpft werden. Wenn einmal der

Schlüssel gefunden worden ist, ermöglicht er sukzessive weitere Rekonstruktionsschritte von hoher Zuverlässigkeit. So wird man schließlich Schritt für Schritt zu einer vollständigen Aufdeckung der Verfälschungsgeschichte geführt.

Meist stellt man sich die Legendenbildung als langwierigen Prozess vor: Erzählungen um Jesus herum seien über viele Jahre mündlich weitergegeben worden und allmählich hätten sich daraus Legenden gebildet. So auch der Tenor der bisherigen Forschung. Wir kommen aber zu einem ganz anderen Ergebnis. Die Rekonstruktion mittels Umklammerungstechnik führt zu dem Resultat, dass bereits ein Jünger Jesu mit den Verfälschungen anfing. Ein Augenzeuge, der es eigentlich besser wusste, erfand Legenden.

Es erscheint zunächst nur schwer vorstellbar, dass ausgerechnet ein Anhänger Jesu dessen Leben und Lehre verfälscht haben soll. Wie konnte das passieren? Zur Beantwortung dieser Frage müssen wir uns etwas ganz Grundsätzliches vergegenwärtigen: Die Jünger waren Menschen, keine Ikonen. Sie hatten Gedanken und Gefühle, Wünsche und Sehnsüchte, sie waren aufrichtig strebsam und schwindelten dennoch, sie waren männlich und weiblich, sie waren verliebt und wurden enttäuscht, und einer von ihnen war, wie wir sehen werden, homosexuell. Inmitten dieser lebendigen Vielfalt liegen die Motive für das Erfinden der Legenden.

Der wichtigste Hintergrund beim Entstehen der Legenden ist die Lehre Jesu. Sie ist weder eine Sammlung moralischer Vorschriften noch eine philosophische Theologie. Sie ist keine Lehre, die die Erlösung erst nach dem Tod kennt oder nur einen jenseitigen Gott und Himmel. Dies sind jüdische oder antike Vorstellungen, die Jesus nicht übernommen hat. Vielmehr wurden sie früh von der Kirche in ihr Jesusbild hineinprojiziert und fanden dann durch entsprechende Bearbeitung ihren Niederschlag in den biblischen Texten. Jesus aber war kein bloßer Reformator, Prediger oder Rebell, um gängige Jesusbilder herauszugreifen. Er erstand auch nicht leiblich auf und er kannte keine nur auf ihn bezogene

Gottessohnschaft. Vielmehr war er echter Spiritualität teilhaftig, die weit über die jedermann bekannte Welt hinausgeht. So konnte er wichtige spirituelle Erkenntnisse gewinnen und sie auch vermitteln. Auf diese spirituellen Erkenntnisse beziehen sich seine Aussagen.

Diese Aussagen betreffen zuerst das innere Leben. Um den Zugang dazu zu erleichtern, gebrauchte er Gleichnisse. Er verwendete Begriffe aus der jedermann bekannten äußeren Welt, meinte sie aber innerlich. Er benutzte diese bildhafte Sprache, da die meisten Menschen mit äußeren Dingen besser vertraut sind. Den Erfolg des inneren spirituellen Weges kann man nämlich genauso wenig erzwingen wie das Glück. Aber man kann nachhelfen. Das tat Jesus in Form von Gleichnissen.

Bereits zu Lebzeiten Jesu haben aber die Menschen, die seine Sprüche hörten, nicht immer gänzlich verstanden, dass die Gleichnisse nach innen gerichtet sind, dass sie innere Prozesse bewirken sollen. Vom Ehrgeiz getrieben, möglichst viel Erfolg beim Publikum zu erzielen, fing nun ein Jünger an, die Inhalte aufzubauschen. Das mündete in der Erfindung von Legenden. Die der äußeren Welt entlehnten Begriffe der Metaphern kamen ihm dabei zupass, denn sie lagen auf der gleichen konkreten Ebene wie die von ihm erfundenen Legenden.

Jesu Weg zur inneren Erlösung ging darüber weitgehend verloren. Mithilfe dieser Legenden hat sich aber das Christentum besser in der Welt ausbreiten können. Nach der erfolgreichen Vermarktung ist es nun jedoch an der Zeit, der Wahrheit zu ihrem Recht zu verhelfen und den Weg Jesu nach innen wieder sichtbar zu machen. Auch wenn die Rekonstruktion der Entstehungsgeschichte um der Beweiskraft willen profan sein muss, so treten doch durch sie hinter den Verfälschungen die ursprünglichen spirituellen Aussagen Jesu wieder zutage. Das Ergebnis dieser Rekonstruktion ist somit auch eine innere Wegweisung – nicht durch das Schaffen neuer Sätze, sondern durch das Heben, Klären und Erkennen bestehender Aussagen.

Worum ging es Jesus? Wohin weist seine verborgene Lehre, die zu lehren er durch seine Einheit mit Gott qualifiziert war? Sie weist letztlich jedem den Weg zu sich selbst. Nicht zum egoistischen Ich, sondern zum spirituellen Ich. Wir müssen den Westen nicht Richtung Ferner Osten verlassen, um eine innere spirituelle Wegweisung zu finden. Wir finden sie bei Jesus. Er weist den Weg zu einem verbesserten Leben, zu spiritueller Bereicherung bis hin zum Höchsten, was uns widerfahren kann: der Erleuchtung.

AM ANFANG WAR DAS WORT, AM ENDE DIE LEGENDE

Die Grundlage unserer Analyse sind die antiken Quellen. In einer antiken Sprache wie dem Lateinischen verfasst, gelangten sie durch wiederholtes Abschreiben in unsere Zeit und wurden übersetzt. Trotz der bereits angesprochenen Verfälschungen erlauben sie den unmittelbarsten Zugang zu den damaligen Ereignissen. Eine Rekonstruktion der tatsächlichen Geschehnisse verlangt die Analyse in den Urtexten. Sie erfolgt möglichst unbeeinflusst von bereits existierenden Interpretationen, um alternativen Erklärungen nicht den Weg zu verbauen. Die Vielzahl und Vielschichtigkeit der Quellen erlaubt keine Umwege. Sie erfordert eine verdichtete und vernetzte Vorgehensweise, um das Rätsel zu lösen, das einem Puzzle gleicht. Man muss nur die Einzelteile richtig identifizieren und schrittweise zusammensetzen, um ein fertiges Bild zu erhalten. Einzig diese Rekonstruktion anhand einer solchen Analyse wird sich als zielführend erweisen.

Das Wichtigste ist: Wir fangen ganz von vorne an. Wir machen uns frei von allem – insbesondere von dem, was wir sicher zu wissen glauben. Genügte eine leichte Abwandlung gängiger Vorstellungen, wären die wichtigsten Fragen längst beantwortet. Das Bekannte verschwindet ja nicht, wir können es uns jederzeit wieder in Erinnerung rufen. Aber wir lassen uns von unserer Vorstellung nicht fesseln. Es ist wie bei einem unbekannten Krimi: Wir kennen den Mörder nicht. Jede Meinung kann sich als Vorurteil erweisen.

Bloß wird hier kein Mordfall aufgeklärt, sondern ein historischer Sachverhalt.

Wie ist es nach rund zweitausend Jahren möglich, die Ereignisse um Jesu Leben zu rekonstruieren? Womit könnte man verschüttete Teile seiner Lehre bergen? Was kann nach ungezählten Versuchen die Antworten auf die vielen ungelösten Fragen geben? Einige Faktoren, von der durch neuere Funde verbesserten Quellenlage bis hin zur Computertechnik, spielen eine wichtige Rolle bei der Beantwortung dieser Fragen. Der Hauptschlüssel liegt jedoch in der Umklammerungstechnik, in der Methode, die Ausgangspunkt und Ergebnis konsequent miteinander verknüpft.

Legenden werden nicht völlig frei erfunden. Auch in biblischen Zeiten stellte man sich nicht einfach auf einen öffentlichen Platz und sagte: »Hört mal alle her! Ich habe da jemand kennengelernt, der Brot vermehrt.« Irgendetwas muss den Erzähler zuvor zur Legendenbildung angeregt haben. Selbst ein Märchenerzähler benötigt einen Anlass, einen Anstoß für seine Geschichte. Doch was könnte der Ausgangspunkt gewesen sein? Was hat ihn inspiriert? Wir begeben uns auf die Spurensuche.

Vieles kann ein solcher Ausgangpunkt einer Legende sein. Grundsätzlich könnte eine frühere Wundergeschichte, die von einem Erzähler in einen neuen Kontext gebracht oder modifiziert wird, genauso der Ausgangspunkt sein wie ein reales Ereignis, das die Fantasie anregt, und des immer wieder neu und immer spektakulärer erzählt wird. Diese beiden Ausgangspunkte sind recht naheliegend. Sie dürften weltweit Tausenden legendenhaften Erzählungen zugrunde liegen.

Für die Legenden um Jesus kommt aber noch ein weiterer Ausgangspunkt infrage: ein Jesuswort! Ein missionierender Anhänger befasst sich schließlich den ganzen Tag mit Jesu Gleichnissen. Es liegt also nahe, dass er sich von ihnen anregen lässt. Ein Jesuswort, in dem von Brot die Rede ist, liefert beispielsweise das Stichwort »Brot«. Jesus spricht von Brot, das aus einem Teig gebacken ist, der mithilfe von Sauerteig aufgeht, also größer wird. Dieser Vorgang regt nun den Erzähler an, von Vermehrung zu sprechen – fertig ist die biblische Brotvermehrungslegende. Es ist natürlich nicht ganz so einfach, an dieser Stelle soll nur das Prinzip dargelegt werden und eine Einstimmung erfolgen. Die eigentliche Herleitung der Brotvermehrungslegende erfolgt später, sobald einige Hintergründe aufgeklärt sind.

Wie im Beispiel mit dem Brot erläutert, sollen hier die Legenden um Jesus auf ihren Ursprung hin untersucht werden. Dazu ist es wichtig, ihren Ausgangspunkt zu finden. Zwischen diesen beiden Punkten – der Ausgangspunkt und die Legende selbst als Endpunkt – sind dann die Vorgänge zu rekonstruieren. Dies kann weitaus zuverlässiger geschehen als bei einem bloßen Reverse-Engineering, einer Rekonstruktion vom Ergebnis her. Denn die Rekonstruktion der Vorgänge findet hier zwischen zwei bekannten Punkten statt, dem Ausgangspunkt und der fertigen Legende als Ergebnis. Ohne diese Festlegung durch die Einbeziehung des Ausgangspunktes wäre keine Richtung vorgegeben und der Spekulation Tür und Tor geöffnet.

Eine systematische Suche und eine sichere Identifikation der Ausgangspunkte sind wesentliche Elemente der Methode. Mit einer Akribie wie bei der Kriminalpolizei werden Spuren, Muster, Auffälligkeiten, Ähnlichkeiten, Parallelen und Stichworte gesucht und ausgewertet. Alle thematisch verwandten Texte der ersten Jahrhunderte kommen hierfür in Betracht. Evangelien, Briefe, Spruchsammlungen und dergleichen, nichts wird übergangen. Die Texte werden, teilweise mithilfe von Computern, teilweise auch mühsam manuell, nach thematisch verwandten Begriffen durchsucht, die als Ausgangspunkte der Legenden infrage kommen könnten. Um bei dem Beispiel der Brotvermehrung zu bleiben: Es wird zuerst mechanisch nach Stichworten wie »Brot«, »Wachstum«, »Vermehrung«, »Mehl«, »Bäcker« und »Sauerteig« und dergleichen gefahndet, alles Wörter, die irgendwie mit der Brotvermehrungslegende in Zusammenhang stehen könnten.

Wenn verschiedene Texte eine mögliche Verbindung aufweisen, kommen die betreffenden Passagen in die engere Auswahl und werden näher erforscht: Gibt es tatsächlich eine Verbindung?

Kann man eine Abfolge eruieren? Ist die Folgerung schlüssig? Dergleichen Fragen müssen gestellt werden. In Einzelfällen wie bei der Brotvermehrungslegende ist die Identifikation des Ausgangspunktes aufgrund von Sondersituationen hieb- und stichfest. Bei anderen muss auf weitere Querverbindungen zurückgegriffen und ein regelrechtes Netzwerk berücksichtigt werden, um die nötige Sicherheit zu erlangen. Ist einmal ein Kern gelegt, eine Legende erschlossen, können auf dieser immer weiter wachsenden Grundlage immer mehr Textstellen analysiert und Legenden entschlüsselt werden. Dadurch lassen sich am Ende viel mehr Ausgangspunkte finden, als man zunächst glauben mag.

Auf diese Weise ergibt sich ein regelrechtes Netzwerk an Verknüpfungen und neuen Erkenntnissen über die Entstehungsschritte von den Ausgangspunkten bis zu den fertigen Legenden. Aufgrund der hohen Zuverlässigkeit der Schlussfolgerungen, die auf der Verknüpfung von Ausgangs- und Endpunkt beruht, kann, wie bereits angesprochen, auf zuvor gewonnenen Erkenntnissen aufgebaut werden, da sich immer mehr Zusammenhänge offenbaren, die auf den ersten Blick nicht einsichtig sind. Wir starten mit einfachen Rekonstruktionen wie die der Brotvermehrungslegende und nutzen die Ergebnisse für weitere Rekonstruktionen. Wir verfolgen jede Spur, erarbeiten uns auch kleine Bausteine, und erarbeiten schließlich so einen Fundus, aus dem wir schöpfen können. Gelegentlich lassen wir uns treiben, von Spur zu Spur, von Erkenntnis zu Erkenntnis, um möglichst viel Material zu sammeln. So ergibt sich ein Erkenntnisschub nach dem anderen, eines fügt sich zum anderen. Insgesamt ist die Methode natürlich sehr vielschichtig, wie es im Übrigen auch die Entstehungsgeschichte des Neuen Testaments war. Im Prinzip funktioniert es aber genau so wie eben beschrieben. Sobald man einige Ausgangspunkte gefunden hat, kommt man zunehmend leichter und vor allem zuverlässiger voran.

Während dieser Arbeit muss man sich auf den Erzählprozess konzentrieren und dabei auch den Überlieferungsvorgang berücksichtigen. Denn die Legenden entstanden nicht einfach von einer Ursprungsbegebenheit aus. Anders als oft üblich fragen wir also nicht: »Hatte Jesus besondere Heilkräfte?«, oder: »Hat er einen Zaubertrick vorgeführt?« Vielmehr begeben wir uns auf die literarische Ebene. Beim Erzählen, beim Schreiben entstanden die Texte. Ihre Weiterentwicklung war dann ein schrittweiser Prozess. Folglich müssen die Texte als schöpferischer Änderungsvorgang, ausgehend vom jeweils gefundenen Ausgangspunkt, betrachtet und untersucht werden, will man der Wahrheit auf die Spur kommen.

Wir versuchen uns dabei in den Erzähler hineinzuversetzen. Seine Sichtweise hat die Legenden geprägt, seine Motive führten zur Entwicklung eines jeden einzelnen Legendenteils. Wie kam der Erzähler darauf, dieses zu sagen? Wieso wählte er jene Formulierung? Nur wenn wir uns in ihn hineinversetzen, kann die Entschlüsselung gänzlich gelingen. Die Berücksichtigung der Rolle des Erzählers ist maßgeblich für die Entschlüsselung.

Seine literarischen Entscheidungen hinterlassen Spuren. Zudem macht jemand, der etwas erfindet, beinahe zwangsläufig Fehler. Diese Fehler äußern sich als Ungereimtheiten und Widersprüche. Wir diskutieren sie nicht weg und wir ignorieren sie nicht, wie oft üblich. Vielmehr sind gerade sie Anlässe, genauer hinzusehen. Wieso wird Jesus ausgerechnet zum Kreuzigungstod verurteilt? Weshalb bekommt er als zum Tode Verurteilter ein aufwendiges Grab? Wieso hat Paulus weder Grab noch Trauergemeinde aufgesucht? Wir müssen solche und viele weitere Fragen stellen. Es muss definitive Antworten auf diese Fragen geben. Wir finden sie auf der literarischen Ebene, bei der Motivation des Erzählers, den Vorgang so zu schildern und nicht anders. Er, der Erzähler, ist unsere Hauptperson, wenn es um die Rekonstruktion geht, es sind nicht die Personen, die er beschreibt. Deswegen ist es so wichtig zu wissen, wer der Erzähler war.

WEG VON DEN BILDERN, AUF ZU DEN QUELLEN

Wie konnten überhaupt vor rund zweitausend Jahren Legenden Eingang in ein Buch finden? Wie kam es zu verschiedenen Versionen eines Sachverhalts oder eines Jesuswortes? Wieso können wir uns nicht sicher sein, dass ein Paulusbrief von Paulus und ein Jesuswort von Jesus ist? Dies hat technische und menschliche Gründe. In der Antike wurde alles Wissen – Weisheiten, Erzählungen, Gesetze und dergleichen – handschriftlich oder mündlich vermittelt. Beides konnte äußerst zuverlässig erfolgen, wenn die Texte genau abgeschrieben oder präzise auswendig gelernt wurden. Aber oft entstanden, absichtlich oder nicht, Fehler, die von kleineren Abweichungen bis hin zu gravierenden inhaltlichen Änderungen reichen.

Dafür gibt es eine Vielzahl an möglichen Gründen. Fehler konnten durch Unaufmerksamkeit beim Abschreiben oder durch Beschädigung des Schreibmaterials entstehen (Papyrus ist leicht zerbrechlich). Beim Übersetzen, etwa vom Griechischen ins Lateinische, konnte ein beinahe neuer Text entstehen, wenn man die fremde Sprache kaum kannte. Ferner entstanden bereits beim Lesen heute unbekannte Verständnisprobleme: In der Antike wurde nämlich alles groß- und zusammengeschrieben. Außerdem kürzte man viele Wörter ab, was beim Lesen zu Fehldeutungen führen konnte. Ferner konnten begleitende Information, die man nicht für notierungswürdig hielt (wie den Namen des Verfassers eines Briefes), verloren gehen, beispielsweise wenn die Person, die es noch wusste, verstorben war. Noch leichter als bei der schriftlichen entstanden bei der mündlichen Überlieferung Fehler, schließlich kann sich ein Mensch bereits nach kurzer Zeit oft nicht mehr genau und wortgetreu an das erinnern, was ein anderer sagte.

Neben solchen unabsichtlichen Gründen gibt es die absichtlichen Textänderungen. Gerade bei religiösen Texten wurde die Interpretation gerne in den Text mit eingearbeitet, ohne als solche kenntlich gemacht zu werden. Auch vermeintliche Textverbesserungen – etwa weil man den Text für fehlerhaft oder verbesserungswürdig hielt – sind Beispiele für Änderungen. Oder man erfand eine Legende – letztlich sozusagen aus Marketinggründen. So wurden bedeutenden Personen oft besondere Eigenschaften angedichtet – und nicht nur Religionsstifter waren göttlicher Abstammung, vollbrachten Wunder oder fuhren in den Himmel auf, sondern beispielsweise auch Kaiser. Ein solcher Unterschied zum gewöhnlichen Menschen wurde von Berühmtheiten einfach erwartet.

Aber auch einzelne Aussagen und ganze Texte wurden erfunden. Wer etwa ein weiteres Evangelium über Jesus »auffand«, konnte im Kreis seiner Anhänger mit Anerkennung rechnen. Dass er dieses Evangelium nicht etwa frei komponierte, sondern bei seiner Erschaffung auf andere Quellen zurückgriff, lag nahe, denn wenn er nicht auffallen wollte, musste sein Text Ähnlichkeiten mit den bereits bekannten Texten über Jesus aufweisen.

So kam es, wie es kommen musste: Nach einiger Zeit gab es Dutzende Texte, die sich auf Jesus beriefen. Sie beschrieben seine Taten oder enthielten angebliche Aussagen von ihm. Einige dieser Texte hießen Evangelien, andere nicht, wobei man damals eine Vielzahl an Literaturgattungen »Evangelium« nannte, sofern Jesus eine Rolle spielte.[1]

Inhaltlich liegen diese Texte manchmal weit auseinander. Sie spiegeln oft in stärkerem Maße ihre Urheber wider als Jesus, und ihre Schriften unterscheiden sich erheblich. Menschen, die sich als Anhänger Jesu verstanden, vertraten oft völlig unterschiedliche Lehrinhalte. Manche glaubten an die leibliche Auferstehung Jesu, andere an Seelenreisen durch Himmelsschichten; manche hatten

1 Der Begriff ist nicht beschränkt auf die Evangelien der Bibel. Selbst Jesus spricht von »Evangelium« (Markus 13, 10), er kann jedoch keines der kanonischen Evangelien gemeint haben, da es diese noch gar nicht gab.

ein Evangelium, andere mehrere; manche stützten sich zusätzlich auf das Alte Testament, andere nicht – und so weiter. Das Umfeld, in dem die neutestamentlichen Bibeltexte entstanden, war also gekennzeichnet von Vielfalt – und von Fehlern und Fantasie.

Die Verschiedenheit der Anhängergruppen war oft regional bestimmt, in großen Städten wie Rom gab es aber unterschiedliche Gruppierungen an einem Ort. In Rom wiederum wurden bereits im 2. Jahrhundert im Wesentlichen die Texte gelesen, die heute in der Bibel stehen, und zwar von der Gemeinschaft, die zur heutigen katholischen Kirche wurde. Die Vielfalt unter den Jesus-Anhängern bestand dann noch einige Zeit nebeneinander, bis das Christentum im 4. Jahrhundert Staatsreligion wurde. Sukzessive wurde nun gegen abweichende Glaubensgemeinschaften vorgegangen. Ihre Schriften wurden vernichtet. Die meisten dieser Schriften gingen auch unter. Einige liegen uns dennoch vor, beziehungsweise sie liegen wieder vor, da sie sich etwa als Grabbeilagen erhalten haben und im Zuge von Ausgrabungen gefunden wurden.

Was wir heute als Neues Testament kennen, ist das Ergebnis dieses Prozesses der Herausbildung einer als gültig erklärten Religion in Abgrenzung zu anderen religiösen Lehren. Bereits in den ersten Jahrhunderten der christlichen Zeitrechnung begann man, klare Grenzen zu ziehen. Manche Schriften wurden in den sogenannten Kanon aufgenommen, also als gültig normiert, die übrigen als unecht verworfen. Die Kirche hat ihre Arbeit dabei keineswegs schlecht gemacht. Sie ist zwar von der Botschaft Jesu abgekommen, ausgehend von den ihr vorliegenden Schriften hat sie aber keine schlechte Auswahl getroffen. Allerdings hatten die ihr vorliegenden Schriften bereits Veränderungen durchgemacht.

Denn gerade am Beginn einer Überlieferungskette können leicht Fehler und Änderungen entstehen, zu einem Zeitpunkt, wenn ein Text noch nicht weit verbreitet ist, sondern von seinem Besitzer beinahe als persönliches Eigentum betrachtet wird. Ein missionierender Anhänger versucht etwa, ein Gleichnis Jesu durch eine eigene Erläuterung verständlicher zu machen, und gibt diese Erläuterung aus Bequemlichkeit oder Glaubwürdigkeit als Wort Jesu aus - und schon ist der Text verfälscht. Da der Text in dieser frühen Phase noch nicht oft vervielfältigt wurde, wird so die geänderte Fassung zur maßgeblichen Ausgangsbasis für die Zukunft. Das Beispiel verdeutlicht, dass es nicht so sehr darum geht, ob ein Text komplett gefälscht ist oder nicht, sondern darum, ob einzelne Textpassagen - Sätze, Wörter und so weiter - authentisch sind oder das Resultat einer Veränderung.

Damit wir die Vorgänge in dieser frühen Zeit rekonstruieren können, betrachten wir alle Quellen, deren Ursprünge eventuell ganz oder teilweise in dieser frühen Zeit liegen. Sie müssen nicht von der Kirche akzeptiert worden sein; umgekehrt behandeln wir die Texte der Bibel aber auch nicht nachrangig. Vielmehr behandeln wir alle Quellen zunächst gleichberechtigt, unabhängig von ihrer Aufnahme in die Bibel, vom Bekanntheitsgrad, vom Urheber oder vom vermeintlichen Datum, auf das der Text datiert wird. Denn auch ein späterer Text kann ganz oder teilweise ursprüngliches Material enthalten. Wir hinterfragen alle Quellen gleichermaßen kritisch, oder genauer: Wir behandeln alle Bestandteile dieser Quellen kritisch, denn oft sind einige Teile authentisch, andere nicht.

Wir tun dies auch unabhängig vom gewohnten Jesusbild, und wir tun es insbesondere unabhängig von unserem Jesusbild. Denn meist verbirgt sich hinter dem Bild von Jesus die Vorstellung vom Glauben, vom weltlichen oder göttlichen Gesetz, von Moral und Ethik, von einer besseren Welt oder vom besseren Menschen. Gerade das Sich-Lösen von Bildern ist außerordentlich schwer. So wird das Arbeiten an Jesustexten auch zum Arbeiten an der eigenen Vorstellungswelt. War Jesus eins mit Gott - gut. War er ein Scharlatan - bitte. War er der Sohn des Teufels - oh Schreck. Resultate zu akzeptieren und offen zu bleiben, fällt in der Praxis nicht leicht, selbst bei sehr sorgsamem Vorgehen wird man allzu leicht von der eigenen Projektion und Vorstellung beeinflusst, mitunter ohne, dass man sich dessen bewusst ist. Wie können wir das weitgehend ausschließen? Die Antwort lautet: Durch eine in Zweifelsfällen so mechanisch wie irgend mögliche Vorgehensweise, insbesondere wieder durch die Verknüpfung von Anfangs- und Endpunkt. Diese Technik gibt uns Sicherheit beim Analysieren spiritueller Texte.

Wir machen uns also leer, um unabhängig von unseren Wünschen, von unseren Vorstellungen, von unseren Bildern zu werden. Wir machen uns auch frei von den Dingen, die wir oft gehört haben, denn was wir oft gehört haben, beurteilen wir automatisch als zuverlässig, auch wenn dem gar nicht so sein sollte. Wir machen uns aber auch frei von jeder Autorität, ob sie von der Bibel ausgeht oder von unserem modernen, vermeintlich aufgeklärten Weltbild. Dieses Freimachen bedeutet ja nicht, dass wir unser Wissen verlieren oder unsere Vorstellung von Gut und Böse aufgeben, sondern nur, dass wir uns davon im Urteil dessen, was war, nicht beeinflussen lassen.

Bei der Herleitung stellen wir auch die Frage nach Gott, wie er denn sei und ob er denn überhaupt ist, hintenan – unabhängig davon verwenden wir jedoch religiöse Begriffe. Selbst vermeintlich wissenschaftlich gut abgesicherte Erkenntnisse über Jesus kommen auf den Prüfstand, denn auch die besten Forschungsmethoden können zu falschen Schlussfolgerungen führen. Dies geschieht nicht, um der Fantasie freien Lauf zu lassen oder um mit einem Kontra zu provozieren, sondern um frei von den Folgen zweier Jahrtausende Redaktions- und Interpretationsgeschichte zu sein, um wirklich von vorne anfangen zu können.

VOM STAND DER FORSCHUNG ZUM GEWINN DER ERKENNTNIS

Dieses Sich-Frei-Machen umfasst auch den Bereich der Argumente. In vielen Fällen erfordert die Erörterung eines Einzelaspekts nämlich den Rückgriff auf ein überliefertes Gesamtbild oder auf andere Einzelaspekte. Wir verzichten nach Möglichkeit darauf, einen Einzelaspekt ausführlich zu diskutieren, solange das Gesamtbild beziehungsweise die übrigen Einzelaspekte noch nicht neu erschlossen wurden. So bleiben wir am ehesten offen für Neues, so können wir verhindern, über den Umweg durch eine verfrühte Erörterung einzelner Themen, die uns in irgendeiner Weise auf etwas festnagelt, dann doch durch vorgefasste Urteile beeinflusst zu werden.

Hinzu kommen praktische Gründe für diese Vorgehensweise. Die Entschlüsselung ist nur zu leisten, wenn man, wo möglich, Umfang und Komplexität nicht unnötig aufbläht. Das bedeutet nicht, dass in der Literatur aufgeführte Argumente ignoriert werden, sondern nur, dass sie sich nicht in den Vordergrund drängen. Wir gehen weiter jeder Spur nach. Ob sich die Argumente bestätigen oder nicht, ergibt sich dann oft im Zuge der Entschlüsselung. Ein Beispiel möge dies erläutern.

Eine außerbiblische Quelle, das Thomasevangelium,[2] präsentiert sich als »Geheimlehre« Jesu. Dies wirft zu Recht Fragen nach der Authentizität auf. Schließlich hat Jesus meist öffentlich gespro-

2 *Nag Hammadi Codex II*, 2.

chen. Er wollte niemanden von seiner Botschaft ausschließen und keinen elitären Geheimbund gründen – darauf deutet ansonsten nichts. Diese Schrift scheint also von Späteren kompiliert worden zu sein, die Eigenes als Jesuswort ausgaben. Die naheliegende Folgerung wäre somit, diese Schrift in Relation zu den biblischen Evangelien auf einen späteren Entstehungszeitpunkt zu datieren und als weniger authentisch einzuschätzen. Ist diese Begründung stichhaltig? Nein, denn bei diesem Argument fließen zwangsläufig viele weitere gängige Vorstellungen und Informationen wie die, dass Jesus überwiegend öffentlich gesprochen hat, mit ein, die jedoch (noch) nicht verifiziert sind. Außerdem werden Alternativen nicht genügend berücksichtigt.

Wir schreiten hingegen einfach auf allen möglichen Gebieten mit der Spurensuche voran. Wenn sich dabei herausstellt, dass Jesus selbst einen Grund gehabt haben kann, von einer geheimen Lehre zu sprechen, erübrigt sich das Argument der geringeren Authentizität von der Bezeichnung »Geheimlehre«. So könnte beispielsweise Jesus die Geheimhaltung angeordnet haben, um seine Anhänger zu schützen. Ein Schutzmotiv liegt sogar nahe, da gemäß des Neuen Testaments er und andere verfolgt wurden. Dieses Phänomen ist nicht ungewöhnlich, bis heute verschweigen wegen drohender religiöser Verfolgung viele religiöse Gruppen ihre Religionszugehörigkeit oder Teile der Inhalte ihrer Religion.

Ein weiteres Motiv kann im Charakter der Schrift liegen. Das Thomasevangelium präsentiert sich als eine Art Werkzeugkasten, eine Sammlung spiritueller, nach innen gerichteter Anweisungen. Ein solcher Werkzeugkasten verlangt mitunter Begleitung, jemanden, der weiß, was gemeint ist. Andernfalls könnte er irreführen oder auch willentlich oder unbewusst missbraucht werden. Es sind somit noch mindestens zwei weitere Gründe denkbar, weshalb Jesus die Schrift als geheim deklariert haben könnte. Sie wäre weiterhin allen ernsthaft Interessierten zugänglich, aber sie wäre kein öffentlicher Text. In beiden denkbaren Fällen hätte es Jesus nicht darauf angelegt, einen elitären Zirkel zu gründen. Folglich kann man mit dieser Begründung keine spätere Datierung oder eine geringere Authentizität der Schrift schlussfolgern.

Dieses Beispiel soll verdeutlichen, dass es Sinn ergeben kann, sich bei der Erörterung eines Arguments zu gedulden. Es wird nicht ignoriert, vielmehr kommt aufgrund der Vielfalt der Spuren die Lösung eines Problems möglicherweise plötzlich aus einer ganz anderen Ecke. Wenn uns unsere Spurensuche dazu führt, werden wir mögliche Motive einer Geheimhaltung erläutern. Unabhängig davon suchen wir parallel anhand von Textstellen Hinweise auf die Datierung, darauf, was zuerst war, und wir suchen weitere Zusammenhänge. Wenn sich keine Lösung ergeben sollte, kommen wir auf das Ausgangsargument zurück. In der Praxis muss man bei einem komplexen Vorgang wie der Jesus-Entschlüsselung eine Vielzahl an Thesen bilden und wieder verwerfen, bevor man möglicherweise einen richtigen Lösungsansatz hat.

Ein weiterer Aspekt ist, dass wir zwangsläufig in Bereiche vordringen, in denen wir noch recht alleine sind. Trotz der Fülle an Forschung insgesamt herrscht ein großer Mangel, wenn es konkret darum geht, wer beispielsweise die Brotvermehrungslegende erfand. Man könnte etwa bei Fragen der Art, wann welche Schrift zu datieren ist, ausführlich die bestehende Literatur erörtern. Hier Zusätzliches aufzuzählen, wäre von geringer Relevanz in Relation zum zentralen Thema, wer, und zwar auf der literarischen Ebene, konkret wann was machte und weshalb. Wer schuf einen Text, wer veränderte ihn? Dieses konkrete Entschlüsseln auf der literarischen Ebene ist so gut wie unerforscht.

Da der konkrete Entstehungsvorgang der Texte kaum erforscht ist, ist aber auch, was sich hinter diesem Zerrspiegel der literarischen Ebene verbirgt, noch kaum erforscht. Es ist ein großer Unterschied, ob wir in Unkenntnis der Verfremdungsebene eine Handlung oder einen Spruch Jesu analysieren oder ob wir genau wissen, wer wann was getreu berichtete beziehungsweise verfälschte und wer wann welches Jesuswort einfügte beziehungsweise erfand. In Kenntnis des Zerrspiegels sehen wir jedoch durch verfälschte Textpassagen aufs Original und betreten so ein unbekanntes Universum.

Indem wir die Verfälschung bereits in Jüngerkreisen konstatieren, setzen wir auch zeitlich eine Stufe früher an als heute üblich. Theorien wie die bekannte Zweiquellentheorie, die die Evangelienentstehung zu erklären versucht, sind Vorläufer in Bezug auf die Idee eines Entstehungsstammbaums. Wir bauen aber nicht darauf auf, sondern erschließen alles neu. Letztlich besteht die Jesus-Entschlüsselung aus einer Vielzahl an Einzelthesen. Erst als Ergebnis der Zusammenschau dieser Einzelthesen ergeben sich dann konkrete Theorien.

Das Weltbild unserer modernen, vermeintlich rationalen Wissensgesellschaft verleitet manchen dazu, Wissen nur als Anhäufungsprozess vieler Informationen zu sehen. Oft wird dann Jesus eigenständige Kreativität weitgehend abgesprochen, er mutiert zu einem besseren Priester. Selbst christliche Autoren reduzieren ihn mitunter zu einem irgendwie zwar herausragenden Menschen, der aber letztlich lediglich auf Bestehendes zurückgegriffen haben soll.

Wissen kann aber nicht nur aufgegriffen werden, sondern auch neu geschöpft, neu erkannt werden, sei es in einem genialen, sei es in einem spirituellen Prozess. Es gibt diese Katalysatoren der Menschheitsgeschichte, und Jesus gehörte dazu – Paulus übrigens ebenfalls. Jesus muss sein Wissen nicht von irgendeiner Sekte geborgt haben, er muss nicht in Indien zur Lehre gegangen sein, er hat es aus sich selbst geschöpft.[3]

Grundsätzlich behandeln wir anfangs auch alle Thesen gleich, unabhängig von ihrer Herkunft. Dies schließt scheinbar exotische Thesen mit ein. Zugleich hinterfragen wir selbst als gesichert geltende Auffassungen. Wir gehen vor wie Archäologen aus einer anderen Kultur, von einem anderen Stern, die nichts über Jesus wissen und die Texte erstmals lesen. Wir beginnen mit ersten Puzzlestücken, die dann ein erstes Teilbild ergeben werden, um dann vielleicht an ganz anderer Stelle mit ganz anderen Steinchen weiterzumachen. Wir gehen ins Detail, wo nötig, und schließlich ergeben sich mitunter größere Zusammenhänge auf einen Schlag.

3 Buddha war zwar in der Antike fragmentarisch bekannt, sein Einfluss aber allenfalls gering. Vielmehr führen vergleichbare spirituelle Erfahrungen zu Parallelen mit Jesus, auch ohne dass der eine vom anderen beeinflusst worden sein muss.

Nur im Einzelfall wird auf etwas zurückgegriffen, das noch nicht hergeleitet wurde. Auch das ist wie bei einem Puzzle, manchmal ist bereits ein Schatten zu sehen, die zugehörige Sonne zeigt sich erst später.

Ziel ist die wissenschaftlich fundierte Entschlüsselung der Entstehungsgeschichte des Neuen Testaments. Dabei ergibt sich zwangsläufig ein weiteres Ziel, nämlich die Bergung der Botschaft Jesu: Kümmere dich um deine innere spirituelle Entwicklung, kümmere dich um die Überwindung deines Egos, kümmere dich letztlich um deine Erleuchtung, so wie Jesus bereits zu Lebzeiten eins wurde mit dem Spirituellen. Die Entschlüsselung der Vorgänge um Jesus ist nicht nur Selbstzweck, sie ist auch Mittel zum spirituellen Ziel.

GIBT ES EINE SPIRITUELLE ALTERNATIVE ZUR LEIBLICHEN AUFERSTEHUNG JESU?

Zumeist wird für Analysen zu Leben und Lehre Jesu nur das Neue Testament herangezogen. Das führt jedoch zu Verfärbungen. Nicht Jesus entschied, welche Texte in die Bibel aufgenommen wurden. Deshalb ziehen wir sukzessive auch andere Quellen heran. Als erste außerkanonische, also nichtbiblische, Quelle wird das bereits erwähnte Thomasevangelium betrachtet. Es wurde Mitte des 20. Jahrhunderts in einer Höhle bei Nag Hammadi in Ägypten als Teil eines umfassenderen spätägyptischen Papyrusfundes entdeckt. Diese Handschrift wird meist ins 4. Jahrhundert nach Christus datiert, der Text selbst ist aber sicher älter. Aus kirchenpolitischen Gründen war die Schrift lange verschollen. Dem Namen nach war sie jedoch schon vor dem Fund bekannt, denn dieses Evangelium wurde von antiken Autoren erwähnt oder es wurde aus ihm zitiert. Neben dem gefundenen vollständigen Exemplar gibt es kleinere Bruchstücke in griechischer Sprache. Das bestätigt eine frühe Verbreitung. Es gibt keine Sammlung von Sprüchen Jesu, die in der Spätantike häufiger belegt ist als das Thomasevangelium.

Äußerlich unterscheidet sich das Thomasevangelium von den aus der Bibel bekannten vier Evangelien. Es hat die Form einer Lehrspruchsammlung. Erzählungen, Handlungen und Jesu Lebenslauf sind darin nicht enthalten. Die spektakulären Ereignisse, wie die Krankenheilungen und selbst die Auferstehung, finden keine Erwähnung. Diese Dinge hält man heute für wichtig und sogar maßgeblich für Jesus und seine Geschichte - der Verfasser des Thomasevangeliums hat ihnen keine Aufmerksamkeit geschenkt. Eine mögliche Erklärung dafür ist, dass er nichts davon gewusst hat, weil er seine Schrift vor der Erfindung dieser Erzählungen verfasste. Stattdessen enthält es (Lehr-)Sätze Jesu sowie einige Fragen der Jünger: So wie ein Meister zu seinen Schülern spricht, ganz ohne Effekthascherei.

Aber auch der spirituelle Inhalt unterscheidet sich. Beispielsweise enthält das Thomasevangelium keine gesetzesartigen Anleitungen zur Lebensführung. Stattdessen findet man zunächst nur schwer verständliche, offenbar metaphorisch gemeinte, nach innen gerichtete Sätze. Dazu gebraucht er Worte der äußeren Welt, was Missverständnisse befördert. Die Sätze dienen, wie wir sehen werden, der Begegnung mit Gott nicht erst nach dem Tode, sondern der spirituellen Erleuchtung bereits zu Lebzeiten.

Da die Bedeutung des Thomasevangeliums oft unterschätzt wird, wollen wir ein paar Ergebnisse vorwegnehmen: Das Thomasevangelium muss neben anderen Einflüssen (wie dem Judentum) als eine Wurzel sowohl des Christentums als auch einer spätantiken spirituellen Strömung, der Gnosis, verstanden werden. Deshalb scheint es formal-äußerlich aus christlichen und aus gnostischen Elementen zu bestehen. Als Wurzel beider enthält es noch nicht die »Ausschmückungen« wie die Wundererzählungen, die das Christentum und auch die Gnosis auszeichnen. Es wird sich klar zeigen: Die Jesusworte des Thomasevangeliums sind von hoher Authentizität, von höherer als die der kanonischen Evangelien. Wegen des derzeit noch geringen Bekanntheitsgrades ist das Thomasevangelium im Anhang beigefügt.

Da die Inhalte des Thomasevangeliums weniger bekannt sind als die der Evangelien des Neuen Testaments, sich aber stark von diesen unterscheiden, wollen wir an dieser Stelle eine kurze Beschreibung vorwegnehmen. Auch für diese Beschreibung nehmen wir wiederum einige Ergebnisse der späteren Untersuchung vorweg, was der Verständlichkeit dient.

Das Thomasevangelium ist eine Anweisung an den menschlichen Geist zur Erlangung einer spirituellen Erfahrung, die Jesus gemacht hatte und der er unter anderem die Namen »Licht«, »Reich des Vaters« oder »Himmelreich« gab. Diese spirituelle Erleuchtung war die wichtigste Erfahrung seines Lebens, sodass er es sich zur Lebensaufgabe machte, sie auch anderen zu ermöglichen. Da er sie als zentrales Element aller Religiosität erkannte, fühlte er sich verpflichtet, diese höchste aller Erfahrungen zu lehren und von ihr zu sprechen. Er verstand sie als Einheit mit dem Göttlichen. Wenn er vom Himmelreich sprach oder vom Reich des Vaters, verstand er diese »Reiche« aber weder jenseitig und noch diesseitig, vielmehr hatte er die Einheit mit Gott in der Erleuchtung vor Augen, die er selbst erzielt hatte. Im Unterschied zum Neuen Testament, wo Jesus vor allem als Sohn Gottes erscheint, bezeichnet sich Jesus im Thomasevangelium als Prophet (Spruch 52). Aufgrund seiner Einheitserfahrung setzt er sich sogar andeutungsweise mit Gott gleich (Spruch 13). Jesus war aber kein Prophet in dem Sinne, dass er Worte Gottes vermittelt hätte – so etwas gibt es nicht. Gott kommuniziert nicht in Menschensprache, er ist absolut still –, sondern indem er einen Weg aufzeigte, wie man Gott verstehen, ihm näher kommen und in der Erleuchtung auch erreichen kann.

Da das aber von den meisten, die das Spirituelle nicht aus eigener Erfahrung kannten, nicht verstanden worden wäre, verwendete er Umschreibungen. Er sprach in Metaphern, um den Menschen die spirituelle Erkenntnis nahezubringen. Manche Aussagen aus dem Thomasevangelium sind auch auf das Alltagsleben ausdehnbar, wie beispielsweise Anweisungen oder Empfehlungen zur Führung eines adäquaten Lebens. Bedeutsam ist, dass eine erstarrte Moral und festgefahrene Rituale als potenzielle Hindernisse bei der Entwicklung des Selbst genannt werden (Sprüche 6, 14, und 104). Ferner wird, lange vor Sigmund Freud (1856–1939), dem sogenannten Vater der Psychoanalyse, und ganz nebenbei, die Psyche der Masse als höriges Kind gesehen (Spruch 21, wobei dieser nicht nur die Masse meint).

Konkrete Beschreibungen etwa von Personen oder Vorgängen sind im Thomasevangelium nur wenige und nur kurze vorhanden. Sie sind offenkundig aus konkreten Situationen heraus entstanden und entsprechend in den Text eingearbeitet. Es findet sich aber auch formell Wegweisendes, so scheint hier erstmals die substantivistische Verwendung des Wortes »Einzelner« (Spruch 16) vorzukommen.

Die konkrete Erfahrbarkeit des Himmelreichs zu Lebzeiten ist besonders hervorzuheben. Mit ihr tritt im Thomasevangelium eine religiöse Auffassung Jesu zutage, die sich weitgehend von den Vorstellungen unterscheidet, die im Christentum mit seiner starken Jenseitsbezogenheit üblich sind. So beschreibt es das Himmelreich als inwendig (das ergibt sich beispielsweise aus Spruch 89 oder 113). Es kann aber auch äußerlich sein (siehe Spruch 3). Hauptkonzeption ist letztlich, dass es in Wahrheit beides ist, inwendig und äußerlich, im Grunde geht sogar alles geht in einer Einheit auf (das zeigen etwa die Sprüche 22 und 77). Da aber das Inwendige zumeist nicht erkannt wird, kommt es zuvorderst auf das Inwendige an (siehe Spruch 67). Dass es sich um eine Erfahrung handelt, genauer gesagt, dass es mit einer solchen beginnt (Spruch 2 ist eine Art Tagebuchaufzeichnung der Vorgänge), folgt beispielsweise aus der Forderung nach Einsamkeit (Spruch 75). Einsamkeit ist aber ansonsten im Leben nicht angezeigt, vor allem nicht als ein dauerhaft anhaltender Zustand. Auch Jesus selbst hielt sich ja unter Menschen auf und nicht in der Einsamkeit, nachdem er die Erleuchtung erzielt hatte. Solche inwendig-spirituellen Vorstellungen sind dem Christentum weitgehend, aber nicht gänzlich fremd, so haben etwa christliche Mystiker wie Meister Eckhart sehr wohl die konkrete Begegnung mit Gott gesucht.

Die Aussagen im Thomasevangelium dienen jedoch nicht nur der Erlangung einer solchen spirituellen Erfahrung. Sie erfassen auch andere Bereiche und dienen generell der Entwicklung des Menschen. Das ist etwa der Fall bei dem auch aus den kanonischen Evangelien bekannten Spruch, demzufolge man nicht auf den »Splitter« im Auge des »Bruders«, sondern auf den »Balken« im eigenen »Auge« achten solle (Spruch 26). Der Anwendungsbereich dieses Spruchs ist offenkundig vor, im Zuge, nach, aber eben auch unabhängig von einer spirituellen Erfahrung zu sehen – und im Übrigen nicht für die Einsamkeit, sondern für ein soziales Wesen gedacht, da es den Menschen in Bezug zu anderen, zu einem »Bruder«, setzt.

Die spirituelle Erfahrung, die Einheit mit Gott, ist allerdings das Wichtigste. Das ergibt sich aus Thomas 76 mit dem Bild der »Perle«, die wertvoller ist als alles Übrige, aus Thomas 107 mit dem Bild des verlorenen und dann wiedergefundenen »größten Schafes«, das wichtiger ist als alle übrigen (Angelegenheiten), und aus Thomas 111, in dem er diese Einheitserfahrung drastisch schildert mit den Worten: »Die Himmel werden sich aufrollen, ebenso die Erde«, was im Übrigen nicht physisch gemeint ist. Zudem ergibt es sich natürlich aus dem gesamten Wirken Jesu. Diese kurze Beschreibung zeigt bereits deutlich die Besonderheiten des Thomasevangeliums.

Trotz des Fehlens von Erzählungen finden sich im Thomasevangelium Hinweise auf die Biografie Jesu. Eine Hauptrolle spielt dabei der leibliche Vater. In den Erzählungen der kanonischen Evangelien kommt der Vater, im Unterschied zur Mutter, nie vor. Das wäre durch einen frühen Tod des Vaters erklärbar. Jesus hatte denn auch, wie wir sehen werden, früh seinen leiblichen Vater verloren – ein Trauma, das nicht ohne Folgen blieb. Mancher Einzelaspekt wird erst dadurch verständlich. Dazu gehört die Wortwahl Jesu, der beispielsweise häufig die eher unübliche Bezeichnung »Vater« anstelle von »Herr« für Gott gebrauchte. Entsprechend finden sich auch im Thomasevangelium Formulierungen, die oft typisch sind für Menschen, die früh durch einen Verlust geprägt wurden. Beispielsweise tritt in ihm die Buchstabenfolge für »lebendig« zehnmal auf, was recht häufig für einen solch kurzen Text ist. Das Wort »lebendig« ist wie andere Gegenstücke zu »tot« ein gern gebrauchtes Wort von Menschen, die sich intensiv mit dem Tod befasst haben. Zum Vergleich: Im Matthäusevangelium wird das Wort »lebendig« zweimal benutzt, im Markusevangelium keinmal, im Lukasevangelium dreimal und im Johannesevangelium achtmal. Das Johannesevangelium zeigt sich hierbei mit dem Thomasevangelium zumindest sprachlich am stärksten verwandt.

Wir haben nun einen ersten Eindruck vom Thomasevangelium bekommen. Es unterscheidet sich stark von den Evangelien des Neuen Testaments. Anderseits finden sich auch viele Parallelen zwischen den Sprüchen des Thomasevangeliums und denen der kanonischen Evangelien. Die Verbindung zwischen Thomasevangelium und den kanonischen Evangelien ist durch diese engen Parallelen grundsätzlich gesichert. Viele Sprüche Jesu ähneln einander, manche sind beinahe gleich. Andere sind aber einmalig: Sie kommen entweder nur im Thomasevangelium vor oder nur in den kanonischen Evangelien.[4] Es gibt also Verbindungen zwischen allen fünf Evangelien, denn viele der Sprüche sind ganz offensichtlich miteinander verwandt.

Die Frage ist nun, wie die Verwandtschaftsverhältnisse der Schriften sind, was worauf beruht. Genau das, die Entwicklungslinie, lässt sich oft überraschend gut erschließen. Nach den methodischen und inhaltlichen Vorbemerkungen wollen wir nun in die Analyse einsteigen und insbesondere darauf achten, ob und wie einzelne Textstellen voneinander abhängen.

4 Viele Ausgaben des Thomasevangeliums listen Parallelstellen zu den kanonischen Evangelien auf, etwa im Internet auf www.metalog.org/files/thomas.html vom Ecumenical Coptic Project – diese Auflistung ist recht umfangreich, aber auf Englisch.

WIE KOMMT DAS JESUSKIND IN DIE JUNGFRAU?

Zur Empfängnis gehören zwei. Das war zu Zeiten Jesu durchaus bekannt. Gemäß Neuem Testament wurde Jesus hingegen von einer Jungfrau geboren. Die Erzählung von der jungfräulichen Geburt ist jedoch kein weltweit einmaliges Phänomen. Vielmehr gibt es auch andere Völker, die Mythen mit einer geistigen Empfängnis tradieren. Hier sei an die griechische Mythologie erinnert, in der Hera Mutter wurde, ohne einen Mann empfangen zu haben, oder an die ägyptische Mythologie, in der Isis dasselbe widerfuhr. Für solche Erzählungen gibt es verschiedene Gründe. Am häufigsten ist die erzählerische Unterstreichung einer göttlichen Abstammung. Zudem vermag jede »geistige Empfängnis« die wahre Vaterschaft zu kaschieren. Außerdem überhöht sie die Mutter: In ihrer Jungfräulichkeit erscheint sie als asexuell, als rein und somit als heilig.

All diese Gründe fließen wohl in Bezug auf Marias Jungfräulichkeit ein. Allerdings erscheint die bereits in der Antike[5] genannte Kaschierung einer fremden Vaterschaft als Grund für die Jungfrauengeschichte abwegig, denn Joseph hatte wohl, folgt man den Bibeltexten, das Kind akzeptiert. Die Jungfraueneigenschaft bei Maria wird in hohem Maße betont, die göttliche Abkunft Jesu wirkt dagegen beinahe zweitrangig. Es scheint kein Zufall zu sein, dass die Muttergottes traditionell stark verehrt wird.

Auffälligerweise ist Maria Mutter des Gottessohnes, ohne dabei Frau Gottes zu sein. Demgegenüber kommt dem leiblichen

5 So bei dem Kirchenschriftsteller Origenes in seiner Streitschrift *Contra Celsum I*, 32.

Vater Joseph eine untergeordnete Rolle zu, eigentlich ist es eine Nicht-Rolle. Dies würde zu einem frühen Tod des Vaters passen. Er konnte keine aktive Rolle einnehmen, kommt weder im kirchlichen Ritus noch in den Erzählungen noch in den Legenden vor noch wird er als überhöhter heiliger Mensch verehrt oder mit besonderen Eigenschaften ausgezeichnet, ganz im Gegensatz zur Mutter. Er konnte sich nicht wehren gegen seine Nichtigkeit, er hätte sich auch nicht wehren können gegen den Affront, den die Leugnung seiner Vaterschaft darstellt, weil er bereits nicht mehr lebte.

Allerdings entstand die Jungfrauenepisode sicher erst relativ spät, in seinem Heimatort war Jesus als ganz normaler Mensch mit Eltern und Geschwistern bekannt (Markus 6). Berichte über eine jungfräuliche Zeugung hätten dort allenfalls Gelächter oder Kopfschütteln hervorgerufen. Jesus hat auch nichts dergleichen behauptet. Er war Erleuchteter und nannte sich Prophet (Markus 6, 4). Dies taten auch andere, ohne dass eine Legende ihrer jungfräulichen Geburt entstanden wäre. Woher die jungfräuliche Geburt des Christentums auch stammt, ob sie ursprünglich aus einem anderen Mythos entlehnt ist oder relativ frei geschöpft, es muss einen Anstoß zu ihr gegeben haben. Dieser könnte in Aussagen von Jesus zu finden sein.

Von nun an hinterfragen wir lieb gewonnene Vorstellungen. Eine solche ist etwa das gute und enge Verhältnis zwischen Jesus und seiner Mutter. Am deutlichsten wird sie an den zahlreichen Darstellungen der Muttergottes mit Kind. Hingegen berichtet selbst das Neue Testament, wie Jesus mit den Worten: *Wer sind meine Mutter und meine Brüder?* (Markus 3, 33), seine Mutter vor den Kopf gestoßen hat. Zudem fordert Jesus zu Distanz und sogar Hass gegenüber den Eltern auf (Lukas 14, 26). Wir hinterfragen hier auch bisherige Erklärungen aus der Literatur, denn Ungereimtheiten wie diese sind schon früher aufgefallen und waren Anlass für die unterschiedlichsten Erklärungen. Nichts wird ausgenommen. Wir zweifeln sogar den Namen »Maria« der Mutter Jesu an, denn er gleicht dem der Maria Magdalena. Zwar ist Namensgleichheit prinzipiell möglich, es kann aber auch sein, dass ein Autor beim

Verfassen des Textes einfach den naheliegenden Namen einer anderen Person übernommen hat. Außerdem ist in den Sprüchen einheitlich, sowohl bei Thomas als auch beispielsweise in Markus 3, 32ff., von »Mutter« die Rede. In den Sprüchen wird kein konkreter Name genannt, was authentisch wirkt, zumindest dürften sich nur wenige Verfälscher veranlasst sehen, einen vorliegenden Namen durch »Mutter« zu ersetzen. Lediglich in den legendenbehafteten Erzählungen wird der Name »Maria« genannt. Dieser kann dann aber auch eine spätere Ergänzung sein, damit die Erzählung »plastischer« wirkt. Wie solche Fragen später auch immer im Einzelfall entschieden werden: Wir hinterfragen erst einmal alles. Manches wird sich als richtig, manches als falsch erweisen.

Wir betrachten nun die jungfräulichen Geburt dahingehend, ob Jesus selbst den Anstoß zu ihr gibt, wenn auch nicht direkt und ohne das Erfinden einer Legende im Sinne zu haben. Häufig spricht Jesus nämlich vom »Vater« im übertragenen Sinn des Wortes, meint es also spirituell. Diese Metapher ist ein wichtiger Ausgangspunkt der Erzählung. Es muss nur jemand auf die Idee gekommen sein, das spirituelle Bild seiner Metaphorik zu berauben und daraus eine Erzählung abzuleiten. Wir untersuchen nun, ob es Anhaltspunkte dafür gibt, dass die Erzählung der jungfräulichen Geburt auf eine solche Weise entstanden ist.

Der Ausgangspunkt der Erzählung der jungfräulichen Geburt dürfte in einem Jesuswort im Thomasevangelium zu finden sein. Es wurde später verfremdet und zu einer Legende erweitert und fand als solche Eingang in das Neue Testament. Es ist die Antwort Jesu auf eine Frage nach dem Sinn der Beschneidung in Spruch 53 des Thomasevangeliums:[6] *Seine Jünger sagten zu ihm: »Ist die Beschneidung nützlich oder nicht?« Er sagte zu ihnen: »Wenn sie nützlich wäre, würde ihr Vater sie [die Söhne] schon beschnitten in ihrer Mutter zeugen. Aber die wahre Beschneidung im Geist hat vollen Nutzen gehabt.«*

6 Übersetzung ins Deutsche unter Zuhilfenahme von Blatz, Beate; Schneemelcher, Wilhelm: *Neutestamentliche Apokryphen in deutscher Übersetzung*, Band 1 Evangelien, Tübingen 1987, sowie von Grondin, Michael: *An interlinear Coptic-English version of the Gospel of Thomas*, 1997–2002, www.geocities.com/Athens/9068/x_trindx.htm.

Jesus spricht sich hier im ersten Teil seiner Antwort mit einer letztlich biologischen Begründung gegen die Beschneidung aus. Der Vater - gemeint ist hier der biologische, kein spiritueller Vater - hätte bereits vorgeburtlich für das Beschnittensein gesorgt, wäre es nötig. Im zweiten, wichtigeren Teil des Spruchs plädiert Jesus stattdessen für einen inneren, geistigen Vorgang. Für diesen verwendet er den zumindest auf den ersten Blick irreführenden Terminus »Beschneidung im Geiste«. Dies ist offenkundig aus dem Kontext heraus motiviert und wohl auch durch das Alte Testament inspiriert, wo von der »Beschneidung des Herzens« (beispielsweise 5 Mose 10, 16) gesprochen wird. Anzumerken ist hier, dass nach damaliger Vorstellung das Herz der Sitz der Gedanken war. Jesus mag dabei durchaus ein Beschneiden im übertragenen Sinn, ein Abschneiden - vielleicht »toter« Geistbestandteile - im Sinn gehabt haben.

Möglicherweise hat die Art und Weise der Übermittlung die Legendenentstehung begünstigt. Das Thomasevangelium war vermutlich geheim, wie der einleitende Satz: »Dies sind die geheimen Worte ...«,[7] andeutet. Zwar könnte man die Einleitung auch im übertragenen Sinne verstehen, sodass nicht die Worte geheim gewesen wären, sondern deren Inhalt beziehungsweise Gehalt im Verborgenen läge. Es gibt aber unabhängig davon Hinweise darauf, dass es eine Tradition der Geheimhaltung gegeben hat, etwa in einem Brief des frühchristlichen Theologen und Kirchenschriftstellers Clemens von Alexandria (um 150 in Athen geboren, um 215 in Kappadokien gestorben), der Auszüge eines »geheimen Markusevangeliums« enthält - dazu später mehr. Auch Schreib-, Lese- und Übersetzungsprobleme - in der Antike wurde teilweise sehr schlecht übersetzt - könnten die Legendenentstehung begünstigt haben.

An viele Ohren gelangte das Thomasevangelium also nicht präzise, was inhaltliche Fehler einschließt. Vielleicht ließ sich der innere Kreis der Gemeinde, der vollen Zugang hatte, auch immer wieder Worte entlocken, machte es aber nicht gänzlich publik. So hätten Sprüche aus dem Thomasevangelium Katalysator für

7 Zum besseren Verständnis sind Zitatkürzungen innerhalb von Texten unvermeidlich. Sie sind durch Punkte (...) gekennzeichnet.

eine Legendenbildung werden können. Dabei wäre die eigentliche Bedeutung verloren gegangen, nicht aber alle Worte. Dies ist ein möglicher Hintergrund der Legendenentstehung. Wir werden im Verlauf den tatsächlichen Entstehungsprozess erarbeiten, an dieser Stelle geht es erst einmal nur darum, sich eine Vorstellung davon zu machen, wie um Jesussprüche herum Legenden entstanden sein könnten und wie dabei authentische Worte in den Legenden als Überbleibsel verblieben. Wir wollen uns dabei immer vergegenwärtigen, dass die Legenden schließlich irgendwie entstanden sein müssen und dass es damit prinzipiell möglich ist, ihre Entstehungsgeschichte herauszufinden.

Schauen wir uns obigen Spruch, der die Beschneidung thematisiert, noch einmal genauer an. Wie könnte er zur Legendenbildung beigetragen haben? Dazu reduzieren wir ihn, denn für eine Legendenbildung genügt es, wenn nur Teile des Spruchs inhaltlich oder auch sprachlich aufgegriffen werden. Wir konzentrieren uns auf die Kernaussage, in der Jesus sagte: *… würde ihr Vater [die Söhne] schon beschnitten in ihrer Mutter zeugen. Aber die wahre Beschneidung im Geist hat vollen Nutzen gehabt.*

Die Kernaussage des Spruchs besteht aus zwei Teilen, wobei Jesus im ersten das Ritual der Beschneidung für überflüssig erklärt, denn der »Vater« hätte ansonsten die Söhne bereits »in ihrer Mutter« beschnitten »gezeugt«. Im zweiten Teil erklärt Jesus dann einen spirituellen Vorgang, den er »wahre Beschneidung im Geist« nennt, für nützlich. Wir verbinden nun beide Teile und kürzen sie zugleich. Verschliffen lautet der Spruch dann, vor allem ohne den Passus bezüglich des »Beschneidens«: »Vater … in Mutter zeugen … Geist.« Wir finden also die Zeugung des Vaters im Mutterleib [durch] den Geist. Das ist aber genau die Konzeption der jungfräulichen Geburt im Falle Jesu: Durch den [Heiligen] Geist zeugt der Vater (nunmehr Gott) im Mutterleib das Jesuskind!

Doch wie kommt Jesus ins Spiel? Wir achten auf das Beschneiden. Dabei fällt die Parallelkonstruktion in Thomas 53 auf. Zum einen gibt es den im Fleisch Beschnittenen, mit der zugehörigen konventionellen Zeugung in der Mutter. Zum anderen gibt es den im Geist Beschnittenen. Unter ihm wurde sicher Jesus verstanden, denn er war ja der Spirituelle. Diese beiden wurden nun gleichgesetzt, also der im Mutterleib vom Vater (= Gott) Gezeugte mit Jesus. Außerdem zeugt im Originalspruch der Vater die Söhne, und unter »Sohn« (später: Gottessohn) wurde Jesus verstanden. Nun haben wir sowohl das Gerüst als auch die beteiligten Personen zur Legende der jungfräulichen Empfängnis.

Wir wollen aber zweigleisig fahren, nicht nur den (verfremdeten) Inhalt betrachten, sondern auch auf Reste des Originalsatzes achten, auf konkrete Worte in der Legende, die auf ihre Wurzel im Ausspruch Jesu hinweisen. Im ersten Kapitel des Lukasevangeliums findet sich die Geschichte von der Jungfrauengeburt. Danach lautet es in 2, 21,[8] wo sich das ursprüngliche Jesuswort fragmentarisch erhalten hat: *Und als acht Tage vollendet waren, dass man ihn beschneiden sollte, da wurde sein Name Jesus genannt, der von dem Engel genannt worden war, ehe er im Mutterleib empfangen wurde.*

An dieser Stelle ist vor allem auffällig, dass die Nennung der »Beschneidung« Jesu in einem Satz mit der Empfängnis »im Mutterleib« erfolgt. Dies ist inhaltlich und logisch nicht zwingend, ein erzählerischer Grund ist auch nicht erkennbar. Vielmehr stellt es einen überraschenden Zusammenhang her, der den inhaltlichen Fluss stört. Die Satzstruktur wirkt umständlich, sie ist wie eine Kaskade. Zudem ist der Schluss durch die Ergänzung »im Mutterleib« auffallend ausführlich formuliert.

Die Nennung sowohl der »Beschneidung« als auch der Empfängnis »im Mutterleib« erklärt sich aber, wenn man bedenkt, dass in der Vorlage, dem Spruch bei Thomas, beide Wörter vorkommen. Sie wurden von Lukas getreu und gewissenhaft überliefert, der eine Legende zur Vorlage hatte, die sich vom ursprünglichen Jesuswort weit entfernt hatte und die dennoch mit ihr verbunden blieb: bei der Wortwahl, der Wortzusammenstellung, bei den Personen und bei inhaltlichen Aspekten. In Form des Engels kommt vermutlich auch der »Geist« vor. Der Geist des Thomasspruchs

8 Übersetzung ins Deutsche nach Revidierte Elberfelder Bibel, ASCII-Bibel 2.0, R. Brockhaus Verlag Software Edition, Haan 1989. Kritische Stellen wurden mithilfe der interlinearen englischen Version in www.blueletterbible.org überprüft.

scheint sich sowohl zum Heiligen Geist als auch zum Engel weiterentwickelt zu haben (siehe beispielsweise Lukas 1, 35).

Das bisher Erschlossene ist natürlich noch kein stichhaltiger Beweis. Wir haben aber erste Anhaltspunkte dafür gewonnen, dass bei der Entstehung der Legenden der biblischen Evangelien das Thomasevangelium, das nicht ins Neue Testament aufgenommen wurde, eine Rolle gespielt haben könnte, und zwar indem ein originaler Spruch Jesu zu einer Geschichte ausgeweitet wurde, für die er Stichwortgeber und inhaltliche Inspiration bei der Bildung der Legende war. Dazu muss das Thomasevangelium aber vorgelegen haben. Wir müssen deshalb genauer untersuchen, ob das außerkanonische Thomasevangelium bei der Schöpfung der Legenden des Neuen Testaments eine Rolle gespielt haben kann. Der Beschneidungsspruch des Thomasevangeliums gehört zu den Sprüchen, die nicht im Neuen Testament enthalten sind. Wir verfolgen ihn deshalb weiter.

AUCH PAULUS KANNTE DAS THOMASEVANGELIUM

Dass der sehr frühen christlichen Gemeinde einst der Thomasspruch über die Beschneidung vorgelegen haben muss, zeigt Paulus[9] im Brief an die Römer 2, 25–2, 29. Dort liegt keine Expansion, keine Ausschmückung zu einer Legende vor, sondern ein konkreter Interpretationsversuch: *Denn Beschneidung ist wohl nütze, wenn du das Gesetz befolgst; wenn du aber ein Gesetzesübertreter bist, so ist deine Beschneidung Unbeschnittenheit geworden. (2, 26) Wenn nun der Unbeschnittene die Rechte des Gesetzes befolgt, wird nicht sein Unbeschnittensein für Beschneidung gerechnet werden (2, 27) und das Unbeschnittensein von Natur, das das Gesetz erfüllt, dich richten, der du mit Buchstaben und Beschneidung ein Gesetzesübertreter bist? (2, 28) Denn nicht der ist ein Jude, der es äußerlich ist, noch ist die äußerliche [Beschneidung] im Fleisch Beschneidung; (2, 29) sondern der ist ein Jude, der es innerlich ist, und Beschneidung [ist die] des Herzens, im Geist, nicht im Buchstaben. Sein Lob kommt nicht von Menschen, sondern von Gott.*

Die Stelle erinnert sofort an den Spruch Jesu im Thomasevangelium. So führt Paulus genauso wie Jesus das Begriffspaar »Beschneidung im Fleisch« versus »Beschneidung im Geist« auf. Paulus übermittelt inhaltlich die zweigliedrige Struktur, er übermittelt ihren Gegensatz und er bleibt in seiner Wortwahl sehr nahe am Original. Selbst die ursprüngliche Frage nach dem »Nutzen der Beschneidung« wird aufgegriffen. Eine »Beschneidung im Geiste«

9 Die Paulusbriefe wurden später redaktionell bearbeitet. Wir können dies hier noch nicht eingehend berücksichtigen, es ändert aber nichts an der Argumentation. In einem späteren Werk wird die Paulusbriefüberarbeitung ausführlich behandelt werden.

wird in den kanonischen Evangelien aber überhaupt nicht thematisiert. Paulus' diesbezügliche Gedankengänge müssen durch den Spruch aus dem Thomasevangelium angeregt worden sein, denn es gibt keine andere Quelle.

Auch inhaltlich folgt Paulus den Gedanken Jesu aus dem Thomasevangelium. Er erachtet wie Jesus die körperliche Beschneidung als überflüssig. Dabei kann er diesbezüglich nicht auf das Neue Testament zurückgreifen, da darin kein die Beschneidung ablehnendes Wort Jesu überliefert ist. Im Gegenzug plädiert er für einen spirituellen Vorgang namens geistiger Beschneidung – wie Jesus im Thomasevangelium.

Trotz gewisser Zweifel am Sinn der Beschneidung, wie sie in der Frage der Jünger zum Ausdruck kommen – die Römer und Griechen kamen ja auch ganz gut ohne aus –, hatte die Beschneidung bei den Juden eine große Bedeutung. Aber nur gestützt auf ein entsprechendes Jesuswort, wie es eben im Thomasevangelium überliefert ist, kann Paulus derart deutlich gegen die Beschneidung Stellung bezogen haben.

Darüber hinaus erweckt seine Argumentationsweise keinen völlig stringenten Eindruck. So wendet sich Paulus nicht nur gegen die Beschneidung im Fleische, sondern unvermittelt auch gegen eine »im Buchstaben« (2, 29); zudem steht die Begründung im Kontext des Gesetzes. Insgesamt erscheint Paulus' Stellungnahme zu vielschichtig für jemanden, der sich rein aus eigener Überlegung gegen die Beschneidung ausspricht. Paulus argumentiert wie jemand, der etwas anderes, etwas Vorliegendes – nämlich das Jesuswort aus dem Thomasevangelium – erläutert. Er begründet etwas Vorliegendes und setzt dabei einen neuen Schwerpunkt: das Gesetz. Das ist aber ein zusätzlicher Gedanke, und ein interessanter dazu.

Kleine Ursache, große Wirkung: Vor zweitausend Jahren hatte jemand Zweifel an der Beschneidung, fragte nach ihrem Sinn, Jesus sprach sich dagegen aus, Thomas hielt dies fest, Paulus kommentierte das, und Millionen Christen sind unbeschnitten, obwohl der Originalspruch Jesu in der Bibel nicht überliefert wurde.[10]

Wir bekräftigen nun mit einem zweiten Beispiel, dass Paulus das Thomasevangelium vorgelegen haben muss, und zwar mit Thomas 17: *Jesus sagte: »Ich werde euch geben, was kein Auge gesehen und was kein Ohr gehört und was keine Hand berührt hat und was nicht zum Herzen des Menschen aufgestiegen ist.«*

In 1 Korinther 2, 9 interpretiert Paulus diesen Spruch aus Thomas nicht, vielmehr zitiert er daraus: *... sondern wie geschrieben steht: »Was kein Auge gesehen und kein Ohr gehört hat und in keines Menschen Herz gekommen ist ...«*

Durch das einleitende »sondern wie geschrieben steht: ...« äußert sich Paulus eindeutig dahingehend, dass ihm eine schriftliche Quelle vorlag. Dann zitiert er den Spruch aus Thomas, wobei er lediglich den Anfang weglässt. Danach wird ein Ende hinzufügt. Da es keine andere geeignete Vorlage gibt, kommt als Quelle des Zitats nur das Thomasevangelium infrage. Von den vier Kernelementen - Auge, Ohr, Hand, Herz - sind drei aufgeführt. Es fehlt lediglich die »Hand« in der Aufzählung.

Es gibt keine alternative Quelle für die Paulusstelle. So fehlt etwa beim alttestamentlichen Jesaja in 64, 3b, der irrtümlich oft als Quelle genannt wird, die Erwähnung des »Aufstiegs zum Herzen«: *Kein Ohr hörte, kein Auge sah [je] einen Gott außer dir, der an dem handelt, der auf ihn harrt.* Darüber hinaus ist die Passage Paulus' von Auge und Ohr viel näher, nämlich wörtlich (»was kein Auge gesehen ...«), am Thomasspruch als an Jesaja.

Der Zusammenhang zwischen diesen drei Textstellen (Thomas, Paulus und Jesaja) lässt sich erklären. Paulus zitiert hier nicht aus mehreren Stellen des Alten Testaments, um diese dann zu ei-

10 Allerdings haben sich Reste erhalten: Bei Matthäus 19, 12 handelt es sich um den zur beinahe völligen Unkenntlichkeit schlecht überlieferten Vers Thomas 53. Zwar geht es bei Matthäus um Eunuchen und nicht um Beschnittene. Als wichtige Parallele bleibt aber der Schnitt-Akt in der Mutter. Dieser merkwürdige Ort, um Eunuch zu werden, entspringt dem Thomasevangelium. Verstärkt wird dieser Ursprung durch weitere Faktoren, die zum Teil erst später erschlossen werden (wie die Art der von Jesus gestifteten Regeln und Metaphern). Matthäus 19, 12 entstand aus Thomas 53, gerade so, als hätte jemand etwas Unleserliches sehr frei ergänzt. Unabhängig davon kann Matthäus 19, 12 aus inhaltlichen Gründen (wie den Eunuchen) auf keinen Fall Basis der Paulusstelle sein.

nem Spruch zusammenzufügen, der auf einen künftigen Thomasspruch hinweist, wie man unterstellen müsste, wenn Paulus das Thomasevangelium nicht vorgelegen hätte. Es ist auch nicht so, dass ein Fälscher des Thomasevangeliums mühsam eine einzelne Textstelle aus dem Paulusbrief zum Anlass genommen hat, einen isolierten Jesusspruch zu schöpfen. Dies ist aus inhaltlichen Gründen so gut wie zwingend abwegig.

Denn in Thomas 17 macht Jesus ein Versprechen, eine Ankündigung: Seine Jünger werden etwas Unbeschreibbares, etwas Unvergleichliches kennenlernen, »was kein Auge gesehen« hat, nämlich die Schauung Gottes, die spirituelle Erleuchtung! Nichts anderes kann Jesus meinen, denn alles andere kann man ohne Probleme sehen.

Der Spruch des Propheten Jesaja hat mit »Gott außer dir« hingegen eine völlig andere Ausrichtung. Im Paulusbrief wird aber die Unvergleichbarkeit: »was kein Auge gesehen …«, in Form eines Zitates eingeführt: »Wie geschrieben steht.« Damit kommt Jesaja inhaltlich als mögliche Quelle nicht in Betracht. Wenn Paulus selbst die Unvergleichbarkeit der Schauung Gottes hätte darstellen wollen, dann hätte er diese wichtige Idee nicht umständlich hinter einem Jesaja-Zitat verborgen, das etwas anderes meint.

Die Entwicklung muss anders verlaufen sein. Erst schöpfte Jesus den Spruch, der im Thomasevangelium festgehalten wurde. Er machte diese große Ankündigung der Begegnung mit Gott! Sprachlich beeinflusst war er durch das Alte Testament. Dann griff Paulus diesen Spruch Jesu in seinem Brief auf. Dabei kam es wieder zu einer Beeinflussung durch Texte der (heutigen) Bibel – durch Paulus oder durch einen späteren Überarbeiter seines Briefes.

Ein drittes Beispiel verdeutlicht, dass sich Paulus, der ungern Jesusworte wörtlich zitiert, mitunter von der Ausdrucksweise Jesu aus dem Thomasevangelium anregen lässt. Er greift in 1 Korinther 14, 25 auf zwei Jesussprüche zurück. Paulus formuliert: *Das Verborgene seines Herzens wird offenbar.* Dies hat seine Wurzel in Thomas 6: *… denn es gibt nichts Verborgenes, das nicht offenbar werden wird.*

Das anschließende ... *und so wird er auf sein Angesicht fallen und wird Gott anbeten und verkündigen, dass Gott wirklich in euch ist* entspringt Thomas 15: *Werft euch mit dem Gesicht zur Erde [und] betet ihn an; dieser ist euer Vater.*

Der sprachliche Zusammenhang ist deutlich. Keine Stelle im Alten oder im Neuen Testament ist annähernd so gut geeignet als Vorbild für seine Formulierung. Die beiden Thomassprüche 6 und 15 sind dabei nicht nach Belieben gewählt, sondern inhaltlich miteinander verbunden, und zwar durch das Thema Beten. In Thomas 6 heißt es nämlich zuvor: *Wie sollen wir beten?* Auch der Paulussatz handelt vom Beten, was den Zusammenhang bestätigt.

Paulus lag das Thomasevangelium offenkundig vor. Und er fasst seine Quelle, das Thomasevangelium, ganz im Gegensatz zur heutigen Kirche, als authentisch auf. Man könnte sogar den Eindruck gewinnen, er erachtete sie als Basis für seine Auffassungen.

WIE KOMMT DER SEX MIT SALOME IN DIE APOKALYPSE?

Wir betrachten nun die Personen im Kreis Jesu und ihre Beziehungen untereinander. Auch dabei versuchen wir, uns von neutestamentlichen Vorstellungen zumindest teilweise zu lösen. Dem Neuen Testament zufolge hat Jesus zwölf Männer regelrecht klassifiziert. Laut außerkanonischen Quellen gehörten auch sieben Frauen seinem engeren Kreis an. Beides sind symbolische Zahlen. Allein das spricht gegen diese Angaben, denn Jesus hatte sicher anderes zu tun als die Erfüllung zahlensymbolischer Vorstellungen. Zudem ist es abwegig, dass er einige, darunter ihm unbekannte Menschen, regelrecht erwählte, zu Aposteln deklarierte, und diese ihm auch folgten. Dies sind Geschichten, die erfunden wurden, um Personen in richtiger Anzahl einzuführen. Natürlich hatte Jesus Anhänger, aber gewiss hat er nicht auf ihre symbolische Anzahl geachtet. Vielmehr waren es die Erzähler, die Wert darauf legten, Jesu Anhänger in symbolischer Anzahl einzuführen. Es waren dieselben Personen, die auch Geschichten verfassten, die Jesus zu einem Wundermann erklären, um das Publikum zu beeindrucken.

Es dürfte aber auch nicht so gewesen sein, dass Jesus als eine Art Priester tätig war. Solche Vorstellungen fußen auf späteren, etablierten Strukturen. Naheliegend ist vielmehr, dass Jesus von Interessierten und von Anhängern umgeben war, während er Fragen beantwortete und seine Sprüche aufsagte. So ist es in vielen Kulturen bei Weisen, Heiligen, Philosophen oder Erleuchteten üblich; im Hinduismus beispielsweise heißen solche Treffen Satsang. Dabei existierte sicher auch ein engerer Kreis. Einen Hinweis darauf gibt das Thomasevangelium, das sich als »geheim« bezeichnet und somit einem engeren Kreis vorbehalten gewesen sein muss. Hinzu kommt, dass eine im Aufbau befindliche Gruppe zwangsläufig weitere und engere Anhänger hat. Eine Gruppe ist von Interessenten umgeben, von denen sich dann einige enger anschließen. Die Zahl der Anhänger im engeren Kreis muss wie die der Interessenten geschwankt haben, Jesus hätte die Zahlen nicht statisch halten können.

Dabei gehörten weibliche Anhänger nicht nur dem äußeren, sondern auch dem inneren Kreis an. Die strikte Geschlechtertrennung ist Teil der kirchlichen Struktur und somit späteren Vorstellungen geschuldet. In Jesu einfach strukturiertem Frage-Antwort-Kreis hatten auch Frauen Platz. Selbst das Neue Testament lässt auf eine Zugehörigkeit Maria Magdalenas zum engeren Kreis schließen. Schon früh wurde ihr zudem ein intimes Verhältnis mit Jesus angedichtet. So heißt es etwa im Philippusevangelium, dass Jesus Maria Magdalena oft küsste, sodass die übrigen Jünger eifersüchtig wurden (Spruch 55). Das Philippusevangelium gehört wie das Thomasevangelium zum Nag-Hammadi-Fund,[11] ist aber später entstanden, stammt also nicht aus der Zeit von Jesus.

Wir werden später die tatsächliche Wurzel für die Eifersuchtsgeschichten finden und auch die übrigen Themen noch einmal aufgreifen. Insgesamt spricht manches dafür, dass Maria Magdalena die engste weibliche Vertrauensperson Jesu war. Aber auch Salome scheint dem inneren Kreis angehört zu haben. Wir wollen nun herausfinden, welcher Art ihr Verhältnis zu Jesus war.

Jesus war ein Mensch, der Hunger und Durst hatte und wohl auch alles Übrige, was einen gesunden, erwachsenen Mann auszeichnet. Er lebte vor der Einführung der christlichen Sexualmoral und vor der Entstehung des Bildes von ihm als asexueller Mann. Obwohl er unverheiratet war, ist davon auszugehen, dass es Frauen gab, die sich für ihn interessierten und umgekehrt. Sicher nicht hinderlich war seine Stellung als idealisierter Anführer seiner Gruppe. Beliebt war er wohl, und das auch bei Frauen (was sich etwa aus Markus 15, 40ff. schlussfolgern lässt; außerdem kann ein unbeliebter Mensch kaum eine Anhängerschaft um sich scha-

11 *Nag Hammadi Codex II*, 3.

ren). Gemäß Neuem Testament lässt er sich von einer »Sünderin« ausgiebig die Füße küssen und salben (Lukas 7, 36–50). Seine allgemeinen Moralvorstellungen bezüglich gesellschaftlicher Konvention waren nicht rigide. Das betraf beispielsweise das Weintrinken, das er im Gegensatz zur diesbezüglich wesentlich strengeren Täufergruppe genoss (Lukas 7, 34). Und trotz damals herrschender strenger Sitte, trotz fehlender sicherer Verhütungsmittel, gab es sehr wohl Vorkommnisse wie Ehebruch. Nicht zuletzt berichtet die Bibel davon, wobei auch zu Jesu Zeiten das meiste unbekannt blieb – natürlich wurde nicht darüber gesprochen. Wie auch immer, Jesus war ein Mensch, kein Bild, auch wenn wir ihn heute meistens als idealisiertes Bild eines Menschen sehen.

Um nun weitere Erkenntnisse zu gewinnen, betrachten wir einen regelrecht missratenen Spruch, und zwar einen, der Jesus selbst missraten ist. Er war in seiner Form so nicht beabsichtigt und ist als Wegweisung zum Spirituellen nicht optimal formuliert. Dass Jesus ein Spruch missglückte, gibt es nämlich auch, jedoch ist es ungleich häufiger, dass Jesu Sprüche von Dritten sozusagen missraten gemacht wurden, indem sie aus den unterschiedlichsten Gründen ungünstig beziehungsweise unglücklich von ihnen umformuliert wurden. Jesus missglückt eigentlich kein Spruch, er weiß, was er sagt. Wenn dies doch einmal geschieht, dann nur aus triftigem Grund, und der findet sich in einem Einwand von Salome.

Was hat Salome damit zu tun? Normalerweise wäre auch ein Einwand von ihr kein Problem, wenn nicht der Hintergrund – Sexualität – pikant wäre. Salomes Einwand bezieht sich auf eine andere Bedeutungsebene, und dieser unausgesprochene Hintergrund wirkt auf den Spruch ein. Jesus kann und will nicht direkt werden, was das Thema Sexualität betrifft, weil er ihr und sich und den übrigen gegenüber Grenzen überschritten hätte, die erst rund zweitausend Jahre später gelegentlich überschritten werden. Es sind die Grenzen der Verschwiegenheit in amourösen Angelegenheiten, die damals aufgrund rigider Regeln viel mehr als heute strikt beachtet wurden. Thomas 61 lautet: *Jesus sagte: »Zwei werden ruhen auf einem Bett, einer wird sterben, der andere wird leben.« Salome sagte: »Wer bist du, Mensch, wessen Sohn? Du bist auf mein Bett gestiegen und hast an meinem Tisch gegessen.« Jesus sagte zu ihr: »Ich bin der, der aus dem hervorkommt, der gleich ist; es sind mir Dinge meines Vaters gegeben.« Salome sagte: »Ich bin deine Jüngerin.« Jesus sagte zu ihr: »Darum sage ich: Wenn er gleich ist, ist er voller Licht; aber wenn er geteilt ist, wird er voller Dunkelheit sein.«*

Also: Zwei (!) ruhen auf einem (!) Bett, einer von beiden würde sterben, und einer leben. Salomes Einwand darauf zu Jesus: »Wer bist du, Mensch? ... Du bist auf mein Bett gestiegen und hast von meinem Tisch gegessen.« Offensichtlich war Salome erbost. Sie protestierte. Ihre Frage: »Wer bist du, Mensch?«, muss einen Beiklang gehabt haben, eventuell in die Richtung von einem: »Für wen hältst du dich?« Es ist keine bewundernd gestellte Frage, denn mit dem nachfolgenden (»Bett«, »Tisch«) macht sie ihn ja gerade zum gewöhnlichen Menschen. Zudem unterbricht sie ihn, er hatte ja erst den einleitenden Satz gesagt. Für eine Empörung Salomes spricht auch, dass sie es überhaupt erwähnte. Bei einem normalen Gastmahl hätte es für Salome keinen Anlass gegeben, Jesus zu unterbrechen.

Es ist unklar, wieso Jesus: »Zwei ruhen auf einem Bett, einer wird sterben, einer leben«, formuliert. Jesus wählt das Futur, weil für die Jünger die Erlösung zukünftig ist (siehe Thomas 5, 55, 70). Er beendet den Spruch mit der spirituellen Kernaussage: »Wenn er eins ist, ist er voller Licht.« Die Einheit ist das Licht, die Trennung die Dunkelheit. So weit ist die Bedeutung klar, das Spirituelle ist das Licht, die Erleuchtung, die Einheit.

Jesus bezeichnet aber eingangs nur einen von beiden als lebendig, mit »wird leben«, als mit »voller Licht erfüllt« (zum Schluss), und den anderen als unlebendig: »wird sterben«. Das provozierte Salome, denn sie fühlt sich angesprochen. Sie fasst es so auf, dass Jesus mit dem Lebendigen sich meinte, was er letztlich auch bestätigt: »Ich bin der, der aus dem hervorkommt, der mit mir gleich ist; es sind mir Dinge meines Vaters gegeben. ... Wenn er eins ist, ist er voller Licht.« Das Einssein umfasst auch Gott, somit setzt sich Jesus mit ihm gleich.

Salome scheint den ganzen Spruch schon gekannt zu haben, denn sie thematisiert in ihrem ersten Einwand das Aus-dem-Einen-

Kommen, bevor es Jesus tat. Salome hatte sich die Argumentation ihres ersten Einwandes vorher überlegt; sie lautet sinngemäß: »Während du aus dem Einen kommst und ich mit dir körperlich eins war, bezeichnest du mich dennoch als geteilt.« Sie kaschiert diese Kernaussage äußerlich, etwa indem sie den Tisch erwähnt (dazu sollte man sich ins Gedächtnis rufen, dass in der Antike liegend gegessen wurde). Allerdings ruhen bei Jesu vorangehendem Satz, auf den sich Salome bezieht, zwei auf einem Bett. An dem gemeinsamen Liegen auf einem Bett ändern die versuchten Kaschierungen Salomes nichts.

Salome fühlte sich also angesprochen als diejenige, die »sterben wird«, als die Geteilte, als die voller Dunkelheit. Denn sie erachtete sich als die zweite Person eines Paares auf dem Bett. Ihre Reaktion: »Wer bist du …? Du bist auf mein Bett gestiegen …«, ergibt in diesem Zusammenhang und mit dieser Wortwahl nur Sinn, wenn die beiden zusammen im Bett waren und miteinander geschlafen haben. Mit Jesu erster Antwort auf ihren Einwand: »Ich bin der, der aus dem hervorkommt, der mit mir gleich ist; es sind mir Dinge meines Vaters gegeben«, gibt sich Salome nicht zufrieden. Denn er geht gar nicht darauf ein, dass er sie aus ihrer Sicht als unlebendig, mit »wird sterben« bezeichnet. Sie hält sich aufgrund dessen, dass sie das Bett miteinander teilten, für die zweite Person, Jesus aber redet von sich allein. Deshalb protestiert sie ein zweites Mal: »Ich bin deine Jüngerin!« Nun macht sie noch einmal klar, dass sie zu den Lebendigen gehören will, dass sie sich nicht mit »wird sterben« titulieren lassen möchte. Sie fühlt sich angesprochen, weil sie die Zweite im Bett ist.[12]

Sprüche um Einheit und Zweiheit, ferner solche, die das Gebären thematisieren, sind nach weiteren Quellen eines der Lieblingsthemen des Liebespaares (dazu an anderer Stelle mehr). Salomes Verstand scheint diese Sprüche von dem Einen und von zweien sexuell zu deuten. (Ähnliches lässt sich übrigens auch im Tantra beobachten, dort wurden Sprüche von dem Einen und von zweien, die es in den Religionen des Fernen Ostens ebenfalls gibt, gleichsam sexuell ausgelegt) Salome legt das Spirituelle weltlich

12 Vielleicht wollte sie Jesus auf diese Weise persönlich darauf hinweisen, dass sie in spiritueller Hinsicht noch etwas tun muss. Salome hingegen könnte geglaubt haben, durch die Partnerschaft gewissermaßen auch Jesu Spiritualität erworben zu haben.

aus, Sexualität gehört zum Weltlichen – wie im Übrigen auch das Gegenteil, Asexualität und Askese. Jesu Spruch von dem Einen und von zweien meint aber das Spirituelle.

Salome fühlt sich zurückgesetzt, verstoßen. Man stelle sich etwa vor, ein verheirateter Mann würde sich einer anderen Frau zuwenden, seine Ehefrau das mitbekommen und vorwurfsvoll zu ihm sagen: »Ich bin deine Frau!« Mit einer solchen Aufforderung, doch an die Beziehung zu denken, in der beide miteinander stehen, will sich die Gattin wieder in die richtige Position stellen. Analog ist es bei Salomes Einschub: »Ich bin deine Jüngerin!« Einzig ihr Glaube, Ansprüche gegen ihn zu haben, da sie ihm ihre Gunst gewährt hatte, erklärt zudem ihr energisches Auftreten. Nach lediglich einem gemeinsamen Mahl hätte sie wohl kaum so reagiert. Dies bringt Jesus in einen Argumentationszwang. Der Spruch missglückte Jesus letztlich, weil er Salomes Gefühle verletzte, weil sie sich ausgegrenzt, dem Toten zugeteilt fühlte. Deutlich formuliert sie mit: »Ich bin deine Schülerin!«, ein: »Ich gehöre doch (bald) dazu!«

Dieser Spruch von dem Einen und von zweien ist auch im spirituellen Sinne nicht geglückt. Jesus hätte spätestens auf diesen zweiten Einwand hin ihre Ausgrenzung rückgängig machen sollen. Das »eins« des Schlusssatzes steht im Gegensatz zum »geteilt«, es meint »ungeteilt«, es meint die spirituelle Einheit. Jesus teilt nun aber selbst im Namen der Einheit, und zwar in diejenigen, die in der Einheit sind, und in diejenigen, die es nicht sind. Das kann man zwar machen, da nicht jeder in der Einheit, also erleuchtet, ist, zugleich wiederum aber auch nicht, da das Spirituelle alles und alle, sogar die weltlichsten Geister, umfasst und niemanden grundsätzlich ausschließt.

Nebenbei zeigt dieser Spruch die hohe Authentizität des Thomasevangeliums. Wer sollte wann wozu Jesus diese Worte in den Mund gelegt haben? Wer der Salome? Welcher Anhänger – und nur ein solcher könnte es gewesen sein – sollte ihm eine Bettgeschichte angedichtet haben? Und wie konnte dies so lebensnah erfolgen? Und gleichzeitig so verborgen, so wie man eben nicht darüber, sondern drum herum spricht? Wieso hat er sonst nichts unmittelbar Einsichtiges vermittelt, keine Ansicht, keine Moral, keine Story?

Umgekehrt weist der Spruch in den kanonischen Evangelien, in denen er gekürzt vorkommt, darauf hin, dass dort nicht sein authentischer Ursprungsort sein kann. Wir wählen hier – wie auch ansonsten oft – primär das Lukasevangelium für die Analyse, denn sein Verfasser Lukas ist im Unterschied zu den übrigen Evangelisten so worttreu, dass er eher Ungereimtheiten duldet, anstatt etwas an seiner Vorlage zu ändern. Das Kapitel in Lukas, in dem der Spruch vorkommt, wirkt dementsprechend etwas wirr. In Lukas 17, 21 ist das »Reich Gottes« gegenwärtig und noch nicht jenseitig: *Das Reich Gottes ist mitten unter euch.* Danach fährt er aber in 17, 29 mit der künftigen Apokalypse fort: »... regnete es Feuer und Schwefel vom Himmel und brachte alle um.«

Ein Fragment von Thomas 61 fand dann kurz darauf Eingang in Lukas 17, 34. Dort weist es aber weder einen spirituellen noch einen anderweitigen Sinn auf: *Ich sage euch: In jener Nacht werden zwei auf einem Bett sein; einer wird genommen und der andere gelassen werden. Zwei werden zusammen mahlen, die eine wird genommen, die andere gelassen werden.*

Das Futur, das Jesus auf die für seine Hörer künftige innere spirituelle Erlösung bezog, steht nun in einem apokalyptischen Zusammenhang. Mit dem künftigen Kommen des Menschensohns verbindet sich in der jüdischen Tradition eine feste endzeitliche Vorstellung und zugleich eine Heilserwartung. Der Jesusspruch wurde entsprechend in die apokalyptische Vision eingearbeitet, Kontext und Inhalt gingen jedoch verloren.

Das Futur im Spruch von dem Einen und von zweien ist zugegebenermaßen nicht leicht nachvollziehbar, aber dennoch klar, wenn man sich die Hintergründe vergegenwärtigt. Mit dem einen auf dem Bett, dem, der »leben wird«, der »eins« ist, meinte Jesus den, der zur Erleuchtung findet: »... ist er voller Licht.« Mit dem anderen, der »geteilt« ist, meint er den, der unerleuchtet bleibt – »voller Dunkelheit«. Das Futur hat nichts mit der Apokalypse zu tun, sondern bezieht sich auf die für die Jünger künftige Erleuchtung beziehungsweise auf das Verharren in einem unerleuchteten Zustand auch in der Zukunft, wie es für einige Jünger wie für die meisten Menschen zutrifft. Die wortgewaltige Terminologie Jesu »wird leben«, »wird sterben« dürfte seiner Biografie, dem frühen

Verlust des Vaters, geschuldet sein. Menschen - so auch Jesus -, die früh einen Elternteil verloren haben, neigen in ihrer Rede zu solch starken Termini, wie »Leben« und »Tod« es sind. Jesus meint es aber auf einer metaphorischen Ebene. Dies macht die Aussagen schwerer verständlich und die ganze Sache komplizierter, weil man einmal mehr die genaue Bedeutung zu entschlüsseln hat. »Wird leben« ist Jesu Metapher für »wird erleuchtet werden«, »wird sterben« die für »wird unerleuchtet bleiben«.

Für einen im Judentum aufgewachsenen Hörer kann diese Terminologie um Sterben und Leben aber leicht der letzte Anstoß gewesen sein, den Jesusspruch aus der inneren in die äußere Welt zu transferieren und in eine apokalyptische Erzählung einzubauen. Dort ergibt der Satz aber keinen Sinn mehr. Es wird versucht, den fehlenden Sinn mit einer erfundenen Doublette zu kompensieren, die den »Zwei auf einem Bett«-Satz im gleichen Stil ausmalt. Deswegen steht bei Lukas das »zwei werden mahlen ...«. In der Version des Matthäusevangeliums, ansonsten fast gleich der Lukasversion, wird darüber hinaus das Bett durch ein Feld ersetzt und jeder sexuelle Beiklang beseitigt: *Dann werden zwei auf dem Feld sein, einer wird genommen und einer gelassen; zwei [Frauen] werden an dem Mühlstein mahlen, eine wird genommen und eine gelassen.* (Matthäus 24, 40)

Aber auch diese Änderung gibt dem Jesuswort seinen verlorenen Sinn nicht wieder zurück und sie gibt ihm auch keinen überzeugenden neuen Sinn. Aus einem Spruch, angereichert mit einem konkreten Dialog eines religiösen Liebespaares, wurde eine inhaltlich unsinnige, apokalyptische Aussage, derzufolge zwei auf einem Feld sein werden, von denen einer sterben wird. Aber: Wo sind die anderen Bauern? Gibt es nur noch zwei? Welcher von den beiden wird leben? Der gute oder der böse? Im Lukas- und im Matthäusevangelium steht der Spruch zusammenhanglos und stark gekürzt.

Auch eine spirituelle Bedeutung ist nicht erkennbar, während Thomas 61 noch einen spirituellen Sinn hatte: Der eine findet in der Einheit zum Licht, der andere nicht. Wenn der Spruch auch wegen des Einwandes Salomes problematisch war, so ist doch der Spruch verständlich, wenn man den Hintergrund kennt.

Eindringlich tritt die spirituelle Aussage, die Jesus machte, hervor, wenn man den Dialog mit Salome einfach abzieht. Thomas 61 würde dann, wenn man den Dialog mit Salome weglässt, wie folgt lauten: *Zwei werden ruhen auf einem Bett, einer wird sterben, der andere wird leben …* [Dialog mit Salome] *… Wenn er gleich ist, ist er voller Licht; aber wenn er geteilt ist, wird er voller Dunkelheit sein.* Es gibt zwei gegensätzliche Gruppen an Begriffen. Jedem Begriff auf der einen Seite steht ein Begriff auf der anderen gegenüber. Listet man die Begriffe strukturiert auf, ergibt sich:

Leben	↔	Sterben
Eins-Sein	↔	Geteilt-Sein
Licht	↔	Dunkelheit

Abbildung 3: Schlüsselbegriffe von Thomas 61

Jede dieser beiden Begriffsgruppen steht für eine Person auf dem Bett. Die Begriffe auf der linken Seite sind dem zugeordnet, der die die Erleuchtung erzielt, die auf der rechten Seite demjenigen, der unerleuchtet bleibt. Der Vergleich dieser Einteilung mit dem Satz Jesu lässt erkennen, dass Jesus auch seinen formalen Aufbau nicht einhalten konnte. Im Anfangssatz steht das »Sterben« als Erstes (also vor dem »Leben«), nach Salomes Einwand ist die Reihenfolge vertauscht und Jesus nennt die zugehörigen Punkte »Geteilt-Sein« und »Dunkelheit« als Letztes (also nach dem »Eins-Sein« beziehungsweise »Gleich-Sein« und dem »Licht«). Jesus hat die Ordnung in seinem Satz wegen Salomes Unterbrechung nicht durchgehalten. [13]

In mehrerlei Hinsicht hat der Einwand von Salome mitsamt folgendem Dialog dazu geführt, dass Jesus seinen Spruch nicht wie geplant formulieren konnte. Durch Abzug des Dialogs tritt

13 Hier ist eben kein späterer Kompilator zugange gewesen, der umgekehrt, ausgehend von dem Bibelsatz, mit viel Zeit und auf »Papier« den Thomasspruch geordnet entwickelt hätte. Vielmehr gibt der Thomasspruch Jesus selbst im Gespräch wieder, in dem es auch Einwände gab, was ihn aus dem Konzept brachte.

die spirituelle Kernaussage wieder deutlich hervor. Wir können aber nicht sagen, wie der Spruch ohne Salomes Unterbrechung im Detail gelautet hätte, und wir wissen auch nicht sicher, weshalb Jesus die Formulierung »auf dem Bett« wählte.

Im Thomasevangelium ist der Spruch wegen des Intermezzos der Geliebten missraten - eine Situation, wie sie das Leben schafft. Der Sinn ist aber noch vorhanden und mit etwas Aufwand lässt er sich erschließen. In den kanonischen Evangelien missriet der Spruch dann gänzlich, da er gekürzt, in die äußere Welt transferiert und in eine apokalyptische Erzählung eingebaut wurde - eine Situation, wie sie der Überlieferungsprozess schafft. Der Sinn ist verloren gegangen.

Es müssen Spruchsammlungen wie das Thomasevangelium gewesen sein, die neben weiteren Einflüssen wie Legenden oder Biografien beim Verfassen der kanonischen Evangelien als Vorlage dienten. Jesu Sprüche wurden dabei zu Geschichten ausgeweitet oder sie wurden in Geschichten eingearbeitet. Bevor aber die Legendenentstehung genauer eruiert wird, wollen wir das wichtigste Symbol des Christentums besprechen: das Kreuz. Die nächsten Kapitel zeigen, was das Kreuz in der Urgemeinde tatsächlich bedeutet hat.

DAS KREUZ: SYMBOL DES LEBENS ODER SYMBOL DER KREUZIGUNG?

Jesus ist unter den bekannteren Religionsstiftern derjenige, der am stärksten auf das Gegensatzpaar »Leben – Tod« abzielt. Obiger Spruch mit den Formulierungen »wird leben« und »wird sterben« verdeutlicht dies. Jesus legt den sprachlichen Schwerpunkt auf das Gegensatzpaar »Leben – Tod«. Die Vorliebe bei der Wortwahl mit Begriffen um das Themengebiet »Tod« und sein Gegenstück »Leben« ist durch den frühen Verlust seines Vaters geprägt. Der frühe Verlust des Vaters hatte einen großen Einfluss auf ihn; Jesus musste sich früh mit dem Tod befassen und hat zum hoffnungsfrohen Leben-Wollen zurückgefunden. Eine solche Wortwahl ist natürlich grundsätzlich zulässig, auch andere haben Begriffe wie »Leben« metaphorisch gebraucht; erinnert sei an »Prana« (= Lebenskraft, Lebensatem) im Hinduismus.

Bei Jesus steht allerdings das Begriffspaar »Leben – Tod« in einem so hohen Maße im Vordergrund, dass alleine die Wortwahl die gestiftete Religion maßgeblich formte, wie sich noch erweisen wird. Zwar handelt es sich um metaphorische Begriffe, etwa beim Wort »Leben« für das Unaussprechliche, für das, worüber man sich kein Bild machen soll, für das Höchste. Aber im Weltlichen, im Raum der Namen, ist es nun einmal mehr als eine Nuance, und es ist dort nicht gleichgültig, welche Wörter Jesus verwendet. Jesus gebraucht auch andere metaphorische Begriffe, aber mit geringerer Prägnanz, darunter das Gegensatzpaar »voller Licht –

voller Dunkelheit«. Das Wort »Licht« erinnert dabei an Buddhas zentrale Formulierung »Erleuchtung«, mit der Buddha ebenfalls einen Schwerpunkt setzte, der die gesamte Religion beeinflusste – so wie Jesus mit seinem »Leben«. Aber nicht nur die Wortwahl ist durch Jesu Biografie geprägt, sondern auch die Symbolik. Dies gilt sogar für beide Seiten des Gegensatzpaares »Leben – Tod«. Das christliche Symbol des Kreuzes ist vordergründig ein Tötungsinstrument, weil es mit Jesu Tod am Kreuz in Verbindung gebracht wird. Doch Jesus selbst hat das Symbol aus einem anderen Grund gewählt, nämlich weil es für das Leben steht. Nachfolgend wollen wir dies erschließen.

Das wichtigste christliche Symbol, das Kreuz, ist mit der Erzählung der Kreuzigung verbunden. Diese findet sich in den kanonischen Evangelien. Aufgrund des christlichen Einflusses werden Authentizität und Alter der kanonischen Evangelien im Verhältnis zum Thomasevangelium oft höher eingeschätzt. Schon die wenigen bisher aufgeführten Punkte lassen aber das Thomasevangelium als eine Wurzel der Erzählungen des Neuen Testaments erscheinen. Wir sind verständlicherweise von diesen geprägt und damit tendenziell voreingenommen. Aber dass wir die biblischen Erzählungen besser kennen, oft von klein auf, dass wir mit ihnen vertraut sind, bedeutet nicht, dass sie der Wahrheit entsprechen.

Hinterfragen wir die Erzählungen, stellen sich eine Reihe von Fragen, etwa bezüglich der biografischen Angaben. War Jesus wirklich arm, auch armer Abstammung? Wovon lebte er? Wie alt war er, als er starb? Wie alt war er, als er aus Ägypten kam? Welche Erfahrungen brachte er mit? War er überhaupt in Ägypten? Welche Rolle spielte König Herodes wirklich? Wie konnte Jesus im Tempel, ein großes Gebäude mit überragender religiöser und wirtschaftlicher Bedeutung, randalieren? Wieso wurde das nicht unterbunden, er nicht sofort festgenommen? Wieso wurden seine Thesen und seine Herkunft relativ ernsthaft, auch von jüdischen Rabbis, die nicht zu seinen Anhängern gehörten, erörtert? Einschließlich seines »König-Seins«? Wieso wurde das sogar in hohen Gremien diskutiert, wenn er nur ein Sektenführer, wie die Kirche heute sagen würde, war? War er doch hoher Herkunft? Hatte er gute Beziehungen zur Regierung, wie der Talmud zu überliefern scheint? Wieso wurde er zum Tod durch Kreuzigung verurteilt und nicht, wie es das Gesetz verlangte, gesteinigt? Wurde er überhaupt gekreuzigt, oder doch nicht, wie man im Islam meint? Ist das nur spätere antichristliche Polemik oder fußt es auf solider Überlieferung? Wieso starb er überhaupt, er hätte es doch leicht vermeiden können? Weshalb starb er für unsere Sünden, obwohl die Welt dadurch nicht besser wurde? Wie kommt es, dass die Erzählungen der Evangelien des Neuen Testaments, obwohl allem Anschein nach später geschrieben, wirken, als seien die Erzähler Augenzeugen gewesen? Kann dann das Neue Testament überhaupt später verfasst worden sein als das Thomasevangelium? Oder hat es mehrere Quellen? Und wenn ja, welche?

Die Kreuzigungsfrage sei aus diesen vielen Fragen herausgegriffen. Wurde Jesus überhaupt gekreuzigt? Es ist auffällig, dass schon sehr früh ausgerechnet die Kreuzigung angezweifelt wurde. Dies geschah nicht erst beim Verfassen des Korans, der Jesu Kreuzigung nicht anerkennt, wobei die Meinung früherer Strömungen aufgegriffen wurde, die sich als Anhänger Jesu begriffen – ob wir sie nun christlich oder gnostisch nennen, sei dahingestellt. Hierbei drängen sich zwei Fragen auf: Ist es möglich, dass ausgerechnet die Kreuzigung von Anhängern Jesu vergessen wurde? Oder alternativ: Ist es möglich, dass sich eine Kreuzigungslegende gebildet hat, obwohl Jesus nicht gekreuzigt wurde?

Die erste Frage, ob Anhänger Jesu seine Kreuzigung »vergessen« haben könnten, wird man bei einer öffentlichen Hinrichtung eher verneinen wollen. Außerdem hätte ohne Kreuzigung auch die Auferstehung Jesu nicht stattfinden können, die aber ein wesentlicher Punkt der christlichen Religionsauffassung ist. Ohne vorherigen Tod kann man nun einmal nicht von den Toten auferstehen.

Bei der zweiten Frage, ob sich eine Kreuzigungslegende ohne wahre Grundlage bilden kann, fällt auf, dass die Kreuzigungserzählung in der Nähe der Legenden um die leibliche Auferstehung und die spätere Himmelfahrt steht. Hierbei muss es sich um Legenden handeln. Der Kreuzigungsbericht unterscheidet sich von diesen unmöglichen Ereignissen vor allem darin, dass die Kreuzigung tatsächlich passiert sein kann. Aber nur weil etwas möglich ist, muss es nicht zwangsläufig stattgefunden haben.

Zwingend ist es also nicht, dass Jesus gekreuzigt wurde. Die Frage kann erst später endgültig beantwortet werden. Vorerst seien das Symbol Kreuz und die Kreuzigung getrennt. Das Kreuzsymbol hatte möglicherweise anfangs nichts mit einer Kreuzigung zu tun, Kreuze werden in vielen Kulturen als Symbol verwendet. Uns interessiert, ob das Kreuz als Symbol zu Lebzeiten Jesu existierte und somit unabhängig von einer Kreuzigung etwas bedeutete, und wenn ja, was es bedeutete. Dabei spielt möglicherweise seine Schwerpunktsetzung auf das »Leben« in der Folge des väterlichen Verlusts eine Rolle. Später mag dann eine vorhandene Kreuzsymbolik oder auch ein entsprechendes Wort in einem Jesusspruch die Inspirationsquelle zu einer Legende über eine Kreuzigung gewesen sein.

ELTERN: EHREN ODER HASSEN?

Wir suchen somit nachfolgend Jesusworte, in denen das Wort »Kreuz« vorkommt. Wir finden es in Matthäus 10, 37f.: *Wer Vater oder Mutter mehr liebt als mich, ist meiner nicht würdig; und wer Sohn oder Tochter mehr liebt als mich, ist meiner nicht würdig; und wer nicht sein Kreuz aufnimmt und mir nachfolgt, ist meiner nicht würdig.*

Das Kreuz-Aufnehmen ergibt keinen rechten Sinn. Jesus konnte von seiner Kreuzigung und insbesondere vom vorherigen Kreuz-Tragen nichts wissen. Wenn er dennoch davon geahnt haben sollte, hätte er wohl nicht zum Hinrichtungskreuz-Tragen aufgefordert und damit dazu, sich bewusst kreuzigen zu lassen. Eine solche Suizidaufforderung passt nicht zu den übrigen Aussagen Jesu und hätte auch zu keiner überlebensfähigen Religion geführt. Doch auch eine metaphorische Bedeutung ist nicht ohne Weiteres erkennbar, wobei es das geflügelte Wort vom »Kreuz-Tragen« im Sinne eines »Schicksal-Erduldens« noch nicht gegeben haben kann, es entstand ja erst infolge des Jesuswortes und der Kreuzigungserzählung. Jesus kann aus diesen Gründen mit Blick auf eine Kreuzigung nicht vom »Kreuz-Tragen« gesprochen haben.[14] Dass man die Eltern weniger als Jesus lieben soll und dabei ein Hinrichtungswerkzeug tragen soll, gehört zudem nicht

14 Auf den ersten Blick scheint hier eine Interpolation – eine spätere Bearbeitung des originalen Textes – vorzuliegen: Ein Dritter könnte bei der Überarbeitung des Jesusworts die Kreuz-Tragen-Stelle nachträglich eingefügt haben. Das ist jedoch abwegig: Wieso sollte ein Späterer dem Jesuswort ausgerechnet etwas vom Kreuz-Tragen beifügen? Wieso stellte er es zum Thema Elternhass? Das ergibt keinen Sinn. Durch die Interpolationsthese würde das Problem nicht gelöst, sondern lediglich durch ein anderes ersetzt.

zusammen und passt auch nicht zusammen. Wir werden deshalb folgende Möglichkeit erwägen: Jesus sprach vom Kreuz-Tragen, meinte aber etwas anderes, also weder ein Hinrichtungskreuz noch ein geflügeltes Wort.

Die Stelle korrespondiert mit folgender Stelle aus dem Thomasevangelium: *(55) Wer seinen Vater und seine Mutter nicht hasst, kann nicht mein Jünger werden. Und [wer nicht] seine Brüder und seine Schwestern hasst [und] wer [nicht] sein Kreuz trägt wie ich, wird meiner nicht würdig sein.*

Unterschiede finden sich in der deutlicheren Sprache bei Thomas, dort steht »hasst«. Bei Matthäus ist das Jesuswort auf zweifache Weise abgeschwächt, zum einen drückte er es positiv aus, und zwar durch den Gebrauch des Gegenteils von hassen, nämlich »liebt«, zum anderen führte er den Vergleich »als mich« ein (was zudem etwas unreif wirkt, ähnlich wie die Aufforderung: »Liebt mich mehr!«).

Außerdem fehlt im Thomasevangelium der Satzteil »und mir nachfolgt«. Bei Matthäus wird damit der vorangehende Kreuz-Passus interpretiert. Dies muss von einer anderen Person als Jesus erfolgt sein, die damit den Jesusspruch erweiterte. Nur in Kenntnis beziehungsweise in der Annahme einer Kreuzigung Jesu konnte sie so der Aufforderung, wie Jesus das Kreuz zu tragen – und sich dann kreuzigen zu lassen –, einen »weicheren« Sinn geben. »Nachfolgen« wird man dann nämlich übertragen verstehen: »Folgt meinem Vorbild, meiner Ethik, seid duldsam«, oder dergleichen, es meint nicht zwingend: »Lasst euch töten.«

Die Stelle korrespondiert ferner mit Lukas 14, 26: *Wenn jemand zu mir kommt und hasst nicht seinen Vater und seine Mutter und seine Frau und seine Kinder und seine Brüder und Schwestern, dazu aber auch sein eigenes Leben, so kann er nicht mein Jünger sein; und wer nicht sein Kreuz trägt und mir nachkommt, kann nicht mein Jünger sein.*

Lukas gebraucht das unabgeschwächte und nicht relativierte Verb »hassen«. Seine (umfangreichere) Personenaufzählung umfasst alle bei Thomas genannten Personen. Während Matthäus ausschließlich »nicht würdig« verwendete, gebraucht Lukas nur das »Nicht-Jünger-Sein«; bei Thomas finden wir beide Formulierungen. Das interpretatorische, also einer späteren Textbearbeitung zuzuschreibende »Mir-Nachkommt« entspricht dem Text bei Matthäus. Auffälligerweise ist nun außer der Reihe das »eigene Leben« hinzugefügt, das man nun auch noch hassen soll.

Lukas hat nun das »Leben« nicht selbst hinzugedichtet, denn das Leben zu hassen erhöht den Sinn der Aussage nicht. Zudem findet durch »Leben« ein Bruch im Aufbau statt, da es nicht zur Reihe der aufgezählten Verwandten (Vater, Mutter und die übrigen) passt. Dieser Lukas-Zusatz »Leben« ist nun einer der Schlüssel zum Verständnis des Satzes und seiner Geschichte. Lukas hat nämlich, mittelbar oder unmittelbar, aus einer Quelle geschöpft, in der das Wort»Leben« in irgendeiner Form vorkam. Es wird sich zeigen, dass es ein Kreuzsymbol war, ein Lebenskreuzsymbol.

Wir sehen uns dazu das Wort »Kreuz« aus dem Spruch des Thomasevangeliums an, und zwar so, wie es (man schätzt grob im Jahre 400 nach Christus) niedergeschrieben wurde. Das Thomasevangelium ist in koptischer Sprache verfasst, der in der Spätantike entstandenen Form des Ägyptischen. Das Koptische hat weitgehend das griechische Alphabet und auch viele griechische Wörter übernommen. Die früheren Hieroglyphen finden keine Verwendung mehr, bis auf eine: Das Anch, ein Kreuz, dessen oberer Teil einen Kringel oder Kreis darstellt: ☥. Das Symbol wird nicht einheitlich dargestellt, es gibt Variationen seiner Form. Außerdem wandelte sich seine Darstellung im Laufe der Zeit. Die Bedeutung dieser Hieroglyphe ist »Leben«.

Diese Hieroglyphe, wir nennen sie ab jetzt Lebenskreuz, gab es im alten Ägypten sehr häufig. Es handelte sich um ein wichtiges religiöses Symbol, das aber auch in nichtreligiösen Schriften Verwendung fand. Oft schmückte es beispielsweise Briefe, nach Art einer religiösen Bekräftigung oder des Wunsches an den Adressaten: »Lebe (ewig).« In spätantiker Zeit wurde es in der gleichen Weise weiterverwendet, obwohl ansonsten keine Hieroglyphen mehr in Gebrauch waren. So gibt es koptische Schriften, in denen jede Zeile oder jeder Absatz mit dem Lebenskreuz begonnen oder auch beendet wurde.

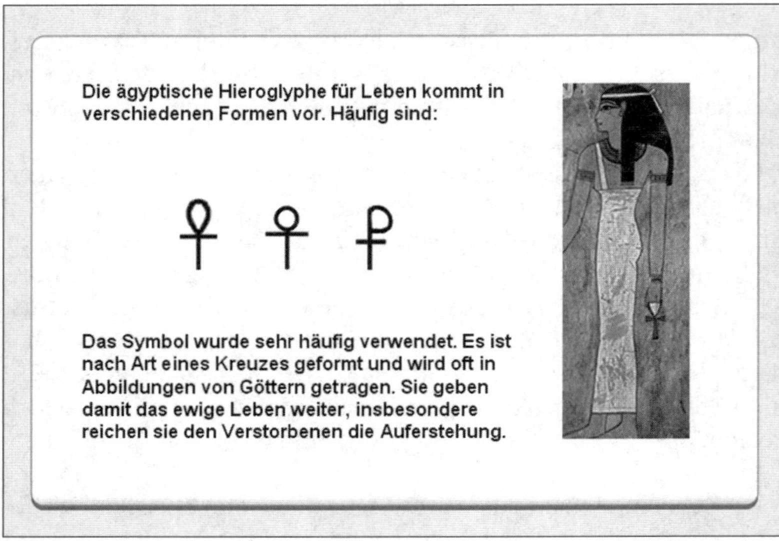

Abbildung 4: Das Lebenskreuz, das ägyptische Zeichen für »Leben«

In der Handschrift des Thomasevangeliums finden wir das Lebenskreuz nicht als solchen Schmuck. Vielmehr hat es der Schreiber zum Abkürzen gebraucht, und zwar genau an der maßgeblichen Stelle des betreffenden Spruchs: »... [und] wer [nicht] sein Kreuz trägt ...« Dabei ersetzt der Schreiber nicht das ganze Wort »Kreuz« durch das Symbol. Vielmehr verwendet er das griechische Lehnwort für Kreuz und kürzt es ab, indem er mehrere der inneren Buchstaben des Wortes »Kreuz« durch das Symbol des Lebenskreuzes[15] ersetzt, die äußeren aber belässt.

Dies ist nun kein Zufall. Die Handschrift des Thomasevangeliums zeichnet sich weder durch den Gebrauch von Hieroglyphen zur Abkürzung noch zur Ausschmückung aus. Vielmehr hat der Schreiber in einer ansonsten alphabetischen Schrift bei diesem Wort die Hieroglyphe eingefügt. Gezielt nimmt der Schreiber einige Buchstaben weg, um monogrammartig das Lebenskreuz einzufügen.

15 In der Antike waren zudem Abkürzungen üblich, bei denen Buchstaben verschliffen wurden. Hier liegt aber nicht einfach ein solches Monogramm vor (dazu später mehr).

Damit folgte er aber sicher einer älteren Tradition, die dem Wort »Kreuz« die verborgene Bedeutung »Leben« zuwies.[16] Zugleich betonte er die Heiligkeit des Wortes, denn heilige Begriffe und Namen (wie »Jesus«) wurden abgekürzt. Um eine bloß aus Bequemlichkeitsgründen durchgeführte Abkürzung ohne Zusatzbedeutung handelt es sich keinesfalls.

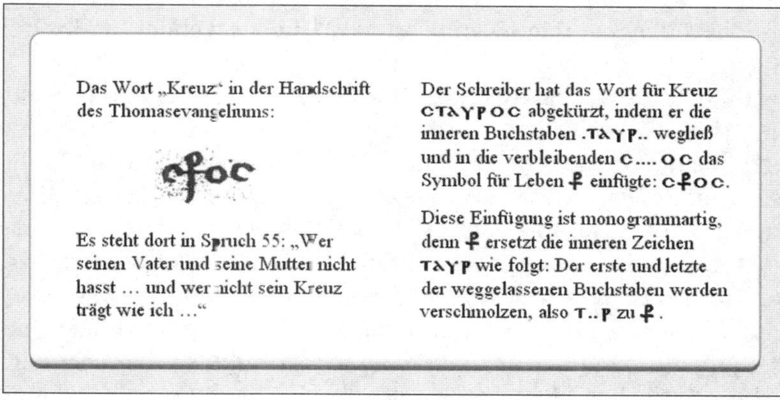

Abbildung 5: Nomen Sacrum mit Lebenskreuz in der koptischen Handschrift des Thomasevangeliums

Wir haben nun zwei Fundstellen, bei denen im Kreuz-Spruch das Wort »Leben« vorkommt: Einmal als Symbol im Thomasevangelium, einmal als Wort in der Lukasversion. Das ist sehr bemerkenswert, denn die übrigen Evangelisten führen das Wort »Leben« nicht in dem Jesusspruch auf, und es ist auch nicht leicht verständlich. Wie kann es dazu gekommen sein?

Lukas selbst (oder einem Vorgänger) lag der Spruch in einer Form vor, in der beides enthalten war: Das Kreuz als Wort und das Leben als Symbol (als Lebenskreuz), genauso wie im Thomasevangelium! Er hat nun pflichtgetreu das Wort »Leben« in den

16 Anscheinend stammt die Idee, dass das Wort »Kreuz« hier »Leben« bedeutet und nicht mit der Kreuzigung in Verbindung steht, von Wolfgang Kosack. Der Berliner Koptologe hat es nicht selbst publiziert, sein Umfeld aber entsprechend berichtet (siehe Bobrowski, Juliane: *Wer war Jesus? – Eine Spekulation,* dort die Kapitel »Der Erste der Schüler« und »Der Stein, der ins Rollen kam – Wolfgang Kosack«). Ohne solche weitergehenden Schlüsse zu ziehen, wurde in dem Symbol auch schon früher ein Anch gesehen (etwa von Victor Gardthausen in seinem Buch *Das alte Monogramm,* Leipzig 1924).

Text eingebaut, um die Bedeutung des Symbols zu bewahren. Den Text hat er etwas - für ihn sinnvoll - ausgeschmückt. Zwar lag ihm der Spruch insgesamt nicht exakt so vor, wie er im Thomasevangelium festgehalten ist, sondern teilweise wie bei Matthäus. Aber das Wort »Kreuz« lag ihm so vor wie in der Handschrift des Thomasevangeliums, nämlich doppelten Inhalts, geschrieben als »Kreuz« und abgekürzt mit dem Lebenskreuz, dem Symbol des Lebens. Lukas' Vorlage beinhaltete also beides, Leben und Kreuz, in einem Wort.[17]

Lukas führt einmal den Satz wörtlich mit »Kreuz« auf. Korrekt und präzise, wie er ist, unterschlägt er aber das Symbol für »Leben« nicht. Was tut er? Er schlägt es einfach der Aufreihung der Verwandten zu: Auch das eigene Leben soll man hassen. Dies kann man tun, wenn man wie Lukas von Jesu Kreuzigung ausgeht. Denn nun ist dieser Teil des Satzes zumindest logisch: Hasse dein Leben und lass dich kreuzigen. Lukas gab sein Bestes, er ging vielleicht davon aus, dass seine Vorlage irgendwie beschädigt, unstimmig oder unvollständig war, zumindest hat er im Ergebnis das Leben nicht mit dem Kreuz gleichgesetzt oder in einer Reihe hinzugefügt, sondern der Verwandtschaft zugeordnet. Sicher aber hat Jesus, der »Fürst des Lebens« (Apostelgeschichte), nie dazu aufgefordert, das eigene Leben zu hassen.

Lukas war offenkundig gewissenhaft. Er wertete alle ihm vorliegenden Quellen vollständig aus. Er wollte kein Wort weglassen. Er änderte nur ungern etwas. Das Bett Salomes blieb ein Bett trotz inhaltlicher Probleme (17, 34). Bei Matthäus wurde es hingegen in ein Feld umgewandelt. Lukas beließ auch im Elternhass-Spruch das Verb »hassen«. Und selbst das Reich Gottes machte er nicht jenseitig (17, 21). Die Legenden, die er übermittelt, hat er nicht erfunden, sondern er hat an sie geglaubt und vermutlich genauso gewissenhaft zu übermitteln versucht wie die Sprüche.

---

17 Die Lukasstelle ist damit indirekt der erste Hinweis auf diese Art der Abkürzung des Wortes »Kreuz«, die sich auch in griechischen Handschriften findet und längere Zeit gebräuchlich gewesen ist (etwa im *Papyrus Berolinensis 22220*). Spätestens wenige Jahrzehnte nach Jesu Tod gab es bereits die heilige Abkürzung des Wortes »Kreuz« mithilfe des Symbols für Leben! Umgekehrt belegt die Lukasstelle, dass Lukas um die verborgene Bedeutung »Leben« bei der Abkürzung des Wortes »Kreuz« mit dem Lebenskreuzsymbol wusste. Es gibt keine andere Erklärung, wie er bei diesem Spruch im Unterschied zu den übrigen Evangelisten auf das Wort »Leben« kommt.

Der Kreuz-Spruch ist keine freie Erfindung von Matthäus, Lukas oder Thomas. Bei Thomas kommt hinzu, dass die Kreuzigung im ganzen Thomasevangelium nicht thematisiert wird. Das Wort »Kreuz« taucht im Thomasevangelium ein einziges Mal im obigen Satz auf. Wir versuchen nun eine inhaltliche Klärung. Dazu lassen wir hilfsweise den Kreuz-Passus einfach weg. Thomas 55 ohne Kreuz-Passus liest sich dann wie folgt: *»Wer seinen Vater und seine Mutter nicht hasst, kann nicht mein Jünger werden. Und [wer nicht] seine Brüder und seine Schwestern hasst, wird meiner nicht würdig sein.«*

Wir haben nun einen klaren, gleichmäßigen Spruch ohne eine Sequenz, die inhaltlich oder in Bezug auf die Symmetrie und den Sprachfluss störend wirkt. Das Auslassen der Kreuz-Passage wird darüber hinaus inhaltlich legitimiert, da wir dann auch vom Aufbau her eine hohe Parallelität zum verwandten Spruch Thomas 101 haben: *»Wer nicht seinen Vater und seine Mutter haßt, wird nicht [mein Jünger] werden können. Und wer seinen [Vater nicht] liebt und seine Mutter wie ich, wird nicht mein [Jünger] werden …«*

Die drastische Aufforderung, die Eltern zu hassen, richtet sich nicht an Jugendliche, damit diese den Eltern das Leben schwer machen, sondern an Erwachsene. Der Elternhass ist auch kein ethischer Lehrsatz – das ergäbe keinen Sinn, wäre sogar ein fatales Fehlsignal. Er richtet sich nicht konkret gegen die Eltern. Wieso fordert Jesus aber dazu auf, die Eltern zu hassen?

Die Beantwortung der Frage findet sich nicht auf der Ebene gängiger religiöser Gesetze, sondern auf der Ebene konkreter Anweisung, die ihre Wirksamkeit im Bereich der Psyche und der inneren Spiritualität entfaltet: Der Elternhass ist ein Instrument, und zwar eines, das sich im Inneren gegen alle erstarrten Strukturen richtet, gegen Denk-, Empfindungs- und Verhaltensgewohnheiten, die sich seit frühester Kindheit im Inneren angesammelt haben, reflektorisch als Antwort auf die Eltern, aber nicht nur auf diese. Der Elternhass soll frei machen für das Spirituelle, für die Begegnung mit Gott. Deswegen lehrt Jesus ihn, als vorbereitendes Werkzeug: Hasse deine Eltern, löse deine inneren Erstarrungen, töte dein Ego, dann kannst du dem Göttlichen begegnen!

Dass Jesus ausgerechnet die Loslösung von den Eltern forderte, damit man sich von inneren Zwängen, von innerer Erstarrung, vom Ego freimacht und so auf den Weg zur Erfahrung des Göttlichen begibt, hängt mit dem Verlust des Vaters zusammen, unter dem er sehr gelitten hat. Er schuf damit ein äußerst mächtiges Werkzeug; andere Religionsstifter, die ebenfalls Mittel zur Schwächung des Egos erdachten, empfahlen andere Werkzeuge. Der Verlust des Vaters hat Jesus veranlasst, sich mit elterlichen Prägungsmustern zu befassen. Denn diese haben nach dem Tod eines Elternteils keinen Sinn mehr, da die Person, der die Muster zuvor eigentlich galten, plötzlich fehlt. Das Hassen verdeutlicht, dass Jesus sich auch mit der tiefenpsychologisch wichtigen emotionalen Ebene auseinandergesetzt hat.

Damit wird die inhaltliche Bedeutung des Spruchs allmählich klar: Wer nicht die Eltern hasst, wer nicht sein im Laufe der Jahre Erstarrtes, Totes in seinem Inneren zerstört, kann nicht mein Jünger werden, kann nicht dem Göttlichen begegnen. Denn dieser Teil ist metaphorisch: Jesu Jünger zu sein meint nicht, einer Clique anzugehören, sondern dem lebendigen Leben zu begegnen.[18]

Der Elternhass dient der Erleuchtung, ist eine Vorbereitung zur Begegnung mit Gott. Er richtet sich gegen das Erstarrte im Inneren, das der vom Verlust sprachlich beeinflusste Jesus als tot auffasst. Der Inhalt wird auch durch den unmittelbar darauffolgenden Satz deutlich (Thomas 56): *Jesus sagte: Wer die Welt erkannt hat, hat einen Leichnam gefunden; und wer einen Leichnam gefunden hat, dessen ist die Welt nicht würdig.*

Wer die »Welt erkannt hat«, also das Weltliche, das Nicht-Spirituelle, der hat »einen Leichnam gefunden«, das tote Ego, das Erstarrte in seinem Inneren. Wer aber sein Ego »gefunden« – und damit zerstört – hat, dessen ist die »Welt nicht würdig«, der ist über das Weltliche hinausgewachsen, der ist im Spirituellen, der ist eins mit Gott. Mit »Leichnam« verwendet auch dieser Spruch eine markante Metapher, die zu einer Person passt, die sich wie Jesus infolge eines schweren Verlusts ausgiebig mit dem Tod befasst hat.

18 Wenn man schon in Kategorien der Gruppenzugehörigkeit denken möchte, meint Jesu-Jünger-Sein zum Kreise derer zu gehören, die dem Spirituellen begegnet sind. Mit der Zugehörigkeit zu einer Religionsgemeinschaft hat es nichts zu tun.

Damit ist der Elternhass nun aufgeschlüsselt: Hasse deine Eltern, löse die innerlich erstarrten Strukturen, töte dein Ego, finde deinen Leichnam. Die erstarrten Strukturen erachtet Jesus somit als tot. Dieses harte Urteil über Festgefahrenes im Inneren ist durchaus legitim, das tun andere Erleuchtete auch; bei Jesus sind in der Folge des Verlusts des Vaters Begriffe um den Tod die wichtigsten Bezeichnungen.

Das Gegenteil des erstarrten Inneren, des »Leichnams«, ist das spirituell erweckte Innere Ihm gibt Jesus folgerichtig den Namen »Leben«. Und genau so kommt das »Leben« auch in den Elternhass-Spruch! Dies geschieht über das Symbol des Kreuzes, das aber für das Leben steht. Der Kreuz-Spruch lautet: *Wer seinen Vater und seine Mutter nicht hasst, kann nicht mein Jünger werden. Und [wer nicht] seine Brüder und seine Schwestern hasst [und] wer [nicht] sein Kreuz trägt wie ich* – wer nicht Leben in sich trägt! – *wird meiner nicht würdig sein.* Zerstöre das Tote in dir, und das Leben kommt zum Vorschein. Jetzt ergibt das Symbol des Lebens Sinn!

Das im Thomas-Spruch 55f. entwickelte Konzept ist Jesus im höchsten Maße gelungen[19] Es konzentriert sich aufs Wesentliche, es ist radikal und hochwirksam. Wenn du das Weltliche wegnimmst, bleibt das Spirituelle, es erscheint ganz von selbst, denn es ist eigentlich schon da, nur verdeckt.

Freilich verdecken auch Jesu Sprache und Symbolik manches – und sie tun das nicht erst heute, sondern sie taten es bereits seinerzeit. Es ist aber zugegebenermaßen auch ein schwierig auszudrückender Sachverhalt, denn für das Spirituelle gibt es letztlich nur Formulierungen, die für diejenigen, die es nicht kennen, in der Regel missverständlich sind. Üblich sind dabei insbesondere Missverständnisse, bei denen Inneres äußerlich ausgelegt wird. Der Spruch Jesu ist aber sicher inwendig gemeint, denn die Emotion Hass ist etwas Inwendiges (Jesus meinte keine destruktive Äußerung des Hasses, eine solche ist selbstredend verboten).

Über ein bloßes Missverstehen von Innen und Außen geht dann allerdings jemand hinaus der Legenden regelrecht erfindet. Genau dies geschah später und führte zu den Erzählungen des

19 An solchen Sätzen erkennt man, dass Jesus die für sich bereits seltenen Eigenschaften Göttlichkeit und Genialität in sich vereint.

Neuen Testaments. Jesus konnte nicht ahnen, dass eines Tages sein Kreuz für ein Hinrichtungswerkzeug stehen würde. Vielmehr muss er angenommen haben, dass die Personen in seinem engen Anhängerkreis nicht vergessen würden, dass das Kreuz für das Leben als solches steht.

Was den Elternhass-Spruch angeht, haben sich die Belege verdichtet, dass ein Kreuz das Symbol des Lebens war und dass Jesus mit Kreuz »Leben« meinte: Lukas erwähnt, ansonsten unerklärlich, das Wort »Leben«. Der Satz erfährt einen Sinn, wenn das Kreuz »Leben« bedeutet, während Jesus unmöglich die Hinrichtungsart Kreuzigung gemeint haben kann. Es erscheint als Lebenskreuzsymbol in der Handschrift des Thomasevangeliums. Zudem ist »Leben« das Lieblingswort Jesu für das Spirituelle.

Es ist genau umgekehrt, als man, die Kreuzigung Jesu im Kopf, meinen könnte. Dieser Jesusspruch mit dem Wort »Kreuz« bezieht sich nicht vorab auf die Kreuzigung. Vielmehr entstand die Geschichte der Kreuzigung in der Folge dieses Spruchs. Ein kleiner, schwer verständlicher Passus in Thomas 55 war für den Legendenschöpfer der Katalysator für die Hinrichtungsart Kreuzigung. Er ließ sich zudem vom Kreuz-Tragen zu dem Teil der Leidensgeschichte Jesu inspirieren, in der Jesus das Kreuz trug. Wir wollen aber der Legendenbildung nicht weiter vorgreifen, die Entstehung der Kreuzigungserzählung wird an anderer Stelle genauer erarbeitet.

Jesus hat ein Kreuzsymbol ägyptischen Ursprungs verwendet. Wie er ein solches Symbol verwenden konnte? Laut Neuem Testament war Jesus auch in Ägypten (Matthäus 2, 13ff.). Er könnte jedoch auch in seiner Heimat davon Kenntnis erlangt haben. Schließlich waren er und seine Anhänger keine engstirnigen Menschen, die sich nur für ihr eigenes Umfeld und ihre eigene Religion interessierten. Ferner gab es in Israel nachweislich zahlreiche kulturelle und religiöse Gruppierungen. Jesus machte im Übrigen nicht nur Anleihen bei den Ägyptern, sondern auch bei den Griechen (Thomas 3 und 67), er war also keineswegs nur in der jüdischen Tradition verhaftet.

Außerdem handelte es sich nicht um irgendeine, sondern um eine der bekanntesten Hieroglyphen. Dieses Symbol war weitverbreitet im gesamten Mittelmeerraum, beispielsweise auch bei den Phöniziern. Jesus dürfte also genügend Gelegenheiten gehabt haben, das Symbol des Lebenskreuzes kennenzulernen. Dieses Symbol passt zu seiner Gemeinde, denn »Leben«, wofür es steht, ist das Wort seiner Wahl, und so ist es naheliegend, dass er sich eines bereits bekannten Symbols für diesen zentralen Begriff seiner Lehre bedient, auch wenn es aus dem Nachbarland stammt. Man kann dies insbesondere dann tun, wenn es dort schon eine spirituelle Bedeutung hat, denn es sind die Götter, die das »ewige Leben« tragen. Womit Jesus auch zum Terminus »Kreuz-Tragen« durch Ägypten angeregt worden sein kann, wo das Lebenskreuz in rituellen Zeremonien getragen wird, wie auf vielen Abbildungen dargestellt ist und wie es Abbildung 5 (S. 67) beispielhaft zeigt. Hingegen dürfte es kaum plausibel zu machen sein, dass Jesus durch das spätere Tragen des Hinrichtungskreuzes auf dem Weg zum Tod in den biblischen Erzählungen inspiriert wurde - von dem er in früheren Lebensjahren nichts gewusst haben kann - vom Kreuz beziehungsweise Kreuz-Tragen zu sprechen.

Es gibt noch weitere, wenn auch andersartige Belege, dass das Kreuz bei Jesus für »Leben« steht und dass das Lebenskreuz Symbol der Gemeinde war. Aus einem einfachen Grund lässt sich dies nämlich nur begrenzt mit Jesusworten zeigen: Es ist nur dieser eine Spruch Jesu erhalten, in dem Jesus selbst das Wort »Kreuz« verwendet. Es gibt aber noch eine zweite Stelle, die Jesus selbst mit dem Kreuz in Verbindung bringt. Dabei handelt es sich um einen Jesusspruch, bei dem er auf ein Kreuz zeigte, während er sprach. Es handelt sich hierbei um den bekannten Münzspruch Jesu.

DAS KREUZ AUF DER MÜNZE

Wir vergleichen zum weiteren Verständnis den Münzspruch der kanonischen Version mit der des Thomasevangeliums. In Markus 12, 14ff. heißt es: *... Ist es erlaubt, dem Kaiser Steuer zu geben oder nicht? Sollen wir sie geben oder nicht geben? Da er aber ihre Heuchelei kannte, sprach er zu ihnen: »Was versucht ihr mich? Bringt mir einen Denar, damit ich ihn sehe. ... Wessen ist dieses Bild und die Aufschrift?« Sie aber sagten zu ihm: »Des Kaisers.« Jesus aber sprach zu ihnen: »Gebt dem Kaiser, was des Kaisers ist, und Gott, was Gottes ist.« Und sie verwunderten sich über ihn.*

Bemerkenswerterweise gibt Spruch 100 des Thomasevangeliums die eben zitierte Passage teilweise kürzer, teilweise länger wieder: *Sie zeigten Jesus ein Goldstück und sagten zu ihm: »Die Leute des Kaisers verlangen von uns Steuern.« Er sagte zu ihnen: »Gebt dem Kaiser, was des Kaisers ist; gebt Gott, was Gottes ist. Und was mein ist, gebt es mir.«*

Jesu Antwort in Markus ist zweiteilig: »Gebt dem Kaiser, was des Kaisers ist, und Gott, was Gottes ist.« In Thomas ist sie dreiteilig, zusätzlich steht dort: »Und was mein ist, gebt es mir.«

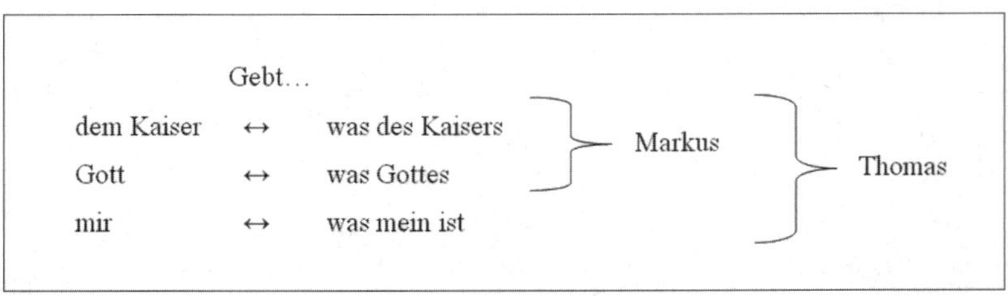

Abbildung 6: Die drei Bestandteile des Münzspruchs und dessen Überlieferung

Alles spricht dafür, dass auch dieser dritte Teil von Jesus gesagt und nicht später zugefügt wurde. Hauptsächlich fehlt ein Motiv,[20] das dazu veranlasst haben könnte, Jesus diesen kaum verständlichen Satz in den Mund zu legen: Wieso soll man Jesus geben, was »ihm ist«, also was ihm gebührt? Wieso stellt er sich derart neben Kaiser und Gott? Ohne Hintergrundwissen ist die Bedeutung dieses Satzes unklar.

Auffällig ist dabei, dass sich bei Markus die Hörer wundern. Jesu Antwort im Markusevangelium, Kaiser und Gott zu geben, was ihnen gebührt, ist aber leicht nachvollziehbar und kein Anlass zur Verwunderung. Die Verwunderung der Hörer wird nun verständlich, wenn sie tatsächlich den im Thomasevangelium übermittelten dritten Teil des Spruchs gehört hatten: »Und was mein ist, gebt mir.« Über diesen Satz kann man sich wirklich wundern. Auch wenn er bei Markus nicht übermittelt wird, ist er anscheinend gesagt worden, und die Verwunderung als Reaktion darauf wurde ebenso festgehalten.

Jesus sprach in Metaphern, so auch in diesem Spruch. Er meinte nicht die Abgaben an den Staat, an den Tempel und an ihn. Obzwar nach Abgaben gefragt wurde, ist seine Antwort metaphorisch. Die Metaphern kann sich ein Späterer nicht ausgedacht haben, insbesondere nicht mit dem dritten Satz als abschließenden Teil der schon bestehenden vorherigen Sätze. Die Metaphern müssen deshalb von Jesus sein: Gebt dem Kaiser, dem Staat, der Gesellschaft. Gebt Gott, der Kirche, dem Kult. Und gebt mir, dem Leben, dem Spirituellen!

Wort	Bedeutung	Verständlichkeit
Kaiser	Staat, Gesellschaft	Leicht
Gott	Kirche, Kult	Leicht
„Mir“	Leben, Spirituelles	Schwer

Abbildung 7: Metaphorische Bedeutungen der Bestandteile des Münzspruchs

20 Nur der Vollständigkeit halber sei erwähnt, dass eine nicht-metaphorische Sprucherweiterung ausscheidet (es hätte wohl kein Anhänger Jesus als raffgierig dargestellt).

Dies löste die Verwunderung aus, denn die Metapher des dritten Teils wurde nicht verstanden.[21] Die Gleichsetzung von »mir« mit »Leben«, mit dem Spirituellen, setzt ein Hintergrundwissen voraus, das offenkundig bei den Zuhörern nicht vorlag. Die beiden ersten Teile des Spruchs wurden von Markus übermittelt, der schwer verständliche dritte Teil fiel weg. Die Reaktion des Publikums auf den dritten Teil wurde aber belassen! Sie ist Bestandteil des erzählerischen Teils der Markusüberlieferung.

Ebenfalls aus erzählerischen Gründen wurde bei Markus die Auslegung als Heuchelei beigefügt.[22] Dabei wurde Jesus nachträglich ein Gedanke zugewiesen: »Da er aber ihre Heuchelei kannte …« Er gibt der Szene einen zusätzlichen Sinn, nachdem der Sinn des Spruchs durch Unverständnis des dritten Teils stark abgeschwächt war. Neben dem Satzteil mit der Heuchelei erfolgten weitere kleinere Ergänzungen nach Vorgabe der Steuerfrage. Dadurch wurde der erste Teil des Spruchs (»gebt dem Kaiser«) erzählerisch weit ausgebaut. Der Ausbau der Erzählung erfolgte erst im Laufe der Zeit während der Überlieferung. In der Folge dominieren der erste Teil (»gebt dem Kaiser«) und das Heuchelei-Thema.

Der originale Spruch bei Thomas lässt äußerlich keine Präferenz eines seiner drei Teile erkennen, auch wenn inhaltlich natürlich der dritte Teil, das Spirituelle, der wichtigste Teil ist. Durch die umfangreichen Erweiterungen des ersten Teils bei Markus tritt nach dem Wegfall des dritten Teils nun ausgerechnet auch der zweite Teil (»gebt Gott«) in den Hintergrund: Der »Gebt-Gott«-Teil steht völlig isoliert da! Für einen religiösen Text ist diese Geringschätzung doch bemerkenswert. Die Betonung der Heuchelei marginalisiert zudem die Metaphorik des Spruchs. Sie geht in dieser Form nicht auf Jesus zurück, sondern ist eine spätere Ergänzung, die den originalen Jesussatz reduziert und verfremdet.

Ursprünglich hatte Jesus also alle drei Teile seines Spruchs aufgesagt. Das Publikum wunderte sich über den dritten Teil. Im Zuge der Überlieferung wurde der dritte Teil des Spruchs wegge-

21 Eine nicht-metaphorische Auslegung, also Geldzahlungen an Jesus, ist seitens dieser Hörer auszuschließen. Sie hätten sich sonst nicht gewundert (und es wäre auch sehr primitiv gewesen). Jesus hat also kein Geld genommen.

22 Bobrowski argumentiert bereits in diese Richtung (siehe dort das Kapitel »Das Artefakt«).

lassen, die Reaktion auf ihn aber belassen. Stattdessen wurde ein anderer Sinn als Ersatz für das Fehlende hineininterpretiert und in die Handlung eingebaut.

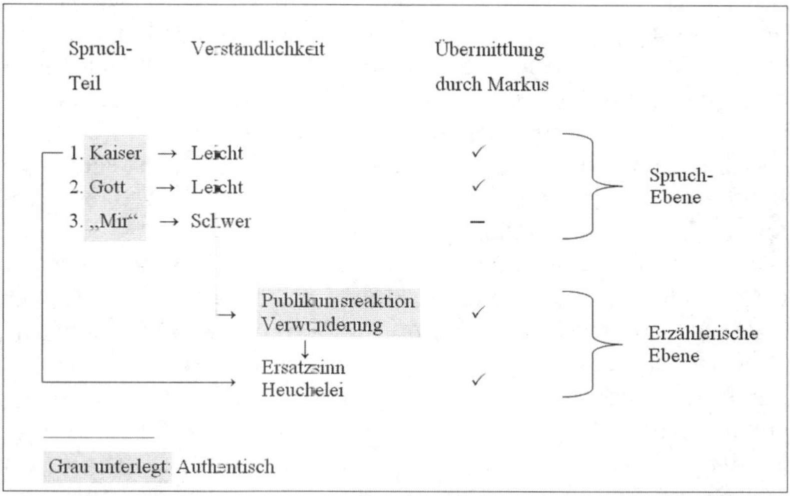

Abbildung 8: Die Markusüberlieferung des Münzspruchs und der Grad seiner Verständlichkeit

Eine wertvolle Information enthält nun das Markusevangelium, nicht aber das Thomasevangelium. Auf die Frage, ob man Steuern zahlen solle, bezieht sich Jesus auf Darstellungen auf der Münze: »Wessen ist dieses Bild und die Aufschrift?« Der Bezug ergibt ganz konkreten Sinn und ist, nach der Publikumsreaktion der Verwunderung, ein weiterer Hinweis darauf, dass ins Markusevangelium Informationen einflossen, die über das Thomasevangelium hinausgehen.

Wie könnte die Münze, die Jesus gezeigt wurde, ausgesehen haben? Da Jesus auf die Frage dreiteilig antwortete, sollte die Münze einen Bezug zu allen drei Elementen haben - nicht nur zu einem, dem Kaiser, wie bei Markus. Diese drei Teile, einen für den Kaiser, einen für Gott, einen für Jesus, sollten darstellerisch enthalten sein, möglichst auf einer Seite.

Praktisch kann eine solche Darstellung auf einer Münzseite durch Aufschrift oder Bild vorliegen. Der »Kaiser« ist durch ein Herrscherbild oder eine Aufschrift auf den meisten Münzen gegeben. »Gott« kann durch das Bild eines zeremoniellen Gegenstandes dargestellt sein. Und »mir«, also Jesus? Sein Lieblingswort ist »das Leben«. Zudem setzt er sich selbst mit dem Leben gleich (siehe dazu auch die Einleitung des Thomasevangeliums: »Jesus, der Lebendige«, Spruch 59: »Schaut auf den Lebendigen«, und auch einige Stellen in den kanonischen Evangelien). Ferner ist sein Symbol das Lebenskreuz. Dieses könnte für den dritten Teil (Leben = Spirituelles = »mir«) stehen.

Von Herodes I. gibt es eine Münze, die diese Bedingungen erfüllt![23] Alle drei Merkmale sind dort vertreten, sogar auf einer Seite. Die Aufschrift lautet: »Von König Herodes.« Die Aufschrift steht für den ersten Teil: »Gebt dem Kaiser …« In der Mitte ist die in der Antike übliche zeremonielle Schale für Weihrauch auf einem dreifüßigen, hohen Tisch dargestellt. Sie gab Jesus Anlass für den zweiten Teil: »Gebt Gott …« Rechts neben dem Tisch wird auch der Bezug zum dritten Teil hergestellt. Dort befindet sich ein Symbol, das genau so aussieht wie ein Lebenskreuz! Jesus zeigte darauf und sagte: »Und was mein ist, gebt mir.«[24]

Es spielt übrigens keine Rolle, was das Symbol auf der Münze ursprünglich darstellte, es gibt dazu viele Theorien (Anch, TP-, HP-Monogramm und andere mehr). Maßgeblich ist einzig, dass es wie ein Lebenskreuz aussieht. Damit konnte Jesus darauf zeigen und sein Symbol »Leben« meinen. Zudem ist die Wortwahl »Kaiser« anstelle von »König« zweitrangig. Sie dürfte bereits auf Jesus zurückgehen: Da er seinen Spruch in einer späteren Zeit sagte, verwendete er das nun üblichere »Kaiser«.

Zu erörtern sind aber noch zwei weitere Aspekte. Die Münze ist aus Bronze, in Thomas 100 heißt es aber: »Sie zeigten Jesus ein Goldstück.« Bisher wurde, obwohl mittlerweile viele Grabungen stattgefunden haben, kein einziges Exemplar einer Goldmünze von Herodes gefunden. Römische Goldmünzen waren zu der Zeit

---

23 Æ 8 Prutot (Hendin 486).

24 Anscheinend hat Kosack auch den Zusammenhang zwischen den drei Darstellungen auf der Münze sowie den drei Teilen von Thomas 100 hergestellt (siehe Bobrowski, dort das Kapitel »Das Artefakt« sowie erneut »Der Stein, der ins Rollen kam – Wolfgang Kosack«).

noch selten, außerdem waren in den Provinzen Goldprägungen erwiesenermaßen unüblich. Es gibt allerdings einen schriftlichen Hinweis auf eine Goldprägung.[25] Ferner wurden die ersten Exem-

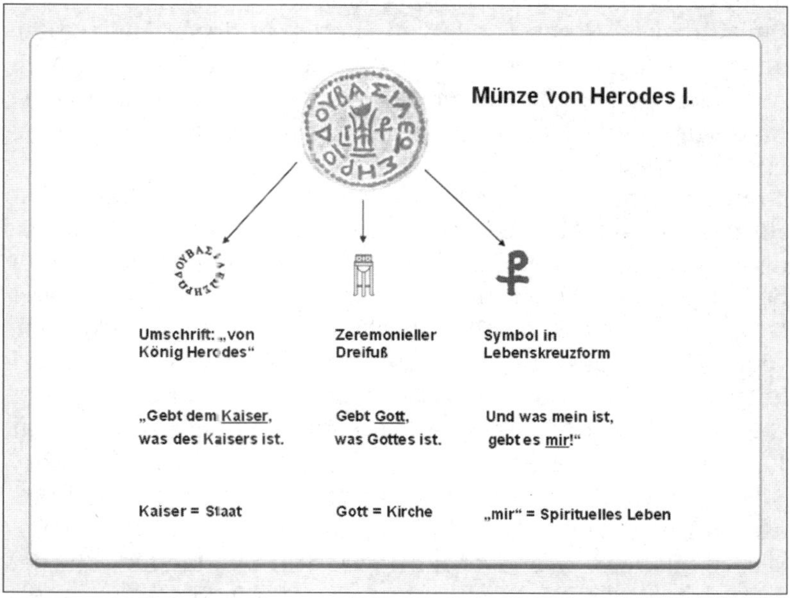

Abbildung 9: Die Münze von Herodes I.

plare der erhaltenen Bronzemünzen mit einem für das harte Material zu feinen Muster geprägt:[26] Vielleicht, weil das Muster ursprünglich für eine weichere Goldmünze entworfen worden war? Hier ist es aber nachrangig, ob die Münze, die Jesus gezeigt wurde, aus Gold war. Wenn sie es war, haben wir mit Thomas 100 einen zweiten schriftlichen Hinweis auf eine Goldprägung von Herodes. Wenn Jesus eine Bronzemünze gezeigt wurde, liegen genügend Funde vor, die ihre Existenz belegen; »Goldstück« wäre dann ein Fehler im Thomasevangelium (nicht der einzige, wie wir noch sehen werden).

25 Zonaras: Annales V,16, in: *Patrologia Graeca* Band 134; siehe auch Josephus: *Antiquitates Judaicae XVII,8,1* (bezüglich ebenfalls nicht gefundener Silbermünzen).

26 Fontanille (2005, S. 23); er nennt als mögliche Erklärung für die Feinheit, dass der Graveur auf Stempel für Silber- oder Goldmünzen spezialisiert gewesen sein könnte.

Des Weiteren starb Herodes I. etwa dreißig Jahre bevor Jesus wirkte. Die zeitliche Diskrepanz ist jedoch keineswegs zu groß. Münzen waren in der Antike viele Jahrzehnte im Umlauf, Goldmünzen sogar noch länger – sie wurden stets gewogen. Die lange Umlaufdauer belegen Funde von Horten, in denen Münzen aus unterschiedlichsten Zeiten zusammen aufbewahrt worden waren. Außerdem gibt es auch in der Neuzeit Situationen, etwa in China, wo dortige antike Münzen Ende des 19. Jahrhunderts noch in Gebrauch waren.

Infrage käme zudem, dass es sich um einen Restbestand in Form einer alten Münze handelte. Es ist zu berücksichtigen, dass derjenige, der Jesus die Münze zeigte, diese anscheinend vorrätig hielt und gezielt herausholte. Jesus muss auf die Frage vorbereitet gewesen sein, denn der dreiteilige Spruch erscheint für eine spontane Schöpfung zu komplex. Die drei zugehörigen Darstellungen für Kaiser, Gott und »mir« befinden sich nur auf einer solchen Herodes-Münze. Dies spricht dafür, dass es eine solche im Jüngerkreis gegeben hat.[27]

Thomas 100 bestätigt, dass bereits Jesus ein Symbol nutzte, dessen Form die des Lebenskreuzes war und das die Bedeutung »Leben« hatte. Es gibt aber noch eine dritte Bestätigung für den Gebrauch des Lebenskreuzes durch Jesus. Wir finden sie in der Geschichte des Symbols.

27 Der Herodes auf der Münze ging ins Neue Testament als Kindermörder ein. Diese Geschichte ist Legende (unglaubwürdiges politisches Handeln, Rückbezug auf Jesus, Kindesmord sind beliebte Themen von Gräuelgeschichten). Es kann hier offenbleiben, ob die Legende durch irgendein Stichwort im Kontext der Münze angeregt wurde.

DAS KREUZ JESU

Darüber, was das Anch, das Lebenskreuz, ursprünglich bedeutete, gibt es eine Vielzahl an Thesen. Manche sehen darin den Riemen einer Sandale, was aber nicht zur Bedeutung »Leben« passt, andere eine Vereinigung der Geschlechter, wogegen aber spricht, dass das Symbol weiblich ist, wie uns das Venus-Symbol – ein Kreis mit einem darunterliegenden Kreuz, das ganz allgemein für »weiblich« steht – zeigt. Wieder andere interpretieren das Anch als Menstruation, wofür die Ähnlichkeit zum Isisblut beziehungsweise Isisknoten spräche, dessen Amulett, wie manche Forscher glauben, eine Art Tampon mit Schnur zum Schutze vor Fehlgeburten war. Die Menstruation wird und wurde aber nicht verehrt oder mit dem Leben in Verbindung gebracht. Im Gegenteil war es eher so dass menstruierende Frauen als unrein galten und in dieser Zeit eher gemieden und ausgeschlossen wurden. Selbst Gebärorgane – das ist vermutlich zu komplex und zu anatomisch gedacht –, ein Spiegel – ein solcher Gedanke ist sekundär, da die Erfindung von Handspiegeln erst später erfolgte –, ein Monogramm – ebenfalls sekundär, da Schrift beziehungsweise solche Ausgangssymbole auch erst später üblich wurden –, und eine Nillandschaft – dies ist wiederum ein fernliegender Gedanke, da hier kein Bezug zur Weiblichkeit hergestellt werden kann –, wurden schon im Lebenskreuzsymbol erkannt. Mitunter wird auch die Kombination von Kreuz und Kreis oder von Hieroglyphen hervorgehoben und entsprechende Bedeutungen wie »Himmelsrichtung« oder »Ausbreitung« beziehungsweise »Tor« oder »Unendlichkeit« zugewiesen. Dies scheint aber als Ursprung wohl zu komplex gedacht.

Das Lebenskreuz trägt anscheinend neben der Bedeutung »Leben« auch die von »Frau« in sich. Man denke hierzu an das ähnliche Venus-Symbol, das, wie oben schon erwähnt, heute noch als Symbol für »weiblich« gebräuchlich ist, beispielsweise in der Biologie. Deswegen wäre es naheliegend, aber keineswegs zwingend, wenn bereits der Ursprung des Symbols beide Bedeutungen in sich trüge. Zudem wäre es schön, wenn ein derart zentrales Symbol auf eine naheliegende, nicht zu komplexe Weise entstanden wäre. Für die Geburt trifft dies alles am ehesten zu. So könnte das Lebenskreuz anfänglich eine Vulva mit Nabelschnur und Neugeborenem symbolisieren. Allerdings ist der eigentliche Geburtsvorgang bei den meisten Völkern nicht positiv besetzt (Blut, Schmerz und was man noch an weniger Positivem damit verbindet). Eher könnte das Lebenskreuz ursprünglich das Neugeborene selbst dargestellt haben, stilisiert als Kopf, Arme und Rumpf, oder auch stilisiert als Arme und Rumpf (T) mit Schnur oder auch Nabelschnur (der Kringel darüber). Das Kind symbolisiert das (neue) Leben. Zudem tragen in manchen Kulturen Frauen mit Kinderwunsch Amulette mit Abbildungen von Kindern (oder solche von Frauen, was wiederum eine analoge Entstehungsgeschichte nahelegt).

Der mögliche Ursprung des Lebenskreuzes sei aber nur zur Aufhellung des Hintergrundes thematisiert. Die Belege sind zudem nicht stark genug, um eine klare Entscheidung für eine der Thesen herbeiführen zu können. Nicht auszuschließen ist ferner, dass sich der tatsächliche Ursprung in keiner der heutigen Thesen widerspiegelt und ein ganz anderer war.

Für Jesus brauchte die Herkunft des Symbols keine Rolle zu spielen. Er griff das spirituelle Symbol für Leben auf, weil es perfekt zu ihm und seiner Vorliebe für das Wort »Leben« passte. Die klassische Form sieht etwa folgendermaßen aus: ☥. Es gibt aber noch andere Variationen. Die in der Handschrift des Thomasevangeliums benutzte, auf der Münze befindliche und somit von Jesus verwendete Form ist . Dies ist die verschliffene Schnellschrift. Auch viele moderne Zeichen entstanden auf ähnliche Weise, beispielsweise die Buchstabenkombination & aus

»et« (= und) oder das Symbol @ (vermutlich) aus »at« (= zu). Die von Kaufleuten oft benutzten Wörter »und« sowie »zu« konnten durch das Verschleifen zu den Kürzeln & sowie @ schneller geschrieben werden.

Das Lebenssymbol als Ziersymbol wurde ebenfalls sehr häufig geschrieben, sogar auf Verträgen, Briefen und dergleichen, und ähnlich verschliffen. ⳨ lässt sich deutlich schneller schreiben als ☥. Der Stift muss nur halb so oft angehoben werden, nämlich einmal statt zweimal, denn für ⳨ muss man nur zweimal ansetzen und nicht dreimal wie für ein ordentliches ☥. Man führt einfach den Kringel nicht mehr sauber und rund aus, sondern zieht die Linie von unten gerade hoch und dann einen Kringel nach rechts zu **P**, setzt dann einen Querstrich – und fertig ist das Lebenskreuz ⳨ für den schnellen Schreiber, aber ohne Biegung des Kringels nach links. Die Strichführung ist natürlich auch umgekehrt möglich.

Nun interessiert uns die weitere Geschichte des Zeichens Jesu. Was ist aus dem Zeichen seiner Gemeinde, dem Lebenskreuz ⳨, geworden? Das wichtigste Symbol Jesu, von ihm persönlich eingeführt, sollte nicht einfach verschwunden sein. Vielmehr wäre zu erwarten, dass es lange Zeit im Christentum eine große Rolle spielte.[28] Wir müssen deshalb die Symbole der frühen Kirche betrachten und abklären, ob und wie sie mit dem Lebenskreuz verwandt sind.

Um etwaige Fehler bei der Analyse der Symbolentwicklung auszuschließen, führen wir für unsere Untersuchung Beschränkungen ein: Es werden nur Symbole betrachtet, die eindeutig in einem Bezug zu Jesus stehen. Zumindest anfänglich verlangen wir zusätzlich, dass sie recht zuverlässig datierbar sind und nach Möglichkeit als eigenständige Symbole isoliert vorkommen, also keine Monogramme in einem Text sind.

Frühe Symbole des Christentums haben sich kaum erhalten, denn das Christentum war nur eine religiöse Gruppierung neben anderen. Dies ändert sich erst im 4. Jahrhundert, als das Christentum die Sympathie der Herrscherfamilien fand. Neben dem

28 Das Lebenskreuz findet sich, wie schon im Thomasevangelium, auch oft in Zeugnissen der koptischen Kirche. Das ist aber kein eigenständiger Beleg dafür, dass es auf Jesus zurückgeht, denn es könnte direkt aus der altägyptischen Tradition in die koptische Kirche gelangt sein.

einfachen Kreuz (+ oder T), das auch schon vorher erwähnt wird, finden sich zwei Symbole: Zum einen ☧, zum anderen ⳨. Letzteres sieht genauso aus wie ein handschriftlich verschliffenes Lebenskreuz.[29] Diese beiden Symbole sind offenkundig miteinander verwandt, da sie beinahe austauschbar verwendet wurden und einander optisch ähneln. Wir wollen nun ihr Verhältnis, ihren Ursprung und ihr erstes Auftreten betrachten.

☧ tritt das erste Mal auf einem Medaillon Konstantins auf, das man etwa auf das Jahr 315 datiert. Mehrere Exemplare sind erhalten, auf einem ist ein ☧ auf dem Militärhelm des Kaisers gerade noch zu erkennen.[30] Weniger als zwei Jahrzehnte später findet sich auch das Symbol ⳨ numismatisch, es wurde auf verschiedenen Münzen abgebildet. Dann werden beide Zeichen zunehmend häufiger auf Münzen abgebildet.

Abbildung 10: Symbole für Jesus: Christusmonogramm ☧ und Staurogramm ⳨ auf frühen byzantinischen Münzen

29 ⳨ wird aber meist nicht mit dem Lebenskreuz in Verbindung gebracht, sondern als **XP**- (mit gedrehtem **X**) oder **TP**-Ligatur gesehen. Beides ist unbefriedigend. **XP** wirkt aufgrund der notwendigen Drehung des **X** gekünstelt und ist anscheinend eine nachträgliche Interpretation. **TP** trägt der Verwandtschaft von ☧ und ⳨ keine Rechnung und ergibt keinen rechten Bedeutungssinn.

30 Silbermedaillon von Konstantin I. aus Ticinum, Staatliche Münzsammlung München.

Als das Christentum auf dem Weg war, sich zur Staatsreligion zu entwickeln, trat also ☧ vor ⳨ numismatisch, also auf Münzen oder Medaillons, auf. Da das anfängliche numismatische Auftreten viel zu selten ist, dann aber das beider Symbole recht häufig, sollte die Reihenfolge der Fundstücke nicht überbewertet werden. Insbesondere darf man aus ihr nicht auf eine Entwicklungslinie schließen. Wir haben zwar diese Münzen vorliegen, gut erhalten und gut datierbar. Allerdings können wir daraus nicht folgern, dass das Symbol zuvor nicht in Gebrauch war – schließlich hat sich aus der Antike nur das wenigste erhalten. Die christlichen Gemeinden hatten zuvor bereits 300 Jahre Gelegenheit, Symbole zu tradieren, auf die Jesus zurückgreifen konnte, und es wäre sehr atypisch für eine Religionsgemeinschaft, wenn sie keine Symbole gehabt hätten.[31]

Nicht als staatliches oder militärisches Symbol, sondern als Bericht über die Gemeinde finden wir allerdings einen literarischen Hinweis auf das Symbol ⳨, der ebenfalls gut datierbar ist und ein eigenständiges Symbol betrifft. Der christliche Schriftsteller Lactanz[32] beschreibt etwa im Jahre 314 das Zeichen, mit dem Christus symbolisiert wurde, als einen »gedrehten Buchstaben **X**«, was einzig ein + sein kann, der »an der Spitze herumgebogen wird«, sodass sich nur ein ⳨ ergeben kann (bei Rechtsdrehung). Lactanz fasst das Symbol zudem als eigenständiges Zeichen auf und nicht als Monogramm, denn er erwähnt in seiner umständlichen Beschreibung den Buchstaben **X**, nicht aber den Buchstaben **P**. Lactanz beschreibt also ein Symbol, kein Monogramm, und veranschaulicht es mithilfe eines Buchstabens.[33]

---

31 Daran ändern auch Legenden nichts, mit denen der Kaiser selbst zum Symbolschöpfer gekürt wird. Am Vorabend der Schlacht, die im Jahr 312 an der Milvischen Brücke stattfand, die in Rom über den Tiber führt, soll Kaiser Konstantin eine Vision gehabt haben. Darin erschien ihm Jesus, der ihm das Kreuz-Symbol als Siegeszeichen erklärte, woraufhin Konstantin dieses Zeichen auf Schilden oder Heeresfahnen anbringen ließ und die Schlacht gewann.

32 Lucius Caecilius Firmianus Lactanz war ein lateinischer Rhetor und Kirchenschriftsteller, der um 250 in Nordafrika geboren worden ist und um 320 wahrscheinlich in Trier starb. Seine Bücher enthalten sogenannte göttliche Unterweisungen. Sie sind Verteidigungsschriften für das Christentum. Die Beschreibung des Symbols findet sich in Lactanz' Schrift *De mortibus persecutorum* an der Stelle 44,15.

33 Es spricht zudem einiges dafür, dass Lactanz beim Verfassen seiner Zeilen ☧ nicht kannte. Bei ☧ ist die Abkürzung XP so offenkundig, dass er bei ⳨ fast zwingend auf das **P** hätte kommen müssen, nachdem er das zu + gedrehte **X** bereits zur Beschreibung verwendet hatte.

Somit lassen sich die beiden Symbole ☧ und ⳨ etwa zur gleichen Zeit erstmals nachweisen, einmal numismatisch, einmal literarisch – wenn man sich auf zuverlässig datierbare Nachweise beschränkt. Die Chronologie gibt uns keinerlei Hinweis darauf, welches Symbol zuerst war. Auch beider Häufigkeit gibt keinen Hinweis. Sie ist bis ins 6. Jahrhundert nicht so unterschiedlich, dass diesbezüglich irgendeine Schlussfolgerung gezogen werden könnte. Es gibt jedoch inhaltliche Gründe, aus denen sich die Entwicklungslinie herauslesen lässt.

Unterstellt, das ☧ sei zuerst da gewesen, würde man nämlich einige abwegige Verhaltensweisen mitunterstellen. ☧ ist das Christusmonogramm, also die Buchstaben **XP** übereinandergeschrieben, die ersten beiden Buchstaben von **XP**ΙΣΤΟΣ (griechisch für Christus). An sich kann es ein ursprüngliches Zeichen Christi sein, Monogramme sind in der Antike häufig. Aber kann sich daraus ein ⳨ entwickeln? Dagegen sprechen zwei weitgehend zwingende Gründe.

Zum einen stellt ⳨ keine Verbesserung und keine Verschönerung dar. Für Münzen ist es keine Vereinfachung. Es fehlt somit jeder Anlass. Es ist auch keine bloße spielerische Variante, dazu kommt es viel zu oft vor. Zum anderen hätte man sich über die Bedeutung **XP**, den Namen Christi, hinweggesetzt, wenn man den wichtigen Buchstaben **X** derart verstümmelte. Man hätte wohl kaum aus ☧ ein ⳨ gemacht, wenn man geglaubt hätte, dass das enthaltene **X** für den Anfangsbuchstaben Christi steht.

Der umgekehrte Entstehungsweg ist aber gut denkbar. Wenn das ⳨ zuerst war, und zwar, weil es von Jesus selbst stammt, so wurde es in der Gemeinde weitertradiert. Traditionen halten sich lange, das ist aus anderen Bereichen bekannt, und das auch dann, wenn die ursprüngliche Bedeutung verloren gegangen ist. In einigen Gemeinden kannte man also im 3. Jahrhundert den vollständigen Bedeutungszusammenhang Jesus = Leben = ⳨ nicht mehr. Das Zeichen stand aber für Jesus, diese Bedeutung muss noch bekannt gewesen sein. Nur die eigentliche, aber versteckte Bedeutung »Leben« war in Vergessenheit geraten.

Ein Monogramm ist die Verschmelzung von Buchstaben zur künstlerisch verschönerten Abkürzung eines Wortes, wie bei:

XPΙΣΤΟΣ → **XP** → ☧

Die ersten beiden Buchstaben **XP** kürzen das Wort **XP**ΙΣΤΟΣ (Christus auf griechisch) ab und werden zu ☧ verschmolzen. Aufgelöst (gelesen) wird ein Monogramm entsprechend umgekehrt:

☧ → **XP** → **XP**ΙΣΤΟΣ

Dies kann nicht immer eindeutig gelingen. So könnte **XP** auch für ein anderes Wort stehen, das mit **XP** beginnt. Manchmal stellt sich auch die Frage, für welche Buchstaben das Symbol (hier ☧) eigentlich steht.

Abbildung 11: Aufbau und Auflösen von Monogrammen am Beispiel des Christus-Monogramms

Es haben sich nun sicher einige Christen Gedanken darüber gemacht, was das Zeichen eigentlich bedeutet. Da Monogramme häufig waren, lag es nahe, dass irgendwann jemand auf die Idee kam, dass es sich eigentlich um die Anfangsbuchstaben Christi handeln müsste. Die kleine Ungereimtheit, das – anstelle des **X** zusammen mit dem **P**, muss vernachlässigbar erschienen sein in Relation zum Bedeutungsgewinn, insbesondere da sie durch Drehung des **X** relativierbar war. Und dennoch konnte sich das neue Zeichen ⳨ erst im Laufe der Jahrhunderte durchsetzen, so mächtig war die Tradition des ⳨.

Um 315 waren also in den christlichen Gemeinden beide Zeichen gebräuchlich.[34] Möglicherweise gab es regionale Unterschiede, so kannte etwa Lactanz die Monogrammform ☧ zu dem Zeitpunkt, als er seine Zeilen schrieb, anscheinend nicht. Die ursprüngliche, auf Jesus zurückgehende Form war ⳨. Sie regte zum Nachdenken

34 Es unterstreicht die Bedeutung des ⳨, dass sich aus den ersten Jahrhunderten keine christlichen Abbildungen des Gekreuzigten finden, obwohl die Kreuzigungserzählung längst im Umlauf war. Symbole entwickeln ihre eigene Beharrlichkeit, ⳨ bestand lange weiter, bevor sich langsam die Darstellung des Gekreuzigten durchsetzte. Die heute übliche Verehrung des Hinrichtungskreuzes war in den ersten Jahrhunderten des Christentums nicht üblich, da sie nicht Teil der originalen Tradition war.

	Urgemeinde		Spätere Gemeinde
Symbol:	⳨	→	⳨
Bedeutungen:	Jesus	→	Christus (ΧΡΙΣΤΟΣ)
	Leben	→	–

Die Zusatzbedeutung „Leben“ ging verloren. Dadurch stellte sich die Frage nach dem Zusammenhang zwischen der Gestalt des Symbols ⳨ und seiner Bedeutung „Christus“. Nach Art eines Monogramms ist ⳨ kaum auflösbar.

Abbildung 12: Die Frage nach der Bedeutung des Lebenskreuzes in christlichen Gemeinden

über den Bedeutungszusammenhang an, den man nicht mehr kannte. Zwar kürzte man, ähnlich wie im Thomasevangelium, das Wort »Kreuz« noch mit dem Lebenskreuzsymbol ⳨ ab. Man wusste aber nicht mehr um die Bedeutung »Leben«, sondern nur noch, dass es ein christliches Symbol ist, das für Jesus steht.

Der Bedeutungszusammenhang wurde schließlich in der Monogrammform ☧ gefunden. Ein Gedankengang wie in der Beschreibung von Lactanz (»gedrehtes **X**«) dürfte dazu den Anstoß gegeben haben. Hinzu kommt, dass das Symbol für Jesus stand, dessen Name Christus sich ähnlich in Monogrammform abkürzen lässt. Das Zeichen steht jetzt nur noch für den Namen, nicht mehr für das Leben.

Dabei gehört das Zeichen Jesu zum Bereich des Rituellen – so wie man heute das Christusmonogramm auf Kerzen macht. Auch andere wichtige Symbole wie der Halbmond des Islam, das Hinrichtungskreuz der Christen und andere vergleichbare mehr haben einen nicht-schriftlichen Ursprung. Dass eine Buchstabenkombination in der frühen Gemeinde die Rolle hätte einnehmen können, rituell für Jesus zu stehen, wirkt nachträglich wie eine Vorstellung, die jemand schöpfte, der viel liest und schreibt.

Symbol	Zusammenhang	Bedeutung
⳨	? ⟷	ΧΡΙΣΤΟΣ (Christus)

Drehung + zu X

↓

Ermöglicht Abkürzung ΧΡ

↓

Nun kann ⳨ als Monogramm von ΧΡΙΣΤΟΣ aufgefasst werden.

Abbildung 13: Die Beantwortung der Bedeutungsfrage nach Art einer Monogrammlösung

Diese Überlegungen zum Symbol im Kult runden das Vorgenannte ab. Das ursprüngliche Zeichen der christlichen Gemeinde war das Lebenskreuz, das als Staurogramm bekannt wurde. Das Christusmonogramm ist sekundär.

Nur durch den Dreh-Trick war ⳨ als Monogramm interpretierbar. Wenn man es als Buchstabenkombination auffassen wollte, musste man zusätzlich den Schritt des Drehens von X zu + einfügen:

ΧΡΙΣΤΟΣ → ΧΡ → ↱+Ρ → ⳨

Die Monogrammbildungsregeln lauten aber:

Wort → Abkürzung → Buchstabenverschmelzung

Deshalb erfolgte eine Veränderung zu ☧, sodass die Regeln strikt gelten:

ΧΡΙΣΤΟΣ → ΧΡ → ☧

Abbildung 14: Entwicklung des Christogramms aus dem Staurogramm

An der nachvollziehbaren Chronologie ändert sich übrigens nichts, wenn wir zwei unserer anfänglichen Beschränkungen lockern, nämlich die recht zuverlässige Datierbarkeit sowie die isolierte Positionierung des Symbols. Als Abkürzungszeichen ist ⳨ nämlich bereits in zwei sehr frühen christlichen Handschriften belegt.[35] Sie werden grob auf das Jahr 200 nach Christus datiert, eine genauere Festlegung ist nicht möglich. Damit finden wir ⳨ mindestens genauso früh wie ☧ in Inschriften, die ebenfalls nicht genau datierbar sind.

Diese frühen Handschriften bieten zwei klare Ausschlussargumente, wieso sich ⳨ nicht aus ☧ entwickelt haben kann. In ihnen wird ☧ nämlich auf die gleiche Weise wie im koptischen Thomasevangelium zum Abkürzen des Wortes »Kreuz« (oder »kreuzigen«) verwendet. Dabei steht ⳨ in einem eindeutigen Bezug zu den Buchstaben **T** und **P**, da diese Buchstaben die Abkürzung umfassen. ☧ verschleift hingegen **XP**. Die Schreiber hätten ⳨ nicht in Verbindung zu **TP** gestellt, wenn sie es für ein **XP** gehalten hätten.

Zudem hätten sie ⳨ nicht beim Wort »Kreuz« platziert, da **XP** »Christus« abkürzt. Auch aus diesen Gründen hat ⳨ nichts mit **XP** beziehungsweise ☧ zu tun. ⳨ ist eigenständig entstanden, unabhängig von dem Monogramm ☧.

In frühen griechischen Handschriften wurden, wie in der Handschrift des koptischen Thomasevangeliums, aus dem Wort ΣTAYPOΣ („Kreuz") die inneren Buchstaben TAYP durch ⳨ ersetzt, sodass sich Σ⳨OΣ ergibt. Dabei formen der erste und letzte der ersetzten Buchstaben **T** und **P** monogrammartig ein ⳨.

Abbildung 15: Die Tau-Rho-Abkürzung des heiligen Namens »Kreuz« in frühchristlichen Handschriften

Es ist im Übrigen die Eigenständigkeit des Symbols ⳨, aus der man umgekehrt folgern kann, dass sich ☧ aus ⳨ entwickelt hat. Dieser Schluss ist zulässig, da eine enge Verbindung zwischen diesen beiden Symbolen besteht, sodass eines aus dem anderen entstanden sein muss. Eine solche Verbindung ist gegeben, denn die Symbole wurden weitgehend austauschbar verwendet. Zu-

35 *Papyri Bodmer II* (P66) und XV (P75). Das Vorkommen in so frühen Handschriften unterstreicht erneut die Bedeutung des Symbols.

gleich ähneln sie einander optisch in hohem Maße. Hinzu kommen weitere Aspekte wie die vergleichbare Bedeutung.

> Da die beiden Symbole miteinander verwandt sind, das erste aber eigenständig entstand, entwickelte sich das zweite aus dem ersten:
>
> ⳨ → ☧
>
> Problemlos als Monogramm lesbar, wurde der vermeintlichen Verbesserung im Lauf der Zeit der Vorzug gegeben.

Abbildung 16: Aufschwung des Christogramms

DIE VERBORGENE BEDEUTUNG DES KREUZ-WORTES

Es gibt aber noch einen weiteren Hinweis darauf, dass das Symbol Jesu aus dem Lebenskreuz entstanden sein muss. Er hat regelrecht zwingende Beweiskraft. Es geht darum, wie das Symbol ⳨ überhaupt in das Wort »Kreuz« gelangen konnte. Dabei deutet der wichtige Aspekt, den wir jetzt abklären, zunächst in eine andere Richtung. Das Symbol ⳨ könnte nämlich ohne Weiteres einen anderen Ursprung haben als das aus Ägypten stammende Lebenskreuz. Da es auch in griechischen Handschriften im Wort »Kreuz« verwendet wird, könnte es dort einfach ein Monogramm aus **T** und **P** sein. Kann es sich bei ⳨ im Wort »Kreuz« um ein Monogramm, also um eine Buchstabenverschmelzung zur Wortabkürzung aus **T** und **P** handeln? Auf den ersten Blick wirkt es so, denn **T** und **P** ergeben ⳨.

Gängige Abkürzungen in der Antike verwendeten beispielsweise den ersten und den letzten Buchstaben oder die beiden ersten Buchstaben des abzukürzenden Wortes. Wenn auch in Einzelfällen zusätzlich Buchstaben aus dem Inneren zur Anwendung kamen, so wurde doch zumindest der erste Buchstabe in aller Regel benutzt (wie es auch heute noch der Fall ist). Beim Wort »Kreuz« wurden jedoch der erste und die beiden letzten Buchstaben belassen. Stattdessen wurde mit **T** der zweite und mit **P** sogar der vorvorletzte Buchstabe genommen – die Abkürzung betrifft nur das Wortinnere! Diese Vorgehensweise kann man nur als absolut unüblich bezeichnen. Man stelle sich zur Verdeutlichung einmal vor, im Deutschen würde »Zeit« nicht mit »Zt.«, sondern mit »ei.« abgekürzt. Ferner handelt es sich um keine echte Abkürzung mehr, die Wortlänge reduziert sich gerade einmal von sieben Buchstaben auf vier Zeichen – und nicht auf eines, wie im Falle von Monogrammen üblich. Letztlich wird auch gar nicht das ganze Wort abgekürzt, sondern nur die Folge der vier inneren Buchstaben.

Dies muss einen Grund haben. Eigentlich wäre nun mindestens zu erwarten, dass diese vier inneren Buchstaben, die abgekürzt und aus dem ganzen Wort herausgeschnitten werden, eigenständig etwas bedeuten. Sie tun dies aber nicht. Nicht einmal die Kombination **TP** des Anfangs- und Endbuchstabens dieser vier inneren Buchstaben hat eine Bedeutung. Und wenigstens die Buchstaben alleine? Während man für **T** noch passende Bedeutungen finden könnte,[36] gilt dies für **P** nicht. Es gibt einfach keine naheliegende Bedeutung für **P**, die zum Wort »Kreuz«, die zu Jesus, seinem Leben oder seiner Lehre oder auch zu **T** passt.[37] Es gibt nichts, das auch nur halbwegs geeignet wäre, dass es am Beginn der Bildung einer so merkwürdigen Abkürzung gestanden haben könnte.

Es liegen somit ganz gravierende Unterschiede zu anderen Monogrammen vor, für die sich aus der Logik des konventionellen Bildens von Monogrammen heraus keine Erklärung finden lässt. Insbesondere fehlen die Gründe, wieso nur innere Buchstaben abgekürzt und wieso ganz gezielt diese beiden Buchstaben mitten aus dem Wort gewählt wurden. Üblicherweise kürzen Monogramme Wörter ab, hier aber steht ein Monogramm mitten in einem Wort. Wie kommt das Monogramm in das Wort?

Die Lösung des Problems findet sich auf einer übergeordneten Ebene. Das in frühen Handschriften häufige Kreuz-Wort-»Monogramm« ist völlig anders aufgebaut als üblich, deshalb sollte es auch völlig anders entstanden sein. Anstatt nun, wie bei Monogrammen üblich, nach der Bedeutung der zum Abkürzen verwendeten Buchstaben zu suchen, hinterfragen wir konsequenterweise den Entstehungsprozess.

36 Von »Leben« bis hin zu »Hinrichtungskreuz«.

37 Seit der Spätantike gibt es entsprechende Versuche, eine Deutung zu finden (siehe etwa Hurtado, Larry: »The Staurogramm in Early Christian Manuscripts – The Earliest Visual Reference to the Crucified Jesus?« In: Krauss, Thomas et al. (Hrsg.): *New Testament Manuscripts and their World.* Brill 2006, S. 207–226, insbesondere S. 221).

Wir müssen also umdenken, und zwar ganz im Wortsinne. Die Lösung ergibt sich dann einfach durch Umkehrung: Bei einem Monogramm werden zwei (oder mehr) Buchstaben zu einem Symbol gemacht. Hier wurde hingegen ein bereits vorliegendes Symbol zwei Buchstaben zugeordnet! Der Schreiber hat also das Symbol ⳨ nach Art eines Monogramms eingefügt. Er nahm das Lebenskreuz, das Symbol für das Leben, setzte es in das Wort »Kreuz« ein, ersetzte **TP** und alle Buchstaben dazwischen, ganz als handele es sich um ein Monogramm. Auf diese Weise gelang es ihm, das Wort »Kreuz« zu einem heiligen Namen zu machen[38] und gleichzeitig das Symbol ⳨ zu bewahren, und zwar an der richtigen Stelle, eben in dem Wort »Kreuz«.

Diese Vorgehensweise ist die naheliegende Bewältigung der Aufgabe, in einem Jesusspruch das Symbol der Gemeinde mit dem zugehörigen Wort zu verbinden.[39] Auf diese Weise wird es bewahrt. Es gibt wohl keine andere Weise, Symbol und Wort ähnlich geschickt zu verknüpfen. Die einzige Voraussetzung ist die Kenntnis der Technik der Monogrammbildung, von der man bei den Schriftkundigen seinerzeit sicher ausgehen kann. Sie kommt hier umgekehrt zum Einsatz, also wie beim Lesen beziehungsweise Entziffern eines Monogramms. Da sich ⳨ zu **TP** auflösen lässt, ergibt sich die Positionierung im Wort. Der Schreiber hat also nicht **T . . P** zu ⳨ gemacht, sondern umgekehrt ⳨ bei den Buchstaben **T . . P** nach Art eines Monogramms eingesetzt und diese dabei entfernt.

Das Gemeindesymbol sollte in den laufenden Text integriert werden. Aufgabe war folglich, das Symbol für Leben ⳨ mit dem Wort ΣΤΑΥΡΟΣ („Kreuz") zu verbinden. Man hätte nun einfach das Symbol ins Wort schreiben können, etwa ΣΤΑ⳨ΥΡΟΣ. Deutlich eleganter ist aber, dabei **ΤΑΥΡ** nach Monogrammart durch ⳨ zu ersetzen. Das sich ergebende Σ⳨ΟΣ ist ohne weiteres lesbar, enthält das Symbol ⳨ und ist ein Heiliger Name!

Abbildung 17: Entstehungsgeschichte des mit einem Lebenskreuz verkürzten heiligen Namens »Kreuz«

38 Anscheinend der erste heilige Name. Wir stehen hier am Beginn der christlichen Tradition der Nomina Sacra.

39 Deswegen ist es auch gerechtfertigt, das Wort »Lebenskreuz« einzuführen, obwohl es bereits eine Vielzahl an Bezeichnungen gibt (Anch, Ankh, Henkelkreuz, Crux ansata und andere mehr). Die Verknüpfung von Kreuz und Leben ist das, was in der Urgemeinde ausgedrückt wurde.

Die bloße Umkehrung des üblichen Entstehungsweges eines Monogramms beseitigt alle ansonsten unerklärlichen Ungereimtheiten des Kreuz-Wortes. Nicht die Buchstaben **TP** oder ein mit ihnen abgekürztes Wort haben die primäre Bedeutung, sondern das Symbol ⳨. Und das Symbol entsteht nicht infolge eines Abkürzungsvorgangs, vielmehr wird nach Maßgabe des Symbols abgekürzt. Daraus ergab sich eine Mischung aus Symbol und Buchstaben, die völlig anders ist als das, was man sonst kennt.

	Monogrammbildung	Umkehrung (wie beim Lesen)
Wort:	ΧΡΙΣΤΟΣ [1]	ΣΤΑΥΡΟΣ [2]
	↓	↗
Abkürzung:	ΧΡ	ΤΡ
	↓	↑
Symbol:	☧	⳨

Bei der Monogrammbildung wird erst abgekürzt und dann verschliffen. Beim Kreuz-Wort ist der zugrundeliegende Vorgang im Prinzip umgekehrt (eine strikte Symmetrie liegt insgesamt natürlich nicht vor).

[1] Christus
[2] Kreuz (stauros)
Grau unterlegt: Ausgangspunkt mit Primärbedeutung

Abbildung 18: Schema der Umkehrung der Monogrammentstehung beim Kreuz-Wort

Hauptmotivation für diese Vorgehensweise muss der Wunsch gewesen sein, Wort[40] und Symbol zu verbinden. Ein solcher Wunsch ist naheliegend, wenn zum einen das Symbol bewahrt, zum anderen auf Buchstaben im Text (mit denen Wörter nun ein-

40 Der Grund dafür, weshalb Jesus das Symbol »Kreuz« nannte, ist wohl einfach ein sprachlicher. Er musste eine nicht-ägyptische Bezeichnung gebrauchen und wählte eine nach dem Erscheinungsbild des Symbols.

mal geschrieben werden) nicht gänzlich verzichtet werden soll. Die Lösung ist elegant und bemerkenswert, auch für einen in Abkürzungen und Monogrammen geübten Schreiber der Antike.[41]

Richtung	Lesen	Bilden
Ausgangslage	⳨	ΣΤΑΥΡΟΣ
	↓	↓
Zwischenschritt	⳨ = ΤΡ	ΣΤΡΟΣ
	↘	↙
Verbindung	Σ⳨ΟΣ	

Abbildung 19: Entstehung des Kreuz-Wortes durch Verbindung von Symbol und Wort

Streng genommen handelt es sich dabei nur zum Teil um eine Umkehrung des Entstehungsweges – wenn auch beim wichtigeren Teil. Im Unterschied zur üblichen Monogrammbildung gibt es nämlich letztlich zwei Ausgangspunkte: Zum einen das Symbol ⳨, zum anderen das Wort »Kreuz«. Beide lagen dem Schöpfer des Kreuz-Wortes vor. Nun wollte er sie miteinander verbinden: Das Symbol, das einen Teil des Wortes abkürzen sollte, und das Wort, das er durch das Symbol reduzieren konnte. Während beim Symbol die Richtung wie beim Lesen umgekehrt zu einem Abkürzungsvorgang ist – er also die Buchstaben finden musste, die durch das bereits vorliegende Symbol abgekürzt wurden –, wird das Wortinnere konventionell durch das Symbol abgekürzt.

Konventionelle Monogramme werden in aufeinanderfolgenden Schritten konstruiert und lassen sich auch entsprechend auflö-

41 Diese Verbindung von Wort und Symbol könnte durchaus auf Jesus oder einen seiner Jünger (Thomas?) zurückgehen. Voraussetzung wäre, dass »Kreuz« auf Griechisch geschrieben wurde. Von wem auch immer es stammt, auf jeden Fall wurde das Symbol fest mit dem Wort verbunden und so dessen Bedeutung bis heute kodiert.

sen. Beim Kreuz-Wort sind hingegen zwei Entwicklungslinien miteinander verbunden. Sie laufen parallel in entgegengesetzter Richtung ab. Der Schöpfer des Kreuz-Wortes hat die Technik des Bildens und die des Lesens von Monogrammen gewissermaßen gleichzeitig angewendet.

Die Positionierung von ⳨ im Kreuz-Wort zeigt, dass es sich nicht um ein Monogramm handeln kann. Weder gibt es – trotz langjähriger Forschung – eine Erklärung dafür, was es als Monogramm bedeuten könnte, noch dafür, weshalb es nur die inneren Buchstaben und nicht das ganze Wort abkürzt. Das Symbol ⳨ muss deshalb bereits vorher als eigenständiges Symbol existiert haben. Mangels Alternative kann dieses präexistente Symbol nur das Lebenskreuz gewesen sein.

Das Kreuz-Wort kommt in frühesten christlichen Handschriften häufig vor, es muss bereits damals etablierter Bestandteil der Tradition gewesen sein. Das unterstreicht die Bedeutung von ⳨ als wichtiges Symbol schon der ersten Gemeinde.

Die Entstehung des monogrammartigen Kreuz-Wortes bietet einen beinahe mathematisch zwingenden Beweis, dass in der Urgemeinde das Kreuz etwas anderes als das Hinrichtungskreuz bedeutete. Hinzu kommen die drei vorherigen Herleitungen: Elternhass, Münze und Symbol-Tradition der frühen Kirche. Insgesamt zeigen vier Hauptstränge unabhängig voneinander, dass Jesus, der Lebendige, ⳨, das Zeichen des Lebens, als sein Symbol gebrauchte.

Es steht anfänglich für »Leben« und damit für Jesus, später nur noch für Jesus. Zwar tritt uns die Gleichsetzung von Jesus und Leben auch im Neuen Testament noch oft entgegen, dennoch ging die Bedeutung »Leben« für das Symbol verloren. Zudem hat es bezüglich des Kreuzes im Allgemeinen noch einen weiteren Bedeutungswandel gegeben, nämlich den vom Kreuz des Lebens zum Kreuz des Todes.[42] Dies alles geschah, obwohl in Handschriften das Wort »Kreuz« mit dem Lebenskreuz abgekürzt wurde. Die Gründe für diese Bedeutungsänderungen liegen bei den biblischen Legenden. Auf ihre Entstehung richten wir nun unsere Aufmerksamkeit.

42 Reste der ursprünglichen Bedeutung »Leben« finden wir beispielsweise beim Ritus des Kreuzmalens auf die Stirn (siehe Offenbarung 7, 2f.) oder in der Interpretation des Kreuzes nicht als Marter-, sondern als Auferstehungssymbol.

EINE BÄCKERIN, SAUERTEIG, ETWAS ZEIT – FERTIG IST DIE BROTVERMEHRUNG

Zwei wichtige Erkenntnisse haben sich bisher herauskristallisiert. Zum einen gab es bereits zu Lebzeiten Jesu in der Gemeinde ein Kreuzsymbol, das für »Leben« stand und das Spirituelle meinte. Es hatte nichts mit einer Kreuzigung zu tun. Vielmehr war es ein eigenständiges Symbol, das für die Kernbotschaft der jungen Gemeinde stand. Zum anderen gibt es Stellen in der Bibel, die das Thomasevangelium voraussetzen. Dieses kann also nicht später als die kanonischen Texte entstanden sein. Es kommt somit dafür infrage, Quelle der Legenden zu sein und ihnen Ausgangsmaterial geliefert zu haben. Der Erfinder der Legenden verwendete dieses – und bestimmt auch weiteres – Material und ließ sich davon inspirieren. In den Legenden werden wir noch viele Reste dieser Wurzeln finden. Mithilfe der eingangs erläuterten Umklammerungstechnik werden diese Wurzeln aufgedeckt und die Zwischenschritte bis hin zur fertigen Legende entschlüsselt. Insgesamt haben wir nun genügend Rüstzeug gewonnen, um uns ausführlich dem Prozess der Legendenentstehung widmen zu können.

Im Laufe ihrer Geschichte hat die Menschheit eine Vielzahl an Legenden, Sagen und Mythen hervorgebracht. Meistens ist es ein aussichtsloses Unterfangen, die Entstehung einer solchen Erzählung rekonstruieren zu wollen. Denn sich schrittweise änderndes, steigerndes und zur Übertreibung neigendes Erzählgut verbirgt seine Wurzel sehr schnell. So bleiben die Entstehungsgeschichten der meisten Legenden und Mythen im Dunkel der Geschichte.

Anders verhält es sich bei den Legenden[43] des Neuen Testaments. Wie bereits in der Einleitung dargelegt, ist die Entschlüsselung ihrer Entstehungsgeschichte möglich, da sich viele ihrer Wurzeln schriftlich erhalten haben. Man muss sich nur auf die Suche nach der Wurzel machen, die dem Schöpfer der Legende als Inspiration diente. Insbesondere der Nag-Hammadi-Fund ist hier ein Glücksfall, denn er enthält einige wichtige Legendenwurzeln. Durch diese Quelle kann man mithilfe der Umklammerungstechnik die Entstehungsgeschichte zwischen Legendenwurzel und fertiger Legenden recht gut rekonstruieren.

Die für die Rekonstruktion verwendete Methode gebraucht, wie bereits eingangs beschrieben, Ausgangs- und Endpunkt als Ankerstellen. Ohne diese beiden Punkte ist eine zuverlässige Rekonstruktion der Ereignisse kaum möglich. Zur Identifizierung der Legendenwurzel muss ihre Verwandtschaft zur Legende untersucht werden. Verwandtschaftsmerkmale, die in beiden Eckpunkten vorkommen, ermöglichen es, die passende Wurzel zu einer Legende zu finden. Um etwaige Zufälle ausschließen zu können, müssen die Merkmale aber nicht nur identifiziert, sondern auch auf ihre Zuverlässigkeit hin überprüft werden.

Es gibt primär zwei Arten solcher Verwandtschaftsmerkmale. Zum einen bleiben oft einzelne Wörter erhalten. Dabei kann es im Zuge von Überlieferung und Legendenbildung durchaus auch zu Wortduplizierungen, Wortwandlungen und Wortanpassungen kommen. Das Vorhandensein möglichst vieler unterschiedlicher Wörter in der Legende, die auch in der Wurzel vorhanden sind, ist ein starkes Indiz für eine Verbindung zur Legendenwurzel. Ein Beispiel für ein verbindendes Wort ist »Brot«, das in einem Jesuswort, aber auch in der Brotvermehrungslegende vorkommt.

Das zweite wichtige Verwandtschaftsmerkmal ist der Sinn. Denn auch Reste des Sinns der Wurzel wie eines Jesusworts können sich in der Legende in irgendeiner Form erhalten haben. Zwar ändert sich der Sinn einer Aussage zwangsläufig im Zuge der Legendenbildung, trotzdem verbleiben oft identifizierbare

43 In ihnen werden Wunder beschrieben, die sich wegen der Naturgesetze nicht ereignet haben können. Somit stellt sich nicht die Frage, ob es sich um Legenden handelt, sondern die, wie sie entstanden sind.

Sinnverwandtschaften, die auf den Ursprung deuten. Auch nach der Transformation zur Legende sind sie oft aufgrund großer Ähnlichkeit erkennbar. Wenn, sagen wir, Jesus den Vorgang des »Wachsens« beschreibt, so kann dies einen Legendenschöpfer dazu veranlassen, vom Wunder der »Vermehrung« zu reden.

Das Untersuchen von solchen Verwandtschaftsmerkmalen werden wir fallweise durch zusätzliche Aspekte ergänzen. Dabei handelt es sich etwa um Auffälligkeiten im Aufbau, inhaltliche Widersprüche, Sinnschwächen und dergleichen. Je weniger zuverlässige Verwandtschaftsmerkmale es gibt, desto stärker müssen diese anderen Aspekte sein. Später, sobald die Entstehungswege der ersten Legenden entschlüsselt sind, ergeben sich zudem Einzelerkenntnisse sowie Querverbindungen zwischen den Erzählungen untereinander. Auf diese können wir jetzt aber noch nicht zurückgreifen. Wir beginnen deshalb mit einer Legende, die durch besonders zuverlässige Einzelkriterien auf ihren Ursprung verweist.

Bei der Brotvermehrungslegende kann mit hoher Zuverlässigkeit auf eine Herkunft aus einer ganz bestimmten Legendenwurzel geschlossen werden. Wir werden später sehen, dass Jesussprüche, etwa aus dem Thomasevangelium, häufig den Ausgangspunkt zur Legendenbildung bildeten. Die Sprüche wurden bereits von einem Jünger zu Legenden expandiert (eine solche Expansion hatte sich ansatzweise schon bei der Erzählung der jungfräulichen Geburt ergeben; viele Beispiele werden später zeigen, dass Jesusworte beinahe systematisch zu Legenden expandiert wurden). Hintergrund ist die Missionssituation, bei der Jesussprüche vorgetragen wurden und die zugleich Anreiz zum ausschweifenden Erzählen bot. Diese Erzählungen fanden dann Eingang in die kanonischen Evangelien, wobei die Evangelisten nur vorliegendes Legendenmaterial aufgriffen.

In der Brotvermehrungslegende kommt nun ein Wort vor, das aufgrund eines fehlenden Sinns seinen Ursprung nicht in der Legende haben kann, sondern nur in einem Jesusspruch, wo es sinnvoller Teil eines sinnvollen Satzes ist. Es ist zudem, vom rituellen

Bereich abgesehen,[44] ein für ein religiöses Umfeld untypisches Wort, sodass es auch nicht gewissermaßen zufällig in die Legende geraten sein kann. Es handelt sich um das Wort »Sauerteig«. Es verbindet zusammen mit anderen Aspekten zuverlässig Legende mit Legendenwurzel.

Wir betrachten nun das erste Beispiel, das dezidiert die Entstehung einer Legende aus einem Jesusspruch aufzeigt. Spruch 96 des außerkanonischen Thomasevangeliums ist die Legendenwurzel der Brotvermehrungslegende. Er lautet: *Jesus [sagte]: »Das Königreich des Vaters ist wie [eine] Frau. Sie nahm ein wenig Sauerteig, [verbarg] ihn in dem Teig [und] machte davon große Brote. Wer Ohren hat, der höre.«* Was wollte uns Jesus mit diesem Spruch sagen?

Jesus spricht hier, wie so oft, bildhaft – er wollte nicht den Unterschied zwischen Fladenbrot und aufgegangenem Brot erklären. Jesus gibt ein Bild für das »Reich des Vaters«: Es sei wie eine Frau, die einen Mehlteig mithilfe von Sauerteig aufgehen lässt und so »große Brote« schafft. Der Sauerteig ist das Hilfsmittel, um aus etwas Gewöhnlichem, dem Teig, etwas Wertvolles, die großen Brote, zu machen. Da sich das Bild auf das spirituell gemeinte »Reich des Vaters« bezieht, ist dieses ebenfalls etwas, das dank eines Hilfsmittels gedeiht. Somit gebraucht Jesus das Bild der Sauerteig verwendenden Bäckerin, um einen spirituellen Wachstums- oder Reifungsprozess zu beschreiben. Dabei ist das »Reich des Vaters« im Thomasevangelium stets inwendig gemeint, mitunter zusätzlich auch äußerlich, nicht jedoch rein jenseitig.[45] Dieser Spruch kommt aber ähnlich auch im Neuen Testament vor (dazu gleich mehr) und enthält ebendiese spirituelle Aussage, was grundsätzlich auf seine Authentizität weist.

Dieses Jesuswort war Anlass zur Bildung der bekannten Legende, in der Jesus »Brot vermehrt«, wie sie verschiedentlich im Neuen Testament berichtet wird, etwa in Markus 8, 1–21. Wir achten nun auf Verwandtschaften zu obigem Jesusspruch, schließlich geht es darum, die Legende auf ihren Ursprung hin zu untersuchen: *Als in jenen Tagen wieder eine große Volksmenge da war und nichts zu essen hatte, rief er seine Jünger zu sich … Und seine*

44 Opfergabe (3 Mose 2, 11) und Passahfest (2 Mose 12, 15).
45 Siehe Kapitel »Gibt es eine spirituelle Alternative zur leiblichen Auferstehung Jesu?«

Jünger antworteten ihm: »Woher wird jemand diese hier in der Einöde mit Brot sättigen können?« (8, 5) Und er fragte sie: »Wie viele Brote habt ihr?« Sie aber sagten: »Sieben.« (8, 6) Und er gebietet der Volksmenge, sich auf der Erde zu lagern. Und er nahm die sieben Brote, dankte, brach sie und gab sie den Jüngern, damit sie vorlegten; und sie legten der Volksmenge vor. (8, 7) … kleine Fische … (8,8) Und sie aßen und wurden gesättigt … (8, 9) Es waren aber etwa viertausend …

Bis hierhin geht der Kern der Brotvermehrungslegende. Bei diesem Wunder sättigt Jesus eine große Menschenschar. Der Vorgang der Brotvermehrung ist sinnverwandt zum Brotaufgehen-Lassen der Bäckerin des Jesusspruches. Man beachte auch, dass Jesus aus wenigen viele Brote macht und nicht etwa aus nichts Brote macht – er hat also bereits etwas vorliegen, wie die Bäckerin den Teig vorliegen hatte. Die Erzählung geht weiter mit einer kleinen Reise, die Jesus zu den Pharisäern bringt, die das Wunder nicht persönlich miterlebten: *(8, 10) Und er stieg sogleich mit seinen Jüngern in das Schiff und kam in die Gegend von Dalmanutha. (8, 11) Und die Pharisäer kamen heraus und fingen an, mit ihm zu streiten, indem sie von ihm ein Zeichen vom Himmel begehrten, um ihn zu versuchen. (8, 12) Und er seufzte auf in seinem Geist und spricht: »Was begehrt dieses Geschlecht ein Zeichen? Wahrlich, ich sage euch: Nimmermehr wird diesem Geschlecht ein Zeichen gegeben werden!«*

Jesus verweigert den Pharisäern den Beweis seiner Wunderkraft, den er eben noch der Menschenmenge gegeben hatte. Es kommt sogar zum Streit. Man könnte nun überlegen, ob er ungerecht und unklug handelt oder ob seine Verweigerungshaltung einen übergeordneten Sinn verfolgt. Es geht hier aber nicht um eine Interpretation. Es handelt sich schließlich um eine Wundererzählung, die ganz oder teilweise erfunden ist. Es geht hier also darum, was der Erzähler, der Legendenerfinder, tat. Auffallend ist der Handlungsstrang, der sich wie ein roter Faden durch die Erzählung zieht: Er verfolgt den Beweis der Göttlichkeit Jesu durch Wunder. Daran bestehen offenbar Zweifel. *(8, 13) Und er ließ sie [stehen], stieg wieder in das Schiff und fuhr an das jenseitige Ufer. (8, 14) Und sie vergaßen, Brote mitzunehmen, und außer einem Brot hatten sie nichts bei sich auf dem Schiff. (8, 15) Und er gebot ihnen und sprach: »Sehet zu, hütet euch vor dem Sauerteig der Pharisäer und dem Sauerteig des Herodes.«*

Diese angebliche Aussage Jesu erstaunt doch sehr. Man fragt sich: Was soll denn hier der Sauerteig? Wieso soll man sich vor Sauerteig hüten? Jesu Aufforderung ist barer Unfug. Man muss sich vor dem Sauerteig der Pharisäer genauso wenig hüten wie vor deren Gemüse oder Wein - es sei denn, er wäre vergiftet, was aber nicht gemeint ist. Es ist auch keine Metapher, da gäbe es tausend bessere. Das Wort passt einfach nicht. Wir müssen einfach wieder die Ebene wechseln, und zwar auf die des Erzählers: »Sauerteig« ist dann einfach ein Wortrest aus dem ursprünglichen Jesusspruch mit der Bäckerin, den der Erzähler und Erfinder der Legende in selbiger belassen hat!

(8,16) Und sie überlegten miteinander: Weil wir keine Brote haben. (8, 17) Und er erkannte es und spricht zu ihnen: »Was überlegt ihr, weil ihr keine Brote habt? Begreift ihr noch nicht und versteht ihr nicht? ... Und erinnert ihr euch nicht, (8,19) als ich die fünf Brote unter die Fünftausend brach, wie viele Handkörbe voll Brocken ihr aufgehoben habt? ... (8, 21) ... Versteht ihr noch nicht?«

Der Erzähler nimmt seinen roten Faden, den Göttlichkeitsbeweis, wieder auf. Das ist auch sein Problem, er möchte seinem Publikum die Außergewöhnlichkeit Jesu vermitteln. Es ist nicht Jesu Problem, auch wenn der Erzähler dies so darstellt: »Und erinnert ihr euch nicht [an die Brotvermehrung]?«, fragt angeblich Jesus seine Jünger. Hätte sich die Brotvermehrung aber real ereignet, wäre es undenkbar, dass seine Jünger das Wunder bereits wieder vergessen hätten. Zudem wirkt der Einschub mit dem Sauerteig auch bezüglich einer möglichen metaphorischen Bedeutung unbefriedigend. Wieso man sich vor dem Sauerteig der Pharisäer hüten soll, bleibt letztlich unerklärt.

Um den Prozess der Legendenentstehung zu verstehen, ist, man kann es nicht oft genug betonen, die Sichtweise des Legendenschöpfers maßgeblich. Ihm liegt das Jesuswort mit der Bäckerin vor. Im Zuge der Ausweitung des Jesusworts zur Legende ersetzt er die Frau durch Jesus. Dies geschieht über die sich aus dem

Spruch ergebende Gleichsetzung von »Reich« und »Frau«, wobei das Reich durch Jesus repräsentiert wird. Nun macht also Jesus anstelle der Frau das Brot.

1.) Bäckerin = Königreich
„Das Königreich des Vaters ist wie [eine] Frau." (Thomas 96)

2.) Königreich = Jesus
Identität ist gegeben, da Jesus Gott repräsentiert

Aus 1.) und 2.) folgt: Jesus = Bäckerin
Jesus wird zum Brotmacher (-vermehrer)

Abbildung 20: Austausch der Akteure des Brotmachens

Der Akteurtausch beim Brotmachen unterstreicht die Verwandtschaft von Spruch und Legende, denn nach dieser Analyse ist eine Identität der Akteure des Brotmachens gegeben. Dabei bäckt Jesus nicht bloß, im Zuge des Wunders stellt er viele Brote her. Inhaltlich wird aus dem »aufgehenden Brot« der Bäckerin die »Brotvermehrung« Jesu. Aus einer sinnbildlichen Brotvergrößerung ist eine wunderhafte Brotvermehrung geworden.

Weitere Verwandtschaftsmerkmale ergeben sich aber nicht nur über die Wörter wie »Brot« und »Sauerteig«. Zusätzlich sind die Querverbindungen der einzelnen Verbindungselemente untereinander bedeutsam: Brot, Sauerteig und Wachstum (beziehungsweise Vermehrung) gehören zusammen. Dabei ist zu berücksichtigen, dass alle drei einzig beim Jesuswort auch inhaltlich zusammengehören, während sie in der Legende lediglich aufgeführt sind.

Die Wurzel der Legende zeigt sich vor allem auch an dem kleinen Detail »Sauerteig«. Von ihm ist in Markus 8,15 nämlich plötzlich, unpassend und völlig sinnlos die Rede: »... hütet euch vor dem Sauerteig der Pharisäer und dem Sauerteig des Herodes.« Die Erwähnung des Sauerteigs ist nur, dann aber einleuchtend, erklärbar, wenn man auf die Entstehungsgeschichte der umfangreichen Legende blickt, denn sie wurde von einem Menschen erfunden. Am Beginn steht ursprünglich ein einziger Jesusspruch, in dem eben auch das Wort »Sauerteig« vorkommt. Durch Ergänzung und durch inhaltliche Vermengung mit einem anderen Jesuswort[46] wurde aus dem Sauerteig, mit dem die Frau buk, der »Sauerteig der Pharisäer und des Herodes«, wie es nun in dieser scheinbaren Metapher heißt, über deren Sinn man nur noch rätseln kann. Eine der Merkwürdigkeiten der Evangelien erfährt somit eine einfache Erklärung, wenn man sich in den Legendenentstehungsprozess hineindenkt (wir werden gleich die Merkwürdigkeiten noch detaillierter besprechen).

Quelle:	Thomasevangelium (96)	Markusevangelium (8,1ff.)
Umfeld:	Sprüche	Legende
Text:	„Sie nahm ein wenig Sauerteig, [verbarg] ihn in dem Teig [und] machte davon große Brote."	„Sehet zu, hütet euch vor dem Sauerteig der Pharisäer und dem Sauerteig des Herodes."
Wortsinn:	Offenkundig (Sauerteig ist ein Backtriebmittel)	Unklar
Bildsinn:	Offenkundig (die Bäckerin steht für inneres spirituelles Wachsen)	Unklar

Abbildung 21: Der Sauerteig im Vergleich – Sinn des Gesagten (Wortsinn) und Sinn des Gemeinten (Bildsinn)

Die Legende findet sich in zwei Versionen bei Markus (6, 30–44 und 8, 1–21). Obwohl sie sich im gleichen Evangelium befinden, handelt es sich um bloße Variationen, wie die vielen Parallelen zeigen. Entweder entstanden sie auf der Grundlage nur einer Vorversion oder die eine Legende ging aus der anderen hervor (dazu gleich mehr). Die Legende 6, 30–44 ist zudem frei ohne weiteren Zusammenhang zur übrigen Handlung platziert. Diese freie Platzierung unterstreicht, dass es sich um eine bloße Variation der Legende handeln muss. Anderenfalls hätte die unmittelbar zuvor erfolgte Hinrichtung Johannes des Täufers eine Reaktion der Beteiligten hervorrufen müssen, es wird aber weder von einem Schock noch von Trauer berichtet.

46 Thomas 102 (dazu unten mehr).

Der Jesusspruch liegt uns heute in Thomas 96 weitgehend wörtlich vor. Matthäus hingegen konnte nicht einmal ahnen, dass die Brotvermehrungslegende auf einem Jesusspruch fußte, obwohl er auch von ihm übermittelt wurde. Denn er übernahm das Jesuswort in 13, 33 wie folgt: *Das Reich der Himmel gleicht einem Sauerteig, den eine Frau nahm und unter drei Maß Mehl mengte, bis es ganz durchsäuert war.* In der ihm vorliegenden Version kam die Metapher des Wachstumsprozesses nicht mehr vor. Ohne diese Metapher ist das Wort jedoch sinnentleert, eventuell infolge einer schlechten Übersetzung; Matthäus konnte es nicht mehr verstehen, die Metaphorik war schon zu unkenntlich geworden.

	Jesusspruch	Legende
Wortverwandtschaften:	Brot, Sauerteig	Brot, Sauerteig
Sinnverwandtschaften:	Wachstum	Vermehrung
Akteur:	Bäckerin (= Reich =)	Jesus
Querverbindungen:	Brot, Sauerteig, Wachstum/Vermehrung	Brot, Sauerteig, Wachstum/Vermehrung
Sauerteig-Sinn:	Hilfsmittel	(Nicht gegeben)

Abbildung 22: Verwandtschaftsmerkmale des Spruches der Bäckerin und der Brotvermehrungslegende (Auswahl)

Sinnverwandtschaft (Brotwachstum/Brotvermehrung) und enthaltene Wörter (wie »Brot«) sind in ihrer Parallelität auffällig und deuten auf die Legendenwurzel, den Jesusspruch. Hinzu kommen weitere Aspekte, wie der (erklärbare) Akteurtausch und die Querverbindungen der Wörter untereinander. Bekräftigt wird die Wurzel durch das Wort »Sauerteig«, denn es unterscheidet sich von anderen Wörtern dadurch, dass es in der Legende keinen Sinn ergibt und dass es keinen Zusammenhang zum Legendeninhalt aufweist. Es kann deshalb ausgeschlossen werden, dass Jesus in dieser Form von Sauerteig gesprochen hat, wie es die Erzählung suggeriert. »Hütet euch vor dem Sauerteig der Pharisäer«, steht einfach mittendrin. Aber auch ein Fehler im Zuge des Abschreibens oder Übersetzens scheidet aus, denn das Wort steht nicht isoliert, sondern ist integrierter Bestandteil der Erzählung.[47] Das Wort »Sauerteig« verbindet Legende und Wurzel auf besonders zuverlässige Weise. Es untermauert den Entstehungsweg und zeigt zugleich, welcher Spruch von Jesus gesagt worden ist. So verschafft es der Wahrheit späte Geltung.

Jesus wollte durch seinen einfachen Spruch lediglich zum Ausdruck bringen, dass das Spirituelle - er nennt es, beeinflusst durch den Verlust des Vaters, »Königreich des Vaters« - etwas Zeit benötigt, dass es dann aber mit etwas Hilfe (»Sauerteig«!) stetig in einem wächst. Dabei wandelt sich etwas Ungenießbares, das Mehl, das Weltliche, zu etwas Wunderbarem, dem Brot, dem Spirituellen. Aus der Wegbeschreibung eines inneren Vorgangs wurde dann eine äußere Legende. Diese absurde und physikalisch unmögliche Geschichte dient mit ihren Wundern dazu, Autorität zu verleihen. Wem? Jesus? Nein! Ihrem Erzähler. Er wollte mit den Wundern seine Hörer beeindrucken.

47 Zwingend in der Matthäusversion (16, 6-12).

DER MERKWÜRDIGE SAUERTEIG DER PHARISÄER

Das Markusevangelium gilt als das älteste Evangelium – zu Recht, wie wir sehen werden.[48] In den späteren Evangelien gibt es aber auch Versionen der Brotvermehrungslegende. Dort findet sich ein unterschiedlicher Umgang mit der Problematik des »Sauerteigs der Pharisäer«. Bei Markus ist der Einschub noch unpassend und regelrecht unsinnig. Er erfährt keine Deutung und eine solche ist auch nicht ersichtlich.

Die Deutungsproblematik muss nun den Evangelisten Matthäus – oder seine Quelle – dazu gebracht haben, den Text zu modifizieren. Der Sauerteig wird in 16,12 als »Lehre« gedeutet: Man solle sich hüten vor dem Sauerteig der Pharisäer – das würde bedeuten, man solle sich hüten vor der Lehre der Pharisäer. Dabei tat Matthäus, als wäre diese Deutung von den Jüngern. Sie macht das angebliche Jesuswort nicht authentischer – als hätte Jesus für das einfache Wort »Lehre« ein Bild verwendet und dazu ausgerechnet Sauerteig gewählt. Wenigstens ist die scheinbare Metapher Jesu nunmehr nicht mehr ohne Sinn.

Es spricht noch ein weiterer Aspekt dafür, dass diese Interpretation später erfolgte und dann in den Text eingefügt wurde. In Markus 8, 15 ist noch vom »Sauerteig der Pharisäer und des Herodes« die Rede. Der Politiker Herodes kann aber nicht in Zusammenhang mit einer Lehre gebracht werden. Deswegen muss sich

48 Die Erstrangigkeit bezieht sich hier auf das Evangelium, nicht notwendigerweise auf alle Erzählungen darin. Man muss differenzieren zwischen dem erstmaligen Zusammenfügen der Erzählungen zu einem Evangelium, dem erstmaligen schriftlichen Festhalten einer Erzählung und gegebenenfalls der letzten redaktionellen Überarbeitung.

die Person, die die Ungereimtheiten in Bezug auf den Sauerteig beseitigen wollte, veranlasst gesehen haben, den »Herodes« in die »Sadduzäer« zu verwandeln. Nun hüte man sich also vor dem »Sauerteig der Pharisäer und der Sadduzäer«, was bedeutet, man solle sich vor der Lehre der Pharisäer und der Sadduzäer hüten; endlich passt es.

Markus: „... hütet euch vor dem Sauerteig der Pharisäer und dem . des Herodes."

Der Sauerteig hat bei Markus keine, auch keine metaphorische Bedeutung. Matthäus oder seine Quelle behebt diese unbefriedigende Situation und deutet ihn als Lehre.

Herodes hat als Politiker aber keine Lehre, im Unterschied zu den Pharisäern als religiöse Gruppierung – wie auch die Sadduzäer. Seine Deutung verführt Matthäus oder seine Quelle dazu, „Herodes" im (angeblichen) Jesusspruch zu ersetzen:

Herodes → Sadduzäer

Matthäus: „Hütet euch aber vor dem Sauerteig der Pharisäer und Sadduzäer!"

Abbildung 23: Anpassung des Sauerteigspruchs, nachdem ihm ein Sinn verliehen wurde

Die Deutungsproblematik des »Sauerteigs der Pharisäer« bestand nicht erst bei der schriftlichen Niederlegung durch Matthäus. Schon in der ersten Erzählphase, gleich nachdem die Legende erfunden worden war, fragte man nach dem Sinn des Sauerteigs. So wurde die Sinnsuche nach der Bedeutung des »Sauerteigs« Teil der Legende. Sie wurde in die Legende eingearbeitet, denn bei Markus reagieren angeblich die Jünger auf die Warnung: »Hütet euch vor dem Sauerteig der Pharisäer und dem Sauerteig des Herodes«, mit gemeinsamen Nachdenken (8, 16): »Und sie überlegten miteinander: Weil wir keine Brote haben.« Die Jünger in der Erzählung reden beinahe wirr, denn dass man sich vor Sauerteig hüten soll, weil man keine Brote hat, ergibt keinen Sinn. Sie verstehen das mit dem Sauerteig also wirklich nicht. Solche Überlegungen haben die echten Jünger natürlich nicht angestellt, genauso wenig wie Jesus vom »Sauerteig der Pharisäer« gesprochen hat.

Dabei begreifen die Jünger aber nur bei Markus nicht. Im Evangelium von Matthäus verstehen sie. Natürlich haben die Jünger nicht einmal begriffen und einmal nicht. Vielmehr gibt Matthäus, oder seine Quelle, - aber weder Jesus und noch die Jünger! - durch den Begriff »Lehre« die Deutung von »Sauerteig« vor: *(16,12) Da verstanden sie, dass er nicht gesagt hatte, sich zu hüten vor dem Sauerteig des Brotes, sondern vor der Lehre der Pharisäer und Sadduzäer.* Mit dieser Erklärung ist die Geschichte bei Matthäus zu Ende. Bei Markus hingegen geht in Ermangelung einer Erklärung das Rätselraten um die Bedeutung des Sauerteigs weiter, bis zum Schluss wird keine Antwort gefunden: »(8, 21) Versteht ihr noch nicht?«, fragt Jesus resigniert im Markusevangelium - im völligen Kontrast zum Matthäusevangelium, wo sie verstehen!

Die Sinnsuche nach der Bedeutung des »Sauerteigs« beschäftigte nicht nur jemanden, der einsam über den Text (der dem heutigen noch nicht entsprach) nachdachte, sondern auch die Hörer während des Erzählprozesses. »Was soll das bedeuten?«, war eine naheliegende Frage für alle Zuhörer, die mit dem »Sauerteig der Pharisäer« konfrontiert wurden. Die Zuhörer des Erzählers, nicht die Jünger, rätselten über die Bedeutung des Sauerteigs. Das Frage-Antwort-Spiel zwischen Erzähler und den Hörern wurde dann vom Erzähler auf Jesus und die Jünger verschoben, ihnen in den Mund gelegt und Teil der Erzählung, insoweit es um die Deutung des »Sauerteiges« geht. Der Legendenschöpfer hat seine Lebenswirklichkeit als Erzähler in die Legende projiziert.

Die unterschiedlichen Erzählsituationen schlugen sich in den unterschiedlichen Versionen der Evangelien nieder. Der dortige Widerspruch, dass die Jünger die Bedeutung des Pharisäer-Teigs einmal (bei Markus) nicht, einmal (bei Matthäus) verstehen, repräsentiert unterschiedliche Wirklichkeiten während des Erzählens: Einmal wurde einfach erzählt, ohne den Zuhörern eine Bedeutung der Sauerteig-Stelle zu bieten, was in die Legende so eingearbeitet wurde, dass nun die Jünger das Ganze nicht verstehen (von Markus festgehaltene Version). Einmal wird sie vom Erzähler vor seinem Publikum ausgedeutet, und in der Folge kannten auch die

	Erzählsituation		Legende
Früh:	„Bedeutung?“ (Publikum)	→	Jünger ahnungslos (Markusevangelium)
Später:	„Bedeutet Lehre“ (Erzähler)	→	Jünger wissend (Matthäusevangelium)

Abbildung 24: Sauerteig - Verschiebung der Erzählsituation in die Erzählung

Jünger in der Legende die Deutung (von Matthäus überlieferte Version).[49] Offenkundig war die Bedeutung zunächst wirklich allen Beteiligten rätselhaft. [50]

Laut Legende war Jesus angeblich nicht nur nicht in der Lage, seinen »Sauerteig« zu erklären (... »bitte entschuldigt meine Ausdrucksweise, liebe Jünger, ich meinte natürlich nicht ›Sauerteig‹, sondern ›Lehre‹ ...«). Er traut auch seinen Jüngern nicht zu, sich an die Brotvermehrungen zu erinnern: »Und erinnert ihr euch nicht, als ich die fünf Brote unter die Fünftausend brach?« (Markus 8, 18f.) Diesen Zweifel an der Brotvermehrung können anwesende Jünger gar nicht gehabt haben.

Sehr wohl aber hatten die Zuhörer des Erzählers und Legendenschöpfers solche Zweifel. Der Erzähler baute die Zweifel seiner Hörer dann in die Geschichte ein. Ein Grund dürfte gewesen sein, dass der Erzähler sich veranlasst sah, eine übermenschliche Tat, die Brotvermehrung, als Beweis der Göttlichkeit oder der Gottessohneigenschaft Jesu anzuführen. Daran zweifelten seine Hörer naheliegenderweise.

Zweifelnde Jünger kommen im Neuen Testament wiederholt vor, was eigentlich undenkbar ist angesichts der Wunder Jesu.

49 Dass später beide Versionen (die Jünger verstehen nicht - die Jünger verstehen) Bestandteil der Überlieferung wurden, ist ein erstes starkes Indiz, dass ein und dieselbe Person, der Erzähler und Legendenschöpfer, solche Variationen der Evangelien bewirkt hat. Dass ein Späterer wie Matthäus dieselbe Methode wie der Legendenschöpfer anwenden würde, nachdem er auf die scheinbare Lösung der Sauerteig-Bedeutung kam, ist eher abwegig.

50 Anscheinend war der Text beschädigt und lag deshalb nicht korrekt vor. Der Begriff »Sauerteig der Pharisäer« kommt nicht vom Erfinder der Legende selbst, der dann vergeblich versucht hätte, ihn zu interpretieren.

Diese Teile der Erzählungen sind also nichts anderes als eine Projektion der Missionarssituation in die Erzählung hinein. Die Interaktionen zwischen Erzähler und Publikum werden in die Erzählung eingearbeitet und dem nächsten Publikum als Teil der Erzählung dargeboten.

Erzählsituation		Legende
Publikum zweifelt	→	Jünger zweifeln

Abbildung 25: Wunder – Verschiebung der Zweifel der Hörer in die Erzählung

Durch den Einbau der Zweifel in die Erzählung verarbeitet der Erzähler nicht nur Erlebtes. Er strukturiert zusätzlich die Erzählung in Bezug auf (stets mögliche) künftige Publikumszweifel, indem er diese vorwegnimmt und zugleich Antworten parat hält. Vermutlich gibt er damit auch den Wundern eine höhere Plausibilität: Selbst die Jünger zweifelten! Das relativiert die Zweifel und erhöht zugleich die Glaubwürdigkeit der Wunder.

Bei der Deutung des »Sauerteigs« fällt bei Markus noch eine weitere Merkwürdigkeit auf. Jesus ruft dazu auf, sie mögen sich vor dem »Sauerteig« hüten. Die Jünger entgegnen: »Weil wir keine Brote haben.« (Markus 8, 16) Diese Reaktion ist abwegig, ein Zusammenhang zwischen dem »Sauerteig der Pharisäer« und dem angesprochenen Brotmangel in der Äußerung der Jünger ist nicht gegeben. Die Antwort wird aber nachvollziehbarer, wenn man den Text zuvor beachtet. Hier wird nämlich auf den Brotmangel angesprochen: »Und sie vergaßen, Brote mitzunehmen, und außer einem Brot hatten sie nichts bei sich auf dem Schiff.« (Markus 8, 14) Die Antwort der Jünger bezieht sich hierauf. Der »Sauerteig« dazwischen hat sich »eingeschmuggelt«.

Ferner stellte Jesus zuvor keine Frage, sondern machte eine Aussage: »Sehet zu, hütet euch vor dem Sauerteig …« (Markus 8, 15) Der Erzähler versäumte einfach, eine Frage zu formulieren, er lässt Jesus gar nicht fragen, weshalb sie sich vor dem Sauerteig hüten sollten. Mit dieser Frage war der Erzähler aber vonseiten seiner Zuhörer konfrontiert. Die Frage baut er zwar nicht in die Legende ein, er lässt aber die Jünger darauf antworten.

Wir sehen noch genauer hin. Auf eine isoliert stehende Frage (ohne vorherige Brotgeschichte): »Warum sollt ihr den Sauerteig der Pharisäer meiden?«, wäre die Antwort: »Weil wir keine Brote haben!«, doch denkbar unpassend. Sie würde in einer realen Situation gänzlich unsinnig anmuten. Man muss Sauerteig nicht meiden, weil man keine Brote hat. Es kommt aber auch kein vernünftiger Mensch auf die Idee, das Beheben des erneuten Brotmangels auf dem Schiff (8, 14) irgendwie mit dem Sauerteig der Pharisäer in Verbindung zu bringen. Dies erst recht nicht in Anwesenheit des Meisters, der zum Wunder der Brotvermehrung befähigt ist. Wenn aber im Zuge des Legendenspinnens den Jüngern diese merkwürdige Antwort zugeschrieben wurde, dann nur deshalb, weil der Erzähler sich dazu genötigt fühlte, da der Sauerteig Bestandteil seines Schriftmaterials war. Die inhaltlich unpassende Jünger-Antwort erweckt aber den Anschein eines Zusammenhangs mit dem vorherigen Satz, denn die verwendeten Wörter »Brot« aus dem Satz: »Weil wir keine Brote haben«, und »Sauerteig« aus Jesu Aufforderung: »Hütet euch vor dem Sauerteig der Pharisäer«, gehören beide in das Umfeld des Brotbackens.

Dabei ist folgende Parallelität zu beobachten: Auf der einen Seite steht die Brotvermehrungslegende, die als Wunder wie ein Beweis wirken soll. Auf der anderen Seite haben wir den vermeintlichen Spruch Jesu, man solle sich vor dem Sauerteig der Pharisäer hüten. Der Erzähler befindet sich auf beiden Ebenen gleichzeitig. Deshalb lässt er die Jünger an den Brotmangel beziehungsweise an die Brotvermehrung denken, auch wenn es um den Sauerteig-Spruch geht. Beides ist miteinander verwoben. Grund für diese Wechselwirkung ist die gemeinsame Wurzel des Jesusworts mit der Bäckerin.[51] Diese Wurzel enthält die Inspiration für beides, für

51 Diese gemeinsame Wurzel ist auch der Grund, weshalb das angebliche Jesuswort, man solle sich vor dem Sauerteig der Pharisäer hüten, ausgerechnet in der Brotvermehrungslegende erzählt wird. Ohne diese Wurzel wäre es unrealistisch, dass ein Religionsstifter einen (kaum verständlichen) Sauerteig-Spruch in einem Kontext aufsagt, in dem es nicht ums Backen (oder sonstwie um Sauerteig) geht. Dies unterstreicht zusätzlich die Verwandtschaft der Brotvermehrungslegende mit dem Bäckerinnen-Spruch.

die Legende der Brotvermehrung über das Brotwachstum (Sinnverwandtschaft) und für den neuen Jesusspruch über das Wort »Sauerteig« (Wortverwandtschaft).

Bäckerin-Spruch		Biblische Erzählung
Brotwachstum	→	Brotvermehrungslegende
		↕ (Wechselwirkung)
„Sauerteig“	→	Neues Jesuswort „hütet euch vor dem Sauerteig…“

Abbildung 26: Durchgängige Parallelität von Wachstum/Vermehrung und »Sauerteig«

Wie die Legende im Erzählprozess zwischen Publikum und Erzähler, der zugleich Legendenschöpfer war, entstand, lässt sich nun schematisch darstellen. Zuerst wurde im Zuge des Vortrags des Jesusspruchs mit der Bäckerin eine Urlegende geschöpft, wobei der Katalysator das Brotaufgehen war, der zur Brotvermehrung inspirierte. Diese Urlegende, eine noch rohe Vorversion, ist heute verloren. In ihr war der »Sauerteig« als Wortrest enthalten, und zwar weiterhin in einem angeblichen Jesuswort, welches aber völlig verfremdet war. Dann konfrontierte der Erzähler seine Zuhörer mit diesem mittlerweile unpassenden »Sauerteig der Pharisäer«. Folgerichtig fragte ein aufmerksamer Zuhörer sinngemäß: »Was soll das mit dem Sauerteig bedeuten?« Darauf konnte der Erzähler keine Antwort geben, seine Aufmerksamkeit war außerdem noch beim Wunder der Brotvermehrung. Auf sie zielte er ab, an dieses Wunder sollten seine Zuhörer glauben. Sie aber zweifelten. Er wollte sie überzeugen.

Die Interaktionen zwischen Erzähler und Publikum wurden dann selbst in der Legende festgehalten, und zwar in der nächsten Version. Sie liegt uns im Markusevangelium vor. Aus den Zweiflern im Publikum des Erzählers (und Legendenschöpfers in einer Person!) waren nun die Jünger geworden. Entsprechend wurde aber auch aus dem Erzähler Jesus, der eigene Worte und Gedanken Jesus in den Mund legte. Gegenfragen wie: »Versteht ihr noch nicht?« (8, 21), hatte ursprünglich der Erzähler gestellt. Damit wich der Erzähler übrigens auch aus, da er selbst die Antwort nicht kannte.

In der Legende ist dies die Frage Jesu. Der gesamte Vorgang, das Zweifeln durch das Publikum und das Überzeugen durch den Erzähler, legte der Erzähler als Legendenschöpfer direkt in die Folgeversion der Legende. Dabei wurden die Beteiligten transformiert. Das reale Publikum beim Erzählen der ersten Legendenversion wurde in die Erzählung der späteren Legende eingebaut, wobei das Publikum zu den Jüngern wurde. Entsprechend verschob sich die Person des Erzählers aus dem Erzählen der Vorversion in der späteren Geschichte zum Meister, zum Lehrer, zu Jesus.[52]

Erzählsituation		Legende
Erzähler	→	Jesus
Publikum	→	Jünger

Abbildung 27: Personentransformation in der Brotvermehrungslegende

So erklären sich die vielen, angesichts der Wunder Jesu unpassenden Zweifel ausgerechnet der Jünger. Zudem erklären sich so natürlich die Wunder selbst, die die Zweifel der Zuhörer an der göttlichen Wesenheit Jesu ausräumen sollten. Es erklärt sich auch der unpassende Einschub mit dem Sauerteig. Zudem erklären sich die zwei zwischen Markus und Matthäus unterschiedlichen und dabei einander widersprechenden Versionen der Legende.

52 Die Umkehrung gilt nicht: Der Erzähler kann auch von Jesus sprechen und Jesus (und nicht sich selbst) beschreiben.

Denn im Laufe der Zeit, nach reiflicher Überlegung, glaubte der Erzähler, eine kluge Antwort auf den »Sauerteig der Pharisäer« zu besitzen. Diese wollte er jetzt natürlich auch dann einbringen, wenn niemand aus dem Publikum fragte. Er wollte dem Publikum zuvorkommen. So sagte der Erzähler sinngemäß zum Publikum: »Ihr wollt wissen, was das mit dem Sauerteig bedeutet?« Nun folgte die Antwort, der Sauerteig würde »Lehre« bedeuten. Er nannte die Antwort, auf die er wohl stolz war, von nun an dem Publikum.

Dabei ging er ziemlich geschickt vor, indem er die Antwort in der Legende als deren natürlichen Bestandteil einarbeitete. Das erhöht auch die Glaubwürdigkeit der Antwort, denn seine Deutung als Lehre stammt nun scheinbar von autoritativen Dritten. Schließlich geben in Matthäus 16, 12 die Jünger nunmehr die Antwort: »Da verstanden sie, dass er nicht gesagt hatte, sich zu hüten vor dem Sauerteig des Brotes, sondern vor der Lehre der Pharisäer und Sadduzäer.« Es sind die gleichen Jünger, die bei Markus noch nicht verstanden hatten!

Es gibt heute, als Folge von Buchdruck und Fernsehen, in den meisten Ländern keine klassische Erzähltradition mehr. Man mag sich den Erzählprozess teilweise wie Nachrichten, teilweise wohl auch wie eine Märchenstunde vorstellen, es können durchaus auch Kinder anwesend gewesen sein. Das bedeutet aber nicht, dass die Zuhörer dumm oder naiv waren, sondern vielmehr, dass der Erzählprozess Fehler, Übertreibungen, Legendenbildungen und dergleichen begünstigte.

Der Erzähler hielt die Warnung: »Hütet euch vor dem Sauerteig der Pharisäer«, im Übrigen für ein wichtiges Jesuswort. Er wollte es mitteilen, es trotz der Probleme mit seiner Bedeutung nicht untergehen lassen. Daher entstand die Diskussion mit dem Publikum, daher überlegte er so lange, bis er die Deutung als Lehre fand. Auffällig ist die doch recht große Veränderung, die das Jesuswort etwa im Zuge des Übersetzens, Abschreibens, einer mechanischen Beschädigung des Schreibmaterials, eines recht unkundigen Lesens, eines häufigen Erweiterns und Ergänzens im Text oder einer Neigung zur freien Handhabung von Jesusworten anscheinend bereits erfahren hatte. Der Legendenschöpfer war –

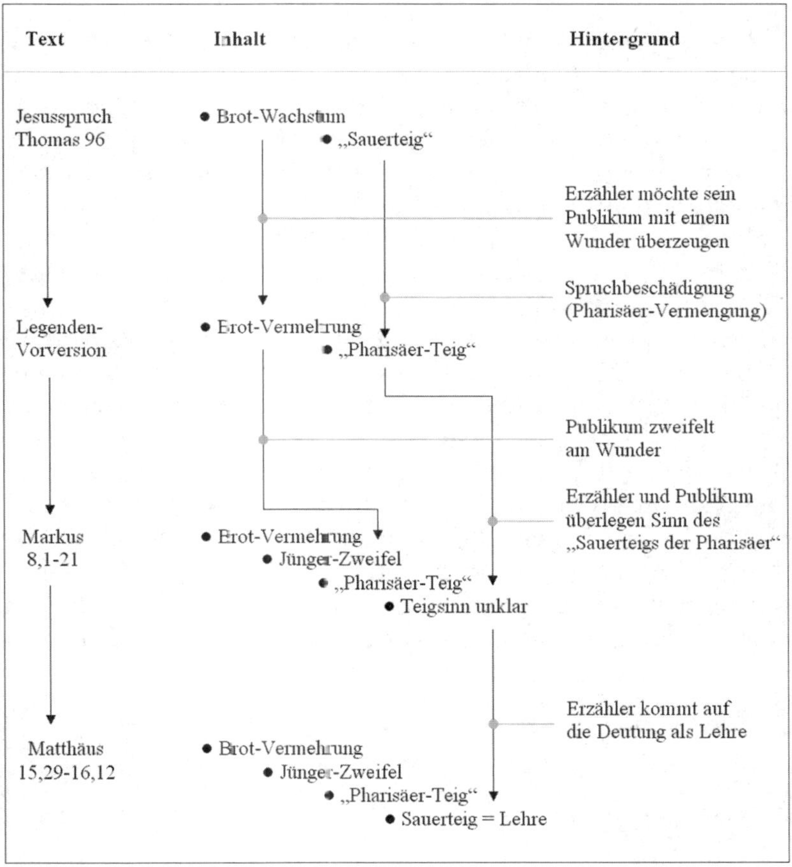

Abbildung 28: Entstehung der Brotvermehrungslegende

sonst hätte er keine Legenden geschöpft – sicher kein Mensch, der es mit der Worttreue sehr ernst nahm. Zu dem Zeitpunkt kann ihm das Jesuswort aber nur noch beschädigt – unvollständig beziehungsweise in veränderter Form – vorgelegen haben. In die Passage: »Hütet euch vor dem Sauerteig der Pharisäer«, fließt dabei nicht nur das Jesuswort Thomas 96 mit dem Brotwachstum durch Sauerteig ein, sondern noch ein zweiter Jesusspruch, der eine Warnung enthält: »Wehe den Pharisäern.« In der in Nag Hammadi gefundenen Version des Thomasevangeliums steht er etwas weiter hinten (Spruch 102).

Die Legende entstand also in einem Prozess, und sie entstand situativ. Sie entstand nicht aus einem Guss, und sie entstand nicht ohne Ausgangspunkte. Es ist auch viel lebensnäher, dass sich der Legendenschöpfer inspirieren ließ, als dass er völlig aus dem Freien schöpfte. Anregungen gab, wie erläutert, das Jesuswort sowie der Dialog des Erzählers mit dem Publikum beim Vortrag von früheren Versionen der Legende. Dieser Dialog wurde literarisch verwertet, aber anderen Personen, nämlich Jesus und den Jüngern, zugewiesen.

Diese Ausgangslage ist der Schlüssel zum Verständnis der Entstehung dieser Legende, aber auch weiterer Legenden. Sie kommt aus der Lebenswirklichkeit des Legendenschöpfers, der zugleich Erzähler war. In seiner Eigenschaft als Erzähler versuchte er, die Jesussprüche zu vermitteln, und war zugleich in Dialoge mit dem Publikum involviert. Dadurch wurden beide, die Jesussprüche und die Dialoge mit dem Publikum, naheliegende Ausgangspunkte seiner Legenden. Sein Motiv war, das Publikum zu überzeugen, was mit Wundern besser geht. Immerhin trug er so wesentlich zu einer der erfolgreichsten Marketingaktionen der Geschichte bei.

Ausgangspunkte		Erzählungs-Bestandteil
Beschädigter Sauerteig-Spruch Erzählsituation (Bedeutungsfrage)	→	Deutung des Sauerteigs
Bäckerin-Spruch Erzählsituation (Wunder-Zweifel)	→	Eigentliche Brotvermehrung

Abbildung 29: Die beiden parallelen Bestandteile der Brotvermehrungserzählung und ihre jeweiligen Ausgangspunkte

SAUERTEIGVARIATIONEN

Nun ist, nach all der langen Vorarbeit, die erste Legende entschlüsselt. Allmählich wird dadurch die seinerzeitige Situation erhellt. Zudem wird immer klarer, was Jesus tatsächlich sagte; und das ist bedeutsamer als irgendwelche Wundergeschichten. Bevor wir uns weiteren Texten des Neuen Testaments zuwenden, beleuchten wir ergänzende Aspekte in Zusammenhang mit der Brotvermehrung.

Wir betrachten zuerst die Vielfalt der Varianten. Die Vorversion, in der die Brotvermehrung und der Pharisäer-Sauerteig vorkommen, in der aber die Zweifel der Jünger und das Überzeugen durch Jesus noch nicht enthalten sind, ist verloren. Diese Urlegende wurde womöglich nur einmal erzählt. Es muss sie aber gegeben haben, denn erst nach den Zweifeln des Publikums konnten diese Bestandteil der späteren Versionen werden.

Darauf folgen die besprochenen Versionen in Markus 8, 1-21 und in Matthäus 15, 29-16, 12. Das Markusevangelium enthält daneben mit 6, 30-44 aber noch eine weitere Version der Brotvermehrungslegende. Sie ist eine Variation, es handelt sich nicht um die verlorene Urlegende. Sie ist auch in keiner anderen Beziehung eine vorherige Version von 8, 1-21. In ihr fehlt deren zweiter Teil mit dem problematischen Sauerteig-Pharisäer-Passus sowie die erzählerisch damit verbundenden Zweifel der Jünger. Stattdessen wurde auf der Grundlage eines reduzierten Teils (entsprechend Markus 8, 1-9 statt 8, 1-21) der Textumfang erweitert. Sie ist somit eine variierte Teilversion. Eine Möglichkeit des Umgangs mit dem Deutungsproblem des Sauerteigs war es, die Passage einfach wegzulassen. Durch Variation und Ausschmückung ergab sich eine zweite Geschichte.

Markus 6, 30–44 und Markus 8, 1–21 sind die ältesten erhaltenen Versionen der Brotvermehrungslegende. In 6, 30–44 wurde die Problematik des »Sauerteigs der Pharisäer« durch Weglassen umgangen, da es die Lösung der Interpretation als Lehre noch nicht gab. Durch das Weglassen fiel aber auch viel an Inhalt weg, insbesondere das (vermeintliche) Jesuswort. In 8, 1–21 hingegen wird zwar der Spruch übermittelt, die Situation um die Bedeutung des »Sauerteigs der Pharisäer« war aber unklar. Die Aufmerksameren im Publikum, und insbesondere der Erzähler selbst, konnten sich damit nicht zufriedengeben.

Im Matthäusevangelium wurde deshalb in 15, 29–16, 12 wie besprochen die scheinbar gute Lösung eingeführt und der Sauerteig als »Lehre« gedeutet. Im Johannesevangelium befindet sich ebenfalls eine Brotvermehrungserzählung. In dieser kommt kein Sauerteig vor. Es gibt dort aber noch mehrere weitere ausführliche und im Neuen Testament einmalige und recht ausschweifende Geschichten, in denen Brot eine Rolle spielt. All diese Versionen entstanden später als die des Markusevangeliums. So fügt sich die Entwicklungsgeschichte der Brotvermehrungslegende gut ein in die schon oft geäußerte und mittlerweile gut fundierte These, dass das Markusevangelium älter ist als die Evangelien von Matthäus und Johannes.

Ein wichtiger Aspekt in Zusammenhang mit der Entwicklungsgeschichte der Brotvermehrung betrifft die Wertungen. Im originalen Jesuswort steht der Sauerteig noch für ein spirituelles Hilfsmittel. Durch die Deutung des Sauerteigs als Lehre der Pharisäer, vor der man sich hüten solle, erfährt der Sauerteig hingegen eine negative Wertung. Diese Wertung des Sauerteigs als etwas Negatives wird später sogar vorherrschend, soweit das Wort in anderen Texten weiterverarbeitet wird. Der bei Jesus positive Sauerteig erscheint etwa im Paulusbrief 1 Korinther 5, 6f. besonders negativ: *»Wisst ihr nicht, dass ein wenig Sauerteig den ganzen Teig durchsäuert? Fegt den alten Sauerteig aus, damit ihr ein neuer Teig seid.«*

Dieser Wertungswandel ist ein auffälliges Ergebnis am Rande der Entstehungsgeschichte der Brotvermehrungslegende aus dem

Jesusspruch. Einmal wird der Sauerteig positiv gewertet, einmal negativ. Das geschieht sogar in ein und demselben Text von ein und demselben Autor, nämlich von Matthäus. In Matthäus 13, 33 heißt es noch: ... *Das Reich der Himmel gleicht einem Sauerteig, den eine Frau nahm und unter drei Maß Mehl mengte, bis es ganz durchsäuert war.* Der Sauerteig steht im Kern noch für das Positivste schlechthin, für das Himmelreich.

Völlig gegensätzlich fällt die Wertung des Sauerteigs hingegen wenig später in 16, 6 aus: *Jesus aber sprach zu ihnen: »Seht zu und hütet euch vor dem Sauerteig der Pharisäer und Sadduzäer.«*

Nun soll man sich vor dem Sauerteig hüten, und er wird zusammen mit den ebenfalls negativ gewerteten Pharisäern genannt. Gegensätzlicher kann eine Wertung kaum sein. Die beiden Sauerteig-Stellen lassen sich nicht zusammenfügen, nur die Kenntnis der Entstehungsgeschichte der Brotvermehrungslegende löst die widersprüchliche Bewertung auf.

Jesus sprach positiv vom Sauerteig als Hilfsmittel für das Erreichen des inneren spirituellen Himmels. Später bekam derselbe Teig eine negative Wertung. Es gibt verschiedene Anlässe für die Wertungsumkehrung. Obwohl in der Form von Matthäus 13, 33 noch für den Himmel stehend, ist bereits ein negativer Beiklang vorhanden. Infolge der fehlerhaften Spruchübermittlung wird durch den Textfehler der »ganzen Durchsäuerung« in Relation zur bloßen Erwähnung des Sauerteigs im Originalspruch bereits ein negatives Bild assoziiert. Die Umkehrung der Wertung des zunächst höchst positiven Bildes ist also anfänglich schon in Matthäus 13, 33 enthalten. Allein das Wort »Durchsäuerung« selbst klingt schon unangenehm, zudem riecht Sauerteig nicht gut.[53]

Eine negative Wertung des Sauerteigs ergibt sich insbesondere aber aus dem Alten Testament. Geschichtlicher Hintergrund ist die Gefangenschaft in Ägypten und deren Ende. Dieses wird als Exodus im Passahfest gefeiert. Zur Erinnerung an den Auszug

53 Der negative Anklang von Matthäus 13, 33 wurde etwa in den Paulusbriefen wahrgenommen. So liest sich auch im ersten Korintherbrief bei 5, 6f. der Sauerteig eindeutig negativ, obwohl er auf Matthäus 13, 33 beruht, in dem der Sauerteig für den Himmel steht und damit eigentlich positiv besetzt ist.

aus Ägypten soll man dabei Sauerteig meiden.[54] Dazu heißt es in 2 Mose 12, 15: *Sieben Tage sollt ihr ungesäuertes Brot essen; ja, [gleich] am ersten Tag sollt ihr den Sauerteig aus euren Häusern wegtun.* Der Sauerteig wird hier negativ bewertet.

Darauf deutet beispielsweise auch die Paulusbriefstelle: »... Darum lasst uns Festfeier halten, nicht mit altem Sauerteig, auch nicht mit Sauerteig der Bosheit und Schlechtigkeit ...« (1 Korinther 5, 8) Hier wird die Verbindung zum Alten Testament und zum jüdischen Brauchtum gezogen.

Direkt führt Matthäus 16, 6 zur negativen Wertung des Sauerteigs: »... hütet euch vor dem Sauerteig der Pharisäer und Sadduzäer.« Hieraus folgt die negative Wertung des Sauerteigs unmittelbar, da man sich nur vor negativen Dingen zu hüten hat.

Der alttestamentliche Hintergrund erlangt aber nicht nur bei der Sauerteigwertung konkrete Bedeutung, sondern auch bei der Überlieferung der Sprüche. Er gibt einen Einblick in die Überlegungen, die beim Übermitteln des Jesusspruchs eine Rolle gespielt haben dürften. Denn offenkundig konnten die originalen Jesussprüche[55] nicht richtig identifiziert werden. Sie könnten etwa wegen Materialschadens schlecht lesbar gewesen sein oder man konnte sie nicht entschlüsseln, weil sie in einer fremden Sprache verfasst waren. Die nicht entzifferbaren Stellen wurden dann vermeintlich sinnvoll redigiert.

Nun entstand aber nicht nur der negative Anklang des Sauerteigs in der Matthäusversion des ehemaligen Bäckerinnen-Spruchs in 13, 33 unter dem Einfluss des Alten Testaments.[56] Auch der Sauerteig-Pharisäer-Spruch in 16, 6 ist davon geprägt. Denn der Übermittler, der erstmals Jesus sagen lässt, die Jünger sollten den Sauerteig meiden, scheint den Brauch des Passahfes-

54 Als Grund der negativen Wertung gilt, dass während des Auszugs aus Ägypten wegen der Fluchtumstände kein Sauerteigbrot gebacken wurde. Diese Erklärung ist aber möglicherweise sekundär, ein anderer Hintergrund denkbar: Die Ägypter buken mit Sauerteig, deshalb war den ursprünglich nomadisierenden Juden ungesäuertes Brot ein geeignetes Symbol der Abgrenzung zum früheren Unterdrücker, sein Backen Ritus zur Überwindung des Traumas. Beim Fest der Freiheit isst man nicht die Brotsorte der Peiniger. Sauerteigbrot steht für Ägypten (wie heute Spaghetti für Italien). Ungesäuertes Brot ist das unägyptische Brot, das für Freiheit steht.

55 Thomas 96 und 102.

56 Der Einfluss des Alten Testaments beim Entziffern des schwer verständlichen Spruchs wird noch ein zweites Mal in 13, 33 deutlich, denn es liegt auch eine Beeinflussung durch 1 Mose 18, 6 vor (»drei Maß Mehl«).

tes im Sinn gehabt zu haben, bei dem Sauerteig zu meiden ist. Die Lesart eines kaum lesbaren Spruchs als »meidet den Sauerteig der Pharisäer« ist ohne den kulturellen Hintergrund, gesäuertes Brot zu meiden, abwegig. Was man nicht versteht, wird ausgefüllt mit gewohnten Denkinhalten.

	Sauerteig-Wertung	Einfluss der Tradition	Nähe zum Original
Thomas 96: „Das Königreich des Vaters ist gleich [einer] Frau. Sie nahm ein wenig Sauerteig…“	+		
Matthäus 13,33: „Das Reich der Himmel gleicht einem Sauerteig, […] bis es ganz durchsäuert war.“	+/-		
Matthäus 16,6: „Seht zu und hütet euch vor dem Sauerteig der Pharisäer und Sadduzäer.“	-		

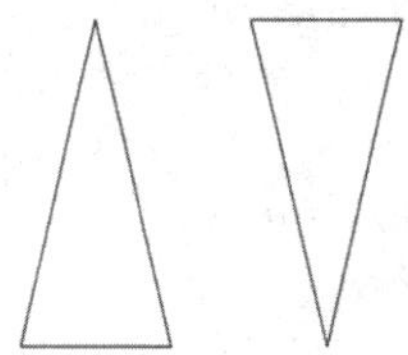

Abbildung 30: Wandel der Wertung des Sauerteigs in Jesussprüchen

Natürlich war auch Jesus durch das Judentum beeinflusst. Es war seine Kultur, sein kultureller Ursprung, auch bezüglich des Spirituellen. Es war aber nur seine Wurzel, nicht sein Gefängnis. Er konnte auch im spirituellen Kontext von Sauerteig sprechen, ohne an die religiöse Tradition zu denken. Der häufige, auch an vielen anderen Stellen vorliegende Rückbezug zum Alten Testament stammt meist nicht von ihm, sondern von späteren Personen, die seine Sprüche ausgelegt haben. Sie waren es, die dem Überlieferten verhaftet waren. – Das ist wie der Unterschied zwischen Kleid und Mensch. Viele sehen nur das Kleid, manche den Menschen dahinter. Jesus kannte das Spirituelle, er kannte Gott. Jesus spricht vom »Menschen«, die Schriftgelehrten reden übers »Kleid«. Sie sehen nur das Äußere, nicht das Wesentliche.

Die Jesussprüche lagen anscheinend in einer kaum verständlichen Form vor. Die genauen Schritte von deren Beschädigung wie Vermengungen, Abspaltungen, Verdoppelungen, Hinzufügungen, Lese-, Schreib- und Übersetzungsfehler mögen hier offenbleiben. Verständnislücken wurden mithilfe des eigenen Erfahrungshintergrundes ausgefüllt, dem Alten Testament. Man ahnt, wie schlecht die Vorlage des Erzählers teilweise gewesen war. Dies mag auch ein Anlass gewesen sein, in die Legendenbildung zu flüchten.

Im Ausgangsspruch Thomas 96 heißt es noch: »... Sie nahm ein wenig Sauerteig, [verbarg] ihn in dem Teig [und] machte davon große Brote.« Matthäus 13, 33 ist dabei dem, was Jesus sagte, relativ nahe. Allerdings ist der Wachstumsprozess durch die Durchsäuerung ersetzt, womit der wichtigste Inhalt verloren ging: »Das Reich der Himmel gleicht einem Sauerteig, den eine Frau nahm und unter drei Maß Mehl mengte, bis er ganz durchsäuert war.« Noch unverständlicher ist der noch auf einem weiteren Jesusspruch (Thomas 102) basierende, ausführlich besprochene Versteil Matthäus 8,15: »... hütet euch vor dem Sauerteig der Pharisäer ...«

Liebe Freunde des Sauerteigs: Sauerteig macht große Brote! Die Version des Jesuswortes aus Thomas 96 ist authentischer als die von Matthäus 13, 33. Sauerteig ist ein Mittel, damit der Teig aufgeht, nicht um ihn zu durchsäuern. Erst recht ist Sauerteig keine Lehre der Pharisäer. Jesus selbst verwendet auch an anderer Stelle das »Wachsen« als Bild des Himmels.[57] Das Spirituelle im Menschen entspricht einem Wachstums- und nicht einem Durchsäuerungsprozess.

57 Beispielsweise Thomas 20, Lukas 13, 19.

BROTVARIATIONEN

Der Bäckerinnen-Spruch bietet ein gutes Beispiel für die Entstehung einer Legende. Allgemein geht der Weg von einem Ausgangspunkt, etwa einem Jesuswort, hin zu den anderen, modifizierten Texten. Echte Jesusworte waren die Ausgangsbasis für viele weitere Schriften, die selbst nach den Modifikationen ausreichend bedeutsam blieben. Das verdeutlicht, dass die Bedeutung der Worte Jesu erkannt wurde – auch ohne die später hinzugedichteten Wunder! Es waren dabei vor allem Jesu Worte aus dem Thomasevangelium, die viele spätere Texte inspirierten, was noch einmal die Authentizität des Thomasevangeliums unterstreicht.

Um das Ausmaß zu verdeutlichen, seien weitere Texte aufgeführt, die infolge des Brotspruchs Jesu entstanden sind. Solche Texte kommen nicht nur im Neuen Testament vor, sondern finden sich auch in außerkanonischen Quellen. Zudem gingen die Erweiterungen und Variationen nicht nur vom Schöpfer der Brotvermehrungslegende aus, sondern ebenso von anderen. Nicht selten wurde kein Wert auf den Originalspruch und seine Urheberschaft gelegt. An dieser Stelle geht es weder um Vollständigkeit noch um genaue Herleitungen, sondern nur darum, einen ersten Eindruck zu bekommen: von den grundsätzlichen Wegen, die der Spruch mit seinen Änderungen, Erweiterungen und Variationen gegangen ist. Hierbei ist eine große Vielfalt zu beobachten, es gibt nicht nur einen Standardweg.

Ein Beispiel für eine weitere Variation bietet das schon erwähnte außerbiblische Philippusevangelium. Es ist gehört zum Nag-Hammadi-Fund. Seine Stellung zum Thomasevangelium ist nachrangig, es ist später entstanden und von ihm abhängig. Das

Philippusevangelium versucht das Thomasevangelium zu imitieren und ist wie dieses eine Sammlung spiritueller Sprüche, wobei es sich aber nicht um authentische Jesussprüche handelt. Der Urheber des Philippusevangeliums ist anscheinend zugleich auch der Urheber der darin enthaltenen Sprüche, wobei er seine Sache nicht schlecht gemacht hat. Die Parallelitäten zum Thomasevangelium sind hinreichend, es gibt einige Stellen, die auf ihm beruhen.[58] Diese Parallelitäten, und auch der häufige inhaltliche Gegensatz zu den Auffassungen der kanonischen Evangelien, lassen es nicht zu, das Philippusevangelium als ausschließlich von den kanonischen Evangelien abgeleitet aufzufassen, wenn es auch von neutestamentlichen Textstellen beeinflusst ist. Vielmehr liegt ihm eigenes Quellenmaterial zugrunde, das parallel zum Quellenmaterial der kanonischen Evangelien bestand. Spruch 15 des Philippusevangeliums lautet: *Bevor Christus kam, gab es kein Brot in der Welt. Wie das Paradies, der Ort, wo Adam war, hatte [die Welt] viele Bäume als Nahrung für die Tiere. Sie hatte keinen Weizen als Nahrung für den Menschen. Der Mensch ernährte sich wie die Tiere. Aber als Christus, der vollkommene Mensch, kam, brachte er Brot vom Himmel, damit sich der Mensch von der Nahrung des Menschen ernähre.*[59]

Dies ist nun weder die Brotvermehrungslegende noch der Jesusspruch, weder die Thomasversion (»große Brote«) noch die Matthäusversion (»Durchsäuerung«). Wir finden als stichwortartige Gemeinsamkeiten zu Thomas 96 die Worte »Jesus«, »Brot« und »Himmel«. Eine deutliche Gemeinsamkeit zur Brotvermehrungslegende besteht vor allem darin, dass Jesus als Schöpfer von Brot auftritt. Der Unterschied ist, dass sich dies nicht im Rahmen einer Geschichte ereignet. Vielmehr wird er allgemein als Schöpfer des Brotes aufgefasst, als Metapher gedacht, deren Urheberschaft aber offenbleibt. Ferner wird nicht von Sauerteig gesprochen.

In Philippus 15 ist also wie in der Brotvermehrungslegende Jesus Schöpfer von Brot, nicht die Bäckerin. Das könnte auf das Alte Testament zurückgehen.[60] Auffällig ist die Verwandtschaft

58 Philippus 48 aus Thomas 76, Philippus 62 aus Thomas 112, Philippus 93 aus Thomas 56, Philippus 57 aus (Anfang und Ende) von Thomas 19.

59 Übersetzung nach Lüdemann, Gerd; Janßen, Martina: *Bibel der Häretiker – Die gnostischen Schriften aus Nag Hammadi*, Stuttgart 1997.

60 2 Mose 16, 4; Psalm 78, 24.

zum christlichen Ritus des Brotbrechens, der auf das Abendmahl zurückgeführt wird.[61] Dieser Ritus könnte durchaus auf Jesus beziehungsweise auf ein Jesuswort zurückgehen, im Sinne der Teilhabe am Spirituellen. An dieser Stelle kann offenbleiben, woraus Philippus 15 entstand, wie der Stammbaum mit Abspaltungen und Weiterentwicklungen war, insbesondere, da auch verloren gegangene Quellen, auch solche mit Jesusworten, Einfluss genommen haben könnten. Ebenso kann hier die Theologie von Philippus offenbleiben. Es gab damals eine große Vielfalt an religiösen Bewegungen, wie auch der Fund der Qumran-Schriftrollen zeigt.

Eine inhaltliche Verwandtschaft von Philippus 15 besteht auch zum Johannesevangelium 6, 1–59. Dort finden wir die Brotvermehrung, ein Intermezzo in Form eines Spaziergangs auf Wasser und dann eine weitere Brotepisode (6, 22–59). Wie bei Philippus fehlt der Sauerteig, wie bei Philippus kommt das Brot vom Himmel. Es steht synonym für Jesus und zugleich für das Leben, etwa Johannes 6, 51a: *Ich bin das lebendige Brot, das aus dem Himmel herabgekommen ist; wenn jemand von diesem Brot isst, wird er leben in Ewigkeit.*

Der Spruch erfasst korrekterweise die Identität von Jesus und Leben. Sie wird zudem mit Brot gleichgesetzt. Es besteht also eine Verwandtschaft zum Brot der Bäckerin aus Thomas 96, der genaue Entstehungsweg, insbesondere, ob noch ein weiteres, verloren gegangenes Jesuswort hier miteingeflossen ist, kann für unsere Betrachtung offenbleiben. Zitierter Vers 6, 51a ist ferner mit dem christlichen Kult verwandt, bei dem mit dem Brot der Leib Christi symbolisch gegessen wird.

Inhaltlich ist die Brotepisode des Johannesevangeliums (6, 22–59) in den Evangelien einmalig. Sie ist eine reich ausgeschmückte Geschichte. Aus inhaltlichen Gründen – etwa in Bezug auf die anwesenden Leute – ist sie von der Brotvermehrung nicht zu trennen, auf die sie beinahe folgt und auf die sie eingangs wiederholt Bezug nimmt. Die Brotepisode in Johannes 6, 22–59 ist also letztlich mit Thomas 96 verwandt. Es handelt sich aber um eine Interpretation der Brotvermehrung. Diese Interpretation kann Je-

61 Er ist darüber hinaus mit dem Passahfest (und dessen ungesäuertem Brot) verwandt.

sus nicht vorgenommen haben, da er kein Brot vermehrte. Das bedeutet aber nicht, dass die Brotepisode nicht durch weitere Jesusworte beeinflusst ist, wie etwa die Gleichsetzung von Jesus und Leben zeigt.

Sowohl Philippus- als auch Johannesevangelium sind also für die Rekonstruktion der Entstehungsgeschichte der Brotvermehrungslegende von keiner eigentlichen Bedeutung. Es handelt sich um spätere Entwicklungen, in die zugleich aber auch ursprüngliches Gedankengut einfloss. Eine relativ späte Entstehungszeit des Johannesevangeliums würde sich ins Bild fügen. Wir ahnen zugleich, dass die verschiedensten Einflüsse vorliegen, auch Querverbindungen, Rückkopplungen, freie Schöpfungen verschiedener Urheber, Rückgriffe auf heute verlorene Quellen und dergleichen mehr, was sich naturgemäß nicht mehr alles rekonstruieren lässt.

Beeinflusst durch das Thomasevangelium[62] und auch durch den Brotvermehrungsspruch Jesu dürfte auch *Bronte* sein, ein weiterer Text aus dem Nag-Hammadi-Fund.[63] *Bronte* ist ein hymnischer Text, in dem Widersprüche in Form von »Ich bin« aufgeführt sind. Diese Widersprüche erinnern an Koans – das sind meditative Rätsel in fernöstlichen Religionen, die durch ihre Widersprüchlichkeit die Grenzen des Denkens sprengen sollen. In Bronte folgt dem »Ich bin« keine Eigenschaft, kein Selbst-Bild, sondern ein Widerspruch, um das sich mit sich selbst identifizierende Ich, das Ego, zu seiner Auflösung zu stimulieren. Das Brot ist eine spirituelle Metapher: »(19, 31) Ich bereite das Brot und meinen Verstand innen.«

Des Weiteren ist »die geistige Wahrheit und das Gesetz« in *Testimonium Veritatis* zu nennen, ein späterer gnostischer Text, der sehr auf das Asketische abhebt.[64] Hier kommt der Sauerteig als »Sauerteig der Pharisäer« vor, wird aber nicht als Lehre gedeutet. Stattdessen heißt es: *(29, 17) Der Sauerteig aber ist [der] Irrtum der Begierde der Engel und der Dämonen und der Sterne.*[65]

---

62 Beispielsweise: »Eure Innenseite ist eure Außenseite« (20, 19), inspiriert durch Thomas 21: »... wenn ihr das Innere wie das Äußere macht«.

63 *Nag Hammadi Codex VI*, 2.

64 *Nag Hammadi Codex IX*, 3.

65 An dieser Stelle sei für den Interessierten erwähnt: Auch das Thomasbuch (*Nag Hammadi Codex II*, 7) scheint auf der Basis des Thomasevangeliums entstanden zu sein (Eingangsformel aus Eingangsformel, der Text um/ab 138, 28 im Thomasbuch aus Thomas 5, um/ab 140, 40 aus Thomas 2, um/ab 141, 25 aus Thomas 60, um/ab 144, 25 aus Thomas 40).

Wir beschränken uns auf das Neue Testament und auf die in Nag Hammadi gefundene Bibliothek und listen nachfolgend Sprüche und Geschichten mit Bezug zum Brotvermehrungsspruch Jesu auf. Außerdem sind zum Aufzeigen der Verwandtschaftsverhältnisse einige inhaltliche und stichwortartige Merkmale aufgeführt. Die Texte stehen nach Art eines Stammbaums miteinander in Verbindung, allerdings gibt es zusätzliche Querverbindungen und weitere Ausgangspunkte.

Parallelen (Inhalt/Wörter)	Gemeinsame Hauptwurzel ↓ Sprüche									Legenden					
	Th	Mt	Lk	Lk	Gal	1Kor	Philippus	Bronte	Geist. W.	Mk	Mk	Mt	Mt	Lk	Joh
	96	13,33	12,1	13,21	5,9	5,6-8	15	19,31	29,6	6,30-44	8,1-21	5,32-16,1	14,13-23	9,10-17	6,1-59
Brot -wachstum / -vermehrung/schöpfung d. Jesus / -durchsäuerung	W	D		D	D	D	V/S	V/S		V/S	V/S	V/S	V/S	V/S	V/S
Innerlich/Äußerlich	I				(I)	(I)	I	I	I	Ä	Ä	Ä	Ä	Ä	(Ä)
Interpretation Sauerteig (d. Pharis.)			Heuchelei		(Gesetz)	(Unzucht)			Sex. Gier (+Gesetz)		(Jünger rätseln)	Lehre			
Wertung des Sauerteigs	+	+/-	-	+	-	-					-	-			
Reich ist wie...	Frau	Sauerteig		Sauerteig											
"Sauerteig der Pharisäer"			✓						✓		✓	✓			
"Brot/Blick/Zeichen v./z. Himmel"							Br			Bl	Z	Z	Bl	Bl	Br
"Zeichen" (i.S.v. Beweis)											✓	✓			✓
"Fische"										✓	✓	✓		✓	✓
"Schiff(fahrt)"										✓	✓	✓	✓		✓
"Ohren"	✓								✓						
"Frau"	✓	✓		✓											
"Reich" (d.Vaters/Gottes/Himmels)	✓	✓		✓			✓								
"Teig" (Mehl)	✓	✓		✓	✓	✓									
"Sauerteig"	✓	✓	✓	✓	✓	✓			✓		✓	✓			
"Brot"	✓						✓	✓		✓	✓	✓	✓	✓	✓

Abbildung 31: Auf Thomas 96 zurückgehende Brottextstellen im Neuen Testament und in der Nag-Hammadi-Bibliothek

Es gab also verschiedene Menschen, die Texte variierten, aufblähten, Legenden erfanden. Bis heute glaubt der Mensch an Wundergeschichten, auch wenn manch einer aufgrund seiner naturwissenschaftlichen Grundbildung eher an Ufos glaubt als an die Brotvermehrung. Dort, wo eine solche Ausbildung und der Zugang zu Bilddokumenten (wie Film) fehlen, entstehen weiterhin Legenden.[66]

66 Beispielsweise 1996 in Indien: Dort verspeiste ein Wolf binnen weniger Monate mehrere Dutzend Kinder. Da Wölfe normalerweise keine Menschen anfallen, glaubte man anfangs an ein anderes Wesen. In den Erzählungen, auch in den Berichten der Zeugen, mutierte der Wolf zu einem übermenschlich-menschenähnlichen Wesen, das vom Himmel kommt, rotglühende Augen hat, Funken sprüht und die (hilflosen) Erwachsenen in einen Betäubungszustand versetzen kann.

Mit dem Erfinden von Geschichten hat der Legendenschöpfer der kanonischen Evangelien keineswegs etwas außerordentlich Seltenes getan, die menschliche Kulturgeschichte ist voll von Legenden und Übertreibungen. Er hat zudem erzählt, was die Leute hören wollten. Und das sind eben Wunder. Ein Gleichnis mit einer Bäckerin hat einen schweren Stand gegen eine Brotvermehrung. Und das insbesondere dann, wenn Verständnisprobleme vorliegen (verstärkt durch die offenkundig beschädigte Quelle des Spruchs). Dennoch hat der Legendenschöpfer etwas getan, was auch damals nicht jeder tat und was auch damals nicht als richtig galt. Im Übrigen gibt es nicht nur im Christentum Legenden. Probleme mit Textüberlieferung und Legendenbildung haben alle Religionen. Es gibt hier keinen Anlass zur Überheblichkeit von anderer Seite.

Die Jesussprüche des Thomasevangeliums sind also eine Hauptinspirationsquelle für kanonische und außerkanonische Texte, darunter viele Legenden. Dazwischen lag der Schritt des Ausfabulierens von Jesusworten zu Legenden wie bei der Brotvermehrung. Diese Geschichten fanden dann Eingang in die Evangelien, zuerst ins Markusevangelium. Die Entstehungsgeschichte anderer Legenden wie die der jungfräulichen Geburt folgt oft einem vergleichbaren Muster, der Entstehungsweg der Brotvermehrungslegende ist nicht einzigartig. Zu den inneren Zusammenhängen zwischen einem Spruch und einer Legende kommen weitere vergleichbare Verbindungen zwischen den Texten. Es gibt aber Variationen und auch andere Entstehungswege. Nicht jede Legende wird mit so einem eindeutigen Marker wie dem verräterischen »Sauerteig« überliefert.

Die hier besprochene Art der Legendenschöpfung dominiert in den Evangelien. Prinzipiell kämen auch andere Arten infrage, etwa völlig freie ohne jede Vorlage oder etwa solche, die auf einer realen Begebenheit basieren und die dann übertrieben wurden, oder solche, die von Jesus selbst inszeniert wurden wie beispielsweise Zauberkunststückchen. Das Brotvermehrungsbeispiel zeigt aber einen anderen Entstehungsprozess. Im Gegensatz zu anderen Schöpfungshypothesen ist eine Entstehung, die von Jesusworten als Ausgangspunkten ausgeht, von hoher Stichhaltigkeit und naheliegend, denn der Schöpfer hatte bei seinem Vortrag Jesusworte im Kopf oder vor sich liegen. Hinzu kommt der Dialog mit den Zuhörern, ebenfalls ein Aspekt, der der Lebenswirklichkeit des Autors entspricht. Ihnen wollte er Jesus nahebringen, was ihm durch das Erzählen von Wundergeschichten leichter fiel.

Dank des Musters, das durch die Herleitung der »Brotvermehrung« gewonnen werden konnte, lassen sich weitere Entstehungsgeschichten aufgrund der Analogie leichter erschließen. Wir können die gewonnenen Erkenntnisse zur Entschlüsselung anderer Legenden nutzen. Querverbindungen und Parallelen können Einzelthesen unterstützen, wo die Beweiskraft allein nicht ausreichen würde. Marker, etwa Wortreste wie »Sauerteig«, sind eine Orientierungshilfe bei der Suche nach dem jeweiligen Ausgangspunkt einer Legende. Legenden und ihre Ausgangspunkte wie Jesussprüche sind miteinander verknüpft, was das Nachvollziehen des Legendenentstehungsprozesses zeigt.

VOM NICHT-HEILENDEN ARZT ZUM WUNDER-HEILENDEN JESUS

Wir haben mit der Brotvermehrung ein Beispiel, bei dem aus einem Jesusspruch eine Legende entstanden ist. Die Bäckerin, die mit Sauerteig große Brote bäckt, hat sich als Katalysator der Brotvermehrungserzählung erwiesen. Dies ist ein Muster, andere Legenden können, müssen aber nicht auf der Grundlage eines Jesusspruchs entstanden sein.

Eine Erzählung, die die Gesetze der Physik verletzt, muss irgendwann erfunden worden sein. Es gibt aber auch Erzählungen, denen man nicht so leicht ansieht, ob sie wahre Begebenheiten beschreiben oder nicht. Denn es kann auch Legenden geben, in denen es weder zu Verletzungen der Naturgesetze noch zu Übertreibungen kommt. Der Wahrheitsgehalt einer solchen Erzählung lässt sich in der Praxis dann nur anhand der individuellen Entschlüsselung ihrer Entstehungsgeschichte erklären.

Wir wenden uns einem Beispiel der Entstehung einer Legende aus einem Jesuswort zu, in der sich wichtige Bestandteile naturgesetzlich zugetragen haben können. In der Vorlage Thomas 31 heißt es: *Kein Prophet wird in seinem Dorf angenommen, kein Arzt heilt die, die ihn kennen.*

Dieser Spruch besteht aus zwei Teilen. Auch wenn er ohne begleitende Erzählung ist, hat ihn Jesus anscheinend nicht ohne Anlass gesagt. Dieser Aussage liegt offenkundig eine Situation zugrunde, in der Jesus als Prophet in seiner Heimat nicht akzeptiert wurde. Auf den ersten Blick scheint der zweite Teil des Spruchs ein Vergleich zu sein: »Mir ergeht es als Prophet, wie es in einer vergleichbaren Situation etwa einem Arzt ergeht.« Auf den ersten Blick erscheint es insofern sinnvoll, einen solchen Vergleich zu machen, als sich kaum einer seiner Hörer in die Probleme eines Propheten hineinzuversetzen vermag. Der Vergleich wäre aber nicht gut gewählt, denn wieso sollte man die Heilkräfte eines Arztes infrage stellen, wenn er Bekannte behandelt?

Naheliegender ist, dass Jesus hier einen spirituellen Arztbegriff verwendet: Der Heiler ist jemand, der seine Mitmenschen spirituell weiterbringt. Und dies gelingt nicht bei Bekannten. Der zweite Teil ist also allem Anschein nach eine Fortführung, eine Variation des ersten Teils und kein erläuternder Vergleich. Eindeutig ist in jedem Fall, dass der zweite Teil analog aufgebaut ist.

In den kanonischen Evangelien wird nun eine zugehörige Geschichte überliefert. In der Erzählung »Unglaube in Nazareth« geht es darum, dass Jesus in seiner Heimat keine Wunder wirkt und nicht akzeptiert wird – ein erzählerischer Hintergrund, der die Situation reflektiert, die dem Thomasspruch zugrunde gelegen haben muss: Zu Hause wird man als Prophet nicht angenommen. Bloß dass es nun mit ausbleibenden Wundern begründet wird. Es heißt bei Lukas 4, 15ff.: *Und er lehrte in ihren Synagogen, geehrt von allen. … (4, 22b) und sie sprachen: »Ist dieser nicht der Sohn Josephs?« (4, 23) Und er sprach zu ihnen: »Ihr werdet jedenfalls dieses Sprichwort zu mir sagen: Arzt, heile dich selbst! Alles, was wir gehört haben, [dass es] in Kapernaum geschehen [sei], tu auch hier in deiner Vaterstadt!«*

Hier hat uns also der getreue Lukas den »Arzt« wörtlich gerettet. Allerdings ist die Aufforderung: »Arzt, heile dich selbst«, recht unpassend. Zum einen geht es um die spirituellen Gaben Jesu; sie haben nichts mit einem Arzt zu tun. Das Sprichwort: »Arzt, heile dich selbst!«[67], ist auch bezüglich seiner Aussage unpassend. Jesus braucht sich nicht zu heilen, er ist nicht krank. Ferner lässt sich die nachfolgende, den Anwesenden unterstellte Aufforderung, Wunder[68] zu begehen (»tu auch hier«), in keiner Weise mit der Selbstheilung als Arzt zusammenbringen. Der Spruch passt

67 Sofern es ein solches überhaupt gab; belegt ist es vor Lukas nicht.
68 Es sollten Wunderheilungen gemeint gewesen sein.

einfach nicht zum Vorherigen und nicht zum Nachfolgenden. Zumindest an dieser Stelle kann Jesus das Sprichwort nicht gesagt haben. Somit verweisen auch hier Zusatzspuren in Form kleiner Details im Umfeld des »Arztes« auf die Herkunft der biblischen Geschichte.

Die Erklärung für das merkwürdige Sprichwort und auch für die damit fest verwurzelte Erzählung liegt auf einer anderen Ebene. Wir müssen hier wie bei der Brotvermehrungslegende die Entstehung der Erzählung betrachten, auch wenn sie keine Wunder enthält, wenn sie also stattgefunden haben kann. Basierend auf dem Jesuswort schöpfte der Erzähler eine dazu passende Erzählung.[69] Das Jesuswort, das er letztlich mitteilen wollte, baute er dabei ein. Das Jesuswort war jedoch wohl teilweise schwer leserlich, es lag anscheinend nicht in originaler, unveränderter Form vor.

Hinzu kommt noch ein weiterer Aspekt. Das Original im Thomasevangelium war zweiteilig (Prophet/Arzt). Der andere Teil, der ursprünglich erste des Jesuswortes aus dem Thomasevangelium, findet sich nun gleich darauf auch in der Erzählung. Er steht unmittelbar anschließend in Lukas 4, 24: *... Wahrlich, ich sage euch, dass kein Prophet in seiner Vaterstadt angenehm ist.*

Der zweite Teil des Spruchs aus Thomas: »Kein Arzt heilt die, die ihn kennen«, folgt nun aber nicht noch einmal. Er fehlt jedoch auch gar nicht, denn er steht als veränderter Satz schon zuvor da in Form der Aufforderung: »Arzt, heile dich selbst.« Er war anscheinend in beschädigter oder in kaum lesbarer Form überliefert worden. Zudem tauschte er seine Position mit dem anderen Teil.

69 Auch wenn die Geschichte um den Spruch herum gebaut wurde, kann an dieser Stelle nicht grundsätzlich ausgeschlossen werden, dass ihr einige wahre Anlässe zugrunde liegen.

Der Jesusspruch „Kein Prophet wird in seinem Dorf angenommen, kein Arzt heilt die, die ihn kennen“ besteht aus zwei zusammengehörenden, parallel aufgebauten Teilen. Die beiden Teile wurden getrennt, nachdem der zweite offenkundig beschädigt überliefert worden war.

Thomas:	Kein Prophet wird in seinem Dorf angenommen
	↓
Lukas:	Kein Prophet [ist] in seiner Vaterstadt angenehm
Thomas:	Kein Arzt heilt die, die ihn kennen
	↓ (Beschädigung)
Lukas:	Arzt, heile dich selbst

Abbildung 32: Die Beschädigung des Thomasspruchs 31 in der Lukasüberlieferung

Wir schauen uns noch die Veränderung im Detail an, die der Spruch durch fehlerhafte Überlieferung erfahren haben muss. Denn anhand der fraglichen Stellen lässt sich die Verwandtschaft erhärten. Bei Thomas gibt es einen nicht-heilenden Arzt, bei Lukas soll der Arzt heilen, wenn auch sich selbst. Die inhaltliche Verbindung lautet: Beide Male wird nicht geheilt. Trotz dieser Ähnlichkeit ist der Inhalt ein anderer. Wie konnte es zu dieser fehlerhaften Überlieferung kommen?

Gröbere Fehler waren in der Antike nicht die Regel, kamen aber vor. Es wurde per Hand geschrieben, die Buchstaben wurden nicht durch Leerzeichen getrennt, sie waren kaum strukturiert und aus Platzgründen oft sehr klein und in engem Abstand geschrieben. Hinzu kommen im Einzelfall weitere Gründe für Übermittlungsfehler, etwa mechanische Beschädigung durch Bruch oder Wasser, Lese- oder Übersetzungsschwächen und dergleichen mehr. Im konkreten Fall war es vielleicht so, dass der Legendenerfinder seine Notizen auch zwischen die Zeilen geschrieben hat, denn Schreibmaterial war in der Antike teuer.

Für die Detail-Untersuchung schauen wir uns das Original an. Obwohl das Thomasevangelium nur auf Koptisch vollständig vorliegt, ist es nicht nötig, den Arzt-Satz ins Griechische zurückzuübersetzen. Denn er gehört zu den wenigen Sprüchen des Thomasevangeliums, die aufgrund eines antiken Papyrusstücks vollständig in griechischer Sprache vorliegen.[70]

70 *Papyrus Oxyrhynchus 1.*

Der darin überlieferte Wortlaut ist zwar nicht notwendigerweise derselbe, der vorlag, als sich der Fehler in die Überlieferung einschlich. Er bietet aber einen sehr guten Einblick, wie sich der Fehler ereignen konnte. Mehr wollen wir an dieser Stelle auch nicht erreichen, insbesondere keine genaue Rekonstruktion des Vorgangs versuchen.

Bemerkenswert ist nun, dass auf Griechisch der Schluss des Thomasspruchs dem Schluss des Lukassatzes sehr ähnelt. Es wird so leichter nachvollziehbar, dass einige Wörter falsch gelesen wurden. Möglicherweise war die Vorlage beschädigt oder auch der Übermittler des Griechischen nicht sehr mächtig. Der Abstand von: »Kein Arzt heilt die, die ihn kennen«, zu der Formulierung: »Arzt, heile dich selbst«, war viel kleiner, als es heute scheint.

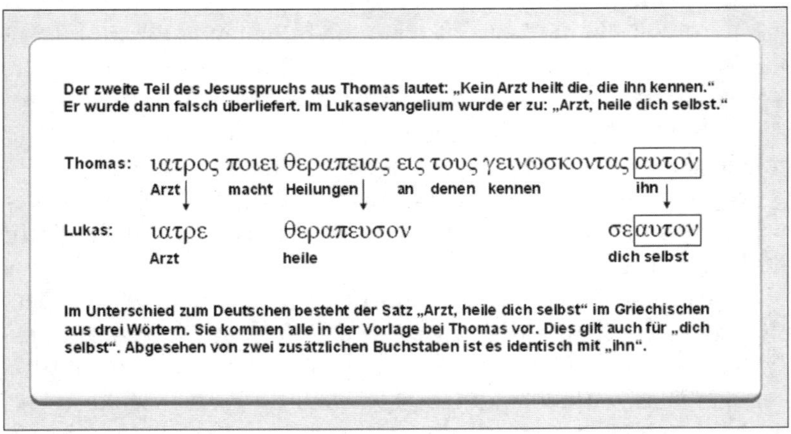

Abbildung 33: Die fehlerhafte Überlieferung von Thomas 31 bei Lukas 4, 23 im Detail

Die Formulierung: »Arzt, heile dich selbst«, ist also Resultat einer fehlerhaften Überlieferung der ursprünglichen Version: »Kein Arzt heilt die, die ihn kennen.« Die Fehler des Arztspruches legen aber nahe, dass es zu vielen Überlieferungsfehlern kam. Es dürfte sich hier nicht um einen Einzelfall gehandelt haben, sondern um einen typischen Vorgang. Dies zeigt der entsprechende Überlieferungsfehler beim Bäckerinnen-Spruch im Matthäusevangelium (»Durchsäuerung« statt »Wachstum«, wie zuvor erläutert). Im Zuge des Einbringens von Jesussprüchen in die Bibel kam es zu handwerklichen Fehlern, zu manchmal schweren, offenkundig unbeabsichtigten Änderungen. Das Neue Testament ist also nicht nur durch absichtlich erfundene Legenden geprägt, sondern auch durch Überlieferungsprobleme, die zur völligen Sinnentstellung von Jesussprüchen führen konnten.

Der zweiteilige Originalspruch Jesu: »Kein Prophet wird in seinem Dorf angenommen, kein Arzt heilt die, die ihn kennen«, hatte eine doppelte Folge im Neuen Testament. Zum einen wurde der Spruch geteilt und seine Teile getrennt übernommen, wobei ein Teil fehlerhaft überliefert wurde. Zum anderen diente der Spruch der Anregung zu einer Erzählung, die um beide Teile des Originalspruchs herumgesponnen wurde. Der erste Teil des Spruchs, kein Prophet würde angenommen, ging unmittelbar in die Handlung der Erzählung ein: Jesus wurde nicht angenommen. Der analoge zweite Teil, kein Arzt könne einen Bekannten heilen, ging hingegen in die Begründung ein: Jesus vollbrachte keine Wunderheilungen. Es liegt also eine Transformation vor, vom Arzt, der nicht zu heilen vermag, zu Jesus, der keine Wunderheilungen vollbringen kann.

Der Spruch aus dem Thomasevangelium ist dabei der Originalspruch, er ging dem neutestamentlichen Text voran. Dort weist der Teilspruch: »Arzt, heile dich selbst«, im Kontext keinen Sinn auf. Er ist aber mit dem Arzt-Teil des Thomasspruchs verwandt, was sich insbesondere im Griechischen zeigt. Zudem stehen die Teile im Lukasevangelium nur noch räumlich, nicht mehr inhaltlich zusammen. Dies kann nicht ihre originale Form sein.

Die Richtung, die Entwicklung der Bibelstellen aus dem Thomasspruch heraus, ergibt sich aber auch aus den Verbindungen der parallelen Bestandteile heraus. Auf der einen Seite gibt es den Propheten-Teil: »Kein Prophet [ist] in seiner Vaterstadt angenehm«, auf der anderen den Arzt-Teil: »Kein Arzt heilt die, die ihn kennen«, beziehungsweise: »Arzt, heile dich selbst.« In beiden Evangelien heißt es ferner sinngemäß: »Kein Prophet [ist] in seiner Vaterstadt angenehm.« Thomasevangelium und Lukasevangelium sind hierin durch inhaltliche Identität miteinander verbunden. Obwohl sich die Aussagen: »Kein Arzt heilt die, die ihn kennen«, und: »Arzt, heile dich selbst«, inhaltlich unterscheiden, sind Thomas und Lukas auch in diesem Teil miteinander verbunden, insbesondere über die drei Wörter (siehe vorherige Abbildung).

Darüber hinaus sind die beiden Spruchteile im Thomasevangelium miteinander verbunden, denn die Arzt-Passage dort ist ein analoges Bild der Passage mit dem Propheten. Ganz anders im Lukasevangelium: Hier sind die Sätze: »Kein Prophet [ist] in seiner Vaterstadt angenehm«, und: »Arzt, heile dich selbst«, inhaltlich unabhängige Sprüche und nicht miteinander verbunden!

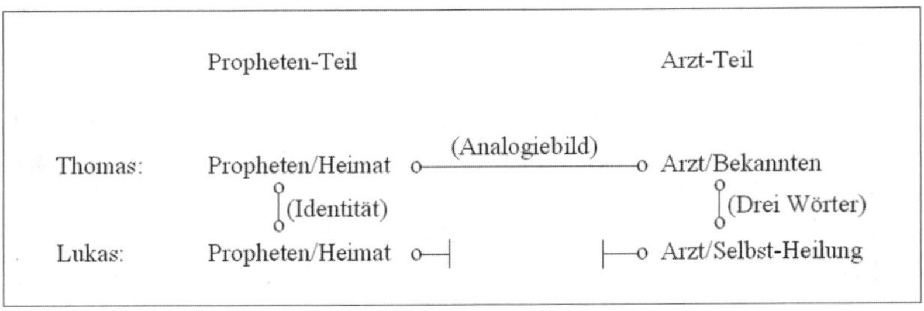

Abbildung 34: Prophetenspruch – Matrix mit Verbindungen

Wenn nun sowohl der Propheten-Teil als auch der Arzt-Teil zwischen den Evangelien miteinander verbunden sind, die Verbindung innerhalb eines Evangeliums zwischen den beiden Teilen des Spruchs aber nur bei Thomas, nicht bei Lukas besteht, muss die Thomasversion zwingend vorangehen. Die Lukasversion mit der gekappten Verbindung ist die abhängige.

Andernfalls, wenn der Arzt-Teil aus der Bibel entnommen, verändert, mit dem anderen Teil zu einem gelungenen Spruch zusammengefügt und dann in das Thomasevangelium aufgenommen worden wäre, hätte der hypothetische Thomasspruch-Kompilator dies auf eine Weise tun müssen, wie sie sich real einfach nicht ereignet haben kann. Denn dabei hätte sich nicht nur das analoge Bild des Arztes ergeben müssen, sondern darüber hinaus eine feste Verbindung zum Lukasevangelium, die aus allen drei Wörtern des Satzes: »Arzt, heile dich selbst«, besteht. Angesichts der großen Zahl an Wörtern, die es gibt, würde dies voraussetzen, dass das analoge Bild dort bereits angelegt worden wäre. Jesus hätte also dann den Satz: »Arzt, heile dich selbst«, gezielt so schöpfen und präzise formulieren müssen, damit ein späterer Kompilator ihn mit dem unabhängigen Prophetenspruch verbinden kann, sodass sich der Thomasspruch mit seinen zwei analogen Teilen ergibt. Dabei hätte Jesus zudem absichtlich eine präzise Vorlage für eine spätere Verfälschung oder Beschädigung schaffen müssen, und das sogar nur für eine ganz bestimmte.

Der Thomasspruch kann sich deshalb logisch nicht aus den beiden Bibelstellen heraus entwickelt haben. Am Rande darf man sich auch fragen, ob ein Kompilator auf die Idee hätte kommen können, den Satz: »Arzt, heile dich selbst«, in das zum Propheten-Teil analoge Bild: »Kein Arzt heilt die, die ihn kennen«, zu verwandeln. Man darf sich ferner nach seinem Motiv fragen, und danach, wieso er die ausschmückende Rahmenhandlung gänzlich wegließ.[71]

Einzig der umgekehrte Weg, vom außerkanonischen Thomasspruch zu den Lukasstellen, erklärt den Gesamtsachverhalt. Der Spruch war zweiteilig angelegt, dementsprechend hätten sich bei unbeschädigter Zitierung in zwei Evangelien (wie Thomas und Lukas) vier Verbindungen einstellen müssen. Durch fehlerhafte Überlieferung löste sich bei Lukas aber die Verbindung zwischen den beiden Teilen auf, ohne dass die jeweiligen Verbindungen zu ihren Wurzeln verloren gingen. Denn auch der fehlerhaft überlieferte Arzt-Teil behielt die Verbindung zu seiner Wurzel, da er auf der Grundlage einer Teilmenge von drei Wörtern, die erhalten geblieben waren, gebildet wurde.

71 Bemerkenswerterweise ging die Forschung bereits vor Auffindung des Thomasevangeliums davon aus, dass den kanonischen Evangelien eine Spruchsammlung, die sogenannte Logienquelle Q, vorangegangen sein muss – und jetzt, wo sie mit dem Thomasevangelium vorliegt, erkennt sie sie nicht (obwohl sich zumindest bei manchen Forschern die Bewertung einzelner Sprüche aus dem Thomasevangelium zunehmend ändert).

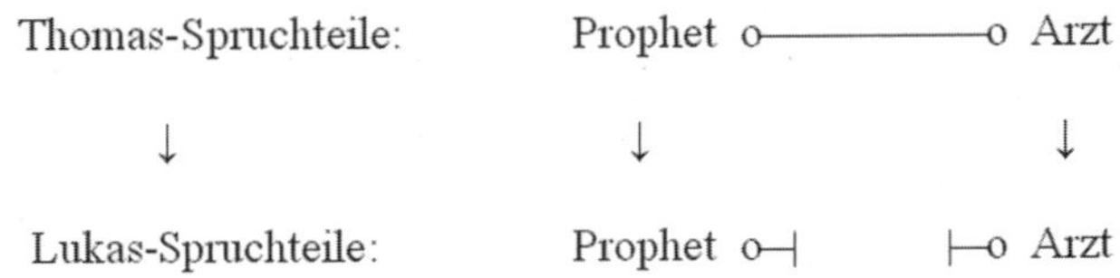

Die Entwicklung ging vom verbundenen Paar der zwei Spruchteile zum unverbundenen, da sich die Verbindung löste (Beschädigung). Der umgekehrte Weg setzte voraus, daß sich alle Verbindungen quasi von selbst eingestellt hätten. Er kann sich nicht zugetragen haben (drei Wörter).

Abbildung 35: Genese des Prophetenspruchs in Lukas

Bisher haben wir uns auf den Spruch konzentriert. Um den Spruch herum befindet sich jedoch auch eine Erzählung, die besagt, dass Jesus in seiner Heimat nicht akzeptiert wurde. Nun ist es an der Zeit, den Inhalt dieser Erzählung zu analysieren. Sie ist im Unterschied zum Spruch, der zweiteilig nur vom wortgetreuen Lukas überliefert wurde, beispielsweise auch im Markusevangelium (6, 1-6) enthalten. Der Teilspruch mit dem Arzt ist hier aber nicht mehr aufgeführt - vielleicht wegen seiner fehlerhaften Überlieferung? Der Arzt ist verschwunden, zumindest als Teil eines Spruchs. Nicht aber der Vorgang des Heilens! Denn aus dem Heilen des Arztes im Spruch Jesu wurde in Markus 6, 5 eine Wunderheilung durch Jesus: *Und er konnte dort kein Wunderwerk tun, außer dass er wenigen Schwachen die Hände auflegte und sie heilte.*

Dabei klingt sogar noch das negative Nicht-Heilen des originalen Spruchs: »Kein Arzt heilt die, die ihn kennen«, durch, denn der Haupttenor ist weiterhin das Nicht-Heilen: »Und er konnte kein Wunderwerk tun, außer ...«, wobei mit »Wunderwerk« Wunderheilungen gemeint sind.

Die Geschichte ist unlogisch, Jesus hat immerhin einige Schwache geheilt. Selbst nur wenige Wunder besitzen hohe Überzeugungskraft. Und sogar das gewandte Lehren in der Synagoge würde doch der Dorfgemeinschaft imponieren und sie nicht verschrecken. Beides hätte sein Dorf positiv aufgenommen. Zudem bewunderten die Leute Jesus zunächst: *(6, 2) ... viele, die zuhör-*

ten, erstaunten ..., um sich dann unvermittelt und ohne eigentlichen Anlass über ihn zu ärgern: *(6,3) ... Und sie ärgerten sich über ihn.* Hinzu kommt, dass die Erzählung des Heimatbesuchs in den Evangelien in recht unterschiedlichen Versionen überliefert wird. Merkwürdig ist ferner, dass Jesus von seiner Annahme als Prophet spricht, er aber als Wundertätiger nicht akzeptiert wird. All das spricht für eine Erfindung der Erzählung, obwohl sie sich weitgehend real hätte ereignen können.

Tatsächlich war es so, dass Jesus nie Wunderheilungen vollbrachte. Er sprach auch nicht gelehrt. Jesus vermochte in seiner Heimat nicht zu überzeugen, da seine Spiritualität nur von denen wahrgenommen werden konnte, die selbst spirituell erleuchtet waren, oder von denen, die sich einen Sinn für das Spirituelle bewahrt hatten, oder auch von denen, die aus welchen Gründen auch immer gerade offen für das Spirituelle waren. Gerade diejenigen aber, die schon ein festes Bild von Jesus hatten, nämlich seine langjährigen Bekannten, Freunde und Verwandten, waren naturgemäß am wenigsten offen für die Wahrnehmung von Jesu Spiritualität. Sie sahen in ihm nur den Menschen, den sie kannten, nicht den mittlerweile spirituell Erleuchteten.

Unser fleißiger »Geschichtenspinner« baute dann um diesen Jesusspruch, dessen eine Hälfte ihm anscheinend entstellt vorlag, eine Geschichte, die nicht nur von Wundern erzählt, sondern auch andere Passagen beinhaltet. Es kann speziell bei dieser Geschichte natürlich nicht ausgeschlossen werden, dass Jesus tatsächlich anlässlich eines Heimatbesuchs das eine oder andere tat, was dann in der Geschichte seinen Niederschlag fand. Aber die meisten auch der naturgesetzlich möglichen Vorgänge dürfte vom talentierten Legendenschöpfer um die überlieferten authentischen Sprüche herum durch Erweiterung und Ausschmückung erst geschaffen worden sein.

Es scheint in diesem Fall sogar alles erfunden zu sein: Wer um Thomas 31 herum einen kleinen biografischen »Roman« verfassen wollte, käme doch automatisch auf die Idee, eine Geschichte über einen Besuch Jesu in seinem Dorf zu schreiben. Was im Übrigen hier mit Thomas 31 gefunden wurde, ist eine der Wurzeln für die Wunderheilgeschichten Jesu.

Wir werden später zwar sehen, dass dem Legendenschöpfer nicht nur das Thomasevangelium, sondern auch weitere Quellen zur Verfügung standen, darunter die für Analysen denkbar undankbarste: Die Erinnerungen in seinem Kopf, über die wir nie eine Niederschrift finden werden. Denn der Legendenschöpfer war Zeitgenosse Jesu und kannte ihn persönlich. Das allein sagt aber nichts darüber aus, ob er bei einer bestimmten Handlung Jesu zugegen war oder nicht. Er war der Urheber von Geschichten, die Jesus zum Wundermann und Wunderheiler verklärten und in denen die Vita Jesu plastisch dargestellt wurde. In den meisten Fällen war der Legendenschöpfer nicht dabei, in anderen Fällen fand er seine Geschichten anscheinend schöner und mit mehr Überzeugungskraft erfüllt als die Wahrheit. Vielleicht wollte der Erzähler gerade durch seine umfassenden Geschichten belegen, dass er überall persönlich dabei war und nicht nur bei einigen wenigen Gegebenheiten.

Sollte es weitere schriftliche Quellen gegeben haben, die aber verloren gegangen sind, würde man sie in der Regel nicht zuverlässig rekonstruieren können - genauso, wie es nicht möglich ist, aus der Brotvermehrungslegende das ursprüngliche Jesuswort mit der Bäckerin herzuleiten. Allerdings wohnen den kanonischen Evangelien Reste an Originalinformationen inne, die vor der Legendenentstehung als Wissen präsent waren, weil man Jesus noch kannte und weil heute verloren gegangene Quellen noch existierten. Dies wird bei den folgenden Analysen berücksichtigt werden.

SCHWANKENDE SCHILFROHRE UND FEINE KLEIDUNG

Merkmal des im vorigen Kapitel analysierten Prophetenspruchs war, dass er zu einer kleinen Geschichte ausgebaut wurde, ohne dass physikalisch unmögliche Wunder die Legendenhaftigkeit offenkundig machen. Zudem müssen sich bei der Überlieferung des Spruchs bereits früh Fehler eingeschlichen haben. Für beides liegt mit Thomas 78 ein weiteres Beispiel vor: *Jesus sagte: »Warum seid ihr ausgezogen auf das Feld? Um ein Schilfrohr im Winde schwankend zu sehen? Und um einen Menschen zu sehen, der weiche Kleider an hat? [Seht eure] Könige und Vornehmen, diese haben weiche Kleider an, und sie [können] die Wahrheit nicht erkennen.«*

Jesus stellt hier situativ, anlässlich des Verhaltens seiner Zuhörer, ein paar rhetorische Fragen, um dann darauf hinzuweisen, dass Reichtum nicht zur »Wahrheit«, dem spirituellen Ziel schlechthin,[72] führt. Dies ist richtig und passt zu Jesus. Die gleiche Stelle ist in veränderter Form auch im Neuen Testament überliefert. Sie steht bei Lukas 7, 24f.: *Als aber die Boten des Johannes weggegangen waren, fing er an, zu den Volksmengen über Johannes zu reden: »Was seid ihr in die Wüste hinausgegangen zu*

72 Mit »Wahrheit« ist die nicht vom Ego getrübte Sicht gemeint. Wer gerechten Sinnes mit der Wahrheit als Richtschnur alles hinterfragt, angefangen bei seinen frühesten, in der Kindheit geprägten Auffassungen, und dabei nicht unethisch handelt, wird über kurz oder lang eins mit Gott. Strikte Wahrheitsbefolgung im Denken, Fühlen und Beobachten, insbesondere in der Selbstbetrachtung ist wesentlich, um Erleuchtung zu erlangen. Es geht bei dem zentralen religiösen Begriff »Wahrheit« nicht um eine bestimmte Auffassung oder Lehre – um eine solche hat sich Gott nie gekümmert.

sehen? Ein Rohr, vom Wind hin und her bewegt? Oder was seid ihr hinausgegangen zu sehen? Einen Menschen, mit weichen Kleidern angetan? Siehe, die in herrlicher Kleidung und in Üppigkeit leben, sind an den königlichen Höfen.«

Jesus stellte erst die Frage, weshalb sie hinausgegangen seien. Dann frage er, ob ein Schilfrohr der Anlass gewesen sei – das entsprach wohl einer realen Situation, irgendwo in der Nähe eines (ausgetrockneten?) Feuchtgebietes. So weit sind die Parallelen zur Thomasversion eng. Lukas fährt dann aber fort und wiederholt die Frage: »Oder was seid ihr hinausgegangen zu sehen?« Die Wiederholung ist einfach rhetorisch bedingt, einem guten Erzählstil geschuldet, die Rede wirkt dadurch flüssiger.

Die eigentliche Essenz des abschließenden Jesuswortes zum Reichtum geht ihm dann aber verloren. Er fährt stattdessen mit der sinnschwachen Feststellung fort, dass diejenigen mit herrlichen Kleidern an »königlichen Höfen« leben. Er übernimmt die eigentliche Essenz gar nicht, dass die Könige und Vornehmen die »Wahrheit nicht erkennen«!

Das deutet darauf hin, dass die Essenz nicht mehr lesbar war, denn diese Essenz ist auch für den Jesus des Neuen Testaments so typisch, dass sie ohne Weiteres zitierbar gewesen wäre, sogar regelrecht hätte zitiert werden müssen. Es gibt im Neuen Testament noch weitere Stellen, die darauf verweisen, dass es für Reiche schwierig sei, ins Himmelreich zu gelangen.

Lukas Textstelle: »Siehe, die in herrlicher Kleidung und in Üppigkeit leben, sind an den königlichen Höfen«, ist also Folge einer fehlerhaften Überlieferung des Spruchs. Übersetzungs-, Material- oder Leseprobleme können hier der Grund gewesen sein. Sie ist nicht original. Da durch die fehlerhafte Überlieferung des Spruchs die Essenz abhanden gekommen war, wurden die ergänzenden Wörter nötig. Die entsprechende Textstelle im Thomasevangelium hingegen übermittelt uns die Essenz: *[Seht eure] Könige und Vornehmen, diese haben weiche Kleider an, und sie [können] die Wahrheit nicht erkennen.* Anstelle der sinnschwachen Formulierung: »… sind an den königlichen Höfen«, ist es hier sinnvoll und jesustypisch formuliert: »… und sie [können] die Wahrheit nicht erkennen.« Mit dieser Essenz endet der originale Spruch Jesu naturgemäß.

Dieses Ende fehlt nun aber dem Erzähler des Neuen Testaments. Deshalb fährt er einfach fort. Er wiederholt, ganz in seinem Erzählfluss, anschließend ein weiteres Mal die Frage: *»Oder was seid ihr hinausgegangen zu sehen?«*, in Lukas 7, 26. Damit entlarvt er sich endgültig als der rhetorische Meister, der diese Wiederholung auch schon zuvor eingeschoben hat (7, 25). Jesus stellte diese Frage einmal, der Erzähler wiederholt sie mehrfach. Dabei gibt er auch diese Wiederholungen als angebliche Jesusworte aus.

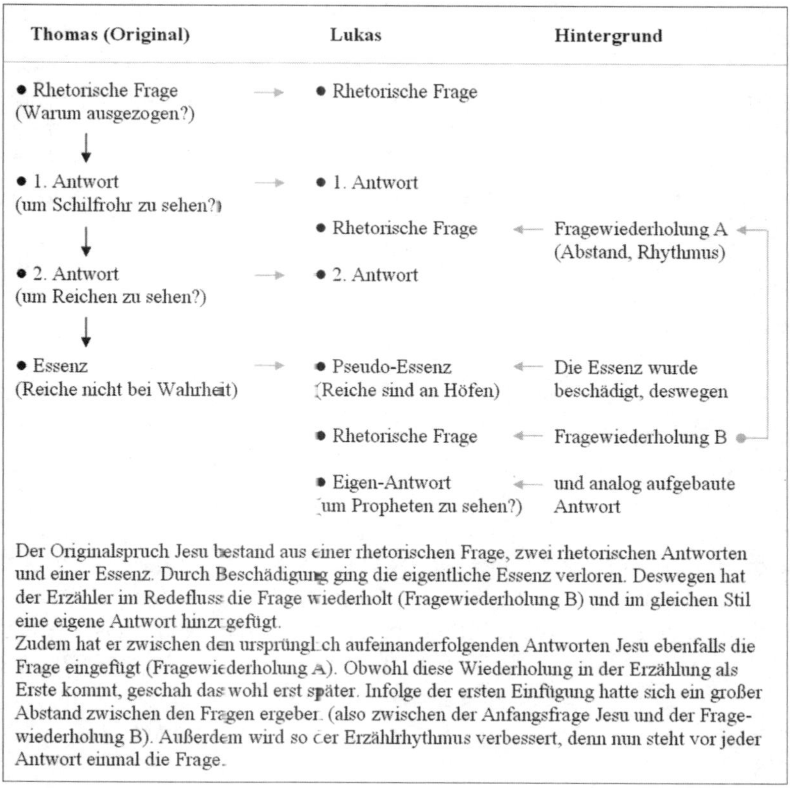

Abbildung 36: Erzählerisches Ausschweifen in Lukas 7, 24ff. in der Folge von Fehlern bei der Überlieferung von Thomas 78

Er spinnt dann munter an seiner Erzählung weiter: *Einen Propheten? Ja, sage ich euch, und mehr als einen Propheten …*, wobei er sich weiterhin frei, sehr frei, an seiner Vorlage orientiert (als Nächstes an Thomas 46; siehe unten). Das meiste davon hat Jesus nie gesagt, sondern nur der Erzähler. Einer der Hörer des Erzählers war Lukas, der es festhielt.

Der Erzähler war aber durch die Sinnschwäche, durch die fehlende Essenz, die den originalen Spruch beendete, in einer schwierigen Lage. Er glaubte nun, selbst eine Essenz nachreichen zu müssen. Die Struktur seiner Vorlage lautete inhaltlich: »Was seid ihr gekommen zu sehen? – Einen fein Gekleideten? – Der ist am Hof, nicht hier.« Es ist klar, dass er hier das Fehlen einer Essenz bemerkte. Als guter Erzähler musste er also noch ein Ende nachreichen. Und er tut dies, indem er bei der Person bleibt und sie aus erzählerischen Gründen überhöht: *»(7,26) … Einen Propheten? Ja, sage ich euch, und mehr als einen Propheten.«*

Jesus aber hatte eine Botschaft vermittelt! Reiche können die Wahrheit nicht erkennen. Der Erzähler war natürlich nicht in der Lage, selbst eine spirituelle Botschaft zu kreieren. Er wich deshalb auf die Bewertung der Person aus.

Jesus hatte die Frage: »Warum seid ihr ausgezogen …? … um einen Menschen zu sehen, der weiche Kleider an hat?«, anscheinend auf sich bezogen. Darauf deutet nicht nur die Situation – die Menschen haben schließlich ihn aufgesucht –, sondern im Thomasevangelium auch der Spruch danach, Thomas 79: *Eine Frau aus der Menge sagte zu ihm: »Glücklich der Leib, der dich getragen hat …«* Jesus hat den in Thomas 78 festgehaltenen Spruch in der Öffentlichkeit gesagt und die rhetorische Frage auf sich bezogen. Die Leute sind also ausgezogen, um ihn, Jesus, zu sehen.[73]

Der Erzähler bei Lukas bezieht den Menschen hingegen auf Johannes, er lässt Jesus den Spruch entsprechend anfangen: »Als aber die Boten des Johannes weggegangen waren …« Dabei greift er auf einen anderen Spruch aus dem Thomasevangelium zurück – Spruch 46 –, wo Jesus Johannes den Täufer erwähnt und erhöht. Aber nicht nur auf ihn, denn der Erzähler fährt dann fort und benutzt dabei sein religiöses Basiswissen, das Alte Testament:[74]

73 Er meinte somit auch sich selbst mit dem Menschen, der weiche Kleidung trägt, das heißt die eines Wohlhabenden.

74 Maleachi 3,1.

(7,27) Dieser ist es, von dem geschrieben steht: ... Dies ist eine rein erzählerische Auffüllung.

Jesus hingegen hat Johannes in Thomas 46 zwar erhöht, aber nicht unter Rückgriff auf das Alte Testament. Es ging ihm nicht um eine spirituelle Rangfolge. Vielmehr drückte er in dem betreffenden Spruch Thomas 46 aus, dass man sich durch das Erkennen des Spirituellen über das Weltliche erhebt, wozu man aber erst das Ich, das Ego, klein machen muss: *... Wer unter euch klein wird, wird das Königreich erkennen und wird höher sein als Johannes.*

Die Anspielung Jesu auf das nötige Klein-Werden des Egos hat der Erzähler nicht übermittelt. Er hat es nicht verstanden. Er hatte die Thematik wohl auch nicht intellektuell verstanden, denn bei westlichen Religionsstiftern wird die Egothematik meist nicht deutlich ausgesprochen. Jesus ist hier zwar eine Ausnahme, aber selbst er formuliert nur bildhaft, benennt das »Ego« nicht expressis verbis, wie dies in den Religionen des Fernen Ostens geschieht. So blieb das wichtige Klein-Werden des Egos unverstanden, und so lautet es in Lukas 7, 28: *... aber der Kleinste in dem Reich Gottes ist größer als er.*

Jesu konkrete Aufforderung: »Mache dich (weltlich) klein, damit du (spirituell) ein Großer wirst«, wird in ein jenseitiges Reich Gottes verschoben. Inhaltliche Verständnisprobleme sind Erklärung genug für eine solche Fehlauslegung, wobei auch hier zusätzlich eine schwere Lesbarkeit des Textes hinzugekommen sein dürfte. Die zentrale Botschaft Jesu, das eigene Ego zu verkleinern, um Gott zu begegnen, ist auf jeden Fall dahin.

Wie die Sprüche zuvor war auch der Spruch Thomas 46, der zum Sich-Klein-Machen (= Ego) auffordert, fehlerhaft überliefert worden, bevor er Eingang in die kanonischen Evangelien fand. Bestärkt wurde die fehlerhafte Überlieferung wie oben angesprochen vermutlich durch Verständnisprobleme. Der wesentliche Gehalt ging so auch bei ihm verloren. Zudem wurde auf Spruch 46 nach Maßgabe der Rahmenhandlung zurückgegriffen. Sie leitete hier den Erzähler (und war selbst durch Thomas 78 bestimmt). Die Handlung der Geschichte erforderte einen »Menschen«, zu dem die Leute in die Einöde kamen, obwohl er keine »weichen Kleider trug«. Ein Kandidat für diesen besonderen Menschen war von Jesus in Thomas 46 benannt: *... ist unter den Kindern der Frauen keiner höher als Johannes der Täufer ...*

Dieser passte also. Der Erzähler wählte folglich Johannes – wobei sich die Frage stellt, ob in seiner Version des Thomasevangeliums Spruch 46 nahe oder fern zu Spruch 78 positioniert war, was hier aber nicht geklärt werden kann. Der Spruch Jesu über Johannes in Thomas 46 wurde also zusätzlich in die Geschichte eingewoben. Und letztlich wurde erst um diesen Spruch herum die ganze Geschichte fertiggesponnen, auch an den vorangehenden Stellen.

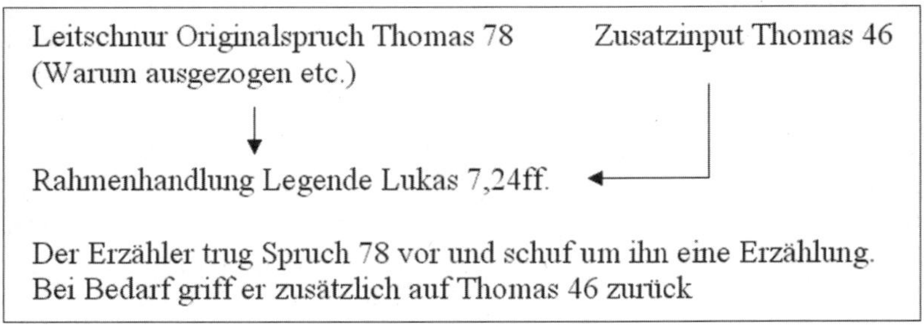

Abbildung 37: Primäre und sekundäre Inspirationsquellen des Erzählers bei Lukas 7, 24ff.

Daraus machte unser Erzähler und munterer Legendenschöpfer dann die Geschichte, bei der es sich erneut um eine Legende handelt, obwohl sie sich rein physikalisch betrachtet hätte ereignen können. Dafür spricht der soeben beschriebene Entstehungsweg um die Jesussprüche herum. Mit dem Thomasevangelium ist die Quelle identifiziert, sie enthält keine nennenswerte Rahmenhandlung.

Der Erzähler kann nicht einmal die Essenz der vorhandenen Quelle richtig aufführen, woher soll er demnach die Handlung kennen? Die Rahmenhandlung mitsamt dem Namen Johannes ist somit freie Ausfüllung des bei Thomas nicht genannten Hintergrunds durch den Erzähler. Dies wird durch den Inhalt der Rahmenhandlung bestätigt (beispielsweise Johannes statt Jesus). Zudem wird, im gleichen Rhythmus, die Rahmenhandlung über die

Essenz des ersten Spruchs hinaus weitergeführt, weil der Erzähler die Essenz als solche nicht erkennt und deshalb das Ende »verpasst«. Beinahe wie ein Komponist um ein musikalisches Thema eine Fuge komponiert, schöpft er um den Spruch eine Erzählung und vervollständigt zugleich den ihm fehlerbehaftet vorliegenden Spruch.

Im Übrigen kann der umgekehrte Entstehungsweg, der von einer wahrheitsgemäß übermittelnden Lukasstelle ausgeht und zum Thomasevangelium führt, definitiv ausgeschlossen werden. Denn das würde letztlich bedeuten, dass Jesus nicht in der Lage gewesen wäre, die Essenz seiner Aussagen zu formulieren, und dass dies erst dem Verfasser des Thomasevangeliums gelang.

VERSTÄNDNISPROBLEME UND GEHEIMNISSE

Wir haben bereits einige Merkmale der Legendenschöpfung um Jesussprüche herum gefunden. Die Erfindung von Legenden ereignete sich anscheinend, bevor sich der Kreis um den ersten Evangelisten Markus gefunden hatte. Dabei entstanden die Legenden nicht durch Modifikation einer ursprünglichen Geschichte, an der Jesus beteiligt war. Dies würde man zunächst wohl intuitiv annehmen, etwa im Sinne von Übertreibung einer Handlung, die tatsächlich stattgefunden hatte. Bei den bisher entschlüsselten Erzählungen diente aber kein reales Geschehen, an dem Jesus beteiligt war, als Vorlage. Vielmehr wurden authentische Aussagen Jesu als Katalysator gebraucht. Im Hintergrund wirkten noch weitere Aspekte: Die Sprüche waren teilweise schlecht überliefert worden und darüber hinaus oft unverstanden geblieben. Weitere Einflüsse auf die Entstehung von Legenden – etwa solche, die aus dem Verhältnis der beteiligten Personen untereinander resultieren – werden später noch ausführlicher erörtert werden. Auch der Kreuzigungs- und der Auferstehungslegende liegen vergleichbare Muster zugrunde. Sie sind beide in einem gemeinsamen Prozess entstanden, und es ist nicht so, wie viele glauben, dass die Kreuzigung reale Vorgänge beschreibt und die Auferstehung eine nachträgliche Legende darstellt. Als wichtigste Ausgangsbasis für diese beiden Legenden müssen auch hier Spruchsammlungen nach Art des Thomasevangeliums angesehen werden.

Später wurden dann überwiegend derartige Legenden zum Ausgangsmaterial für die kanonischen Evangelien. Diese sind eine Zusammenfassung des vorliegenden Ausgangsmaterials. Das geht auch explizit aus ihnen hervor (siehe beispielsweise Lukas 1, 1–3[75] oder, in kritischer Distanz zum Stammbaum Jesu, Lukas 3, 23[76]). Dieses nun kaum noch authentische Ausgangsmaterial bestand nicht nur aus Legenden, sondern auch aus Spruchsammlungen und aus dem, was sonst so erinnerlich war. Das Thomasevangelium lag den Evangelisten gar nicht mehr vollständig und korrekt überliefert vor, einzelne Jesusworte kannten sie wohl nur noch als in Legenden eingesponnene Sprüche.

Mit diesem Zusammenfassen des vorliegenden Materials begann Markus. Er setzte damit ein, wie wir heute wissen, sehr erfolgreiches Konzept in Gang, das die anderen Evangelisten imitierten. Als Markus dies tat, war die Legendenbildung schon recht weit fortgeschritten. Das lässt sich aus den zwei Versionen der Brotvermehrungslegende folgern, die ihm offenkundig selbst schon in zwei Versionen vorlag.

Sowohl für die Legendenbildung als auch für die Zusammenstellung der Evangelien sind der Zustand und das Verständnis der Sprüche Jesu von Bedeutung. Die Sprüche können aus verschiedenen Gründen fehlerhaft überliefert worden sein, etwa durch Beschädigung des Materials (Papyrus) oder durch Übersetzungsprobleme, wie schon an anderer Stelle erläutert. Das Verständnis schließlich kann durch verschiedene Faktoren beeinflusst worden sein, etwa durch Geheimhaltung, weil nicht alle gleich alles erfahren sollten, oder durch die Spiritualität Jesu, die nicht der gewohnten jenseitigen Religionsauffassung entsprach und deswegen schwer verständlich war. Diese beiden Punkte kann man dem Bereich der Geheimnisse zuordnen, den ersten, weil es (noch) nicht mitgeteilt wurde, den zweiten, weil es nicht dem gewohnten Erfahrungsschatz entspricht und insofern verborgen, geheim erscheint. Wir wollen dem »Geheimen« nun nachgehen.

Der erste Spruch des Thomasevangeliums lautet: *Wer die Interpretation dieser Worte findet, wird den Tod nicht schmecken.* Er

75 »Da es nun schon viele unternommen haben, einen Bericht von den Ereignissen zu verfassen, die sich unter uns zugetragen haben, wie sie uns die überliefert haben, die von Anfang an Augenzeugen … gewesen sind, hat es auch mir gut geschienen …«

76 »Und er selbst, Jesus war ungefähr dreißig Jahre alt, als er auftrat, und war, wie man meinte, ein Sohn des Joseph, des Eli, des …«

fand sinnentleert und frei platziert beispielsweise in Markus 9, 1 Eingang, oder doppelt in Johannes 8, 51f. Der Satz meint keine leibliche Auferstehung, auch keine Vermeidung des Todes, beides lässt der Wortlaut nicht zu. Vielmehr steht dort ein »Nicht-Schmecken«. Wer in der Kultur des Judentums - oder auch heute in der christlichen Kultur - aufgewachsen ist, wird Jesu Äußerungen nicht immer auf Anhieb verstehen.

Zuvor beginnt das Thomasevangelium einleitend mit den Worten: *Dies sind die geheimen Worte, die Jesus, der Lebendige, sagte …* Jesus wird als »lebendig« bezeichnet. Dieses Wort kann nur eine andere Bedeutung als die üblich verstandene haben, denn sonst wäre es keine Eigenschaft, die Jesus von anderen lebenden Menschen unterscheidet. Die Positionierung gleich in der Einleitung und der Inhalt weisen darauf hin, dass es sich um die zentrale Botschaft Jesu handelt. »Lebendig« und »Tod-nicht-Schmecken« gehören zwangsläufig nicht zu einem biologischen Begriff vom Leben, sondern zu einem religiösen, spirituellen.

Jesus wollte mit den nachfolgenden Sprüchen den Weg zu einem bestimmten spirituellen Seins- und Wesenszustand weisen, wie es auch andere Religionsstifter taten. Durch die Interpretation seiner Sprüche kann dieser Weg gegangen werden. Genauer: Die Interpretation ist schon das Ziel. Bei der »Interpretation« handelt es sich in diesem Fall nämlich nicht um eine intellektuelle Interpretation, sondern um einen Namen im Spirituellen. Das Thomasevangelium ist ein Werkzeugkasten, seine Bestandteile sollen spirituell angewandt, nicht verstandesmäßig zerlegt werden.

Sowohl in Bezug auf die Legendenbildung als auch in Bezug auf die Qualität der Überlieferung ist die Einleitung des Thomasevangeliums aber noch aus einem anderen Grunde von Interesse. Man erwartet ja, dass sich die Anhänger Jesu bei der Überlieferung von Jesusworten Mühe gaben. Wenn dennoch auf Basis von Jesusworten umfangreiche Erzählungen erfunden werden konnten und die Jesusworte als Sammlung dann selbst verloren gingen, muss es besondere Gründe dafür gegeben haben. Übertragungs- oder Übersetzungsfehler, Anpassung an den eigenen Zeitgeist und Geschmack, an das Alte Testament und die eigene Logik, Übertreibungen, Ausschmückungen, Veranschaulichungen, das Beifügen einer anschaulichen Vita Jesu und Verbesserung des Marketings sind dergleichen Gründe. Wir suchen aber noch nach weiteren, weil all das nicht zu genügen scheint.

Einen Hinweis gibt der Anfang des Thomasevangeliums. Dort ist von den »geheimen« Worten Jesu die Rede. Man wollte sich durch Geheimhaltung wohl pragmatisch mögliche Störung oder gar Verfolgung ersparen. Zudem schätzt Jesus die Zahl jener, die ins (inwendige) »Königreich« kommen, sehr gering ein (Thomas 23 nennt exemplarisch zwischen 0,2 und 1 Promille aller Menschen).[77] Da die Erleuchtung eben gerade nicht nebenbei erzielt werden kann, kann eine Abgrenzung für den Suchenden von Vorteil sein.

Die früheste Gemeinde hatte wohl einen inneren Kreis, dem Jesusworte vorlagen, welche anderen Menschen, insbesondere der losen Anhängerschaft, (noch) nicht zugänglich waren.[78] Nun drangen von diesem geheimen Wissen nur Teile nach draußen. Aufgrund dieses Halbwissens konnten Bilder und Vorstellungen entstehen, die mit der Lehre Jesu nur noch teilweise zu tun hatten. Auch dieses Halbwissen kann die Legendenbildung befördert haben. Legenden und darin eingearbeitete, falsch oder unvollständig überlieferte Sprüche verstärkten dieses Halbwissen. So hat die Geheimniskrämerei dazu beigetragen, dass die Spruchsammlungen Jesu verloren gingen.

Schließlich wuchs die auf den Legenden basierende Kirche schnell und verdrängte andere Gemeinden, und die Legenden selbst verdrängten die Spruchsammlungen. Der mögliche negative Einfluss der Geheimhaltung auf die Tradierung von Jesusworten und auf die Legendenbildung sei an dieser Stelle vorerst nur angedacht. Es geht bei diesen Überlegungen immer auch darum, das Jesusbild, das wir heute durch Bibel, Kirche, Tradition und Überlieferung haben, zu überprüfen, es kritisch zu hinterfragen. Es steht am Ende eines langen Prozesses. Dass Jesus Geheimhaltung betrieb, vielleicht aus gutem Grunde, ist heute angesichts öffentlicher Predigten nur schwer vorstellbar.

77 »... Ich werde euch erwählen, einen unter tausend und zwei unter zehntausend ...«

78 Man denkt da als heutiger Mensch spontan an eine kleine Sekte. Geheime innere Kreise waren aber in der Antike weitverbreitet, eine negative Wertung dieser Abschottungspraxis ist nicht angebracht.

Nachfolgend seien ein paar Gedanken angeführt, die dazu beitragen können, unser möglicherweise festgefahrenes Bild von Jesus, Gott und der Welt ein wenig zu lockern und neue Sichtweisen zuzulassen.

- Man könnte die Einleitung des Thomasevangeliums auch im übertragenen Sinne verstehen: Nicht die Worte sind geheim, vielmehr liegt deren spirituelle Bedeutung im Verborgenen. Dass »geheim« übertragen gemeint war, ist grundsätzlich möglich. Die übertragene Bedeutung käme zu der direkten hinzu. Denn es deutet vieles, etwa der eingangs schon erwähnte Brief von Clemens von Alexandria mit dem »geheimen Markusevangelium«, darauf hin, dass es die Tradition der Geheimhaltung in Christenkreisen gab. Es gab sie in der Antike auch bei anderen Gruppen, etwa bei den Anhängern des Pythagoras. Zudem ist bei Naturvölkern Religiosität bis heute teilweise geheim, nicht alle Praktiken sind allgemein zugänglich.

- Einleitend heißt es bei Thomas: »Wer die Interpretation dieser Worte findet, wird den Tod nicht schmecken.« Einleitend zu einer Sammlung von Worten Buddhas lautet es: »Wer sie begreift, kann die Erleuchtung erfahren.« Beide reden über das Gleiche.

- Jesu »Licht«, Buddhas »Erleuchtung«: Sie gleichen einander.

- In den Upanishaden, der Geheimlehre des Yoga, heißt es: »Der Schauende schaut nicht den Tod.« (Chandogya 7, 26, 2)

- Der »die Interpretation Findende« und der »Schauende«: Sie gleichen einander.

- Jesus fasst das Wichtigste in wenige Worte. Er überlässt es dem Hörer oder Leser, sich um deren Interpretation zu bemühen. Dabei kommt viel Unfug heraus, darunter viele Legenden.

- Es geht nicht darum, den Text zu interpretieren.

- Das Thomasevangelium beginnt nicht mit der Aufforderung, eine Interpretation zu »machen«, sondern mit der Aufforderung, die Interpretation zu »finden«. Es ist rational nicht lösbar. Es ist emotional nicht lösbar.

- Die Interpretation ist nicht sprachlich formulierbar. Das hätte Jesus schon für uns getan. Sie ist eine Erfahrung.

- Statt »Erfahrung« könnte man auch »Zustand« sagen. Oder »Rückführung«. Oder »Erwachen«. All dies sind weltliche Begriffe in ihrer Begrenztheit.

- Gewöhnliche Dinge lernt man kennen in Getrenntheit: Man sieht ein Auto. Andere Dinge lernt man kennen durch Erfahrung: Man spürt einen Schmerz. Einzig das Spirituelle lernt man dadurch kennen, indem man es wird, eins mit ihm wird, wobei man sich selbst (also das Ego) verliert.

- Aus Sicht der Welt scheint das Spirituelle eine Erfahrung zu sein, aus Sicht des Spirituellen scheint die Welt eine Illusion zu sein (das heißt wir sehen sie als Bild, durch einen Filter). Beide aber sind eins.

- Auch Jesus selbst betrieb Geheimhaltung. Zu seiner Identität gab er nur einer Person direkt Auskunft (Thomas 13), also nicht einmal allen Jüngern. In Spruch 62 spricht er von »seinen Geheimnissen«, die er nur würdigen Personen mitteilt, wobei mit würdigen Personen am ehesten Suchende (Thomas 2) gemeint sind. In Spruch 93 drückt er das Gleiche drastischer aus: »Gebt nicht, was heilig ist, den Hunden …«

- Dass dieser Satz in Matthäus 7, 6 übernommen wurde, ist ein Hinweis innerhalb des Neuen Testaments auf eine Geheimhaltungstradition der frühesten Jesusgruppe.

- Man wird zu solcher Geheimniskrämerei heute kritisch stehen. Jesu Bedenken, dass seine Worte missverstanden würden, muss man allerdings im historischen Rückblick teilen.

- Eine elitäre, eingebildete Gruppe oder Kirche wollte Jesus nicht begründen. Die Geheimhaltung hatte auch nicht die Funktion der Bildung eines Netzwerkes innerhalb der Gesellschaft nach Art mancher Sekten oder anderer Gruppen, zur Erlangung von Geld, Macht, Positionen oder dergleichen. Ganz im Gegenteil, jedem Suchenden steht die Lehre zum Spirituellen offen.

- Jesus hat auch öffentlich gelehrt, wie selbst im Thomasevangelium deutlich wird (siehe etwa Spruch 72).

- Irgendein zusätzliches Geheimwissen muss man nicht suchen. Geheimere Worte als die des Thomasevangeliums gibt es nicht.

- Zur übertragenen Bedeutung: Das Wort »geheim« darf durchaus auch als Metapher aufgefasst werden in dem Sinne, dass der eigentliche Sinn der Worte des Thomasevangeliums ein verborgener ist und nicht (nur) die Worte selbst zu verbergen sind. Primär kann dies allerdings nur eine zusätzliche Bedeutung des Wortes »geheim« sein, wenn man die Gesamtumstände betrachtet.

- Zur Funktion der Geheimhaltung: Obwohl die Worte nicht nach Belieben verkündet werden sollten, ist nicht zu vergessen, dass Jesus selbst durchaus öffentlich tätig war (siehe beispielsweise Thomas 79). Dies ergibt nur Sinn, wenn auch alle Worte nach einer Zeit, etwa nach einer Zeit der Hinführung, im Prinzip auch allen zugänglich sein sollten. Sachlich ist das einzige Kriterium einer Annäherung an das Geheimwissen die Suche; mehr ist nicht nötig. Vermieden werden soll, dass in der Vielfalt menschlicher

Philosophien lediglich ein weiteres Mal Worte interpretiert werden, anstatt dass die Interpretation »gefunden« wird. Insofern schützt die Geheimhaltung davor, dass seine Worte Gegenstand intellektueller Spielereien oder auch Gegenstand gegensätzlicher Debatten werden.

- So gesehen dient die Geheimhaltung zum Schutz des Weges zur allumfassenden Einheit. Insoweit löst sich der scheinbare Widerspruch zwischen dem Ziel, der Einheit, und der Geheimhaltung, die ja formal eine Trennung darstellt, auf. Es wird aber niemand ausgeschlossen, der sich auch nur halbwegs ernsthaft bemüht oder auch nur interessiert ist. Auch andere Religionsstifter wie etwa Buddha mit seinen Anweisungen zur Mönchsgemeinschaft haben sich um den Schutz ihres Weges bemüht. Solche Schutzanweisungen waren nicht ausgrenzend oder trennend, sie hatten keine ethische oder spirituelle Bedeutung, sie waren rein pragmatisch. Heute wären sie eher abzulehnen, da sie mehr schaden als nutzen, denn durch Gruppenidentifikation der Anhänger entsteht weit häufiger Trennung als Schutz der Spiritualität.

- Die Geheimhaltung dient auch auf andere Weise dem Schutz. Mit Texten wie dem Thomasevangelium kann auch Schindluder getrieben werden. Menschen, die die Interpretation nicht »gefunden« haben, aber groß sind im Belehren und Manipulieren anderer, können solche Aphorismen verwenden, um anderen zu schaden. So könnten etwa Jesu Sprüche, die zur Distanz zu den Eltern auffordern (Thomas 55, Lukas 14, 26f.), missbraucht werden, um jemanden aus seinem sozialen und seelischen Umfeld herauszulösen und für eigene Zwecke gefügig zu machen – ähnlich gehen manche Sekten heute vor. So predigen sie Liebe, praktizieren aber Terror, zitieren heilige Worte, anstatt sie zu leben, inszenieren ein äußeres Theater des angeblichen Inneren und verfehlen dabei ihr eigenes Inneres. Auch einem solchen Missbrauch von Regeln zur Selbsterkenntnis kann Geheimhaltung vorbeugen.

- Ein bedeutender Schutz war aber der der Gemeinde vor Verfolgung. Je weniger Lehrinhalte, an denen Anstoß genommen werden kann, nach außen dringen, desto unwahrscheinlicher ist es, dass an ihnen Anstoß genommen wird. Nicht jeder war Jesus wohlgesonnen. Anhänger des Jenseitsglaubens müssen Jesu Erkenntnis, dass das spirituelle »Königreich« konkret zugänglich ist, kritisiert haben (eine mögliche Verfolgung werden wir später noch besprechen).

- Auch Jesus konnte nicht in einem Menschen erblicken, ob er künftig ernsthaft streben würde; man sieht einem Plapperer nicht sicher an, ob er sich zur Suche durchringen wird.

EINZELNE VERTIEFENDE BETRACHTUNGEN – LEBENSFINDUNG

Bevor wir uns dem nächsten größeren Analyse-Komplex zuwenden, wollen wir in einzelnen Betrachtungen das bisher Gewonnene vertiefen und um weitere Details und Beispiele ergänzen, damit uns die Vorgänge, Redeweisen, Prägungen, aber auch die spirituellen Metaphern und die Religiosität der Beteiligten vertrauter werden. Dazu greifen wir vereinzelte Sprüche Jesu aus dem Thomasevangelium heraus, um mit ihnen und Jesu Metaphorik vertrauter zu werden. Was wollte uns Jesus sagen? Die Entschlüsselung der Entstehungsgeschichte des Neuen Testaments ist schließlich weniger Selbstzweck als dass sie vielmehr der Freilegung verdeckter Spiritualität dient.

Ein Gesichtspunkt ist der Verlust des Vaters, der im Neuen Testament Joseph genannt wird. Wie bereits dargelegt, muss dieser Verlust eine wichtige Rolle in Jesu Leben gespielt haben, denn er beeinflusst seine Wortwahl in hohem Maße. Jesus hätte auch andere Schwerpunkte in seiner Wortwahl setzen können, so wie es etwa Buddha tat. Jesus aber gebraucht häufig die Wörter »Leben«, »Tod«, »Vater« und dergleichen, die in engem Zusammenhang mit dem väterlichen Verlust stehen. Wobei Jesus, wenn er »Vater« sagt, nicht etwa in einer Art innerem Monolog zu seinem Vater betet, sondern das Spirituelle »Vater« nennt. Diese Bezeichnungen wie »Vater«, »Leben« und »Tod« sind nicht falsch gewählt, ihre Häufung ist aber auffällig. Schon in der Einleitung und im ersten

Spruch des Thomasevangeliums stehen die zwei Wörter »Lebendiger« und »Tod« an bedeutender Stelle: *Dies sind die geheimen Worte, die Jesus, der Lebendige, sagte und die Didymus Judas Thomas*[79] *aufgeschrieben hat. (1) Und er sagte: »Wer die Interpretation dieser Worte findet, wird den Tod nicht schmecken.«*

Um den Tod nicht zu schmecken, also um Erleuchtung zu erlangen, um Gott zu begegnen, muss man ein paar Dinge tun. Es folgen dann die Anweisungen, die der Meister gegeben hat. Diese sind alle nicht nur richtig und wichtig – er hat sie auch in seinen Worten formuliert. Im Zuge der Analyse interessiert uns die Auswirkung seiner Wortwahl. Denn obige Worte, die das Nicht-Schmecken des Todes thematisieren, weisen schon den Weg zur künftigen Legende um Jesu Tod und Auferstehung.

Jesu Wesen und Wortwahl hatten einen grundlegenden Einfluss auf die Legendenbildung. Das konnte er selbst aber nicht vorhersehen. Auch wenn man von Religionsstiftern vielleicht eine Art Vollkommenheit erwartet, so sind sie doch individuelle Menschen mit eigenem Wesen und eigener Lebensgeschichte. Das sei ihnen auch gegönnt. Gerade Jesu Lebens- und Familienmetaphorik wirkt effektiv und schön. Dass er etwa in seinen Reden von »Vater« spricht, wirkt vertraut auf seine Hörer, vermittelt Geborgenheit. Er setzt wie jeder erleuchtete Stifter seine Schwerpunkte, auch wenn mit der Erleuchtung das Ziel bei allen dasselbe ist.

Der frühe Tod des Vaters hatte vielfältige, auch indirekte, Folgen. Zum Themenbereich der Verlusterfahrung gehört im gewissen Sinne auch das »Leiden Christi«: Heute versteht man darunter die Vorgänge im Zusammenhang mit der Kreuzigung. Aber Jesus selbst hat uns bezüglich des Leidens etwas anderes mitgeteilt: *»Selig der Mensch, der gelitten hat; er hat das Leben gefunden«*, heißt es in Thomas 58.

Jesus sagt nicht, Leiden sei unbedingte Voraussetzung, das Leben zu finden. Aber auch das, was er inhaltlich sagt, nämlich dass derjenige, der gelitten hat, das Leben gefunden habe, kann er nicht mit »mathematischer Präzision« gemeint haben, denn fast

79 *Didymus* ist das griechische, *Thomas* das aramäische Wort für »Zwilling«. Der Jünger und Autor des Thomasevangeliums wird hier somit doppelt als »Zwilling« bezeichnet. Dies könnte Folge eines Übersetzungsvorgangs sein, bei der das Wort »Zwilling« zum einen übersetzt, zum anderen wie ein Eigenname beibehalten wurde.

jeder Mensch dürfte schon einmal gelitten haben, und viele sogar schwer; dennoch haben seiner Meinung nach aber nur wenige das Leben gefunden (Thomas 23). Zudem wäre seine ganze Aktivität überflüssig, wenn »das Leben finden« etwas Alltägliches wäre, wenn alle, die gelitten haben, oder die, die arm sind (Thomas 54), also weite Teile der Menschheit, automatisch das Leben gefunden haben sollten.

Er stellt jedoch den Zusammenhang zwischen »Leid« und »Leben finden« her. Leiden ist hier ein seelischer, ein innerer Vorgang, man stelle sich seinem Leid und löse es dadurch auf. Weiter ist auffällig, dass das Leiden in der Vergangenheitsform steht, nicht der, der leidet, ist bezeichnet, sondern der, der gelitten hat. Zudem ergibt sich aus dem Gesamtkontext, dass das Leiden Anlass dafür sein kann, sich auf die Suche zu begeben. Dies ist der enge Begriff vom Leiden, den Jesus verwendet.

Unabhängig vom spirituellen Inhalt ist Thomas 58 ein weiterer Hinweis auf den erlittenen Verlust Jesu: *»Der Mensch ist selig, der gelitten hat. Er hat das Leben gefunden.«* Jemand, der einen solchen Spruch sagt, hat offenkundig schon gelitten. Eigentlich kann sogar nur jemand so reden, der schwer gelitten hat. Ein Mensch, der nie in seinem Leben tiefen Schmerz empfunden hat, dürfte wohl kaum auf die Idee kommen, einen solchen Spruch zu formulieren. Gerade der frühe Verlust eines Elternteils erzeugt tiefes Leid. Jesus hat solch tiefes Leid erlebt, er hat einen schweren Verlust erlitten und musste damit umgehen. Dies formte seine Wegweisung zur Schauung Gottes, die recht viele emotionale Komponenten aufweist, darunter eben den Umgang mit dem Leiden.

Der Spruch über das Leiden weist aber auch durch seine Wortwahl darauf hin, dass Jesus einen prägenden Verlust erlitten hatte. Er wählt gerade hier das Wort »Leben«, das Gegenstück zum »Tod«, für das Spirituelle. Der autobiografische Hintergrund spielt bei dieser Formulierung eine große Rolle. Man vergleiche den Spruch Thomas 58: *Selig der Mensch, der gelitten hat; er hat das Leben gefunden*, mit dem analog aufgebauten Spruch 54: *Selig sind die Armen, denn euer ist das Himmelreich.* Hier gehören die »Armen« und das »Himmelreich« zusammen. Ganz anders verhält es sich bei dem erstzitierten Spruch: Dort gehört zu den Leidenden das »Finden des Lebens«. Auf das Leiden folgt das Gegenteil des Todes. Indem Jesus im Zusammenhang mit dem Leiden den Begriff »Leben« für das höchste Ziel verwendet, teilt er uns mit, wodurch er selbst gelitten hatte: Durch einen Tod. Für Jesus selbst war das Leiden eine Hauptmotivation seines spirituellen Weges.

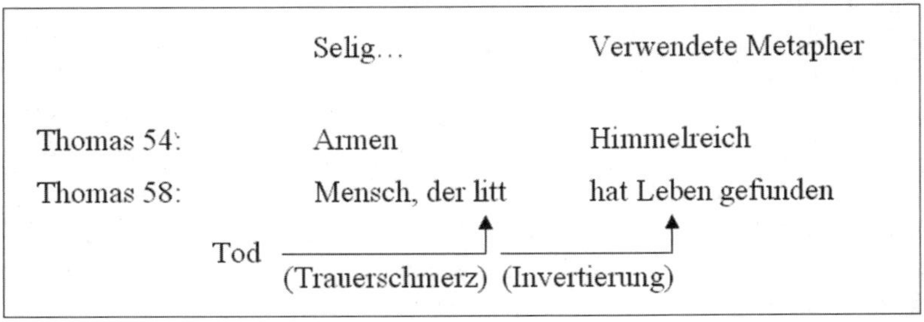

Abbildung 38: Durch den Verlust seines Vaters beeinflusste Wortwahl Jesu

Nebenbei bemerkt war dieser Spruch anscheinend eine der Inspirationsquellen des Legendenerfinders für die sogenannten Leidensankündigungen, Prophezeiungen im Neuen Testament, die Jesus so sicher nicht gesagt hat. Man vergleiche Thomas 58 mit Lukas 9, 22, wo es heißt: *Der Sohn des Menschen muss vieles leiden ... und getötet und am dritten Tag auferweckt werden.* Hier werden die Stichwörter wie »Leid«, »Mensch«, und »Leben« (in Form von »auferweckt werden«) aus Thomas 58 in einem Zug genannt, aus dem sie anscheinend übernommen wurden. Die Einzelbausteine ergeben sich wie folgt:

Thomas: »Selig der Mensch«	→	Lukas: »Sohn des Menschen«
Thomas: »der gelitten hat«	→	Lukas: »muss vieles leiden«
Thomas: »er hat das Leben gefunden«	→	Lukas: »auferweckt werden«

Wohlgemerkt: Wir sind bei Lukas plötzlich bei der Ankündigung von Leidensweg und Auferstehung!

Das Leiden Christi: Dass Gott-Vater seinen Sohn derart leiden lässt, ist eine außergewöhnliche Spezialität des Christentums. Sie wurzelt im Leiden des Sohns an dem Tod des Vaters. Zuerst hat das weltliche Leben Jesu seine spirituelle Terminologie beeinflusst. Dann haben Spätere, angefangen beim Legendenschöpfer, angeregt durch diese Terminologie Legenden erfunden, ausgeweitet und tradiert, die dann - wie das Leiden Christi am Kreuz - zu Merkmalen des Christentums wurden.

Ein anderes Thema ist die Bereitschaft Jesu zum Leiden. Daraus, dass er am Kreuz nicht gelitten hat - weil keine Kreuzigung stattgefunden hat -, folgt nicht das Gegenteil, dass Jesus etwa nicht bereit gewesen wäre, für das lebendige Leben oder für andere Ziele zu leiden.

Um es noch einmal klar zu sagen: Der Leidensspruch meint nicht so sehr gegenwärtiges Leiden und schon gar nicht, dass man sich Leid zufügen möge. Jesus spricht in der Vergangenheitsform. Es geht um in der Vergangenheit erlittenen und in irgendeiner Form immer noch vorhandenen Schmerz. Man stelle sich diesem Schmerz, sehe ihn, gehe in ihn hinein, ohne sich hineinzusteigern, und wandle ihn um. Erlittener Schmerz kann Anlass zu einer intensiven spirituellen Betätigung sein. Dabei wandelt sich in der Folge der Erleuchtung selbst der größte Schmerz vollständig - wie bei Jesus der verlustbedingte.

EINZELNE VERTIEFENDE BETRACHTUNGEN – GÖTTER

Nun greifen wir einen Spruch Jesu heraus, in dem Jesus sich in einem Atemzug mit Göttern nennt. In Thomas 30 heißt es: *Wo drei Götter sind, da sind es Götter; wo zwei oder einer ist, da werde ich mit ihm sein.*[80] Dieser Spruch ist schwer zu verstehen und leicht missverständlich. Er stellt zwei Aussagen in einen Gegensatz: Auf der einen Seite sind die drei Götter – gemeint sind die Projektionen der Menschen: Dort ist Jesus nicht. Auf der anderen Seite ist die spirituelle Einheit, wo zwei gleich einer ist: Dort ist Jesus. Der Spruch zielt nicht etwa auf den Monotheismus, sondern er wendet sich gegen Projektionen, dagegen, sich ein Bild von Gott zu machen. Projektionen, innere Bilder, erschweren die Begegnung mit dem Göttlichen. Jesus verwendet dabei den Plural »Götter«, denn die Bilder, die man sich von Gott macht, sind unterschiedlich. Im zweiten Teil des Spruchs spricht Jesus sich dafür aus, Gott zu erfahren, mit ihm – und der Welt – eins zu werden. Er drückt diese allumfassende Einheit durch die mathematisch nicht mögliche Gleichsetzung von zwei und eins aus. Jesus selbst wurde durch diese Einheit göttlich.

Wie oben angesprochen ist Jesu Aussage jedoch missverständlich, sowohl was die Projektion als auch was die spirituelle Einheit betrifft. Außerdem spricht Jesus von »ich«, was ebenfalls Missverständnis-Potenzial mit sich bringt. Natürlich kennt Jesus als Erleuchteter die spirituelle Einheit, und natürlich weiß er um die Projektionsfunktion von »Gott«. Und tatsächlich kann man beides

80 Rekonstruierte Version, da dieser Spruch im koptischen Thomasevangelium nicht richtig überliefert wurde (Rekonstruktion folgt im Kapitel).

nur schwer vermitteln. Die Begriffswelt der östlichen Religionen, in der eine Vermittlung leichter möglich gewesen wäre, stand Jesus nicht zur Verfügung. Er musste eigene Worte dafür finden und verzichtete zumindest im Thomasevangelium, bei dem es sich um eine Sammlung praktischer Anweisungen handelt, auf weitere Erläuterungen.

Beim oberflächlichen Lesen des Satzes ohne Erfassung des Inhalts erscheint Jesus aber in einem Atemzug mit den Göttern. Göttlich ist er aber nur im Sinne der spirituellen Einheit, er ist nicht Gott im Sinne einer Projektion, dazu wird er nur gemacht. Hier eröffnet Jesus das Tor zum Missverständnis bezüglich seiner Person, und tatsächlich, wie wir heute wissen, endete Jesus im Christentum ganz überwiegend als Projektionsfigur. Es ließ sich zwar bei keiner Religion vermeiden, dass der Stifter als Projektionsfigur regelrecht gebraucht wurde, beim Christentum ist aber auffällig, dass das spirituell Inwendige, obwohl Jesus es so sehr hervorhob, in so hohem Maße ins Abseits gedrängt wurde. Stattdessen wurde es in Äußerliches, in äußere Bilder, gefasst, was er gerade wörtlich – oder besser gesagt: sprichwörtlich – vermieden wissen wollte.

In Bezug auf Thomas 30 boten auch seine persönlichen Verlusterlebnisse Anlass, ihn als göttliche Projektionsfigur zu sehen, insbesondere da er in seiner Metaphorik das Wort »ich« gebrauchte.[81] Wir wollen hier aber vor allem erklären, wie die Legenden entstanden, Legenden, die nach Jesus entstanden sind, von denen Jesus nichts wissen konnte und die er nicht zu verantworten hat. Für ihn als praktizierender spiritueller Meister sah die Situation hingegen ganz anders aus: Die Ich-Metaphorik nutzt in der spirituellen Praxis, denn ein Schüler befasst sich intensiver mit den Sprüchen, weil er sich dank der »Ich«-Formulierung besser mit den Aussagen identifizieren kann.

Wenn Jesus zu einem Schüler einen Spruch in Ich-Form sagte, und der Schüler sich mit dem Spruch befasste, identifizierte dieser sich persönlich stärker mit der Aussage des Spruchs. Er folgte der

81 Menschen, die früh den Verlust eines Elternteils erlitten haben, neigen zu einer Ich-Terminologie, da sie früh mit Identitätsfragen konfrontiert wurden. Verkürzt gesagt führt ein solcher Verlust dazu, dass Prägungen durch die Eltern grundlegend hinterfragt und durch neue Inhalte ersetzt werden, die bewusst in Ich-Form (»ich bin so«) formuliert werden, was eine ich-zentrierte Redeweise begünstigt.

Aussage eher und verstand sie eher als Aufforderung. »Ich bin so und so«, oder: »Ich tue dieses und jenes« - solche Aussagen können einen Hörer bewegen, es dem Sprecher gleichzutun. Dies ist streng genommen eine kleine Manipulation, sie ist jedoch legitim, da sie ausschließlich der Begegnung mit dem Göttlichen dient. Da die Hürden zu dieser Begegnung nicht die niedrigsten sind, können solche Suggestionen sogar sehr hilfreich sein, allerdings dürfen nur erleuchtete Meister ohne Egoaspekte mit ihnen arbeiten. In der Praxis war es für Jesus also von Vorteil, dass er eine »Ich«-Metaphorik gebrauchte, und es gab für ihn keinen Grund, sie nicht zu verwenden, auch wenn sie mit dem Verlust des Vaters zu tun hatte, also aus einer persönlichen Situation heraus geboren war. Später, als seine Anweisungen bloß noch in schriftlicher Distanz gelesen und nicht mehr im direkten Gespräch erlebt wurden, funktionierte die Ich-Metaphorik seltener, verlor an Wirkung und riss die Leute nicht mehr so mit. Man identifizierte sich nicht mehr selbst mit dem »Ich« in der Aussage, sondern verstand nur noch die Person Jesu darunter. Damit ging aber der Anweisungscharakter verloren. Im Laufe der Zeit und im Zuge dieses Wandels wurden ferner die Sprüche neu formuliert oder interpretiert beziehungsweise zu Legenden expandiert.

- Trotz aller Überlieferungsprobleme und Verfälschungen: Im Mittelalter war die Vorstellung noch weitverbreitet, Gott beziehungsweise dem göttlichen Licht begegnen zu können.

Obwohl auf koptischen und griechischen Papyrustexten aufgezeichnet und obwohl im Neuen Testament zitiert, ist uns Spruch 30 des Thomasevangeliums nicht korrekt überliefert worden. Das Zitat im Neuen Testament ist recht frei. In Vers 18, 20 des Matthäusevangeliums ist lediglich die Verwandtschaft noch gut erkennbar: *Denn wo zwei oder drei versammelt sind in meinem Namen, da bin ich in ihrer Mitte.* Der Inhalt ist aber hier ein anderer, er hat sich gewandelt. Doch nicht nur in dieser Version, auch in der koptischen und in der griechischen Version des Spruchs ist der Inhalt nur bedingt ersichtlich.

Die Version des koptischen Thomasevangeliums lautet: *Wo drei Götter sind, da sind es Götter. Wo zwei oder einer ist, da werde ich mit ihm sein.* Diese Version enthält einen Fehler, denn der Spruch ergibt aufgrund der Formulierung: »Wo zwei oder einer ist«, keinen Sinn. Es handelt sich um einen kleinen, leicht korrigierbaren Fehler, denn der Satz enthält einen überschüssigen Buchstaben, nämlich den griechischen Buchstaben H, der »oder« bedeutet.

Lässt man diesen Buchstaben H weg, ergibt der Satz hingegen Sinn, nämlich den der spirituellen Einheit: »Wo zwei (zugleich) einer ist (= wo Einheit herrscht), da bin ich.« Diese Einheit findet sich bestätigend in gleicher Wortwahl in verschiedenen Sprüchen, etwa in Thomas 106: *Wenn ihr aus zwei eins macht …* Die Überwindung der Zweiheit ist eine wiederholt gebrauchte Metapher Jesu für das Erlangen der göttlichen Einheit. Ferner weist die griechische Version des Spruchs im beschädigten *Papyrus Oxyrhynchus 1* inhaltlich eher in Richtung der Einheit: »… und wo [einer] alleine ist«, als dass sie die koptische Variante (mit dem »oder«) stützte. Darüber hinaus fährt der griechische Text mit dem Einheitsgedanken fort: *Richte auf den Stein, und dort wirst du mich finden.* Auch diese Aussage meint die Einheit: Jesus ist überall, mit allem eins. Die Entfernung des Buchstabens (und somit Wortes für »oder«) geschieht also aus inhaltlichen Gründen und ist legitimiert durch gleiche Wortwahl an anderer Stelle. Die Hinzufügung des Buchstabes H muss ein Fehler im Überlieferungsprozess sein.

Auch wenn die inhaltlichen Gründe gegen den Buchstaben H für das Wörtchen »oder« sprechen - der Text des Neuen Testaments weist auf ihn hin, dies aber erst nach der Transformation zu einer Erzählung. Denn Thomas 30 wurde vom Erzähler und zugleich Legendenschöpfer zur Passage in Matthäus 18, 15-20 ausgeweitet. Man beachte die merkwürdig anmutenden Zahlen, insbesondere die in 18, 16: *Wenn er aber nicht hört, so nimm noch einen oder zwei mit dir, damit aus zweier oder dreier Zeugen Mund jede Sache bestätigt werde.*

Die Zahlen gehen auf Thomas 30 zurück. Der Schöpfer der Moralanweisung in Matthäus 18, 15-17 (18) bemühte sich umständlich, die Zahlen beizubehalten, hat sie auch vollzählig übernommen, die Eins, die Zwei und die Drei. Allerdings kann hier nicht entschieden werden, ob der Erzähler das »oder« der Formulierung »einen oder zwei« aus Thomas 30 entnommen hat, denn er hat eindeutig auch das Alte Testament im Sinn, das im Zusammenhang mit der Anzahl von zweien oder dreien das Wort »oder« enthält.[82]

Inspiriert ist Matthäus 18, 15–20 von Thomas 30 nicht nur wegen der Zahlen. So kommt dort das Wort »Gemeinde« (18, 17) vor, hinter dem sich inhaltlich die Formulierung »werde ich mit ihm sein« verbirgt. Der die Passage abschließende, schon zitierte mit Thomas 30 verwandte Vers Matthäus 18, 20: »Denn wo zwei oder drei versammelt sind in meinem Namen, da bin ich in ihrer Mitte«, bekräftigt die Verbindung der Texte. Es handelt sich um ein verfremdetes Zitat von Thomas 30.[83] Insgesamt lässt es die Matthäus-Passage zu, den inhaltlich falschen Buchstaben H für »oder« als Fehler aufzufassen.

Man kann bezüglich der Matthäus-Passage festhalten: Aus einem knappen, aus dem Thomasevangelium stammenden und dem Erzähler anscheinend schon nicht mehr original vorliegenden Jesuswort wird eine längere, interpretierende Bibelstelle. Zur Ausmalung wurde das Alte Testament herangezogen. Dazu suchte man eine geeignete Stelle im Alten Testament recht simpel anhand vergleichbarer Zahlenwerte. Der Hintergrund dazu ist die alte jüdische, später auch christliche Praxis, zwischen verschiedenen religiösen Texten anhand von gleichen Wörtern oder wie hier Zahlen Verbindungspunkte zu suchen. Der Text wurde als wörtlich von Gott stammend aufgefasst, solche Verbindungen sollten bei der Interpretation helfen. Die Umkehrung dieser Praxis, nämlich die Textbearbeitung nach Maßgabe des Alten Testaments, begleitet den Legendenschöpfungprozess und die spätere redaktionelle Bearbeitung (insbesondere der Paulusbriefe).

Der originale Inhalt des Jesuswortes, der hochspiritueller Natur war, ging jedoch weitgehend verloren. Er wurde oberflächlicher und rein äußerlich. Nun geht es nicht mehr um die Einheit mit Gott, sondern um die Zusammenkunft von Gemeindemitgliedern. Das ist gut gemeint, aber eben etwas anderes.

---

82 5 Mose 17, 6: »… die Aussage zweier Zeugen oder dreier Zeugen …«

83 Matthäus 18, 19 hingegen ist eine inhaltlich recht freie, aber noch erkennbar angelehnte Doublette: »Wenn zwei von euch auf der Erde übereinkommen werden, irgendeine Sache zu erbitten, so wird sie ihnen werden von meinem Vater, der in den Himmeln ist.«

- Thomas 30 gibt Anlass zu untersuchen, wie Jesus über Gott spricht. Offenkundig handelt es sich nicht um die mehr oder minder abstrakte, jenseitige Gestalt, an die die meisten Christen heute glauben und an die auch die meisten damals glaubten. Es handelt sich um kein Gottesbild, sondern um etwas Erfahrbares. Der Begriff »Gott« spielt im Thomasevangelium kaum eine Rolle. In Thomas 74 ruft Jesus den »Herrn« an: »Herr! Viele stehen um die Quelle herum, aber niemand ist im Quellbecken.«[84] – Ganz ähnlich lautet übrigens ein Spruch Buddhas: »Der Menschen wenige gelangen übers Meer, die andern laufen nur am Ufer hin und her.« (Dhammapada 85) In Thomas 100 akzeptiert Jesus religiöse Bräuche: »Gebt Gott, was Gottes ist.« In Thomas 11 erwähnt er Gott, indirekt zwar, aber eindeutig: »Dieser Himmel wird vergehen. Und derjenige, der darüber ist, wird vergehen.« Er bezeichnet ihn explizit als vergänglich, ausgerechnet als vergänglich, er meint aber den Gott gängiger Vorstellung. Deutlicher kann er eigentlich nicht klarmachen, dass es ihm nicht darum geht, einen Glauben an einen jenseitigen »Gott im Himmel« zu errichten.

- Es geht Jesus um das vor allem inwendige Himmelreich. Jesus distanziert sich in Thomas 30 von gängigen Gottesvorstellungen, er plädiert für die Einheit. Er, Jesus, gehört zu den wenigen, die das inwendige Himmelreich kennen, aber auch andere können es kennenlernen, können den inneren Weg zu Gott gehen. Dieses inwendige Himmelreich ist der Wesenskern der Religiosität. Deshalb kritisiert er die etablierten Prediger um sich herum heftig, ausdrücklich die Pharisäer und Schriftgelehrten (Thomas 39), allgemein die »Blinden« (Thomas 34), also alle Prediger, die das inwendige Himmelreich nicht kennen, die nicht aus eigener Erfahrung wissen, wovon sie sprechen.

84 Die Wortwahl erfolgte anscheinend im Sprachfluss aus Thomas 73, wo auch das Wort »Herr« vorkommt.

- Wo Götter sind, handelt es sich um Kultobjekte oder jenseitige Gottesvorstellungen des Menschen. Im Gegensatz dazu steht die Aussage: »Wo zwei zugleich auch einer ist, ist die Einheit, ist das Leben, ist Jesus.«

- Thomas 30 könnte religionsgeschichtlich von Bedeutung sein, da er das seine dazu beigetragen haben dürfte, dass Jesus für eine Art Gottheit gehalten wurde (»… Götter … da werde ich mit ihm sein«). Am maßgeblichsten ist aber Jesu häufige Wortwahl »Königreich des Vaters« für das inwendige Himmelreich, die es ihm eingebracht hat, für Gottes Sohn gehalten zu werden. Aus der Bezeichnung »Vater« folgt der Sohn unmittelbar. Hinzu kommt die Verwendung des Begriffs »Sohn« in einer spirituell-metaphorischen und somit potenziell missverständlichen Weise (etwa Thomas 44). Zur Vergöttlichung Jesu dürfte wohl aber auch eine Szene aus Thomas 13 beigetragen haben. Dort gebraucht Jesus den Namen Gottes (aus 2 Mose 3, 14, der bemerkenswerterweise gleich dem Namen des Selbst ist). Dazu an anderer Stelle mehr.

- Zwar findet sich im Thomasevangelium nichts, das Buddhas Aussage: »Ihr selbst müsst streben heißen Sinns, Erwachte sind Verkünder nur«, entspricht. Jesus lässt aber keine Zweifel daran, dass grundsätzlich ein jeder »Lebendiger aus dem Lebendigen« werden kann, also dasselbe wie er, und er dabei nur Mittel ist. Man muss lediglich »sich selbst finden« (Formulierungen aus Thomas 111).

- Aber auch Buddha wird, wie viele andere, die sich dagegen verwehrt hatten, verehrt. Der Mensch gibt der Welt, was er kann. Was sie dann daraus macht, ist ihre Sache.

- In Thomas 13 verwehrt sich Jesus dagegen, von Thomas, dem Verfasser des Thomasevangeliums, als Meister bezeichnet zu werden, denn Thomas habe von der »Quelle getrunken«, die Jesus erkundet hatte. Thomas solle Jesus nicht mehr Meister nennen, da er, Thomas, sein Ziel erreicht habe. Thomas ist nicht mehr Schüler, so wie Jesus hat er das Ziel erreicht. Dieser Spruch verdeutlicht, dass jeder (hier Thomas), genauso wie Jesus, das Spirituelle erreichen kann.

EINZELNE VERTIEFENDE BETRACHTUNGEN – DIE TODESFRAGE

Prägnant formuliert ist auch Thomas 18, in dem die Frage über das Leben nach dem Tod gestellt wird: *Die Jünger sagten zu Jesus: »Sag uns, wie unsere Erde sein wird* (= was wird danach kommen)*?« Jesus sagte: »Da ihr entdeckt habt den Anfang, warum sucht ihr das Ende? Denn da, wo der Anfang ist, wird auch das Ende sein. Selig, wer sich an den Anfang (im Anfang) halten wird, und er wird das Ende erkennen, und er wird den Tod nicht schmecken.«*

Jesus antwortet auf die Frage über das Leben nach dem Tod: »Was wird danach kommen?«, mit dem »Todeskoan«, mit: »Wo der Anfang, dort das Ende.« (Ein Koan ist eine bewusst widersprüchliche Aussage, vor allem die fernöstlichen Religionen kennen solche Koans. Der Widerspruch löst sich erst in der Erleuchtung). Das Todeskoan ist vice versa das Lebenskoan. Seine spirituelle Lösung ist die Antwort auf die Frage über das Leben nach dem Tod. Jesus rät den Jüngern, sich erst gar nicht mit der Frage zu befassen: »Was befasst ihr euch dann mit der Frage nach dem Ende?« Er meint freilich nicht, dass man sich zur Ablenkung ins weltliche Getümmel stürzen soll, sondern dass man das Spirituelle hier und nicht erst im Jenseits suchen solle.

Die gleiche Frage wird auch in Thomas 51 gestellt: *Seine Jünger sagten zu ihm: »An welchem Tag wird die Ruhe der Toten eintreten, und an welchem Tag wird die neue Welt kommen?« Er sagte zu ihnen: »Die, die ihr erwartet, ist gekommen, aber ihr erkennt sie nicht.«* Auch hier ist Jesu Antwort klar und nicht jenseitig ausgerichtet. »Die Ruhe der Toten«, also das spirituelle Himmelreich, ist längst da, nur erkennen die Jünger es nicht, denn sie sind spirituell nicht erweckt.

Während es den Jüngern um den physischen Tod ging, gebraucht Jesus selbst das Gegensatzpaar Leben – Tod häufig metaphorisch. Die Metapher steht für »spirituell erlöst« beziehungsweise »nicht erlöst«. Inwendig lebendig sind dabei nur wenige (Thomas 23), auch Kleinkinder und Greise zählt er formell dazu (Thomas 4). Jesus formuliert entsprechend in Thomas 60: *Auch ihr, sucht einen Ort zur Ruhe, damit ihr nicht ein Leichnam werdet und gegessen werdet.*

Seine Jünger sollen einen Ort der Ruhe aufsuchen, also meditieren, innere Stille finden, um kein »Leichnam« zu werden. So auch Thomas 56: *Jesus sagte: »Wer die Welt erkannt hat, hat einen Leichnam gefunden …«*

»Wer die Welt erkennt«, ein Terminus für den Schein des Äußeren, »hat einen Leichnam gefunden«, also sich selbst tot, sein erstarrtes Inneres. Dann ist man (Thomas 2) »überwältigt« von einer unfassbaren Erfahrung, der Erleuchtung. Dann hat man das Leben gefunden (Thomas 58). Andernfalls, ohne inwendiges Himmelreich, ist man tot, stirbt man (Thomas 70), verharrt in blinder Weltlichkeit.

Jesus gebraucht also eine massiv vom Gegensatzpaar Leben – Tod geprägte Metaphorik. Das liegt mit an seiner Verlusterfahrung. Dabei wählt er für die innere Erstarrung bevorzugt Begriffe um den Tod. Er verwendet aber auch andere Bezeichnungen, etwa in Thomas 28 »leer«, »trunken« und »blind im Herzen« (wo man den Ort des Denkens wähnte). Inhaltlich bevorzugt er aber das Gegensatzpaar »lebendiges Leben« – »totes Leben«. In den Paulusbriefen findet sich dieses Gegensatzpaar noch in der metaphorischen Bedeutung (beispielsweise in Epheser 2, 1–10), auch im ersten Johannesbrief des Neuen Testaments (3, 14), dort ist es ebenfalls nicht jenseitig gemeint: *Wir wissen, dass wir aus dem Tod in das Leben hinübergegangen sind, weil wir die Brüder lieben; wer nicht liebt, bleibt im Tod.* In der gnostischen Vorstellung erscheint das Gegensatzpaar als »lebendige Seele« versus »tote Seele«.

Die metaphorische Bezeichnung »tot« für physisch Lebende ist drastisch, es gibt keine völlig erstarrten Menschen, und sie sind nicht tot. Diese Bezeichnung ist wesensbedingt, sie rührt vom traumatischen Verlust des Vaters her. Sie ist aber zugleich in der spirituellen Praxis wirksamer, denn das Drastische wirkt motivierender. Der metaphorische Begriff »tot« meint einen Teil der inneren Welt des physisch lebendigen Menschen, und zwar den, der in Reflexion auf die äußere Welt erstarrt ist.

Das erstarrte Innere wird zuerst von den Eltern geprägt. Tief in seinem Innersten setzt es Jesus deshalb mit dem Tod gleich, da er persönlich angesichts des Todes seines Vaters auf solche erstarrten Elemente gestoßen ist. Die Verbindung zum Tod besteht also darin, dass sich Jesus anlässlich des Verlusts des Vaters mit seinem eigenen Inneren auseinandergesetzt hatte. Die inneren Antworten - Denk-, Verhaltens- und Gefühlsmuster - auf den Vater, die er seit seiner Kindheit entwickelt hatte und die sich ihm eingeprägt hatten, waren überflüssig geworden und hatten sich somit als »erstarrt« erwiesen. Das Gegenstück der metaphorisch gebrauchten Bezeichnung »tot« ist »lebendig«, womit er sich selbst bezeichnet (etwa Thomas 59). Nur die Wortwahl ist also in Jesu Wesen begründet, nicht der Inhalt.

Wir wenden uns noch einmal Thomas 18 zu: Die Frage über das Leben nach dem Tod ist sinnlos. Dann kommt das Lebenskoan: *Denn da, wo der Anfang ist, wird auch das Ende sein. Selig, wer sich an den Anfang (im Anfang) halten wird, und er wird das Ende erkennen, und er wird den Tod nicht schmecken.* Man stehe stattdessen mit den Füßen im Anfang, suche also das (spirituelle) Leben, das sich in einem selbst befindet (Thomas 94). Dann weiß man auch das Ende.

Wer sein eigenes Leben findet, findet zwangsläufig auch seinen eigenen Tod. Das Lebenskoan ist nämlich zusätzlich ein Erfahrungsbericht, wie etwa auch Thomas 2 oder Thomas 111. Es ist dabei von untergeordneter Bedeutung, ob man die Kernaussage in Thomas 18 als Koan oder als Erfahrungsbericht sieht. Denn Merkmal eines Koans ist, dass es sich dem erschließt, der es erfährt. Die Lösung des Koans ist die spirituelle Erfahrung.

- Die Frage, was nach dem Tod kommt, spielt für Jesus hingegen keine bedeutende Rolle. Er distanziert sich explizit von den Pharisäern, für die der Glaube an die Auferstehung nach dem Tode wichtig ist (39 und 102).

- Ein außerkanonischer Spruch des schon erwähnten Philippusevangeliums wurzelt in Thomas 18. Philippus sagt in Spruch 21: *Diejenigen, die sagen: »Der Herr ist zuerst gestorben und [dann] auferstanden«, sind im Irrtum. Denn er ist zuerst auferstanden und [dann] gestorben. Wenn jemand nicht zuerst die Auferstehung erwirbt, wird er sterben.* Dieser Spruch verdeutlicht, wie sehr in den frühen Gemeinden gerungen wurde zwischen der Auffassung, Jesus sei von den Toten auferstanden, und der, Jesus habe das lebendige Leben gefunden. Diese Diskussion ist unter anderem aus dem Lebenskoan Jesu hervorgegangen, der von Personen wie Philippus weiterentwickelt, ausgelegt und vereinfacht wurde.

- Das weist darauf hin, dass das Lebenskoan und die damit verbundenen Auffassungen, Interpretationen und Aussagen religionsgeschichtlich bedeutsam sind. Thomas 18 wird so zu einem Puzzlestück bei der Entstehung der christlichen Legenden um Tod und Auferstehung Jesu, die immerhin zu den bedeutsamsten Glaubensinhalten des Christentums gezählt werden.

- Man vergleiche in diesem Zusammenhang die Einleitungen zu den Worten Jesu und Buddhas. Auf das »Finden der Interpretation« folgt bei Jesus das »Nicht-Kosten des Todes«, bei Buddha die Erleuchtung. Auch Jesus spricht, an anderer Stelle, vom Licht, und Buddha kennt seinerseits eine Art Nicht-Kosten des Todes. Licht und Nicht-Kosten des Todes sind untrennbar miteinander verbunden, und dennoch: Die beiden Religionsstifter setzten unterschiedliche Akzente, denen sie selbst zwar keine Bedeutung beimaßen, die aber letztlich dazu beitrugen, dass das Christentum sich über die Auferstehung identifiziert, der Buddhismus über die Erleuchtung.

- Aus eher weltlicher Sicht ist das Ego des Erleuchteten getötet, der Erleuchtete wird den Tod nicht schmecken, da sein Ego nicht noch einmal sterben wird. Aus eher spiritueller Sicht hat sich das Selbst schon mit Gott vereinigt und muss damit nicht bis zum Tod warten (»Selbst« im Sinne des göttlichen Selbst der östlichen Religionen oder der Seele der christlichen Mystik und des Platonismus).

- Möglicherweise ist 1 Korinther 15,35a: »Es wird aber jemand sagen: ›Wie werden die Toten auferweckt?‹«, durch Thomas 18a (die Frage der Jünger) angeregt.

- Die Symbolik des runden Brotes bei der Eucharistie – denn Gott hat keinen Anfang und kein Ende – dürfte in Thomas 18 wurzeln.

- Auch die Übernahme des Alpha und des Omega als christlich religiöse Symbole für den Anfang und das Ende könnte ihren Ursprung in Thomas 18 haben. Im frühen Christentum wurde zwischen diese Zeichen ein Christusmonogramm, mitunter auch ein Lebenskreuz, gesetzt. Man vergleiche mit der Offenbarung des Johannes, wo in Vers 21, 6 die Symbole »Alpha« und »Omega« zusammen mit den Begriffen »Anfang« und »Ende« aufgeführt werden: »Ich bin das Alpha und das Omega, der Anfang und das Ende.« Der Widerspruch des Koans aus Thomas 18 hat sich hier erhalten. Dass hier das Thomasevangelium zugrunde liegt, ist an dieser Stelle auch deshalb naheliegend, da danach (21, 7) im Kontext der »Quelle … des Lebens« der, der »überwindet«, Gottes Sohn wird.

- Koans gibt es nicht nur im Osten. Es gibt sie beispielsweise auch im christlichen Mittelalter. Ein christliches Koan lautet etwa, Gott sei ein Kreis, dessen Zentrum überall ist, dessen Umfang aber nirgends. Auch in der europäischen Antike waren Koan-ähnliche Rätsel bekannt.

EINZELNE VERTIEFENDE BETRACHTUNGEN – MÖRDER, ZERSTÖRER UND AUSREISSER

Thomas 98 ist ein weiterer interessanter Spruch Jesu: *Jesus sagte: »Das Königreich des Vaters ist gleich einem Mann, der wollte einen Edlen töten. Er zog das Schwert in seinem Haus, er durchstach die Mauer, um herauszufinden, ob seine Hand stark [genug] wäre. Dann tötete er den Edlen.«*

Dieser Spruch dürfte sich einem wohl nur selten auf Anhieb erschließen. Er wird nicht in den kanonischen Evangelien zitiert. Jesus fordert hier nicht zu Mord, Selbstmord, Revolution oder dergleichen auf. Das Himmelreich ist inwendig, und somit ist es auch der Anwendungsbereich des Bildes: »Du willst ins (inwendige) Himmelreich? Nimm mit ausreichender Kraft ein geeignetes Instrument und töte den Herrscher (in dir)!« Moderater könnte man sagen: Beseitige deine dich beherrschenden Ich-Bestandteile. In der Terminologie des Ostens würde man sagen: Töte dein Ego!

Der Satz ist also durch und durch der Satz eines spirituellen Meisters. Im Unterschied zu den Religionen des Fernen Ostens benennt Jesus die Dinge allerdings nur metaphorisch. Begriffe wie »Ego« oder »Selbst« stehen ihm aus kulturellen Gründen nur begrenzt zur Verfügung. Die Begriffswelt des Ostens war ihm nicht bekannt, als Erleuchteter kannte er aber die Phänomene aus eigener Anschauung. Heute sind diese Begriffe hingegen zugänglich und vielen vertraut.

Man benötigt ein Schwert, also ein mächtiges Instrument, teste aber zuvor die eigene Kraft, prüfe also, ob man bereit ist. Denn die Vernichtung des Egos ist ein großer Kraftakt. Es gibt keinen größeren Schritt im Leben eines Menschen. Und dann beseitige man den Herrscher, also das den Menschen beherrschende Ego, und wenn das entfernt ist, ist man bereit für das Königreich, also für die spirituelle Erleuchtung.

Thomas 98 ist ziemlich missverständlich, allein deshalb, weil nicht ausgedrückt wird, dass er inwendig zu verstehen ist. Die Inwendigkeit ergibt sich unter Hinzuziehung der anderen Sprüche, aus denen sie klar hervorgeht. Der Spruch wurde verständlicherweise nicht in die kanonischen Evangelien aufgenommen, da die nach innen gerichtete Metaphorik nicht wahrgenommen und die Aussage folglich nicht verstanden wurde. Zugleich konnte das Bild des Tötens eines Herrschers aber auch nicht als äußerliche Handlungsanweisung verstanden werden. Es war unmöglich, eine für die äußere Welt akzeptable Deutung zu finden, und sei es eine noch so freie. Dieser wichtige Satz Jesu, der den unglaublichen Kraftakt der Überwindung des Egos plastisch schildert, ging deshalb verloren.

Die Aussage Jesu ist insbesondere in den östlichen Religionen bekannt als die Aufforderung: »Töte dein Ego!« Aber auch in dieser Formulierung ist sie unvermeidbar missverständlich. Da bei Jesu Metaphorik das Inwendige nicht explizit erwähnt wird, wird sie zumindest in der Schriftform nicht leichter verständlich. Wie zuvor in den Sprüchen 56 und 60 (mit dem Leichnam) ist die drastische Formulierung, das gewalttätige Bild des Tötens, zweischneidig. Die Wahl dieser Worte liegt in Jesu eigener Lebenserfahrung begriffen, denn wer früh einen Verlust erlitten hat, redet meist anders vom Tod, auch in einem anderen Tonfall. Solche Rede mag abschrecken, irreleiten, zu - eigentlich vermeidbaren - Missverständnissen führen. Jesus hätte auch vom Vertreiben, Überwinden oder Ähnlichem sprechen können. Andererseits vermag die drastische Wortwahl in der Praxis, insbesondere wenn die Worte gesprochen werden, der Verdeutlichung, der Motivation dienen - eben so, dass einem ein »Licht aufgeht«.

- Im Unterschied zum Weltlichen, das anschauliche Namen kennt, gibt es im Spirituellen keine Sprache, es gibt nur Metaphern und Anweisungen. Jesu Aufforderung zu töten ist keine Anweisung im Weltlichen, dort gilt das Tötungsverbot, das Leidminderungsgebot, das Liebesgebot. Im Spirituellen aber muss man töten - keinen physischen Menschen, sondern sein Selbstbild, seine Vorstellungen, sein Ego. Dies ist die Funktion von Jesu Metaphorik.

- Das Weltliche kennt eine Sprache, das Spirituelle nicht. Aber es gibt Hilfen zum Erreichen des Spirituellen, wie die Worte Jesu und all die Versuche an weltlichen Interpretationen des Spirituellen, und daneben natürlich auch rein weltliche Texte.

- Das vorliegende Buch ist hingegen keine Anweisung, es ist auch keine Interpretation des Spirituellen. Vielmehr ist es eine Beschreibung von Beobachtungen in weltlichen Worten, und ein Versuch, dem Weltlichen und Spirituellen möglichst fundiert gerecht zu werden und damit auf das Spirituelle hinzuweisen.

- Erst wenn das Spirituelle erfahren wurde, werden auch die Namen mit Sinn erfüllt. Es wird nun klar, was beispielsweise mit »Egos« gemeint ist. Zuvor hat man nur eine Ahnung der Bedeutung des »Egos«.

In die gleiche Richtung wie der eben besprochene Spruch 98 mit dem Töten des Herrschers zielt Thomas 71: *Ich werde [dieses] Haus zerstören und niemand wird in der Lage sein, es [wieder] aufzubauen.*

Auch hier ist geht es nicht ums Äußerliche, mit »Haus« ist kein Gebäude im äußeren Sinn gemeint, Jesus war kein verhinderter Feldherr, geplagt von Zerstörungsfantasien. Die Metaphorik ist inwendig; das Gebäude ist das Ego, Jesus wird helfen, es zu zerstören (beispielsweise bei den Jüngern).

In den Evangelien (etwa Markus 14, 58) wird »Haus« hingegen auf den Tempel als Kultplatz bezogen. Hier heißt es: *Ich werde diesen … Tempel abbrechen … und in drei Tagen einen anderen aufbauen …* Der Vorgang wird zu einer fiktiven und alleine deshalb unsinnigen Machtdemonstration, Jesus würde den Tempel abbrechen und in drei Tagen wieder aufbauen. Dies ist auch keine Prophezeiung (die zudem doppelt falsch wäre: Die Römer, nicht er, zerstörten den Tempel; zudem wurde er auch nicht wieder aufgebaut).

Ferner sind »Haus« oder »Tempel«[85] nicht im Sinne einer äußeren Metaphorik zu verstehen, also dahingehend, dass eine bestimmte Religion oder religiöse Haltung gemeint sei, die niedergerissen würde, denn Jesus tolerierte ausdrücklich Glaube, Religion, Kirche und Kult (Thomas 100). Insbesondere konnte er von einer neuen Kirche, dem späteren Christentum, nichts ahnen, wie die Tempelgeschichte mitunter ausgelegt wird. Die Metapher Jesu ist keine bloße Verschiebung im Weltlichen, sie zielt nach innen.

Das »Haus« ist innen, es ist das erstarrte Innere, es ist das Gebäude »Ego«: Ich werde dieses Haus (in euch) zerstören! Und dann, wenn euer Ego tot ist, seid ihr neue Menschen, ein Zurück ist nicht mehr möglich (»Niemand wird in der Lage sein, es wieder aufzubauen.«).

Eine weiteres schönes Gleichnis Jesu zur Egothematik ist Thomas 40: *Ein Weinstock ist gepflanzt worden außerhalb des Vaters. Da er nicht befestigt ist, wird er mit seiner Wurzel ausgerissen werden. Er wird verderben.*

Auch der »Weinstock« liegt im Inneren, er ist das Ego, das Gegenstück des ebenfalls inwendigen und zu erweckenden Selbst. Das Wort »außerhalb« in der Formulierung »außerhalb des Vaters« - man könnte auch sagen: »außerhalb des lebendigen Vaters« (Thomas 50) - meint »außerhalb des Lebens«, »außerhalb des Selbst«, »außerhalb des Spirituellen«. Der Weinstock ist »nicht befestigt«, das Ego gründet auf nichts, es ist ein eingebildetes Scheingebilde.

85 Vermutlich gebrauchte Jesus in einem nicht erhaltenen, aber ähnlich aufgebauten Spruch das Wort »Tempel«.

- Thomas 40 liegt der Passage Johannes 15, 1-8 zugrunde: »Ich bin der wahre Weinstock, und mein Vater ist der Weingärtner. Jede Rebe an mir, die nicht Frucht bringt, die nimmt er weg ... (15, 6) Wenn jemand nicht in mir bleibt, so wird er hinausgeworfen wie die Rebe und verdorrt ...« Die Wörter »Weinstock«, »Vater« und »verdorrt« (aus »verderben«) weisen auf den Ursprung hin, »außerhalb« wandelt sich invers zu »nicht in mir«, und »ausgerissen werden« wird zu »hinausgeworfen«. Teilweise im Stile der Gnosis wurde hier nachträglich der Ausgangsspruch bei Thomas interpretiert, personifiziert und erweitert.

Die Wortwahl Jesu ist durch den väterlichen Verlust auch auf indirekte Weise beeinflusst. Wie bereits dargelegt, sind Begriffe wie »lebendig« oder »Vater« unmittelbar Folge des väterlichen Verlusts, was auch relativ leicht nachvollziehbar ist. Dies gilt nicht für den ichbezogenen Gebrauch des Begriffs »Würde«. Dieser erschließt sich nicht auf Anhieb. Er ist erst dann erkennbar Folge des Verlusts eines Elternteils, wenn man die nachfolgenden Ich-Zweifel berücksichtigt, Zweifel an dem, wer man ist, und Zweifel am eigenen Wert. Diese Zweifel sind typisch für einen Menschen, der früh einen Elternteil verloren hat, und können ihn nachhaltig prägen. Als Gegenreaktion kreieren Betroffene oft einen speziellen Begriff von Würde. Dementsprechend gebraucht Jesus den Begriff »Würde«, wenn auch nur noch floskelhaft, etwa in Thomas 55: *Jesus sagte: Wer seinen Vater und seine Mutter nicht haßt, kann nicht mein Jünger werden. Und [wer nicht] seine Brüder und seine Schwestern haßt [und] wer [nicht] sein Kreuz trägt wie ich, wird meiner nicht würdig sein.*

Die Ich-Bezogenheit dieser Floskel lässt das seinerzeitige Gefühl der Wertlosigkeit und Ichlosigkeit nur noch erahnen, resultierend aus einer trauerbedingten Ohnmacht. Zum Zeitpunkt des Sprechens handelt es sich aber nur noch um eine Floskel, die Formulierung könnte ohne Weiteres durch andere Formulierungen ersetzt werden. Jesus tut dies im Prinzip schon selbst in Thomas 55: *Wer seinen Vater ... nicht hasst, kann nicht mein Jünger werden. Und [wer nicht] seine Brüder ... hasst ... wird meiner nicht würdig sein.*

Die parallelen Formulierungen »meiner nicht würdig sein« und »nicht mein Jünger werden« sind hier austauschbar.

Jesus verwendet den Würde-Begriff aber auch allgemein, etwa in Thomas 111: ... *Wer sich selbst findet, dessen ist die Welt nicht würdig.* Hier ist die Würde eine allgemeine Floskel, bezieht sich also nicht nur auf Jesus. Sprachlich zu berücksichtigen ist, dass man heute statt »würdig sein« wohl eher »verdienen« sagen würde. »Die Welt ist seiner nicht würdig«, würde man heute also wie folgt formulieren »Die Welt hat ihn nicht verdient.«

Wir haben nun einen vertieften Einblick bekommen, dass es Jesus spirituell um die Überwindung des Egos und die Einheit mit dem Göttlichen ging, und zwar nach Möglichkeit bereits zu Lebzeiten. Parallel dazu haben wir gesehen, dass Jesus wie jeder andere durch seine Biografie geformt wurde. Sehr prägend war der Verlust des Vaters, der sich in Jesu Wortwahl äußerte. Die Verwendung von Wörtern wie »Leben«, »Tod«, »Vater« und dergleichen war hierdurch bedingt. Da im Zuge der Legendenbildung häufig Aussprüche Jesu als Stichwortgeber dienten, ist die Wortwahl von herausragender Bedeutung.

JESU WEGGANG VON DEN JÜNGERN

Nicht nur die Wortwahl ist bei Jesus Folge des Verlusts seines Vaters. In diesem Verlust liegt auch begründet, wie er ganz allgemein mit Trennungen umgeht. Dieser Aspekt spielt eine wichtige Rolle bei der Entstehung der Legenden, denn in ihnen, insbesondere in der Kreuzigungserzählung, finden sich Hinweise auf diesen frühen Verlust. Wer früh einen schmerzhaften Verlust einer nahestehenden Person erleiden musste, entwickelt ein Muster, das ihn dazu veranlassen kann, bei einer künftigen Trennung nach Vorgabe dieses Musters vorzugehen. Dabei wird der einst erlittene Verlust in einer späteren Situation teilweise »wiederholt«. Das Muster kann etwa bewirken, dass sich die betroffene Person etwa endgültig und besonders plötzlich von anderen trennt. Das, was den erlittenen Verlust auszeichnet - insbesondere die endgültige Trennung -, wird auf spätere Trennungssituationen übertragen, die nicht so radikal sein müssten. Wir suchen als Erstes im Thomasevangelium Hinweise auf eine Trennungssituation. In Thomas 12 heißt es: *Die Jünger sagten zu Jesus: »Wir wissen, daß du uns verlassen wirst; wer ist es, der groß über uns werden wird?« Jesus sagte zu ihnen: »[...] werdet ihr auf Jakobus [...] zugehen [...]«*

Jesus hatte also vor, seine Jünger zu verlassen, und er hat dies angekündigt, sonst hätten die Jünger nicht gefragt. Später hat er es dann wohl auch getan. In der Bibel wird diese Trennung als Tod Jesu - mit anschließender Auferstehung und Himmelfahrt - referiert. Das meint Jesus hier aber nicht, und er hätte auch nichts davon wissen können. Er kannte die Zukunft nicht, das Urteil gegen ihn lag nicht in seiner Hand. Mit dem Verlassen, das in Thomas 12 angesprochen wird, ist nicht der Tod Jesu, nicht die Kreuzigung gemeint, sondern im Verhältnis dazu ein »normales« Verlassen, ein einfaches Weggehen. Es ist jedoch kein ganz gewöhnliches Verlassen, das ein mögliches Wiederkommen beinhaltet, es ist ein Weggehen ohne Wiederkehr. Dies wird noch deutlicher in der Ankündigung des Weggangs in Spruch 38: *Jesus sagte: »Oft habt ihr gewünscht, diese Worte zu hören, die ich euch sage, und ihr habt keinen anderen, von dem ihr sie hören könnt. Tage werden kommen, da ihr mich suchen [und] nicht finden werdet.«*

Der Verlust, den Jesus erlitten hatte, beeinflusst also die Art der Trennung, wie es typisch ist für jemanden, der so etwas erlebt hat und infolge die Unwiederbringlichkeit und Endgültigkeit einer Trennung in anderen Situationen wiederholt: »Ihr werdet mich suchen« drückt die Sehnsucht aus, in Replikation der früheren Sehnsucht Jesu nach seinem verstorbenen Vater. »Ihr werdet mich nicht finden« drückt die Vergeblichkeit der Sehnsucht aus, so wie sich Jesus vergeblich seinen verstorbenen Vater zurückwünschte. Jesus nimmt die Rolle der verstorbenen Person ein, und seine Jünger die Rolle der zurückgebliebenen, weiterlebenden Person. Das ist aber genau die Duplikation der Verlustsituation. In ihr werden Rollen verschoben: Der ehemals Trauernde wird zu demjenigen, der diesmal geht, und ein Dritter wird zu demjenigen, der diesmal bleibt – und bei diesem Dritten handelt es sich hier gleich um mehrere, um die Jünger, die verlassen werden.

Die Trennung schockiert die Jünger eben auch, weil sie den Tod von Jesu Vater wiederholt, weil sie scharfe Merkmale wie die Endgültigkeit aufweist, wie sie für einen Verlust, nicht aber für einen »normalen« Abschied typisch sind. Möglicherweise hat einer der Jünger die Trennung nicht richtig verkraftet, sodass sie auf ihn traumatisch wirkte. Die Trennung Jesu von seinen Jüngern trägt Elemente des »Originalverlusts« in sich. Jesus spielt für die Jünger die emotionale, geistige, auch führende Rolle wie einst Jesu verstorbener Vater für Jesus. Es wiederholt sich so eine Situation mit verschobener Rollenverteilung. Dazu gehört anscheinend die Wiederholung des Schocks, der einen endgültigen Abschied oft begleitet.

Der Schock fand Eingang in der Legende um den Tod Jesu durch die Kreuzigung. Bis heute ist die Christengemeinde schockiert darüber, wie Jesus gegangen ist. Jedoch ist sie über eine Kreuzigung schockiert, die eine Erzählung ist und nicht wirklich stattgefunden hat. Stattdessen kam es zum abrupten Weggang Jesu. Danach hat seine endgültige Trennung von den Jüngern die Kreuzigungslegende maßgeblich beeinflusst, da der Jünger, auf den sie zurückgeht, durch die Erzählung von einer Hinrichtung den endgültigen Weggang Jesu besser verarbeiten konnte. Das Verlassen wurde in diese extreme Variante möglichen Verlassens – durch Tod am Kreuz – transformiert und damit die Endgültigkeit dieser Tatsache verarbeitet. Hier schließt sich, psychologisch gesehen, ein Kreis.

Zuerst wenden wir uns aber den realen Vorgängen zu, also dem Weggang, ohne ihn mit der Kreuzigungserzählung in Zusammenhang zu sehen. Jesus trennte sich von den Jüngern nicht aus eigenem Antrieb. Grund für den Weggang war, dass Jesu verfolgt wurde, wie wir später sehen werden. Wie eben dargelegt, war es aber von Bedeutung, dass er die eigene Verlusterfahrung mit verschobenen Rollen gewissermaßen wiederholte. Thomas 38 zeigt, dass Jesus selbst Elemente wie Sehnsucht und Vergeblichkeit, die ihren Ursprung im Verlust haben, in die selbst herbeigeführte Trennung hineingetragen hat. Damit hat er indirekt einen Auslöser für die Entstehung von Legenden der Evangelien gesetzt. Die Evangelien dienten zwar der Verbreitung seiner Lehre und beabsichtigten genau dies, aber letztlich liefen sie dem Inhalt Jesu spiritueller Lehre zuwider, da sie das spirituelle lebendige Leben zu Jesu leiblicher Auferstehung machten. Anstatt den ursprünglichen, metaphorischen Sinn von »Leben« zu vermitteln, machten sie daraus eine leibliche Auferstehung.

Jesus selbst hat also einen Grundstein für diese Sinnverschiebung gelegt. Orientiert an Jesu Wortwahl wurden später die Legenden gesponnen, wie etwa die Brotvermehrungslegende gezeigt hat. Die Wörter, die Jesus verwendet und die durch seine eigene Verlusterfahrung geprägt sind, bieten automatisch Anlass für Trennungslegenden.

Die Kreuzigung ist nun nicht die einzige Erzählung, in der eine Trennung von jemandem verarbeitet wird, der durch einen Verlust geprägt wurde. Die Weltliteratur bietet weitere Beispiele dafür, wie ein real erlittener Verlust erst real in einer bruchartigen Trennung wiederholt wurde, um dann Vorlage einer literarischen Weiterverarbeitung zu werden. Eines der bekanntesten ist Goethes *Die Leiden des jungen Werther*. Goethe hatte sich als junger Mann in die – wohlgemerkt verlobte – Charlotte Buff verliebt, die einige Zeit zuvor ihre Mutter verloren hatte. Die Liebe blieb unerwidert, es kam zum Bruch.

Charlotte übernahm nun die Rolle ihrer Mutter, die für immer gegangen war, und Goethe fand sich in Lottes Rolle der Verlassenen wieder. Es kam zu einer Rollenverschiebung, in der sich die Trauersituation spiegelte. Der von ihr erlittene Verlust wurde im Bruch mit Goethe wiederholt, ihre natürlich vergebliche Sehnsucht nach der verstorbenen Mutter wurde zur Sehnsucht des Liebenden nach ihr – einer Liebe, die sie nicht erwiderte, so wie zuvor die Mutter ihre Liebe nicht mehr erwiderte, da sie verstorben war. Goethe hat diese Erfahrung dann literarisch in seinem Roman verarbeitet.[86] Auch die Kreuzigungserzählung verweist phasenweise auf eine literarische Verarbeitung.

Jesus hat nun im Unterschied zu Charlotte Buff Sehnsucht und Trennung nicht herbeigeführt, sondern wurde durch Verfolgung (wie wir sehen werden) zur Trennung gezwungen. Diese Trennung führte er dann aber so durch, wie er selbst bereits eine Trennung erlebt hatte: wie einen Verlust, radikal und unwiederbringlich.

Ein spirituell Erleuchteter vermag ethisch Hochwertiges zu schöpfen, weise zu handeln, spirituell ein Meister zu sein. Er ist aber, anders als viele Gläubige erwarten, nicht in dem Sinne vollkommen, dass er unabhängig von den Zeitumständen, der Sprache und seiner Vergangenheit ist. Damit seien Ethik, Weisheit und Spiritualität nicht herabgesetzt, sondern von abgehobenen, allzu unumstößlichen und idealisierenden Vorstellungen befreit.

Wir wollen nun untersuchen, wie sich die Situation, die dem Spruch des Thomasevangeliums zugrunde gelegen haben muss, in den Erzählungen des Neuen Testaments auswirkte. Die Ankündigung in Thomas 12, die Gemeinde zu verlassen, ist eine Basis

86 Goethes Roman weist aufgrund der Wiederholung eines real erlittenen Verlusts in einen bewusst herbeigeführten Bruch einige Analogien zur Kreuzigungserzählung auf und kann, bei allen Unterschieden, als Muster gelten, das hilft, ihre Entstehung besser zu verstehen.

der zweiten Leidensankündigung Christi in den Legenden der Evangelien. In ihnen kündigt Jesus seinen Tod an. In Markus 9, 30ff. heißt es: *(9, 31) Denn er lehrte seine Jünger und sprach zu ihnen: »Der Sohn des Menschen wird überliefert in der Menschen Hände, und sie werden ihn töten; und nachdem er getötet worden ist, wird er nach drei Tagen auferstehen ...«*

Das ursprüngliche Verlassen der Jünger wurde zum Tod Jesu in der Legende. Diese Ankündigung ist entstanden aus dem ersten Teil dessen, was die Jünger in Thomas 12 sagten, wobei es hier noch »verlassen« und nicht »überliefern« heißt: *Wir wissen, daß du uns verlassen wirst.* Denn nun folgt auch der zweite Teil, die eigentliche Frage aus Thomas 12. Die dortige Frage: »Wer wird groß über uns sein?«, wandelt sich zu der Frage, »wer der Größte sei«: *(9, 33) Und sie kamen nach Kapernaum, und als er im Hause war, fragte er sie: »Was habt ihr unterwegs besprochen?« (9, 34) Sie aber schwiegen; denn sie hatten sich auf dem Weg untereinander besprochen, wer der Größte sei.*

Bei Markus wird aus der Frage eine unmotivierte Unterhaltung der Jünger darüber, wer der Größte sei. Aus der konkreten Nachfolgefrage bei Thomas, die im Kontext des Verlassens Sinn ergibt - wer sie dann leiten wird -, entstand ein merkwürdiges Gespräch über Größe, das in keiner Beziehung zu den übrigen Teilen der Erzählung steht.

Thomas 12		Markus 9,30ff.
„Wir wissen, dass du uns verlassen wirst.“	→	„Der Sohn .. wird überliefert ... und sie werden ihn töten.“
„Wer wird über uns groß sein?“	→	„sie hatten ... besprochen, wer der Größte sei.“

Die Verlassensankündigung wird im Markusevangelium nach Maßgabe der (erzählerisch späteren) Kreuzigungserzählung zur Ankündigung des Todes. Der zweite Teil transformiert zu einem sinnfreien Jüngergespräch.

Abbildung 39: Thomas 12 als Inspirationsquelle für den Erzähler von Markus 9, 30ff.

Aber auch Markus 15, 34b fußt auf der Ankündigung, die Jünger zu verlassen, wie sie in Thomas 12 festgehalten ist. Jesus hängt am Kreuz. Eine dreistündige Sonnenfinsternis hat an einem Vollmondtag stattgefunden. Beides, Dauer wie Zeitpunkt, ist astronomisch unmöglich und Hinweis darauf, dass hier kein Erzähler tätig war, der sich streng an die Tatsachen hält, sondern einer, der die Bedeutung des Moments durch ein erfundenes astronomisches Ereignis[87] hervorheben wollte. Nun sagt Jesus ausgerechnet: *Mein Gott, mein Gott, warum hast du mich verlassen?*

Diese Frage ist merkwürdig genug, denn Jesus ist Gottes Sohn, Kenner der Zukunft und Herr über das All. Wenn er aber seinem Zweifel Ausdruck verleihen will, wieso wählt er ausgerechnet das unpassende Wort »verlassen«? Wenn schon, so hat Gott ihn schließlich nicht verlassen, er war ja nicht anwesend und ist dann gegangen. Wenn, dann hat er ihn im Stich gelassen. Eigentlich müsste unterbliebene Hilfe thematisiert werden. Wieso spricht er dann von »verlassen«?

Tatsächlich hat nicht Jesus diese Frage an Gott gerichtet, sondern mindestens einer der Jünger hat sie sich bezüglich Jesus gestellt. »Warum hast du, Jesus, uns verlassen?«, fragte sich ein Jünger nach dem Weggang Jesu, den dieser Jünger als gottähnlich erachtete. Diese Frage drückt also die Sehnsucht des Jüngers aus. Sie wurde später in die Erzählung als Ausspruch Jesu eingearbeitet.

Sprachlich weist nicht nur der unpassende Terminus »verlassen« auf die Herkunft aus Thomas 12 hin, wo die Jünger sagen: »Wir wissen, dass du uns verlassen wirst«, sondern die Erwähnung des Namens Jakobus. In Thomas 12 ist Jakobus der designierte Nachfolger Jesu. Bei der Kreuzigung greift der Erzähler den Namen auf und benennt so den Sohn einer der Anwesenden (Markus 15, 40). Während die Ankündigung, dass er sie verlassen wird (Markus 9, 30ff.), noch recht unmittelbar durch Thomas 12 inspiriert war, geht dieses Jesuswort in die Kreuzigungserzählung nur noch mit wenigen Bruchstücken ein.

Der junge, trauernde Jesus fragte sich einst: »Vater, Vater, warum hast du mich verlassen?«, weil er sich nach seinem verstor-

87 Den Tod durch Finsternis, ähnlich wie zuvor die Geburt Jesu durch (Sternen-) Licht, das den drei Weisen aus dem Morgenland den Weg wies (Matthäus 2).

benen Vater sehnte. Daraus wird bei einem der Jünger nach dem Weggang Jesu eine Wiederholung mit Rollentausch: »Jesus, Jesus, warum hast du mich verlassen?«, wobei Jesus bereits als eine Art Gott wahrgenommen wird. Und in der Legende wiederum wird daraus Jesus, der fragt: »Gott, Gott, warum hast du mich verlassen?«, wobei Gott dann zu Jesu Vater geworden ist.

Es schließt sich der Kreis der Sehnsucht: Aus Jesus, der sich als Jugendlicher nach einer verstorbenen, idealisierten Person – seinem Vater – sehnt, wird ein Jünger, der sich nach Jesus sehnt, der weggegangen war und den er idealisierte. Die Sehnsucht wird dann in einer Geschichte verarbeitet, in der sich wieder die Originalperson Jesus nach ihrem Vater, mittlerweile zu Gott geworden, sehnt.

Wir sind wieder beim Ausgangspunkt. Bei weitgehender Änderung der Inhalte wird auf emotionaler Ebene die Sehnsucht eines Sohnes nach dem Vater über drei Stufen weitergereicht, sodass sie am Ende, in der Legende, wieder als Sehnsucht eines Sohnes nach dem Vater erscheint, der nun als Gott seinen nun gekreuzigten Sohn verlassen hat: »Mein Gott, mein Gott, warum hast du mich verlassen?«[88]

Weiterreichung der Sehnsucht bis zur Aussage am Kreuz (Markus 15,34)

Auslösender Verlust:	Sohn Jesus	⟶	Gestorbener Vater („Joseph“)
↓			
Reale Doublette:	Jünger	⟶	Verlassender Jesus
↓			
Literarische Verarbeitung:	Sohn Jesus	⟶	„Verlassender“ Gott-Vater

Abbildung 40: Die drei Stufen der Sehnsucht

Die Gemeinde sehnte sich nach Jesus, nachdem er sie verlassen hatte. Bei mindestens einem Jünger muss diese Sehnsucht sehr groß gewesen sein. Er verarbeitete den endgültigen Weggang Jesu in seinen Erzählungen. So findet diese Sehnsucht auch in den Geschichten ihren Ausdruck, in denen Jesus den Jüngern nach der Kreuzigung erscheint. Immer wieder taucht Jesus auf, kommt zurück, befriedigt so die Sehnsucht. Erzählerisch wird durch die

88 Angelehnt an Psalm 22,2.

Wiederholungen zwar zusätzlich die Beweiskraft erhöht – selbst die Jünger zweifelten an der Auferstehung! –, diese »Erscheinungen des Auferstandenen«[89] sind aber auch Ausdruck der Sehnsucht der zurückgebliebenen Jünger.

Real gab Jesus durch sein Verlassen der Jünger seine eigene Sehnsucht nach seinem Vater an die Jünger weiter. Sie erschien nun in der Sehnsucht eines Jüngers nach ihm. Dieser baute die Sehnsucht dann in die Erzählungen ein. Er muss Urheber wichtiger Legenden wie der Kreuzigungserzählung gewesen sein, in die er seine Sehnsucht projiziert hat.

- Nach der Kreuzigung wird auch eine Suche nach Jesus thematisiert, etwa in der Szene am leeren Grab in Matthäus 28, 5: »Der Engel aber begann und sprach zu den Frauen: ›Fürchtet euch nicht, denn ich weiß, dass ihr Jesus, den Gekreuzigten, sucht.‹« Im Kontext einer Auferstehung sind solche Suchgeschichten unpassend: Wozu soll ein Auferstandener solche Versteckspielchen vor seinen Anhängern machen?

- Nach dem Weggang sehnte sich nicht nur ein Jünger nach Jesus, möglicherweise versuchte er auch konkret, ihn zu finden. Bibelstellen, in denen die Rede von der Suche nach Jesus ist, wären dann Ausdruck einer solchen konkreten Suche nach Jesus durch einen Jünger nach dessen Weggang.

Bruchartiger Weggang und Sehnsucht prägten die Religion, die in der Folge dieser Ereignisse entstand. Der Weggang Jesu wurde zur Kreuzigung umfabuliert, und die Sehnsucht nach der Wiederkehr Christi ist wesentlicher Bestandteil des Christentums. Sie wird mit dem künftigen Himmelreich der jüdischen Vorstellung vermengt. Insbesondere das frühe Christentum war erfüllt vom Warten auf die Wiederkunft Christi selbst. Darüber ging nicht zuletzt auch der Kern seiner Lehre verloren, nämlich sein Konzept zur Erweckung des inwendigen Himmelreiches. Dieses Konzept wird nur noch von einer Minderheit gepflegt; im Übrigen wird es

89 Beispielsweise Lukas 24, 13–49.

oft nicht einmal als Bestandteil seiner Lehre anerkannt, geschweige denn als Hauptinhalt.

Dabei haben sich Reste des inwendigen Himmelreichs im Neuen Testament erhalten, so etwa in Lukas 17, 20f.: *… und sprach: »Das Reich Gottes kommt nicht so, dass man es beobachten könnte; (17, 21) noch wird man sagen: Siehe hier! Oder: Siehe dort! Denn siehe, das Reich Gottes ist mitten unter euch.«*

Das Reich Gottes ist also eines, das bei seinem Erscheinen nicht einmal beobachtet werden kann. Zudem ist es bereits »mitten unter euch«. Hier wird sicher kein jenseitiges Reich beschrieben, wie es den gängigen Glaubensvorstelllungen entspricht. Vielmehr ist eines gemeint, das man jetzt, heute, in Form der Erleuchtung finden kann. Es ist bereits da!

Diese Stelle bei Lukas fußt übrigens auf Thomas 113, der sich vor allem im Schlussteil unterscheidet: *… sondern das Königreich des Vaters ist ausgebreitet über die Erde, und die Menschen sehen es nicht.*

Der abschließende – und bei Lukas an dieser Stelle fehlende – Satzteil: »… und die Menschen sehen es nicht«, bekräftigt, dass es an den Menschen liegt, das »Himmelreich zu sehen«, sich also konkret um Spiritualität, bis hin zur Erleuchtung, zu bemühen.[90]

In manchen »modernen« Übersetzungen wird die Lukasstelle modifiziert, um das bereits existierende, also inwendige Himmelreich verschwinden zu lassen. Gott würde »seine Herrschaft aufrichten«, heißt es dann in viel zu freier Handhabung des griechischen Textes. Diese Modifikation geht natürlich prompt in die falsche Richtung, denn da das Thomasevangelium Vorlage für die kanonischen Evangelien ist und da bei Thomas das Himmelreich inwendig zu suchen ist, war es auch für Jesus inwendig. So steht es ja auch eigentlich bei der Lukasstelle. Die Modifikation ist aber ganz in der Tradition des Legendenschöpfers, der die Vorstellungen der heutigen Übersetzer prägte.

Ein weiteres Beispiel für die konkrete Erreichbarkeit des Himmelreichs ist der sich in Lukas 11, 9 befindliche Satz: *Sucht, und ihr werdet finden.* Was sollen wir denn im Diesseits suchen, wenn wir es erst im künftigen Jenseits finden können? Dann genügte

90 Vermutlich hat der Abschluss in Thomas (»nicht sehen«) Lukas 17, 22 beeinflusst.

es doch, sich ethisch einwandfrei zu verhalten. Das aber genügt nicht.

Lukas fährt dann fort mit: *Klopft an, und es wird euch aufgetan werden.* In der Vorlage, Thomas 94, heißt es: *[und der, der anklopft] an das Innere, dem wird geöffnet werden.* Dass man drinnen anklopfen soll, ist bei Lukas verschwunden. Es wurde im Zuge der Übermittlung des Spruchs weggelassen, weil man mit innerer Spiritualität nichts anfangen konnte – genauso wie die heutigen Übersetzer aus dem »Reich Gottes ist mitten unter euch« ein »Gott errichtet seine Herrschaft« machen. Texte werden geändert, damals wie heute, damit sie zur eigenen Anschauung passen.

Der Erzähler ließ Jesus auch deshalb sterben, damit er als Zurückgebliebener den Weggang Jesu und das Leben ohne Jesus besser aufarbeiten konnte. Dies ist ein psychologischer Grund, der zur Schöpfung der Geschichte beitrug. Die Sehnsuchtselemente weisen stark in diese Richtung.

In diesem Zusammenhang gilt es, die Auferstehung nicht von der Kreuzigung zu trennen, also Letztere für authentisch, Erstere für nicht authentisch zu halten. Beide Legenden folgen in vielem dem gleichen Standardlegendenbildungsmuster. Es gibt diesbezüglich keinen Grund, einen prinzipiellen Unterschied zu machen. Die Kreuzigungsgeschichte liest sich weitgehend wie irgendeine andere Legende des Neuen Testaments. Als Legendenmarker, also Wörter aus dem Thomasevangelium, die sich in den kanonischen Evangelien in der Kreuzigungserzählung erhalten haben, bieten sich »Kreuz(-Tragen)«, »Juden«, »Petrus«, »Judas« oder auch »Dornen« an. Alle diese für die Kreuzigungserzählung durchaus bedeutsamen Stichwörter finden sich auch im kurzen Thomasevangelium.[91] Der einzige markante Unterschied zwischen Kreuzigung und Auferstehung ist die grundsätzliche Problematik der Realisierung einer leiblichen Auferstehung. Es ist aber nicht nur das Legende, was biologisch nicht stattgefunden haben kann.

Ferner wurde in relativ frühen Gemeinden die Frage, ob Jesus überhaupt gekreuzigt wurde, sehr wohl gestellt. Darauf weisen

91 Thomas 55, 43, 13, Einleitung, 9.

gnostische Quellen, etwa der schon erwähnte Philippus in seinem Evangelium Spruch 21, wobei Philippus einer älteren Tradition folgt. Es ist aber abwegig anzunehmen, dass Anhänger Jesu ausgerechnet die Geschichte von dessen Tod nicht überlieferten. Dies gilt insbesondere deshalb, da dieser angeblich so dramatisch war. Wieso um alles in der Welt soll jemand, der an Jesus und seine Lehre glaubt, dessen dramatischen, öffentlichen Tod anzweifeln? Die Gnostiker glaubten ferner meist nicht an den Gottessohn und die leibliche Auferstehung. Insofern spielte auch der Kreuzigungstod bei ihnen keine weitere Rolle und sie hatten keinen Anlass, ihn anzuzweifeln. Es liegt doch näher, dass derjenige, der die Legende der leiblichen Auferstehung erfand, sich auch die Geschichte der Kreuzigung ausdachte, als dass diejenigen, die sich ebenfalls auf Jesus als Stifter ihrer spirituellen Lehre beriefen, die Erinnerung an seinen so spektakulären Tod verloren. Daran ändert auch nichts, dass dann später in der Gnosis Erklärungen gesucht wurden, wie es zum Bericht kam, Jesus sei gekreuzigt worden. Sie erfanden dann selbst Erklärungen, so etwa die, Jesus hätte die Kreuzigung überlebt, ein anderer sei gekreuzigt worden und dergleichen, da sie nicht wussten, dass die Erzählung von der Kreuzigung eine frei erfundene Legende ist, die lediglich auf einem Spruch basiert und überhaupt keinen realen Hintergrund hat. Es gab also eine parallele Überlieferung, Jesus sei nicht gekreuzigt worden, die man nicht so ohne Weiteres abtun kann. Auch der Koran greift diese Überlieferung auf.[92]

Zudem ist zu bedenken, dass nach der authentischsten Quelle, dem Thomasevangelium, davon auszugehen ist, dass Jesus seine Jünger verlassen wollte. Jesus muss einen endgültigen Weggang geplant haben, sonst hätte er keine Nachfolgeregelung (Jakobus) getroffen. Über diesen Weggang finden wir aber keinen Bericht im Neuen Testament. Jesus ging, wie er angekündigt hatte, und das wurde dann in der Legende zur Kreuzigung überhöht und zusammen mit anderen Legenden in eine Textsammlung aufgenommen, die Eingang in die Bibel fand und die unsere Vorstellungen prägte.

92 Sure 4, 157, auf gnostische Überlieferung zurückgreifend (beispielsweise die Petrusapokalypse 81, 15–25, *Nag Hammadi Codex VII, 3*). Andere Wunder Jesu, beispielsweise Heilungen und Totenerweckungen, fanden hingegen Eingang in den Koran (Sure 5, 110).

Die Schöpfung einer Kreuzigungslegende war auch deshalb nötig, um Jesu Auferstehung literarisch zu ermöglichen. Ohne vorherigen Tod ist eine Auferstehung von den Toten nun einmal unmöglich. Daneben dient die Kreuzigung als Ersatz für den Weggang, als Erklärung für Jesu plötzliches Fehlen und somit zur Schließung einer sonst drohenden Lücke in Jesu Biografie.

Früh und auf tragische Weise Verstorbene sind und waren immer Publikumsrenner. Sie genießen auch heute eine spezielle Verehrung,[93] insbesondere unschuldig Verstorbene. Zudem erhöhen Tote die Spannung einer Erzählung beim Publikum: Wir Menschen schätzen nun einmal Geschichten, in denen Getötete vorkommen, erinnert sei an die große Zahl von Kriminalromanen, in denen es beinahe immer um Mord (und nicht etwa um Wirtschaftskriminalität) geht. Ferner ist, wie wir sehen werden, Jesu Tod aus der Logik des Legendenschöpfungsprozesses heraus geradezu notwendig.[94] Als Vorbild für die Art der Tötung dürften die hinreichend häufig praktizierten Kreuzigungen zur damaligen Zeit in dieser Gegend gedient haben.

Jesu Terminologie hat die Legendenbildung beeinflusst, aber auch durch die Art seines Weggangs scheint er eine wichtige Ursache gesetzt zu haben. Ein bruchartiges Ende einer Beziehung ist wie bereits beschrieben typisch für Menschen, die einen Verlust erlitten hatten. Jesus wiederholt mit seinem Weggang des Verlusts seines Vaters aber erzwungenermaßen, er ging unfreiwillig. Das Neue Testament wurde um das Thomasevangelium herum geschöpft, aber auch aus der seelischen Situation eines von Jesus »verlassenen« Jüngers heraus.

- Jesus wird in frühen, erhaltenen Darstellungen nicht als Gekreuzigter gemalt, sondern beispielsweise als Hirte. Diese Darstellungen sind nicht mehr in unmittelbarer zeitlicher Nähe zu ihm entstanden, aber immer noch weit früher als heutige. Sie unterstreichen zumindest, dass die Kreuzigung in der frühen Kirche nicht den Stellenwert hatte, den sie heute einnimmt.

93 Marilyn Monroe, John F. Kennedy, Elvis Presley und viele andere früh verstorbene berühmte Personen werden außergewöhnlich stark verehrt.

94 Erläuterung dazu später im Kapitel »Der Prozess: Wieso musste Jesus sterben?«

In den ersten Jahrhunderten wurde Jesus nicht am Kreuz abgebildet, sondern etwa als Guter Hirte wie bei diesem Wandbild aus der Domitilla Katakombe in Rom.

Abbildung 41: Frühchristliche Jesusdarstellung in den Katakomben

- Die frühen Kirchen waren weit weniger einheitlich, als man heute zu glauben geneigt ist. Die bekannteste der Fragen, die die Menschen damals beschäftigte, ist die, ob Jesus Mensch oder Gott war. Sie wurde mit einem (Kirchen-)politischen Kompromiss »gelöst«: Beides zugleich.

- Es gab also einen Widerstreit zwischen der Auffassung, Jesus sei gekreuzigt worden, und der, er sei es nicht. Beide Parteien legten aber großen Wert auf seine Lehre. Erst später setzte sich die Auffassung durch, er sei gekreuzigt worden, und erst später wurde die Gewichtung vollends von der Lehre weg hin zur Auffassung der leiblichen Auferstehung verlegt, die bis heute das Christentum dominiert. Der leidende Gekreuzigte ersetzt den Hirten, den Weltherrscher und den Wundertäter.

- Im Übrigen ist die Kreuzigungslegende inhaltlich nicht sonderlich glaubwürdig. Wer auch immer Jesus hätte kreuzigen wollen: Für die Verhaftung Jesu hätte es keines Verrates bedurft. Jesus trat öffentlich auf, sein Aufenthaltsort war bekannt was er verkündete und was er tat und woraus man Anklagepunkte gegen ihn formulieren konnte, war ebenfalls bekannt. Trotzdem ist der Verrat ein wichtiger Teil der Erzählung. Der Verrat erscheint insbesondere deshalb überflüssig, da laut Neuem Testament Jesus sogar im Tempel randaliert haben soll. Das hätte eine sofortige Verhaftung problemlos gerechtfertigt, sie sogar zwingend notwendig gemacht (aber auch die »Tempelreinigung« ist Legende – im Unterschied zum realen Leben sind erfundene Erzählungen oder Filme nämlich häufig unmöglich, unrealistisch und widersprüchlich). Die 30 Silberlinge für den Verrat hätte man sich jedenfalls sparen können.

- Diese Summe hat nicht das Leben geschrieben, vielmehr wurde sie geschrieben. Sie wurde vom Legendenschöpfer festgelegt, um eine Verbindung zwischen Jesus und dem Alten Testament herzustellen.[95] Und der Verräter Judas? Er bereut, schnell wie selten ein Verräter, und bringt das Geld zurück. Dann erhängt er sich umgehend, wobei er nicht einmal den vollständigen Ausgang des von ihm ausgelösten Prozesses – der immerhin Grund für seinen Selbstmord war – abwartet. All diese auffallenden Ungereimtheiten in der Erzählung finden eine einfache Lösung: Die Erzählung selbst muss erfunden sein.

95 2 Mose 21,32 legt den Wert eines Sklaven bei Schadensersatz auf 30 Silberlinge fest; siehe auch Sacharja 11,12: »... Und sie wogen mir meinen Lohn ab, dreißig Silberschekel«, und 1 Mose 37,28 (20 Silberlinge, aber im Kontext eines Verrats).

- Tatsächlich war es einfach so: Der Legendenschöpfer bedachte anfänglich, als er die Erzählung vom Selbstmord des Verräters erfand, nicht, dass der Prozess gegen Jesus noch nicht abgeschlossen war. Erst die Römer, genauer Pilatus, werden Jesus zum Tode verurteilen - nachdem sich der Verräter Judas umgebracht hat. Damit sorgen sie dafür, dass der Selbstmord nunmehr verfrüht ist. Später bemerkte der Erzähler das Fehlen eines Grundes für den Selbstmord und schob ihn vorwegnehmend bei Matthäus 27, 3 ein: »Als nun Judas, der ihn überliefert hatte, sah, dass er verurteilt wurde, reute es ihn ...« Er schob also »dass er verurteilt wurde« in den Bericht über den Selbstmord ein, obwohl das Urteil des Prozesses noch bevorstand - eine schriftstellerische Notlösung, sachlich unmöglich.

- Schließlich: Nachher wird auch der Prozess gegen Jesus gekippt. Er ist Legende. Er platzt also nicht nachträglich mangels Beweises, er wird sich vielmehr als erfunden erweisen. Für die Entstehungsgeschichte der Legende selbst ist der Prozess sogar bedeutsamer als die Kreuzigung, da er die Motivationen und Überlegungen der Beteiligten aufzeigt (also der realen Personen, derjenigen, die vor Erfindung der Prozesserzählung aktiv waren und sich in den davon inspirierten Legenden niederschlugen).

- Die Ereignisse hängen aber voneinander ab: Der Prozess gegen Jesus ist geplatzt. Damit kippen auch die nachfolgenden und vom Prozess abhängigen Ereignisse wie Kreuzigung, Auferstehung und Himmelfahrt.

- Außerdem sind viele Umstände um Jesu Tod unstimmig. So ist die Schilderung der Situation zu detailliert: Welcher Erzähler könnte sämtliche Details des Prozesses gekannt haben? Und aus welchem Grunde sollte Jesus seiner Hinrichtung zugestimmt haben, was er ja letztlich tat? Für die (von ihm nicht vertretene) Auffassung, Gottes Sohn zu sein?

- Ebenfalls unstimmig sind die Abweichungen von der üblichen Hinrichtungsprozedur. Zum Zwecke der Machtdemonstration war es üblich, den Leichnam mehrere Tage am Kreuz hängen zu lassen. Jesus wurde jedoch sehr schnell abgenommen, was folglich eigens begründet werden musste.[96] Anstelle eines einfachen Verscharrens erhält der Verbrecher Jesus ein aufwendiges Begräbnis, sogar in einem neuen Grab. Die Berichte sind bei solchen und weiteren Details unglaubwürdig.

- Man könnte nun einwenden, dass die Kreuzigung nicht nur auf einem Weg überliefert wurde. Sie wurde ja in den vier kanonischen Evangelien übermittelt. Die Überlieferung in mehreren Berichten belegt aber nicht eigenständig deren Wahrheitsgehalt. Schließlich werden auch unmögliche Wunder in mehreren Evangelien berichtet. Für beides gibt es die gleiche Erklärung: Die Erzählungen wurden zuerst erfunden und dann in den verschiedenen Evangelien übernommen.

- Die Situation war irgendwie paradox: Da gibt es mit Christentum und Gnosis zwei Strömungen im gleichen Kulturkreis, die sich auf denselben Stifter berufen und die teilweise dieselben Quellen verwenden. Ausgerechnet jedoch im Punkt »Kreuzigung«, der sich nach Meinung der einen Gruppe auf spektakuläre Weise öffentlich ereignet haben soll, differieren ihre Ansichten.

- Wir werden später sehen, dass die beiden unterschiedlichen Auffassungen über Jesu Tod letztlich sogar beide im Neuen Testament eingearbeitet sind.

96 Markus 15, 42-46.

JESUS UND SEINE VERWANDTSCHAFT

Wir müssen uns von der Vorstellung verabschieden, dass spirituell erleuchtete Menschen keine »normalen« Menschen mit Ecken und Kanten sind. Vollkommenheit gibt es nicht, bei keinem Menschen, auch nicht bei Erleuchteten. Zwar wird das Ego »getötet« und dies ist auch ein gewaltiger Akt, aber Wesenszüge, die vor dem spirituellen Ereignis erworben wurden, verschwinden nicht völlig, sie werden nur im Laufe der Zeit schwächer. Das liegt in der Natur des Menschen, dessen physische Grundlage nicht verschwindet. Jesus war somit durch den frühen Verlust seines Vaters geprägt, wenn auch diese Prägung dank seiner Erleuchtung gemindert war. Die Wiederholung des Aktes eines endgültigen Abschiedes hat aber gezeigt, dass solche Prägungen bei Jesus eine Rolle spielten und sein Umfeld beeinflussten.

Es gibt noch einen weiteren Hinweis, dass Jesus von seiner Verlusterfahrung beeinflusst war, diesmal nicht in Bezug auf einen Abschied, sondern in Bezug auf die Verbundenheit zu Menschen, die ihm nahestanden. Mit dem eingangs besprochenen Konzept des Elternhasses (Thomas 55) kreierte Jesus ein geniales Mittel der Egoschwächung. Dieses passt insofern zu seinem Wesen, als der Verlust des Vaters ihn dazu veranlasste, sich mit inneren, insbesondere den Prägungen durch die Eltern auseinanderzusetzen. Eine solche Auseinandersetzung führt aber auch zu einer neuen Betrachtung des anderen Elternteils – bei Jesus war es die Mutter.

Der Verlust eines Elternteils kann allgemein zu einer geringeren Verbundenheit mit dem verbliebenen Elternteil führen. Gründe hierfür sind die grundsätzliche Hinterfragung der Prägungen durch die Eltern, die angesichts des Schmerzes oft kaum vermeidbaren Schuldzuweisungen und später die neu zu findende Rollenverteilung im Familienverbund. Insbesondere aber stellt der Verlust eine Art Präzedenzfall für die Lösung engster familiärer Verbindung dar. Ein Hinweis auf einen solchen durch Verlust beeinflussten Umgang mit der Verbundenheit zur Mutter findet sich in Thomas 99, der Parallelen in den Evangelien hat (dort beispielsweise bei Lukas 8, 19): *Die Jünger sagten zu ihm: Deine Brüder und deine Mutter sind draußen. Er sagte zu ihnen: Diese hier, die den Willen meines Vaters tun, die sind meine Brüder und meine Mutter; sie sind es, die in das Königreich meines Vaters eingehen werden.*

Der Satz hat eine spirituelle Bedeutung, eine wichtige sogar: Spirituelle Verbindung besteht zwischen allen Menschen, es gibt nicht nur die verwandtschaftliche Verbundenheit. Zugleich ist dieser Satz aber zu konkreten Menschen gesprochen. Jesus stößt hier seine Verwandtschaft vor den Kopf. Er macht ihnen den Kontakt unmöglich und benutzt sie als Beispiel, um öffentlich die Bedeutungslosigkeit von Verwandtschaftsverhältnissen zu erklären. Dies ist zwar kein Bruch, wie er typisch wäre für eine Verlustprägung, kommt ihm aber recht nahe.

Der Satz hat aber nicht nur eine spirituelle Aussage. Jesus verweigert seiner Mutter wie seinen Geschwistern konkret den Kontakt – und verweist dabei sogar direkt auf den Vater, womit er gleich den eigentlichen Grund für sein Verhalten mit dem Begriff »Vater« liefert. Jesus meint den spirituellen Vater (Gott), aber geprägt ist er durch seinen weltlichen Vater. Im Vergleich zum abwesenden und idealisierten Vater erscheint ihm nun seine übrige Verwandtschaft fehlerhaft, ja unbedeutend. Er hält so auch ganz pragmatisch seinen äußerlichen, verwandtschaftlichen Einfluss auf Distanz, um seine Aufgabe erfüllen zu können.

Infolge des Verlusts sah sich Jesus veranlasst, über die durch den Vater verursachten Prägungen zu reflektieren. Deswegen, und wegen des ungewollten Endes der Verbindung zu seinem Vater, stellt er alle anderen familiären Prägungen und Verbindungen infrage, darunter die engste Bindung, die Eltern-Kind-Beziehung.

In aller Öffentlichkeit negiert er familiäre Bindung und setzt so seine Mutter und seine Brüder herab. Seine Mutter könnte Dritten gesagt haben: »Mein Sohn? Er hat den Tod seines Vaters nie verwunden.« Gleichzeitig verdeutlicht der Spruch, wie Jesus sein Verhältnis zu »denjenigen, die den Willen meines Vaters tun«, einstuft: Er sieht darin ein familiäres Verhältnis, die Mitglieder seiner Gruppe werden zur Ersatzfamilie, Jesus bezeichnet den Kreis der Jünger sogar explizit als »Verwandte«. Eine solche Tendenz zur Bildung einer Art Ersatzfamilie gehört zu den typischen Merkmalen von Menschen, die früh einen Verlust erlitten haben. Es ist auch naheliegend, dass diese versuchen, einen Ersatz für das Verlorene zu finden.

Zwar enthält der Spruch Jesu eine spirituelle Aussage. Eindeutig sind aber die Merkmale, die dem erlittenen Vaterverlust zuzuordnen sind. Solche Merkmale finden sich in der gewählten Terminologie. Aber auch die Eindringlichkeit, mit der er seine spirituelle Aussage vermittelt, ist darauf zurückzuführen. Beides ist im Prinzip unproblematisch oder sogar sinnvoll. Jesus vertritt sein Konzept aber im Affront zu seiner leiblichen Verwandtschaft. Seine Mutter war vielleicht seinen spirituellen Interessen nicht aufgeschlossen. Zudem kennen wir die Vorgeschichte nicht – es könnte sein, dass Jesus Anlass hatte, die gewünschte Distanz zur Mutter zu verdeutlichen. Dennoch sind mit seiner Mutter und seiner Verwandtschaft konkret Menschen betroffen.

Am bedeutendsten aber ist, dass auch die durch ihn hervorgerufene Religion dadurch geformt wurde. Jesus als Mensch mit menschlichen Erfahrungen und menschlichem Schicksal wird hier nämlich in zwei Punkten sichtbar, in seiner Art, wie er zwischenmenschliche Verbundenheit betrachtet, und in der, wie er zum Bruch mit anderen Menschen in seinem engeren Umfeld neigt. Im Umgang mit der leiblichen Verwandtschaft spielt, wie bereits beim Verlassen der Jünger, der Verlust des Vaters eine entscheidende Rolle, einmal in Zusammenhang mit seiner Verbundenheit zur Familie, einmal vor allem bei der Sehnsucht. Sein plötzliches Verlassen der Jünger ist also kein einmaliges Ereignis, wenn man es von der Ursache her betrachtet. Das ist deshalb von Bedeutung, da Jesu Weggang die Legendenbildung insbesondere bei der Kreuzigung beeinflusst. Erst durch das Verständnis der Auswirkungen des von Jesus erlittenen Verlusts wird die Entstehung dieser wichtigen Legende des Christentums gänzlich nachvollziehbar.

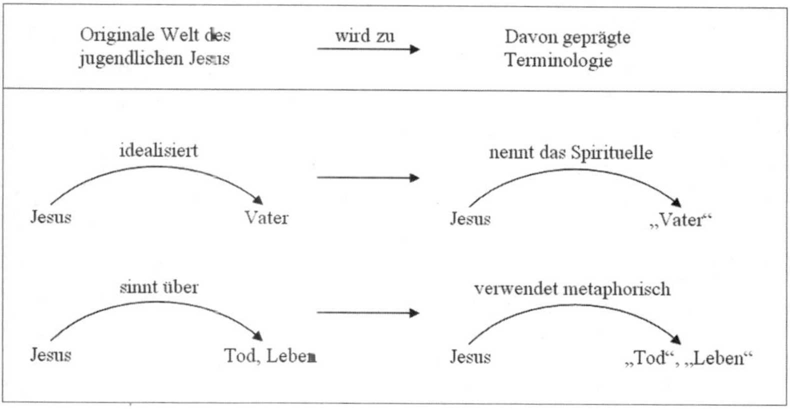

Abbildung 42: Verlusteinflüsse bei Jesus – Terminologie

Jesus ist in Bezug auf seine Familie Privatmann und wir wollen ihm das Recht nicht streitig machen, mit ihr umzugehen, wie er es für richtig hält. Er ist aber auch Religionsstifter, er hat sich hier öffentlich geäußert, und er hat gewollt, dass dieser Spruch festgehalten wurde. Zwar ist Jesus für die Legendenbildung nicht verantwortlich, sein Wesen spielt dabei aber eine Rolle, sein Charakter forcierte ihre Entstehung und formte ihre Gestalt. Wir kommen also nicht umhin, uns damit auseinanderzusetzen.

Auch wenn es Gründe geben kann, auf Distanz zu den Eltern zu gehen, auch wenn im Einzelfall vielleicht sogar ein Bruch angezeigt sein kann, und obwohl wir Jesu Lebenssituation nicht kennen, ist sein Umgang mit der Verwandtschaft hier wohl nicht nachahmenswert. Sicher verletzt er die Gepflogenheiten (nicht nur) seiner Zeit. Diese Brüskierung seiner Mutter war wohl ein aufsehenerregendes Ereignis, und möglicherweise war es dieses Aufsehen, dem wir überhaupt die Überlieferung der Situation verdanken. Aber selbst wenn Jesus etwas mit seiner Mutter zu klären hatte und dazu solch deutliche Worte nötig waren, durch die Vermengung mit dem Spirituellen wird dieses beeinflusst. Jesus lässt sich hier von seinen Prägungen leiten, ohne ausreichend über ihnen zu stehen.

Die Loslösung von Familie und Eltern kann aber zugleich Bestandteil eines religiösen Weges sein - wie im Übrigen Teil jeden Erwachsenwerdens -, durchaus auch durch strikte Abgrenzung. Eine Anhaftung an die Familie oder ein Sich-beherrschen-Lassen ist hinderlich für das Finden des eigenen Wegs zum Göttlichen. Wichtig ist aber vor allem die innere Ablösung, etwa durch den von Jesus geforderten Elternhass. Für den entscheidenden spirituellen Schritt ist zudem Abgeschiedenheit, auch von der Familie, nötig. Weiter aber muss man nicht gehen. Einen Bruch hochzuhalten hieße, psychologisch gesehen, das Verlusttrauma höher zu schätzen als die elterliche Prägung.

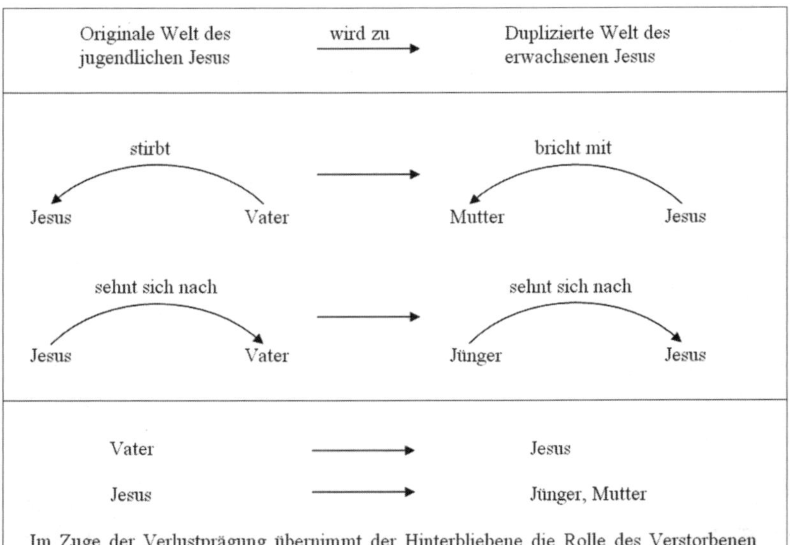

Im Zuge der Verlustprägung übernimmt der Hinterbliebene die Rolle des Verstorbenen (Jesus also die seines Vaters). Zugleich wird der Umwelt die Rolle des ehemals Trauernden zugewiesen (Mutter und Jünger also die des jungen Jesus).

Abbildung 43: Verlusteinflüsse bei Jesus - Rollenverschiebung

- Die grobe Zurückweisung der Mutter (die aber auch in den Evangelien überliefert ist!) passt überhaupt nicht zum Bild der Mutter, wie es die kanonischen Evangelien zeichnen. Das Bild der Jungfrau Maria, der vollkommenen Muttergottes, an der Seite Jesu, steht im krassen Widerspruch zur Situation in obigem Spruch. Wir können aus diesen Evangelienberichten nicht folgern, dass Jesus den Kontakt zu seiner Mutter aufrechterhielt.

- Sowohl der Quasi-Bruch mit der Mutter als auch der Elternhass stehen im Widerspruch zum Ehr-Gebot der Eltern. So etwa Matthäus 15, 4: »Denn Gott hat geboten und gesagt: Ehre den Vater und die Mutter! und: Wer Vater und Mutter flucht, soll des Todes sterben.«

- Das hat Jesus nicht gesagt, die Aussagen haben verschiedene Urheber. Einer, Jesus, forderte zum Hass auf Vater und Mutter auf. Ein anderer, einer aus der Legendenkette, forderte in jüdischer Tradition: »Ehre Vater und Mutter.«[97] Die tiefenpsychologisch-religiöse Anweisung Jesu widerspricht in jeder Beziehung der traditionellen Regel für den Alltag erziehender Eltern und für den Respekt gegenüber der älteren Generation. Beide Sprüche haben dennoch auf unterschiedlichen Ebenen ihre Berechtigung.

Interessant ist der Umgang mit seiner Verwandtschaft in Thomas 99 auch deshalb, da diese Stelle Licht auf die Entstehungsgeschichte von Ausschmückungen bei der Übernahme des Spruchs in das Neue Testament wirft. Offensichtlich ist, dass seine Mutter regelrecht um Erlaubnis bitten musste, Jesus sehen zu dürfen. Das Verhältnis muss bereits angespannt gewesen sein. Das ist bemerkenswert, da es anscheinend auch der legendenschöpfende Erzähler auffällig fand, dass seine Mutter und seine Brüder Jesus nicht einfach ansprechen konnten. Er führte deshalb in Lukas 8, 19 die (unsinnige) Erklärung ein, eine riesige Menschenmenge, durch die sie quasi nicht dringen konnten, sei der Grund dafür gewesen: *Es kamen aber seine Mutter und seine Brüder zu ihm; und sie konnten wegen der Volksmenge nicht zu ihm gelangen.*

97 Siehe 2 Mose 20, 12. Dort heißt es: »Ehre deinen Vater und deine Mutter, damit deine Tage lange währen in dem Land, das der Herr, dein Gott, dir gibt.«

Damit wird zwar scheinbar erklärt, weshalb Mutter und Brüder nicht einfach zu Jesus gingen, man hatte aber offenkundig Mühe, sich eine derartige Situation realitätsnah vorzustellen. Deshalb wird diese Erklärung bei den anderen Evangelisten variiert. Bei Markus 3, 31 ist die Volksmenge gar so groß, dass die Verwandtschaft (erfolglos) nach Jesus ruft: *Und es kommen seine Mutter und seine Brüder; und sie standen draußen, sandten zu ihm und riefen ihn.*

Lediglich Matthäus 12, 46 belässt richtigerweise das Bitten um Erlaubnis, ihn sprechen zu dürfen, als Erklärung, behält aber die nun überflüssig gewordene Menschenmenge bei: *Als er aber noch zu den Volksmengen redete, siehe, da standen seine Mutter und seine Brüder draußen und suchten ihn zu sprechen.*

Offenkundig war der Erzähler bei der Situation nicht anwesend und versäumte es, eine gute Erklärung zu finden, weshalb die Verwandtschaft nicht zu ihm vordringen konnte. Die »Volksmenge« ist ihm primär Erklärung für die Notwendigkeit der Mutter und der Brüder, fragen zu müssen. Erst sekundär ist sie hier Stilmittel, um die Bedeutung Jesu zu erhöhen.

- Der Spruch über die Verwandtschaft gibt Anlass, noch einmal auf die Elternhassthematik einzugehen. Der Hass als Teil eines spirituellen Weges mag erschrecken. Es geht aber um den inneren Hass auf die Eltern. Dieser Hass ist immer auch ein Hass gegen sich selbst, ist man doch immer auch Kind der Eltern. Indem Jesus dieses Gefühl zulässt, eröffnet er sich die Möglichkeit, sich von der Prägung durch die Eltern, von elterlicher Gewalt, Denk- und Empfindungsweise zu lösen. Dazu gehören sämtliche Prägungen, die im Kern religiöser Erfahrung entgegenstehen und die im Übrigen das Selbstbild eines Menschen für gewöhnlich prägen - wobei das sich im Zuge der Erleuchtung auflösende Ego eng mit dem Selbstbild zusammenhängt. Im Sinne eines inwendigen Instruments ist der Elternhass ein sinnvolles Konzept. Mit dem Hass löst Jesus vor allem sich selbst auf beziehungsweise den, für den er sich hielt. Der Hass zehrt an einer wichtigen Grundlage des Egos. Der so

> verstandene Elternhass unterscheidet sich von destruktivem Hass. Er unterscheidet sich auch von mangelnder Gelassenheit negativen Gefühlen gegenüber, die ja eigentlich auf Ungereimtheiten hinweisen sollen. Da Hass oft Negatives bewirkt, muss man sich bewusst machen, dass man sich auch vom Elternhass nicht beherrschen lassen darf.

Ohne Spiritualität, ohne Meditation, ohne Erleuchtung handelt es sich beim Elternhass um ein Mittel zur Persönlichkeitswandlung. Psychologisch gesehen könnten sich diese Gefühle, in aufgestauter Form, gegen andere richten oder die eigene Entwicklung behindern. Auf emotionaler Ebene ist der Elternhass ein Mittel, den Hass, gerade auch den nicht erkannten, den verdrängten, generell aufzulösen und am Ende auch den Elternhass zu überwinden. Der Elternhass steht also nicht am Beginn einer destruktiven Entwicklung, wie etwa eines Vatermordes, sondern am Anfang einer konstruktiven Entwicklung in Bezug auf sich selbst. Er dient der Beflügelung eines Erkenntnisprozesses, nicht der Destruktion.

Jesus zeigt sich hier als Meister. Er sagt nicht, oder nur selten: Du sollst nicht morden, lügen, schlagen und so weiter. Er gibt vielmehr ein Mittel in die Hand, alle Gründe zu beseitigen, die einen zum Mörder, Lügner, Schläger oder Ähnlichem werden lassen könnten. Indem der Hass wieder mit seiner ursprünglichen, später verdrängten Ursache verknüpft wird, kann er aufgelöst werden, sodass kein neues Zielobjekt – oft ein äußeres Feindbild oder eine Schuldprojektionsideologie – gesucht werden muss.

Dies ist die psychologische Sichtweise. Sie bezieht sich auf die negativen Elemente, wie sie wohl jede Erziehung enthält. Das Ziel einer Persönlichkeitswandlung ist in Bezug auf das Elternhassgebot aber nachrangig,[98] Jesu Lehre geht in mehrfacher Beziehung darüber hinaus. So verschwindet eine innere Unterordnungshaltung, die mit einem äußeren Streben nach Macht verbunden ist. Letztendliches spirituelles Ziel ist es, die Gesamtheit und das Prinzip des reflexiven und reflexiv geprägten Seins aufzulösen, und diese Auflösung ist das Mittel, um das inwendige »Königreich« zu finden.

98 Keinesfalls geht es um eine Wandlung nach den Vorstellungen eines anderen (da wäre mehr verloren als gewonnen).

Der Mensch bleibt Kind seiner Eltern, was auch immer sich in seinem Inneren tut, selbst nach einer spirituellen Erleuchtung bleibt er es in gewissem Sinne. Insbesondere steigert ein Bruch diesbezüglich nichts, er führt nicht zur Vervollkommnung, der Mensch bleibt fehlerbehaftet. Die Selbsterkenntnis der Fehlerhaftigkeit ist eine der Voraussetzungen, etwas besser zu machen, ohne sie gelangt man lediglich zu einem Bild von Vollkommenheit. Der Bruch selbst ist bloß Ausdruck einer anderen Prägung, meist eines Verlustes. Der Mensch beraubt sich sogar Möglichkeiten, etwa der bewussten Reflexion über die Auseinandersetzung mit den Eltern, des Dankes für all ihre Mühen des Lebens in einer Familie, zu der die Vorgängergeneration gehört.

Insoweit er durch sein Vorbild für den Bruch mit der Familie plädiert, überzieht Jesus. Ihm steht nicht zu, anderen Dinge nahezulegen, die letztlich nur auf seiner eigenen Biografie beruhen. Anstatt den Elternhass so weit zu führen wie nötig, anstatt die Distanz zu fordern, die benötigt wird, überspannt er diesen Punkt bis zum Bruch. Man muss freilich bei einer Beurteilung mitberücksichtigen, dass wohl nur jemand Instrumente wie den Elternhass entwickeln kann, der selbst Dinge erlebt hat, die ihn zu solch einer radikalen Lösung wie dem Bruch drängen. Wir können das heute aber differenzierter sehen und den Bruch mit den Eltern vom geforderten Hass gegen die Eltern strikt unterscheiden. Letzterer ist – richtig verstanden – ein Instrument zur Erzielung der Erleuchtung, Ersterer Jesu Privatsache.

· Das Hassen bezieht Jesus auf Mutter und Vater, er nimmt also den verstorbenen Vater nicht aus. Mit »Vater« meint er hier folglich den leiblichen Vater des Hassenden und nicht den spirituellen Vater des »Reichs des Vaters«. Es gibt Begriffe im Thomasevangelium, die in einem Spruch wie gewohnt weltlich, in einem anderen spirituell gebraucht werden.
  Es entspricht der realen inneren Erfahrung und ist anscheinend nicht nur Ausdruck formaler Konsequenz, dass er beide Elternteile benennt. Beide sind insofern wichtig, als das gleichgeschlechtliche Elternteil eher die Identität,

die Moral und das Denken prägt, während das andersgeschlechtliche Elternteil mehr das Wesen, das Partnerschaftliche und das Gefühlsleben formt. Jesus bezieht auch die Geschwister[99] ein, die bei der Mehrzahl der Menschen allerdings zweitrangig sein dürften, denn es kommt auf die Hauptstifter von Liebe, Autorität, Vorbild, Regeln und dergleichen an, und Geschwister sind dies meist nur in geringerem Maße.

- In Thomas 16 bezieht sich Jesus auf alle Personen im Familienkreis (im »Haus«): *Vielleicht denken die Menschen, daß ich gekommen bin, um Frieden auf die Welt zu werfen; und sie wissen nicht, daß ich gekommen bin, Uneinigkeiten auf die Erde zu werfen, Feuer, Schwert, Krieg. Denn es werden fünf sein, die in einem Haus sein werden: drei werden gegen zwei und zwei werden gegen drei sein, der Vater gegen den Sohn, der Sohn gegen den Vater, und sie werden als Einzelne dastehen.*
  Auch dieser Spruch ist drastisch formuliert. Er ist nicht im Sinne äußerer Gewalt gemeint. Jesus macht die Notwendigkeit deutlich, sich von innerfamiliären Verstrickungen zu lösen. Der Abschluss »und sie werden als Einzelne dastehen« geht allerdings über die Familie hinaus, man ist völlig einzeln, auch nicht Russe oder Deutscher, Jude oder Christ, Kapitalist oder Kommunist, Wissenschaftler oder Handwerker oder was auch immer, man ist niemand, von dem man sich ein (Selbst-)Bild machen kann, man ist nicht bequem Teil einer Gruppe, in der man sich verstecken kann, man ist aber auch nicht einsamer Kämpfer, sondern Teil des Ganzen, und zwar nicht nur eines Teils des Ganzen. Das hat auch Folgen für das Bild, das man sich von seinem Gegenüber macht, ihn eben nicht nur als Juden, Christen und so weiter zu sehen.

- Thomas 16 erscheint in Matthäus 10, 34-36 und in Lukas 12, 49-53. Dabei ist bemerkenswert, dass in Matthä-

99 Wenn auch nur in einem der beiden Elternhasssprüche (Thomas 55, nicht aber in Thomas 101).

us unmittelbar darauf der thematisch zugehörige Elternhassspruch folgt (10, 37). Im vorliegenden Exemplar des Thomasevangeliums und im Lukasevangelium liegen die Sprüche hingegen auseinander. Im Matthäusevangelium wurden sie anscheinend aufgrund ihrer Zusammengehörigkeit zusammengelegt.

- Der von Jesus erlittene Verlust ist Anlass für sein Verhältnis zur Familiarität. Die Familie ist aber auch Teil der Einheit des Ganzen, eine Aufforderung zum Bruch steht so gesehen im Widerspruch zum Ziel, der Einheit. Allenfalls ist zweckbestimmt Distanz und Klärung zulässig. Die meisten Christen spüren instinktiv, dass Jesus übertreibt, und brechen nicht mit ihren Eltern. Freilich versäumen sie oft genauso auch den wie oben ausgeführt positiv nutzbaren Elternhass, der ein zentral wirkendes, automatisch individuell maßgeschneidertes Instrument ist.

- Der ganze Themenkreis rund um den Elternhass und die Loslösung von der Familie wurde weitgehend unverändert ins Neue Testament aufgenommen. Das ist insofern bemerkenswert, als er in Bezug auf ein bloß jenseitiges Himmelreich keinen Sinn ergibt, sehr wohl aber in Bezug auf ein heute konkret erfahrbares Himmelreich.

- Im Mittelalter mit seinem ausgeprägten Mönchswesen verstanden das noch einige, während es im heutigen Christentum fast niemand mehr wahrnimmt. Das ist insofern bedauernswert, weil die enorme Leistung Jesu, eines der effektivsten Hilfsmittel zur Schauung Gottes geschaffen zu haben, praktisch völlig in Vergessenheit geraten ist.

- Elternhass ist eine zentrale Forderung seiner Lehre. Ohne ihn geht gar nichts, wird man nicht dazugehören, kann man nicht sein Jünger sein. Darin unterscheidet sich der Elternhass von anderen Erfordernissen, wie dem Abschütteln von Reichtum (Thomas 54), Macht (81), Neid (78),

Unaufrichtigkeit und Zwang, auch sich selbst gegenüber (6), geschlechtsspezifischer Maskerade (37) oder übertriebenem Kleidungsbewusstsein (36). Diese Dinge sind nicht als unbedingte Voraussetzung formuliert, wenngleich ebenfalls sehr wichtig.

- Jesus fordert hier zu einem (überwiegend inwendigen) Ablösungsprozess auf, wobei gerade die Ablösung von der Gesamtheit der im Zuge des Großwerdens entstandenen Erstarrungen Voraussetzung für das »Finden des Königreichs« ist. Der Elternhass dient der Gewinnung einer hinreichenden Distanz zur Gesamtheit aller Denk-, Verhaltens- und Empfindungsmuster.

- Das Elternhassgebot steht nur formal im Widerspruch zum Liebesgebot in Thomas 25: *Jesus sagte: Liebe deinen Bruder wie deine Seele; wache über ihn wie über deinen Augapfel.*
  Die Adressaten von Hassgebot und Liebesgebot sind unterschiedlich. Letztlich ist das eigene Ego Adressat des Elternhassgebotes. Der Hass soll die inwendige Erstarrung grundsätzlich auflösen, die in Reflexion auf die Eltern als Erste entstand. Ohne speziell darauf abzuzielen, ist das Elternhassgebot auch Mittel zur Umsetzung des Liebesgebotes, und zwar insofern, als es zum Abbau derjenigen Gefühls-, Denk- und Verhaltensmuster beitragen kann, die Liebe verhindern.

- Selbstverständlich kann man aber seinen Nächsten, und auch seinen Fernsten, lieben, ohne seine Eltern zu hassen. Dies sei angemerkt, um keine Missverständnisse aufkommen zu lassen.

- Insbesondere Paulus und mit ihm viele Christen erkennen das Liebesgebot als zentrales Gebot. Paulus lässt in Römer 13, 8 auf Basis der Liebe alles Übrige folgen.

- Die Einheit wiederum ist die Basis der Liebe. Das Praktizieren der Liebe hilft zudem, zum Selbst zu finden, hilft auch, den spirituellen Weg zu gehen.

- Die Einheit ist die Basis. Das Liebesgebot ist das zentrale Gebot. »Du sollst nicht töten« und dergleichen mehr sind praktische Regeln für Alltag und Lebensrealität, oft invers formulierte Ausprägungen des Liebesgebots, die dieses nicht ersetzen, sondern ergänzen. »Urteile nicht« und dergleichen sind praktische Mittel zur Umsetzung des Liebesgebots. »Hasse deine Eltern« und dergleichen Aufforderungen sind vorbereitende Mittel zur Erlangung des »Königreichs«, wobei die anderen Mittel wie »urteile nicht« hinzukommen.

- Ziel ist nicht nur, die spirituelle Einheit zu erreichen, sondern auch, ein spirituell ausgerichtetes Leben zu führen. Zu beiden Bereichen gibt es ein paar Anweisungen, ohne dass die Details vorgegeben werden. Dies taten früher die Gesetzesreligionsstifter, es obliegt aber eigentlich den Menschen (also auch den Nicht-Gesetzesreligionsstiftern), sich um die Anweisungen und Regelungen im Detail zu kümmern.

DER PROZESS: WIESO MUSSTE JESUS STERBEN? ODER: MATTHÄUS 26, 56 = JOHANNES 10, 35B!

Wir wenden uns nun wieder unmittelbar der Legendenentstehung zu, um zu klären, wie die Erzählung über den Tod Jesu verfasst wurde. Wir betrachten dazu einen Spruch, dem man nicht sofort ansieht, dass er weitläufig etwas mit der Kreuzigung zu tun hat. Er ist jedoch ein wichtiger Ausgangspunkt dieser Erzählung, seine Bedeutung kann kaum überschätzt werden. Zudem sorgte der Spruch unter seinen Hörern für erhebliche Unruhe. Denn Jesus macht darin eine wichtige Aussage über sich selbst: Er gebraucht den Namen Gottes im Sinne seines eigenen Namens! So bringt er die Einheit seines Selbst mit dem Spirituellen zum Ausdruck. Aber auch Thomas spielt eine Rolle in dem Spruch, er ist Jesus gefolgt in diese Einheit. Der Spruch ist voller Andeutungen. Zum Teil sind sie für seine Zeitgenossen auf Anhieb verständlich, zum Teil kann man sie aus dem Kontext heraus erschließen.

Thomas 13 lautet: *Jesus sagte zu seinen Jüngern: »Vergleicht mich, sagt mir, wem ich gleiche.« Simon Petrus sagte zu ihm: »Du gleichst einem gerechten Engel.« Matthäus sagte zu ihm: »Du gleichst einem weisen Philosophen.« Thomas sagte zu ihm: »Meister, mein Mund wird es absolut nicht zulassen, daß ich sage, wem du gleichst.« Jesus sagte: »Ich bin nicht dein Meister, denn du hast dich berauscht an der sprudelnden Quelle, die ich hervorströmen ließ.« Und er nahm ihn [und] zog sich zurück [und] sagte ihm drei Worte. Als Thomas aber zu seinen Gefährten zurückgekehrt war, fragten sie ihn: »Was hat dir Jesus gesagt?« Thomas sagte zu ihnen: »Wenn ich euch eines der Worte sage, die er mir gesagt hat, werdet ihr Steine nehmen [und] sie gegen mich werfen, und ein Feuer wird aus den Steinen hervorkommen [und] euch verbrennen.«*

Thomas 13 ist ohne ausgiebige Erklärung des Hintergrundes nicht verständlich. Auf Nachfrage Jesu antworten die Jünger, für wen sie Jesus halten. Die Antworten fallen unterschiedlich aus. Petrus meint »gerechter Engel«, Matthäus »weiser Philosoph«. Thomas jedoch wagt es nicht, es auszusprechen: »Meister, mein Mund wird es absolut nicht zulassen, dass ich sage, wem du gleichst.« Jesus rügt ihn, weil er ihn »Meister« genannt hatte. Jesus möchte von Thomas nicht Meister genannt werden, denn Thomas hat »getrunken« und sich »berauscht an der sprudelnden Quelle«: Er ist Jesus ebenbürtig. Jesus ist somit nicht mehr sein Meister, sondern Thomas ist »wie sein Lehrer«.[100] Deswegen widerspricht Jesus der Bezeichnung als »Meister«. Für den weiteren Werdegang von Thomas ist dieser Satz von großer Bedeutung, denn mit ihm entlässt der Lehrer Jesus seinen Schüler Thomas aus der Schülerschaft.

Jesus zieht sich dann mit Thomas zurück, sagt ihm drei Wörter – um welche Wörter es sich handelt, steht dort nicht. Thomas kehrt daraufhin zurück, verweigert aber den übrigen Jüngern die Auskunft darüber, wie sich Jesus selbst bezeichnete. Nur Thomas (der Ebenbürtige!) durfte es erfahren. Doch die anderen wissen natürlich aufgrund ihres kulturellen Umfelds, was Jesus gesagt hatte.

Es gibt im Judentum eine aus drei Wörtern bestehende Wortfolge, die man nicht sagen darf. Nur mit ihr kann sich Jesus benannt haben. Jesus hat sich als Gott bezeichnet, und zwar in der Form des aus drei Wörtern bestehenden Namens aus 2 Mose 3, 14: »Ich bin, wer ich bin.« Der Name besteht in heutigen Sprachen meist aus fünf Wörtern, in alten Sprachen, auch im Hebräischen, ist »ich

100 Formuliert nach Lukas 6, 40. In ihm hat sich die Möglichkeit zur Ebenbürtigkeit mit dem spirituellen Lehrer erhalten: »Jeder aber, der vollendet ist, wird sein wie sein Lehrer.«

bin« aber ein Wort, also besteht »ich bin, wer ich bin« aus drei Wörtern.[101]

Durch die Selbstbezeichnung mit dem Namen Gottes hat Jesus eine Art Identitätsanmaßung begangen. Aber auch Thomas darf, obwohl es nur ein Zitat wäre und er sich den Namen nicht selbst gibt, nicht aussprechen, was Jesus ihm sagte, denn das jüdische Verbot, den Namen Gottes zu nennen, ist ein grundsätzliches (deswegen wird der Name auch oft umschrieben, etwa mit »Herr«).

Zuerst ziehen sich also Jesus und Thomas zurück, und Jesus sagt ihm die drei Wörter unter vier Augen. Dann, zu den anderen zurückgekehrt, sagt aber auch Thomas nicht, wem Jesus »gleicht«. Sie müssten ihn nämlich wegen des Verbots der Nennung des Namens Gottes bestrafen: »Wenn ich euch eines der Wörter sage, die er mir gesagt hat, werdet ihr Steine nehmen und sie gegen mich werfen.« Die Strafe, der Tod durch Steinigung, würde sich gegen Thomas richten, obwohl er Jesus nur zitiert und nicht sich selbst als göttlich ausgegeben hätte. Pech für die Steiniger, dass sich die Wirkrichtung ihrer Waffen umkehren würde: »Ein Feuer wird aus den Steinen hervorkommen und euch verbrennen.« Die Gewalt würde sich gegen die Steiniger selbst richten, denn Jesus hat diese Bezeichnung, den Namen Gottes, verdient!

Die Gottesbezeichnung aus 2 Mose 3, 14, die Jesus wählte, lautet also: »Ich bin, wer ich bin.« Jesus sagte also einen kurzen, auf den ersten Blick tautologisch anmutenden Satz, der zugleich der Name Gottes ist. Doch wie hat Jesus ihn gemeint? Bezeichnete er sich als Gott, da er nach Art eines Größenwahnsinnigen an Selbstüberschätzung litt, oder wollte er etwas anderes zum Ausdruck bringen?

Jesus hat sich selbst gefunden.[102] Er meinte somit: »Ich bin, wer ich bin«, im Sinne von: »Ich bin ich selbst. Ich bin nichts anderes, sondern nur Sein.« Der Name ist im Spirituellen selbsterklärend: Die Abwesenheit des Egos in der Einheit mit Gott. Ich bin nur, wer ich bin. Das ist die Bedeutung des Satzes im Spirituellen. So versteht ihn Jesus. Thomas erfasst als Ebenbürtiger, als Erleuchteter, den Namen ebenfalls aus eigener Anschauung. Aber nur Jesus

101 אהיה אשר אהיה.

102 Darauf weist beispielsweise Thomas 111: »Wer sich selbst findet, dessen ist die Welt nicht würdig.«

und Thomas kennen das Spirituelle aus eigener Erfahrung. Für die anderen ist die Aussage: »Ich bin, wer ich bin«, eben nicht genau dies: »Ich bin, wer ich bin«, sondern die Bezeichnung für einen unerreichbaren Gott.

Zwei Fragen stellten sich die Jünger. Die erste lautete: Als was hat sich Jesus bezeichnet? Den bloßen Wortlaut der Antwort können sie dank ihres kulturellen Hintergrundwissens erschließen. Dabei könnte ihnen die Identität Jesu eigentlich unerheblich sein, denn es geht, so die Einleitung des Thomasevangeliums, darum, die »Interpretation der Worte« zu finden. Dann wüssten sie die Antwort - die Interpretation, die Erleuchtung, das spirituelle Sein, ist die eigentliche Antwort. Aber nur Thomas weiß um die Bedeutung der drei Wörter aus eigener Anschauung. Die übrigen Jünger befassen sich weiter mit der Frage. In ihrer Folge beschäftigt die Identität Jesu die Kirche noch eine ganze Weile, als man sich fragte, inwiefern Jesus Gott war.[103]

Die zweite Frage, die sich die Jünger stellten, lautete: Darf Jesus das? Darf er sich so nennen? Darf er sich den Namen Gottes geben? Die zweite Frage führt uns direkt in die Entstehungsgeschichte der Hinrichtungslegende.

Nun: Darf er das? Darf ein Mensch, der die zentrale religiöse Erfahrung gemacht hat - die Einheit mit Gott -, der diese zu vermitteln sucht, der ein exzellenter Menschenkenner und Menschenweiser ist, in Bezug auf die eigene Identität den Namen Gottes gebrauchen? Darf er sich gleichsam als Gott bezeichnen?

Schauen wir, was die Menschen damals darüber dachten. Reste ihrer Diskussion haben sich nämlich erhalten. Wir finden sie aber nicht im Thomasevangelium, sondern ausgerechnet im Johannesevangelium. Zwar wurde es als Letztes der biblischen Evangelien verfasst, dennoch haben einzelne in ihm übermittelte Geschichten sehr alte Wurzeln. In ihm ist die Diskussion nun Bestandteil der Legenden! Sie wurde an die übrigen Legenden angepasst. Allerdings wurde der Inhalt der Diskussion nur geringfügig geändert, denn das Gesagte wurde nur so weit wie nötig angepasst. Die Hauptänderung besteht vielmehr darin, dass andere Personen als Sprecher genannt werden. Hier wurden also vor allem Personen ausgetauscht, die Akteure gleichsam transformiert.

103 Am Ende dieses Prozesses stand die Vorstellung der »Dreifaltigkeit«.

Im Neuen Testament befinden sich also Reste der Diskussion, die sich in der Folge der Ereignisse entwickelte, die Spruch 13 des außerkanonischen Thomasevangeliums festgehalten hat. Dabei wurden die Aussagen und Auffassungen anderen Personen zugewiesen. In der realen Diskussion hatten sich zwei Gruppen gebildet. Zum einen gab es eine Gruppe, die wir »Pro-Gruppe« nennen. Sie hielt den Namen Gottes, »ich bin, wer ich bin«, als Bezeichnung für Jesus als angemessen. In den Legenden wurde sie zu »Jesus« selbst, der sich verteidigt! Zum anderen gab es eine Gruppe, die diese Bezeichnung ablehnte. Wir nennen sie »Kontra-Gruppe«. In den Legenden gingen diese konservativen Diskussionsteilnehmer in der Gruppe der »Juden« auf. Wir müssen nun gründlich unterscheiden zwischen literarischen Figuren und realen Menschen, die wir hinter den Figuren ausmachen. Nachfolgend sind also mit Pro- beziehungsweise Kontra-Gruppe reale Jünger und Zuhörer Jesu gemeint. »Jesus« beziehungsweise »die Juden« sind hier Figuren in den Legenden.

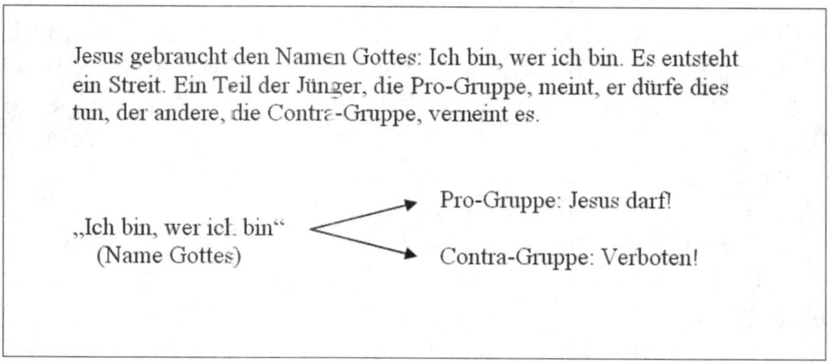

Abbildung 44: Darf Jesus den Namen Gottes gebrauchen?

Aber auch vor der eigentlichen Diskussion geht es in den Kapiteln des Johannesevangeliums[104] in der Auseinandersetzung nicht unmittelbar darum, ob Jesus den Namen Gottes gebrauchen darf. Vielmehr ist die Handlung an die Situation des Erzählers angepasst. Der Erzähler baut erneut seine Erfahrungen in die Geschichte ein, die er während seiner Mission erlebte. Er bringt die

104 Bereits ab Kapitel 8.

Zweifel seiner Hörer an der Göttlichkeit Jesu und an den Wundern ein und macht sie zu Zweiflern in der Erzählung, und zwar sind es dort die »Juden«, denen diese Rolle zugewiesen wird. Genauso fließen die Überzeugungsversuche des missionierenden Erzählers in die Figur des »Jesus« ein. Vor der Diskussion sind die Figuren der Erzählung also durch weitere Einflüsse geprägt.

Erst in der Diskussion spiegeln sie dann die originale Auseinandersetzung der Pro-Gruppe mit der Kontra-Gruppe innerhalb der Hörerschaft Jesu wider. Auch in der Diskussion wird der Name Gottes indes nicht genannt, der Erzähler fühlt sich an das jüdische Verbot gebunden. Es finden sich aber Wortreste, etwa »ich bin«.[105] Unmittelbar vor Diskussionsbeginn findet sich in 10, 25 zudem die Umschreibung des Namens in Form der Erwähnung des »Namens meines Vaters« - ein weiterer Hinweis darauf, dass es um den Namen Gottes geht. In Vers 10, 30 maßt sich Jesus dann auch noch die Identität Gottes an: *Ich und der Vater sind eins.* Die Ungeheuerlichkeit Jesu, sich mit dem Namen Gottes zu bezeichnen, umschreibt der Legendenschöpfer, da er als Jude den Namen nicht nennen darf. Er wählt dabei eine neue Umschreibung, da er die ursprüngliche Umschreibung mit den »drei Wörtern« nicht aussprechen darf und auch vom nicht-jüdischem Publikum nicht verstanden worden wäre. Diese Anmaßung verbindet Johannes 10, 30 zuverlässig mit Thomas 13, denn die Gleichsetzung von Jesus mit Gott ist äußerst selten.

Nun beginnt die Diskussion, so wie sie uns in der Legende überliefert ist - und deren Wurzeln auf eine Auseinandersetzung innerhalb der Hörer Jesu um die in Thomas 13 festgehaltene Szene zurückgehen. In Johannes 10, 31ff., »Anschläge gegen Jesus«, heißt es: *Da hoben die Juden wieder Steine auf, dass sie ihn steinigten.* Dieser Satz ist inspiriert durch die in Thomas 13 erwähnten Steine.

Jesus antwortete ihnen: »Viele gute Werke habe ich euch von meinem Vater gezeigt. Für welches Werk unter ihnen steinigt ihr mich?« Diese Antwort nimmt vermutlich Anleihe bei Thomas 104.[106]

105 Insbesondere ab 10, 7.
106 »Welches ist denn die Sünde, die ich begangen habe ...?«

Ausgangssituation		Legende
Pro-Gruppe	→	Jesus
Contra-Gruppe	→	Juden

Der Erzähler wandelte die Pro-Gruppe, die Jesus den Gottesnamen zubilligte, zur Figur Jesus. Die Gegner bezeichnete er in der Erzählung als Juden.

Abbildung 45: Personentransformation in der Steinigungserzählung

Die Juden antworteten ihm: »Wegen eines guten Werkes steinigen wir dich nicht, sondern wegen Lästerung, und weil du, der du ein Mensch bist, dich selbst zu Gott machst.« Wir sind hier inmitten der Diskussion! Darf sich Jesus als Gott bezeichnen? Die Pro-Gruppe fragt im Gewand der Figur »Jesus« nach dem Grund für die Steinigung, er habe doch nur Gutes getan. Die Kontra-Gruppe – hier die »Juden« – benennt als Grund, dass er als Mensch sich die Identität Gottes anmaßte. In der Tat hatte Jesus sich, wie es in Thomas 13 überliefert ist, durch Nennung des Namen Gottes als seinen eigenen Namen zu »Gott gemacht«.

(10,34) Jesus antwortete ihnen: »Steht nicht in eurem Gesetz geschrieben: Ich habe gesagt: Ihr seid Götter?« Die Figur Jesus – also eigentlich die Pro-Gruppe, aus der unter anderem das Christentum hervorgehen wird – rechtfertigt die Bezeichnung als Gott unter Hinweis auf Psalm 82. Darin leitet Gott eine Versammlung von Göttern.[107]

Die Pro-Gruppe erkennt nun in Psalm 82 die Berechtigung für einige wenige Menschen, sich als Gott bezeichnen zu dürfen: *Wenn er jene Götter nannte, an die das Wort Gottes erging.* Die Pro-Gruppe meint also, dass selbst Gott Menschen als Götter bezeichnete.

107 Hintergrund dieses Psalms des frühen Judentums ist die politische Einigung der Stämme mithilfe der Einführung des Monotheismus, der die polytheistischen Götter zu Sterblichen macht.

Mit Vers 10, 35b wird dann noch einmal bekräftigt, dass die Bezeichnung von Menschen als Gott mit der Religion durchaus vereinbar sein kann.

Eigentlich widerspricht sich die Figur Jesus hier, denn er nennt das Gesetz nunmehr »unauflöslich«. Die Pro-Gruppe in Form von »Jesus« sprach aber oben (10, 34) noch distanzierend von »eurem Gesetz«. Dieser Widerspruch kann nicht von der Pro-Gruppe der Originaldiskussion ausgegangen sein. Anscheinend schiebt erst später jemand die insoweit unpassende Rechtfertigung über das »unauflösliche« Gesetz ein. Das Thema, dass Jesus sich Gott nannte, ist so heikel, dass eine solche Bekräftigung für nötig erachtet wurde. Derjenige, der diesen Einschub als Äußerung Jesu in die Erzählung einfügte – wohl der Erzähler –, lässt hier die Figur Jesus sich mit dem Gesetz identifizieren, nicht beachtend, dass sie zuvor »eurem Gesetz« distanziert gegenüberstand.

... sagt ihr von dem, den der Vater geheiligt und in die Welt gesandt hat: Du lästerst, weil ich sagte: Ich bin Gottes Sohn? Die Pro-Gruppe alias Jesus schließt ihre Argumentationskette. Wenn Gott Menschen als Götter bezeichnet, dann darf das der geheiligte Jesus bezüglich seiner selbst allemal. Dass wir nun anstelle Gottes seinen Sohn haben, ist einer späteren Vorstellung geschuldet und nicht Teil der Originaldiskussion (Jesus als Gott stünde ansonsten im Widerspruch zur jenseitigen Gottesauffassung des entstehenden Christentums). In der Originaldiskussion geht es um die Bezeichnung als Gott, was ja auch in der Johanneserzählung noch reichlich durchschimmert.

Wir haben also im Johannesevangelium Reste der Diskussion um die zweite der im Thomasevangelium Spruch 13 zwangsläufig aufgetretenen Frage: Darf er das? Darf sich Jesus als Gott bezeichnen? Dabei kam es lediglich zu personellen Verschiebungen, die Pro-Gruppe wurde zu Jesus, die Kontra-Gruppe zu den Juden, sowie zur Einbettung in eine Handlung, in der Steine fliegen sollten, und ferner zu einer relativ geringfügigen Bearbeitung des Textes.

Die Diskussion wirkt, als sei sie einst wirklich von Leuten geführt und aufgeschrieben worden, die Jesus persönlich kannten. Dies ist insofern von Relevanz, als es einen Hinweis darauf gibt, dass Informationen, die über das Thomasevangelium hinausgehen, in den kanonischen Legenden eingearbeitet sein dürften.

Diese Diskussion in Johannes unterscheidet sich somit etwa von der Legende der Brotvermehrung, die anhand eines Spruchs zur Erzählung ausgeweitet wurde. Hier ist hingegen ein wahres Gespräch Vorlage. Außerhalb des Johannesevangeliums ist von dem Gespräch nichts erhalten.

- Es folgt keiner generellen Regel, bei welchen biblischen Aussagen es sich im Einzelnen um solche Informationen, die einen wahren Hintergrund haben aber nicht im Thomasevangelium enthalten sind, handelt. So befindet sich in der oben erwähnten Johannesgeschichte keine zusätzliche Information über Jesus selbst. Auch sind keine wesentlichen Handlungen darunter (die Steinwürfe beispielsweise sind Legende). Man kann auch nicht dahingehend verallgemeinern, dass im Umfeld von nur bei Johannes befindlichen Erzählungen Zusatzinformationen enthalten sind (denn obige Diskussion findet sich nur bei Johannes).

- Man muss alles im Einzelnen analysieren, selbst Banales wie das Alter Jesu, den Namen des Vaters von Jesus, den Namen der Mutter – für diesen gibt es mit dem Namen der Jüngerin Maria eine naheliegende Inspirationsquelle –, alles ist unsicher. Insbesondere wird ein Erzähler, der selbst dann, wenn er bei einem Geschehen anwesend war, reichlich dazudichtete, keine große Recherchearbeit unternommen haben, um die Situationen, bei denen er nicht anwesend war, genau zu eruieren. Aber: Es ist auch nicht alles erfunden, was er erzählte.

- Seitdem es Religionen gibt, gibt es unterschiedliche Auffassungen, Diskussionen darüber und deren schriftliche Niederlegungen. Ungewöhnlich ist hier lediglich, dass um eine Diskussion eine Legende geschaffen wird und dass andere als Gesprächsteilnehmer ausgewiesen werden. Beide Gruppen kamen aber aus dem Anhängerkreis Jesu, zumindest Interessierte, nur Jesus diskutierte hier nicht mit. Dies taten andere nach Schriftgelehrtenart.

In der Folge von Thomas 13, in dem es um Jesu Identität geht, kommt es nun aber nicht nur zur Expansion obiger Geschichte in Johannes, sondern auch zu einer weiteren Erzählung. In ihr wird allerdings eine völlig andere Handlung berichtet. Sie kommt in verschiedenen Evangelien vor, beispielsweise im Matthäusevangelium. Was das Besondere ist: Wir finden in ihr nicht nur Legendenmarker, die direkt auf Thomas 13 hinweisen. Zusätzlich enthält die Geschichte bei Matthäus einen inhaltlichen Marker, der auf die Frühphase der Legendenentstehung hinweist, als beide Legenden noch nicht getrennt waren, also obige aus dem Johannesevangelium und die inhaltlich doch recht verschiedene bei Matthäus. Der Marker ist in beiden Legenden enthalten, nicht aber in Thomas 13! Er ist somit für die Entwicklungsgeschichte der Erzählungen von großer Bedeutung. Es handelt sich bei ihm sich um eine doppelte Rechtfertigung der Bezeichnung als Gott unter Berufung auf die Schrift. Es wurde also erst diese Rechtfertigung eingefügt, und dann trennten sich die inhaltlich unterschiedlichen Legenden.

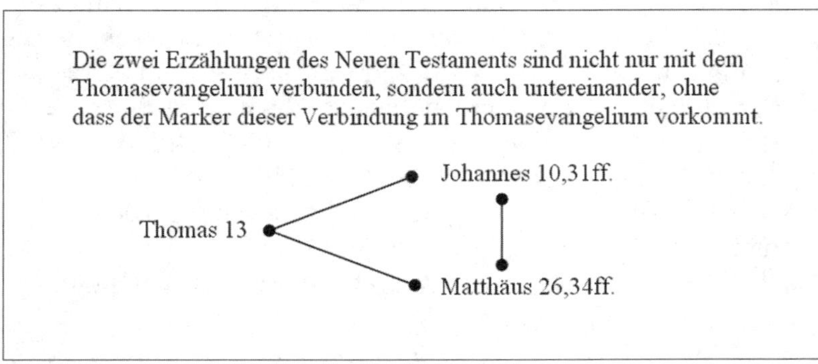

Abbildung 46: Verbindende Marker in der Folge der Verwendung des Namens Gottes durch Jesus

Ganz am Anfang stand, dass Jesus den Namen Gottes als eigenen gebrauchte, was strikt verboten war. Seine engeren Anhänger verteidigten ihn anschließend in einer Diskussion zwischen zwei Gruppen. Diese Diskussion wurde modifiziert in die Steinigungserzählung »Anschläge gegen Jesus« des Johannesevangeliums eingearbeitet, wobei in ihr das Volk in Form der Juden mit Bestrafung drohte.

In der nun folgenden Erzählung des Matthäusevangeliums geht es ebenfalls um die Anmaßung der Identität Gottes. Bloß ist das Umfeld nun ein anderes. Wir stehen nämlich unmittelbar vor dem gerichtlichen Verfahren, dem am Ende die Kreuzigung folgen wird. Die Bausteine sind: Gefangennahme, religiöses Verfahren vor dem Hohen Rat, weltlicher Prozess vor Pilatus, Kreuzigung. Die (vor-)gerichtliche Auseinandersetzung hat nun dieselbe Wurzel wie die Steinigungserzählung. Es geht um die Frage: Darf Jesus sich als Gott bezeichnen? Trotz erheblicher Unterschiede zwischen der Erzählung um die Steinigungsszene und der Erzählung um die Kreuzigung gibt es aufgrund der gleichen Wurzel Gemeinsamkeiten. Es geht letztlich um das Gleiche, beide Male um die Hinrichtung Jesu, beide Male um die Begründung für die Hinrichtung.

Matthäus 26, 34ff. (teilweise gekürzt): *Jesus sprach zu ihm: »Wahrlich, ich sage dir, dass du in dieser Nacht, ehe der Hahn kräht, mich dreimal verleugnen wirst.«* Die Zahl 3 wird sich als dauernder Begleiter dieser Geschichte erweisen. … *(26, 39) Und er ging ein wenig weiter und fiel auf sein Angesicht und betete.* Nachdem der Erzähler in der Steinigungserzählung eine Anleihe bei Thomas 104 machte, greift er nun auf Thomas 15 zurück, wo es ebenfalls ums Beten geht.[108]

… *und sprach: »Mein Vater, wenn es möglich ist, so gehe dieser Kelch an mir vorüber; doch nicht, wie ich will, sondern wie du willst.«* Jesus betet zum ersten Mal. *Und er kommt zu den Jüngern und findet sie schlafend; und er spricht zu Petrus.* – »Petrus« ist ein Legendenmarker aus Thomas 13.[109]

… *(26, 42) Wiederum, zum zweiten Mal, ging er hin und betete und sprach: »Mein Vater, wenn dieser [Kelch] nicht vorübergehen kann, ohne dass ich ihn trinke, so geschehe dein Wille.«* Jesus betet zum zweiten Mal. … *(26, 44) Und er ließ sie, ging wieder hin, betete zum dritten Mal und sprach dasselbe Wort.* Jesus betet zum dritten Mal.

108 »Wenn ihr den seht, der nicht aus der Frau geboren ist, werft euch mit dem Gesicht zur Erde (und) betet ihn an; dieser ist euer Vater« – ein radikales Plädoyer gegen das Anbeten einer Projektionsfigur und für das Erkennen Gottes.

109 »Simon Petrus sagte zu ihm …«

Die Zahl 3 stammt aus Thomas 13, wie alle übrigen Dreien. Die häufige Nennung der Zahl ist kein Zufall. Der Erzähler ließ sich durch die »drei Wörter« inspirieren, mit denen Thomas den Namen Gottes umschrieb. Das Weggehen Jesu zum Beten entspricht dem Weggehen aus Thomas 13. Das »Wort« ist der Rest der »Wörter«, mit denen in Thomas 13 Jesu Identität bezeichnet wurde.

Wir kommen zur »Gefangennahme«, die zur Kreuzigung führen wird: ... *(26, 47) Und während er noch redete, siehe, da kam Judas.* – »Judas« ist ein weiterer Legendenmarker aus Thomas 13, denn Judas ist Thomas, es handelt sich nur um unterschiedliche Namen für ein und dieselbe Person. Judas ist Thomas ist Judas-Thomas (siehe Einleitung des Thomasevangeliums).

... *einer der zwölf, und mit ihm eine große Menge mit Schwertern und Stöcken, von den Hohenpriestern und Ältesten des Volkes.* In Thomas 13 hatte sich Jesus zusammen mit Thomas von der Gruppe entfernt und anschließend war Thomas wiedergekommen? Nun kommt hier, nachdem Jesus selbst ja schon (dreimal) gegangen und gekommen war, Judas (= Thomas) zurück, der die Gruppe ebenfalls verlassen hatte, wie in Thomas 13, wie dort alleine.[110] Die Handlung hat sich allerdings gewandelt, nicht aber die Personen und die Wort- und Inhaltsreste.

Der ihn aber überlieferte, hatte ihnen ein Zeichen gegeben und gesagt: »Wen ich küssen werde, der ist es, den ergreift.« Und sogleich trat er zu Jesus und sprach: »Sei gegrüßt, Rabbi!«, und küsste ihn. Jesus aber sprach zu ihm: »Freund, wozu bist du gekommen?« Dann traten sie heran und legten die Hände an Jesus und ergriffen ihn. Und siehe, einer von denen, die mit Jesus waren, streckte die Hand aus, zog sein Schwert und schlug den Knecht des Hohenpriesters und hieb ihm das Ohr ab. Da spricht Jesus zu ihm: »Stecke dein Schwert wieder an seinen Ort! Denn alle, die das Schwert nehmen, werden durchs Schwert umkommen.« Ein mächtiges Wort, aber zumindest in dieser Szene nicht von Jesus (seine grundsätzliche Aussage ist freilich richtig). Die Steine aus Thomas 13 werden an die Geschichte angepasst zu Schwertern. Nun richtet sich das Schwert gegen den, der das Schwert nimmt. Auch

110 Zumindest wird nur Thomas erwähnt.

in Thomas 13 wendet sich die Strafe gegen die Henker, die Steine richten sich gegen die Steiniger selbst.

Oder meinst du, dass ich nicht jetzt meinen Vater bitten könne und er mir mehr als zwölf Legionen Engel stellen werde? Diesen Unsinn hat Jesus nicht gesagt. Vielmehr sind die »Engel« ein Wortrest aus dem Thomasspruch 13, der zu den militärischen Engeln inspirierte. Zudem sind die gerechten[111] Engel der Geschichte in Matthäus inhaltlich mit dem Feuer verwandt, das sich in Thomas 13 gegen die im Unrecht stehenden Steiniger richtet.

Und nun kommt ein auffälliger und wichtiger Satz: *Wie sollten denn die Schriften erfüllt werden, dass es so geschehen muss?* Von Jesus selbst kann diese Aussage nicht stammen. Er hätte sie, arrogant formuliert, auch nicht nötig gehabt. Vor allem aber passt sie nicht, weder inhaltlich noch erzählerisch. Sie kann deshalb auch nicht nachträglich in die Geschichte eingebaut worden sein.

Es handelt sich hier vielmehr um eine Variante der ersten der zwei Rechtfertigungen, die im Johannesevangelium stehen und dort Sinn ergeben. Jesu Anmaßung der Identität Gottes wird dort von der Pro-Gruppe alias Jesus unter Hinweis auf das Gesetz verteidigt. Zwar handelt es sich scheinbar um ganz andere Geschichten. Beide aber wurzeln letztlich in der durch Thomas 13 angeregten frühen Auseinandersetzung darüber, ob Jesus sich als Gott bezeichnen darf. Die Rechtfertigung aus der Diskussion hat sich hierein gerettet. Der Frage hier: »Wie sollten denn die Schriften erfüllt werden?«, entspricht die Aussage: »Steht nicht in eurem Gesetz geschrieben ...«, in Johannes 10, 34.

In jener Stunde sprach Jesus zu den Volksmengen: »Seid ihr ausgezogen wie gegen einen Räuber mit Schwertern und Stöcken, mich zu fangen? Täglich saß ich bei euch im Tempel und lehrte, und ihr habt mich nicht gegriffen.« Die erste Erwähnung der Götter bei Johannes inspirierte vermutlich zum »Tempel«, das »Wort Gottes« zum Lehren Jesu. Die Formulierung »seid ihr ausgezogen« stammt aus Thomas 78.[112]

(26, 56) Aber dies alles ist geschehen, damit die Schriften der Propheten erfüllt werden. Dies ist ebenfalls eine unpassende Aus-

111 Formulierung nach Thomas 13.
112 »Warum seid ihr ausgezogen auf das Feld?«

sage. Nichts davon steht bei den Propheten. Auch diese Rechtfertigung entspricht der aus dem Johannesevangelium, die zweite der zweiten. Der Schöpfer der vorprozessualen Erzählung der »Gefangennahme« hat die Rechtfertigungen aus der Vorlage, den »Anschlägen gegen Jesus«, übernommen, obwohl sie an dieser Stelle trotz Anpassung nicht sonderlich gut passen und obwohl hier andere Vorgänge beschrieben werden.

Die (zweiten) Götter aus Johannes 10, 35 mutierten nun zu Propheten. Die Formulierungen haben sich kaum gewandelt. Dort heißt es: »Die Schrift nicht auflösen«, hier: »Die Schriften erfüllen«.

Johannes 10,34ff.		Matthäus 26,54ff.
„… Steht nicht in eurem Gesetz geschrieben: ‚Ich habe gesagt: Ihr seid Götter?' Wenn er jene Götter nannte, an die das Wort Gottes erging	→	"Wie sollten denn die Schriften erfüllt werden… Täglich saß ich bei euch im Tempel und lehrte…
– und die Schrift kann nicht aufgelöst werden – "	→	damit die Schriften der Propheten erfüllt werden."

Abbildung 47: Die Übernahme der Rechtfertigungen aus Johannes 10, 34ff. in Matthäus 26, 54ff.

Da verließen ihn die Jünger alle und flohen. Das Publikum will die Jünger als Angsthasen sehen. Jede Räuberbande ist mutiger, und diese Männer soll Jesus erwählt haben? Die Parallelstelle in Johannes ist Vers 10, 39 und lautet: *Da suchten sie wieder ihn zu greifen, und er entging ihrer Hand.* Anstelle von Jesus stehen hier die Jünger vor der drohenden Ergreifung und entgehen ihr durch Flucht.

(26, 57) Die aber Jesus gegriffen hatten, führten ihn weg zu Kaiphas, dem Hohenpriester, wo die Schriftgelehrten und die Ältesten versammelt waren. Petrus aber folgte ihm von fern bis zu dem Hof des Hohenpriesters und ging hinein und setzte sich zu den Dienern, um den Ausgang zu sehen. Die Hohenpriester aber und der ganze Hohe Rat suchten falsches Zeugnis gegen Jesus, um ihn zu Tode zu bringen; und sie fanden keins, obwohl viele falsche Zeugen

herzutraten. Zuletzt aber traten zwei falsche Zeugen herbei und sprachen … Hier geht es darum, einen Grund für die Bestrafung zu finden. Im Neuen Testament wird mal dieses, mal jenes als Grund angeführt, es wird angezweifelt, hinterfragt und das Ganze wirkt konstruiert – im Unterschied zum Thomasevangelium, wo ein klarer formeller Verstoß genannt wird. Hier im Prozess geht es um einen Beweis für die Anklage, es muss ein falscher Zeuge bemüht werden. Auch zur schwachen Grundlage der Beschuldigungen gibt es eine Entsprechung in der Steinigungsszene: Bei Johannes fragt sich Jesus angesichts seiner guten Taten zu Recht, was man ihm eigentlich vorwirft.[113]

Dieser sagte: »Ich kann den Tempel Gottes abbrechen und in drei Tagen ihn wieder aufbauen.« Schon wieder drei. *Und der Hohepriester stand auf und sprach zu ihm: »Antwortest du nichts? Was zeugen diese gegen dich?« Jesus aber schwieg. Und der Hohepriester sagte zu ihm: »Ich beschwöre dich bei dem lebendigen Gott, dass du uns sagst, ob du der Christus bist, der Sohn Gottes!«* Endlich, wir sind wieder beim Thema! Bezeichnet sich Jesus als Gottessohn? Welchen Namen gibt er sich? Verdient er den Tod?

Jetzt lohnt es sich, sich die Parallelstelle eines anderen Evangelisten, nämlich Lukas, anzuschauen, der ja sehr viel Wert auf die Worttreue legt. In Lukas 22, 67 antwortet Jesus nämlich auf die Frage bezüglich seiner Identität: *Wenn ich es euch sage …* Dies ist aber fast wörtlich die Formulierung aus Thomas 13, dort sagt Thomas: *Wenn ich euch eines der Worte sage …* Inhaltlich ist in beiden Fällen gemeint: »Wenn ich euch die Identität Jesu mitteile, dann droht mir die Hinrichtung durch euch.« Bloß die Personen sind vertauscht!

Und nun behauptet Jesus, man würde ihm nicht glauben: *… Wenn ich es euch sage, so würdet ihr nicht glauben.* Einen ähnlichen Zweifel hat aber im Thomasevangelium Thomas seinen Zuhörern unterstellt: Sie würden an der Berechtigung Jesu zweifeln, den Namen »Ich bin, wer ich bin« zu tragen. Zwar würden sie formal die Steine werfen, weil Thomas den Namen ausspricht, viel entscheidender war aber natürlich, ob Jesus den Namen Gottes zu Recht auf sich bezogen hatte. Die Zuhörer bezweifelten letztlich genau das.

113 10, 32: »Für welches Werk … steinigt ihr mich?«

Zurück zum Matthäusevangelium. Dort wird sich Judas später auch noch erhängen, in der schon erwähnten Stelle 27, 5. In Bezug auf ihn liegen noch weitere Parallelen zum Thomasevangelium vor, etwa was den Verrat betrifft. In Thomas 13 verrät Thomas die Identität Jesu nicht, in der Legende der Evangelien verrät Judas (= Thomas) gleich den ganzen Jesus! Im Thomasevangelium macht Thomas Andeutungen zur Identität Jesu, in der Legende bespricht sich Judas mit den Hohenpriestern. Zudem droht daraufhin in Thomas 13 sein Tod, in Matthäus folgt der Tod des Judas durch Selbstmord.

All diese inhaltlichen Legendenmarker verbinden die Texte miteinander, denn: Welche Person ist hier gemeint? In Matthäus wird er Judas genannt, in Thomas 13 lautet sein Name Thomas. Es ist Judas, der auch Thomas heißt. So wurde ausgerechnet derjenige, den Jesus als ebenbürtig auffasste und den er in sein Vertrauen zog, in den Legenden zu seinem Verräter.[114]

Reale Vorgänge		Erzählerische Ebene	
Ausgangssituation	Diskussion unter Jüngern/Zuhörern	Transformation in „Anschläge gg. Jesus“	Transformation in den Prozeß gegen Jesus
Jesus gibt sich den Namen Gottes →	Darf er sich als Gott bezeichnen? →	Streitpunkt „macht sich selbst zu Gott“ →	Streitpunkt „ob du der Sohn Gottes ist“
Thomas 13	(Mitschrift/Erinnerung eines Anwesenden)	Johannes 10	Matthäus 26

Abbildung 48: Entwicklungslinie von der realen Selbstbezeichnung als Gott bis zur Erzählung des Prozesses gegen Jesus

Anlässlich der in Thomas 13 festgehaltenen Situation stellten sich Jünger und Hörer zwei Fragen. Die erste lautete: Als was hat sich Jesus Thomas gegenüber ausgegeben? Man hat sie mit Gott beantwortet.[115] Die zweite Frage lautete: Darf er das? Diese Frage wurde erst diskutiert, dann wurde diese Diskussion Teil von Le-

114 Hier fließt auch ein alttestamentlicher Verrat ein (1 Mose 37, 26ff.). Der neutestamentliche Erzähler hatte mehr als eine Inspirationsquelle.

115 Johannes 20, 24–28 ist von Thomas 13 inspiriert: Thomas wird ebenfalls Zwilling genannt, er hat sich ebenfalls von den übrigen Jüngern entfernt, und er nennt Jesus »Gott«!

genden. Die eigentlich unterschiedlichen Legenden wurzeln nicht nur beide in Thomas 13, sondern sind darüber hinaus miteinander verbunden. Die eine Legende ist die Steinigungsszene aus Johannes, die andere beschreibt den Prozess um Jesus.

Der ganze Prozess kreist um die zweite der beiden Fragen, die in Thomas 13 aufgeworfen wurden, als Jesus sich mit »Ich bin, wer ich bin« als Gott bezeichnete. Das durfte Jesus nicht, deswegen wurde er hingerichtet.

Aber auch das ist nur Legende. Jesus hat den Tod nicht gekostet. Er kannte die »Interpretation« seiner Worte.

WIE MARIA DEN WEGGANG JESU SAH

Es genügt ein kurzer Blick in das Neue Testament, um zu sehen, dass die Parallelen zwischen den beiden Legenden weitergehen: Bei Matthäus folgen auf den Prozess Hinrichtung und Auferstehung Jesu, bei Johannes folgen auf die Diskussion um die angedrohte Steinigung Tod und Auferweckung des Lazarus.

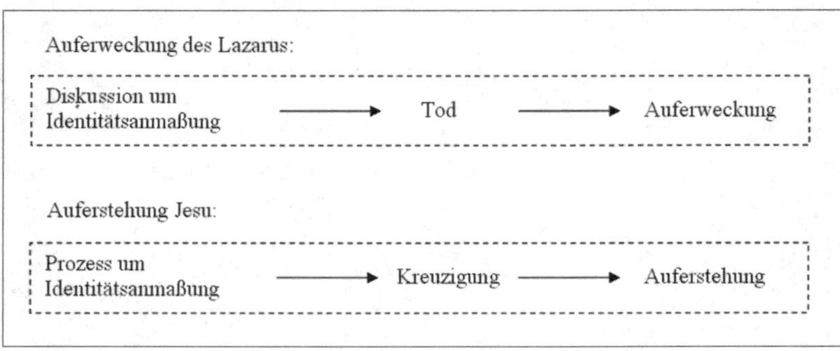

Abbildung 49: Parallelität der Auferstehungen von Lazarus und Jesus

Doch dies ist nicht die Stelle, die Erzählungen bis zu Tod und Auferstehung weiterzuverfolgen. Zuvor gilt es, mithilfe des bisher Erarbeiteten wie der Legendenschöpfung aus dem Thomasevangelium einige wichtige Fragen zu beantworten: Welche weiteren authentischen Jesusworte sind erhalten? Wer erfand die Legenden? Welche Motive hatte der Legendenerfinder? Wie entstand das Evangelium nach Markus? Was waren seine Motive und die der frühen Kirche? Gab es unter den Jüngern auch eine andere Beschreibung des Weggangs Jesu als die Kreuzigungslegende?

Um sich den Antworten auf diese Fragen zu nähern, lohnt es sich, das Bild, das wir von den Jüngern haben, zu hinterfragen und zu vergegenwärtigen. Die Jünger stehen am Beginn der Überlieferung, von ihnen hängt unser Wissen über Jesus maßgeblich ab. Im Neuen Testament erscheinen die Jünger als dumm, naiv und feige. Und zwar in einem Maße, dass man sich fragen muss, wie sich Jesus mit solchen Menschen überhaupt umgeben konnte, wie diese das Gesagte festhalten konnten und wie sie es dergestalt vermitteln konnten, dass daraus eine Weltreligion wurde. Das können nur Menschen leisten, die intellektuell auf der Höhe ihrer Zeit sind. Die Haltung Jesu zum Reichtum schließt nicht aus, dass einige aus der Mittelschicht oder Oberschicht stammten, was für die Frage der Lese- und Schreibkundigkeit von Bedeutung ist – wenn sie schreiben konnten, war es für sie möglich, etwas schriftlich zu hinterlassen; andernfalls mussten sie es auswendig lernen. Zudem sind alle von ihrer Abkunft her Juden, geistig offen für Neues, für griechisches, römisches, ägyptisches Gedankengut, und natürlich für das von Jesus.

Außerdem sind sie alle individuell verschieden. Keiner gleicht dem anderen. Jeder hat seine Motive, seine Geschichte, sein Geschlecht. Maria Magdalena ist von besonderer Bedeutung, denn durch sie ist überliefert, wie die Situation der Gemeinde im Umfeld des Weggangs Jesu tatsächlich war. Von ihr stammt ein Bericht abseits der Kreuzigungslegende, der die Trennung zwischen Jesus und den Jüngern beschreibt.

Er ist in einer jener Schriften enthalten, die auf einen Jünger Jesu zurückgehen. Denn jeder der drei fleißigen Jünger, Judas Thomas, der noch zu bestimmende Legendenschöpfer und eben Maria Magdalena, hinterließ etwas Schriftliches. Obwohl es sich, wie wir sehen werden, um ein Werk aus dem Kreis der Jünger handelt, wurde dieses Evangelium nach Maria ebenso wie das Thomasevangelium nicht in die Bibel aufgenommen.

Es ist nur fragmentarisch als Papyrusfund erhalten, am Anfang und in der Mitte fehlen große Teile. Das Evangelium nach Maria wurde Ende des 19. Jahrhunderts in Akhmim gefunden, wurde aber erst Mitte des 20. Jahrhunderts publiziert. Die beiden bedeutendsten außerkanonischen Evangelien, das Maria- und das Thomasevangelium, sind somit angesichts der langen Zeitspanne seit Jesu Lebzeit fast zeitgleich an die Öffentlichkeit gekommen. Das aufgefundene Exemplar des Evangeliums nach Maria ist in koptischer Sprache verfasst.[116] Neben diesem gibt es zwei kleinere griechische Bruchstücke,[117] was auf eine nennenswerte Verbreitung und Bedeutung hinweist. Sie werden ins 3. Jahrhundert datiert. Wegen des geringen Bekanntheitsgrades ist die Übersetzung des erhaltenen Teils des Evangeliums der Maria im Anhang beigefügt.

Der im Manuskript aufgeführte Titel, das Evangelium nach Maria, ist nach seiner Urheberin benannt. Die wenigen dort erhaltenen Jesusworte stehen inhaltlich mit dem spirituellen Konzept Jesu, wie es im Thomasevangelium überliefert ist, im Einklang. Die ersten Seiten, möglicherweise mit vielen Jesusworten, sind nicht mehr erhalten. Es beginnt mittendrinnen, mit dem Rest eines Gesprächs. Man muss berücksichtigen, dass Maria, im Gegensatz zu Thomas, nicht »wie ihr Lehrer« war, sondern auf dem Weg dorthin.[118] Das trägt dazu bei, dass sie, wie wir sehen werden, in der Übermittlung spiritueller Themen ungenau war, wenn auch bei Weitem nicht so ungenau wie der Legendenerfinder und ohne dabei den Fokus aufs Innere zu verlieren. Es gibt keinen Zweifel an ihrer grundsätzlichen Ernsthaftigkeit:[119]

... (7, 2) Der Retter sagte: ... Maria verwendet nicht den Namen »Jesus«, sondern bezeichnet ihn als Retter (Erlöser), was anscheinend eine gebräuchliche Bezeichnung für Jesus im Kreis der Jünger war. *Alle Natur, jede Gestalt und jede Kreatur besteht in- und miteinander und wird wieder zu ihrer eigenen Wurzel hin aufgelöst. Denn die Natur der Materie kann sich nur zu ihren eigenen Wurzeln hin auflösen. Wer Ohren hat, zu hören, der soll hören!*

---

116 *Papyrus Berolinensis 8502*, 1.

117 *Papyri Oxyrhynchus L 3525* und *Rylands 463.*

118 Folgt aus Spruch 114 des Thomasevangeliums; aber auch Spruch 13 ist Indiz dafür.

119 Übersetzung ins Deutsche unter Zuhilfenahme von Hörmann, Werner: *Gnosis. Das Buch der verborgenen Evangelien*, München 1998, sowie von Till, Walter: *Die gnostischen Schriften des Papyrus Berolinensis 8502*, Berlin 1955. – Die Zahlenangaben der Zitate bedeuten Seite, Zeile des Originalpapyrus (angesichts der großen Lücken im Text wäre eine Einteilung in Kapitel und Verse unangebracht).

Dies ist der Einheitsgedanke der gesamten Natur, den Jesus in Thomas oft erwähnt. Hier besteht er auch über die Zeit. Die Einheit des Göttlichen umfasst Raum und Zeit.

(7, 10) Da sprach Petrus: »Du hast uns alles erkennen lassen, sage uns nun auch noch dies: Worin besteht die Sünde der Welt?« Der Retter sprach: »In Wahrheit gibt es keine Sünde, sondern ihr macht Sünde durch euer Tun. Sie kommt aus den Handlungen, die der Natur des Ehebruchs[120] *gleichen. Das nennt einer Sünde. Deswegen aber kam das Gute in eure Mitte, hin zum Wesen jeder Natur, um sie so wieder in ihre Wurzel einzufügen.«* Petrus, dessen Gedankenwelt sich in jüdischen Vorstellungen bewegt, die diesbezüglich den christlichen gleichen, fragt Jesus nach den Sünden. Er bekommt einen Korb. Es gibt keine Sünde. Im Tun liegt die Sünde. Mit dieser Sünde ist natürlich etwas anderes gemeint als die Sünde, die es nicht gibt.

Die Stelle ist leider sprachlich etwas problematisch, sicher aber ist der Ehebruch metaphorisch zu verstehen. Die Metaphorik ist nicht leicht nachzuvollziehen. Der Schöpfer der Legenden des Neuen Testaments macht aus diesen Sätzen später in nicht-metaphorischer Lesart eine klare Anweisung: *Was nun Gott zusammengefügt hat, soll der Mensch nicht scheiden.* (Matthäus 19, 6b) Jesus stiftet aber kein Ehegesetz (von denen es bei allen Völkern reichlich gibt), vielmehr ist dieses Ehegesetz die Interpretation des Legendenschöpfers von Jesu metaphorischem Wort zur Ehe. Jesu Gebote sind anderer Natur, sie sind »inwendig« zu verstehen. Als solche mögen sie dann wieder einer Ehe nutzen. (Das ist leicht zu sehen bei der Aussage aus Thomas 26: *Den Splitter, der im Auge deines Bruders ist, siehst du; aber den Balken, der in deinem Auge ist, siehst du nicht.*) Der Satz über die Sünde ist in seiner Radikalität – es gibt keine Sünde! –, in seiner Metaphorik und in seiner Terminologie als freie Erfindung von jemand anderem als Jesus nicht vorstellbar.

… (8, 1) Wer es fassen kann, der soll es fassen! Dies ist eine jesustypische Aufforderung, das Ehe-Gleichnis ist wirklich schwer verständlich. In Matthäus 19, 11 ist uns die Aufforderung überliefert als: *Nicht alle fassen dieses Wort.* Dort ist sie aber unpassend, da

120 beziehungsweise Unzucht

das zuvor genannte Ehegesetz leicht verständlich ist.[121] Deswegen kann es Jesus so nicht gesagt haben. Die Positionierung der Aufforderung erklärt sich daraus, dass das neutestamentliche Ehegesetz ein verwandeltes Jesuszitat aus dem Evangelium nach Maria darstellt, wobei beide, Eheaussage und Aufforderung, verbunden blieben. Am Schluss von Matthäus 19, 12 steht die Aufforderung sogar vollständig: *Wer es fassen kann, der fasse es.*

Im Evangelium der Maria geht es weiter mit: *Es gibt ein Leid, das nicht verglichen werden kann. Es ist aus einem Gegenüber der Natur hervorgegangen. Daher entsteht eine Verwirrung überall am Leibe. Und deswegen habe ich euch gesagt: »Habt Mut!« Auch wo ihr Mut nicht habt, habt dennoch Mut! Denn ihr seht doch, die Gestalten der Natur, sie sind verschieden.* Dieses Konzept steht nicht in Thomas, und auch anderswo wird man lange danach suchen müssen. Aus dem Gegenüber der Natur resultiert das Leiden, in der Überwindung des Verschiedenseins[122] liegt folglich das Ende des Leidens. Hier wird Jesus zitiert und niemand anderer. Wen sollte Maria sonst zitieren? Buddha, der ebenfalls ein Leidvermeidungskonzept entwickelt hat?

... (8 ,12) Als der Selige dies gesagt hatte, gab er allen den Grußkuss und sprach: »Friede mit euch! Müht euch um meinen Frieden. Hütet euch, dass niemand euch abirren lasse mit den Worten: Seht hier! oder: Seht da!, denn der Sohn des Menschen ist inwendig in euch. Ihm sollt ihr nachgehen! Wer ihn sucht, wird ihn finden. Geht also und predigt das Evangelium des Königreiches!« Hier haben wir den Abschied. Wir haben die Worte, die Jesus sagte, als er die Jünger verließ, so wie sie uns Maria übermittelt. Jesus wird nicht hingerichtet. Er geht einfach. Außerdem gibt er Hinweise, und zwar die wichtigsten: Man suche im Inneren, und man lasse sich nicht durch Worte ablenken. Die Sätze enthalten keine sonderliche Tiefe, sie sind im Angesicht des Abschieds gesprochen, aber sie passen zu Stil und Wortwahl Jesu, wie sie uns im Thomasevangelium überliefert sind, und auch zu dessen Inhalt.

(8, 22) Ich habe euch kein anderes Gebot gegeben, nur das, worin ich euch unterwiesen habe. Und ich habe euch kein Gesetz gegeben, wie Gesetzesstifter tun. Ihr sollt nicht durch das Gesetz ergrif-

121 Auf das Folgende kann sich »Wort« nicht beziehen, denn Vers 19, 12 beginnt mit »denn«, also begründend.

122 Hier nicht erwähnt, aber in Thomas als Einheitsgedanke allgegenwärtig.

fen werden. Auch dies steht nicht explizit in Thomas, man findet bei Thomas allenfalls Teilaspekte.[123] Außerdem könnte man Jesu Haltung zum Gesetz beispielsweise durch die Analyse des Elternhassgebotes erahnen. Sie wird auch nicht explizit in den Evangelien genannt, obzwar diese (und insbesondere Teile der Paulusbriefe) ein Bild der Lehre Jesu zeichnen, das nicht auf der Fixierung auf Regeln beruht.

Auch dieses Wort des Evangeliums nach Maria kann nur Jesus gesagt haben, eine bewusste Bescheidenheit, ein Verzicht auf Belehrung, ein Verzicht darauf, irgendwelche Vorschriften zu machen, was die Lebensführung angeht. Der Mann kann einer Milliarde Menschen (heute) sagen, was sie tun und was sie lassen sollten, und will es nicht. Er warnt sogar regelrecht davor, ihn als Gesetzesstifter zu sehen. Diese weltlichen Dinge überlässt er anderen.

Jesus ist aber ein rationaler Mensch. Sicher ist es richtig, einander nicht zu töten und nicht bei Rot über die Ampel zu fahren. Aber das vorzuschreiben ist nicht sein Anliegen. Regeln ändern sich und müssen änderungsfähig sein (wenn auch das Tötungsverbot nicht mehr aufhebbar ist). Neben den gesellschaftlichen Unterschieden und Wandlungen gibt es außerdem individuelle Unterschiede. So kann eine Regel für einen temperamentvollen Menschen passend, für einen zurückgezogen lebenden jedoch unpassend sein. Zudem ist nicht die Regel maßgeblich, sondern das Tun beziehungsweise das Unterlassen. Zudem führen Gesetze oft dazu, sie wörtlich und nicht dem Sinn nach auszulegen. Eine weitere Gefahr jedes, letztlich äußeren, Gesetzes liegt darin, dass Gesetze Menschen zur Falschheit verleiten können, indem sie eine Rechtfertigungshaltung – vor anderen Menschen, vor Richtern, vor sich selbst – hervorrufen. Zudem verführen Gesetze – dies gilt auch für religiöse Gesetze – oft dazu, sich für etwas Besseres zu halten, wenn man sich an sie hält. So stärken sie das Ego und schaden der spirituellen Entwicklung, anstatt sie zu befördern. Diese wird auch behindert, wenn im Befolgen des Gesetzes bereits die Erfüllung gesehen wird. Es gibt also gute Gründe gegen den Gesetzesglauben.

Jesus gibt hier den Weg zur modernen, zur gesetzesfreien Religiosität vor. Traditionell, aus der Steinzeit kommend, übernimmt

123 Etwa in Thomas 6 oder auch in 53.

Religion eine Vielzahl an Funktionen, darunter die Vorgabe von Gesetzen. Jesus weiß, dass diese nicht von Gott sind. Er hebt die Bindung an die Gesetze auf und erklärt Gesetze damit zu etwas Weltlichem. Gesetze sind menschengemacht (sie sollten allerdings im Einklang mit dem Spirituellen, wie dem Lebensgebot, stehen). In der Antike war bereits aufgrund von Sachzwängen ein modernes Rechtssystem entstanden. Jesu Erkenntnis, dass die Bindung an ein Gesetz hinderlich ist, kommt jedoch aus dem Spirituellen. Damit gibt er mit der Autorität des Spirituellen die enge Bindung an das Gesetz frei - und das übrigens für alle Zeiten, da es sich um eine grundlegende Erkenntnis handelt: Wer vom Gesetz ergriffen ist, wird Gott nicht begegnen. Jesus hebt die Gesetzesauslegung der Religionen auf. Er tut dies nicht aus weltlichen Gründen, die es zwar auch gibt, sondern weil ihm daran gelegen ist, dass die Menschen Gott finden.

Entsprechend dienen Jesu Gebote - im Unterschied zu Gesetzen - dazu, den Weg nach innen zu finden. Von Regeln aber, die daran hindern können, sollte man vor allem innerlich Distanz wahren, sich nicht »ergreifen« lassen. Dabei ist es gleich, ob es religiöse, weltliche oder selbst gesetzte Regeln sind. Auch wenn Jesus wohl am ehesten die ihn umgebenden jüdischen Gesetze im Sinn hatte, sind grundsätzlich alle Regeln gemeint. Aber er fordert nicht zu Gesetzlosigkeit oder Regelbruch oder Egoismus oder Ethiklosigkeit oder Morallosigkeit auf - etwa im Sinne des Verzichts auf sich selbst begrenzende Regeln wie beispielsweise der, andere nicht zu schädigen.[124] Zudem ist die Aufforderung, sich nicht vom Gesetz ergreifen zu lassen, nicht vom Gebot zur Einsamkeit[125] zu trennen. In der Einsamkeit sind Verbrechen eigentlich nicht möglich. In einer Gemeinschaft hingegen - auch in einer religiösen Gemeinschaft wie im Kloster - sind Regeln und Moral nötig und feste ethische Grundsätze wünschenswert. Sprachlich unterscheidet sich »nicht ergreifen lassen« klar von »Gesetz brechen«. Jesu Aussage zielt auf die Verbindung des Gesetzes zum Inneren: Das Gesetz soll keine Fessel des Selbst sein. Vielmehr soll das Gesetz das Ego fesseln, damit es keinen Schaden anrichte (leider ist mit dem Modebegriff »Selbstverwirk-

124 Dies sei ausdrücklich gesagt, denn Nietzsches *Jenseits von Gut und Böse* wurde zu oft als Aufforderung zum Bösen aufgefasst, was es jedoch nicht ist.
125 Thomas 75, auch 60 (»... sucht einen Ort zur Ruhe ...«).

lichung« selten die des Selbst gemeint – manche betreiben unter diesem Namen sogar eine Egoverwirklichung).

Jesu Aussage, kein Gesetzesstifter zu sein, ist nun auf gleicher Ebene angesiedelt wie die Aussage Buddhas, nur Verkünder zu sein. Um dem Ziel, dem Weg nach innen und über das Innere zu Gott, keine Hindernisse in den Weg zu stellen, wird versucht, die eigene Person zur Gänze zurückzunehmen. Der Meister macht sich nichtig. Diese gänzliche Zurücknahme kann eigentlich nur von den ursprünglichen Urhebern stammen. Nachfolgende werden nicht auf die Idee kommen, ihre Vorbilder derart zurückzunehmen (das gilt auch schon für Maria, die Jesus ja als Retter bezeichnet hat).[126]

Im Evangelium nach Maria heißt es weiter: *Als er das gesagt hatte, ging er weg.* Maria kommt mit dem Weggehen Jesu besser klar als der Legendenschöpfer. Ihre Fantasie treibt hier keine Blüten, sie schildert einfach, dass Jesus geht. Kein Prozess, keine Kreuzigung, keine Auferstehung.

Maria übermittelt auch keinen Grund für das Weggehen von Jesus. Wir werden aber gleich (in 9, 10) sehen, dass sie andeutet, dass er verfolgt worden ist. Trotz der anzunehmenden Verfolgung handelt es sich dennoch nicht um eine bloße Flucht. In diesem Fall wäre, selbst bei geringster Aussicht auf Erfolg, eine Verabredung zur späteren Kontaktaufnahme zu erwarten. Auch ist nicht abzusehen, dass Jesus den Missionserfolg sowie den persönlichen Fortschritt der Jünger hätte überprüfen wollen. Zudem hätte man gemeinsam auf Mission gehen können. Außerdem wäre es kein Problem gewesen, sich woanders zu treffen, wo keine Gefahr bestand, verfolgt zu werden. Jesus aber verzichtet auf die Verabredung eines späteren Treffens, trotz dieser entschiedenen Vorteile.

Die Erklärung für diese markante, endgültige Art des Weggangs liefert wie bereits besprochen der früh erlittene Verlust des Vaters. Dass dieser für den Abschied Jesu von großer Bedeutung ist, ist Maria genauso wenig bekannt wie dem Schöpfer der Kreuzigungslegende. Letzterer will unbedingt einen Grund für Jesu

126 Üblich ist sogar das Gegenteil, nämlich dass etwa spätere Priester umgekehrt die Gesetze ihrer Zeit sowie ihre eigenen Vorstellungen als die eines berühmten Stifters ausgeben, damit sie bedeutsamer erscheinen. Religiöse Schriften aller Provenienz sind voll von Einfügungen dieser Art!

Verschwinden bieten, sein Denken setzt ihn regelrecht unter Druck, eine Erklärung zu finden. Es sucht eine Antwort auf das Warum, auf die Frage: »Warum hast du uns verlassen?« Dafür ist er auch bereit, eine Geschichte zu erfinden, die psychologisch gesehen Teil eines Aufarbeitungsprozesses ist. Das Erfinden von Erklärungen ist im Falle eines tatsächlichen Verlustes zur Beantwortung der Frage nach dem Warum keine Seltenheit, der Legendenschöpfer empfindet den Weggang beinahe wie einen Verlust. Angesichts der Endgültigkeit ist dies auch nachvollziehbar. Maria vermag es hingegen zu akzeptieren, dass es – scheinbar – keinen Grund für den endgültigen Fortgang Jesu gibt, sie versucht nicht um jeden Preis, eine Erklärung zu finden, sie bleibt hier einfach bei den Tatsachen und thematisiert den fehlenden Grund nicht weiter.

(9, 5) Sie aber waren traurig, weinten und sprachen: »Wie haben wir jetzt zu den Völkern hinauszugehen, um das Evangelium vom Reiche des Menschensohns zu predigen?« Man überlegt, wie es weitergehen soll. Zudem ist man traurig über den Abschied. *(9, 10) Wenn nicht einmal dieser verschont wurde, wie sollten da wir verschont werden?* Hier wird die bereits erwähnte Verfolgung angedeutet, zumindest kann man den Satz mangels weiterer Information am ehesten so deuten.

Da erhob sich Maria, gab allen den Grußkuss und sprach zu den Brüdern: »Weint nicht, trauert nicht und zweifelt nicht, denn seine Gnade wird mit euch sein und euch hüten. Lasst uns seine Größe rühmen, denn er hat uns hergerichtet und aus uns Menschen gemacht.« (9, 20) Indem Maria dies sagte, wendete sie den Sinn derer, die ihr zuhörten, zum Guten, und sie begannen, über die Worte des Retters miteinander zu reden. Man versucht, das Trauern zu beenden, und erörtert das weitere Vorgehen. Eine solche Vorgehensweise ist naheliegend.

(10,1) Petrus sprach zu Maria: »Schwester, wir alle wissen, dass der Retter dich lieber hatte als die anderen Frauen. Sage du uns Worte des Retters, derer du dich erinnerst und die du kennst, wir aber nicht, weil wir sie auch nicht gehört haben.« Petrus bezeichnet Maria als diejenige, die Jesus lieber hatte als die anderen Frauen. Dass er dies erwähnt, ist merkwürdig. Aber es gab Gespräche

zwischen Jesus und Maria, bei denen ansonsten niemand anwesend war.

… (10, 9) Da fing sie an, ihnen diese Worte zu sagen: »Ich«, sprach sie, »ich sah den Herrn in einem Traum und sprach zu ihm: Herr, ich sah dich heute in einem Traum! Er gab Antwort …« Maria sah Jesus »im Traum«, »in einer Vision«, das griechische Lehnwort kann auch weniger übernatürlich »in Ansicht« oder »zu Angesicht« bedeuten. Unsere Wahl fällt auf das Wort »Traum«, selbst wenn Maria nur betonen wollte, dass sie Jesus tatsächlich sah – ganz real. Damit soll eine gewisse inhaltliche Distanz ausgedrückt werden zu dem, was Maria dann überliefert. Denn sie schildert nun ein Gespräch, in dem sich Maria und Jesus unterhalten. Dieses »Traum«-Gespräch kann so nicht stattgefunden haben. Zwar findet sich in ihm manches, was Jesus tatsächlich gesagt haben mag, Maria geht aber darüber hinaus: Sie legt Jesus Äußerungen in den Mund, die er wohl nie gemacht hat.

Die äußere Situation – die Erörterung zwischen den Jüngern – könnte sich über Tage hingezogen haben. Realistischerweise dürften die Jünger nicht unmittelbar nach dem Abschied Jesu auseinandergegangen sein. Das würde auch erklären, weshalb das Mariaevangelium insgesamt den Eindruck erweckt, als hätte Maria zwei getrennte, in zeitlichem Abstand erfolgte Situationen zu einem Bericht zusammengefasst, zum einen die Phase bis zum Abschied Jesu, zum anderen die darauffolgende bis zu dem Zeitpunkt, als sich die Jünger getrennt haben.

Bei dem, was Maria als Traum berichtet, handelt es sich um Beschreibungen von Kategorien. Diese lassen sich in zwei Gruppen einteilen. Die eine Gruppe ist die der »vier Gewalten«, zu denen etwa die Unwissenheit gehört, die andere die der »sieben Gestalten«, zu denen etwa die Finsternis oder das Verlangen zählen. Dabei nimmt die vierte Gewalt eine Sonderrolle ein, denn sie besteht aus ebendiesen sieben Gestalten, die auch »Genossen des Zorns« genannt werden. Es handelt sich hier um Kategorien, um Schemata, um Ebenen. Vergleichbare Kategorien finden wir in vielen anderen Anschauungen, von denen manche Parallelen zu denen von Maria genannten aufweisen.

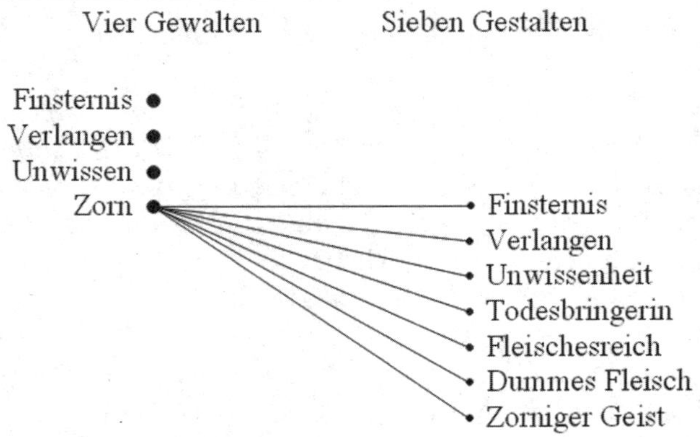

Die Seele begegnet verschiedenen Kategorien, den Gewalten und Gestalten. Die letzte der vier Gewalten, der Zorn, besteht aus den sieben Gestalten (die Kategorien sind nicht gut überliefert).

Abbildung 50: Die 4/7-Struktur der Kategorien der Seelenreise im Traum der Maria

Vermutlich hat Jesus Maria einige dieser Wörter gesagt. Es handelt sich aber weitgehend nur um Einzelbegriffe; was Jesus meinte, ist deshalb schwer zu erschließen. So wie es Maria überliefert, hat er es nicht gesagt, er hat kein System an Kategorien entwickelt. Diese von Maria überlieferten Kategorien sind keine zielführenden Anweisungen, wie sie im Thomasevangelium stehen. Sie sind völlig anders als etwa der Satz: »Erkenne, was vor dir ist« - eine Meditationsaufforderung in Thomas 5, die Paulus in 2 Korinther 10, 7 zitiert. Vielmehr handelt es sich um eine Art Beschreibung, wie die Seele geschaffen ist. Maria hat Jesus möglicherweise »Löcher in den Bauch« gefragt, und er dürfte versucht haben, nach besten Kräften zu antworten. Der Traum hat folglich einen Frage-Antwort-Aufbau. Das überlieferte Exemplar des Evangeliums nach Maria weist jedoch mitten im Traum eine große Lücke auf.

... (16, 12) Das sind die sieben Genossen des Zornes. Diese fragen die Seele: »Woher kommst du, du hast Menschen getötet?« Der Gegensatz von lebendigem zu totem Leben deutet direkt auf Jesus.

Die Seele antwortete und sprach: »Getötet ist worden, was mich festhielt. Was mich umwendete, ist umgewendet. Mein Verlangen ist zu Ende. Meine Unwissenheit ist gestorben …« Wieder haben wir diese Seelenkategorien. Maria dachte und empfand wohl in solchen Bildern. Zum Teil könnte sich Jesus ihr gegenüber nach ihrem Wesen gerichtet und sich entsprechend ausgedrückt haben, zum Teil dürfte sie aber auch Begriffe von Jesus in ein bereits vorhandenes Schema einer anderen spirituellen Gemeinde eingebaut haben.

Von jetzt an werde ich Ruhe erlangen. Dies ist der richtige Zeitpunkt. Ich werde Ruhe erlangen im Schweigen. Maria hat also vermutlich keine Ruhe erlangt (die Sätze, es können keine Jesus-Zitate sein, wirken wie eine Imitation; wäre Maria selbst erleuchtet, würde sie eigenständiger formulieren). *Als Maria das gesagt hatte, schwieg sie. Dies war es, was der Retter zu ihr geredet hatte.* Maria schweigt einfach. Maria spricht im Unterschied zu Thomas vermutlich nicht aus eigener Erfahrung, sie ist aber ernsthaft bemüht und erkennt, dass es sich um eine innere spirituelle Angelegenheit handelt. Sie wirkt ein wenig wie eine Mischung aus ernsthaft und demonstrativ nach innen gekehrt. Die spirituelle Erfahrung mag sie später noch gemacht haben.

Der Satz: »Dies war es, was der Retter zu ihr geredet hatte«, der auf das Schweigen folgt, ist bemerkenswert. Er wurde nicht gesprochen. Die Autorin richtete ihn also an ihre Leser, nicht an die anwesenden Jünger. Der Satz weist auf Maria Magdalena selbst als Urheberin des Evangeliums.

(17, 10) Andreas aber sprach dawider und sagte zu den Brüdern: »Sagt doch, wie denkt ihr über das, was sie gesagt hat? Ich glaube nicht, dass der Retter so geredet hat. Seine Lehren haben eine andere Bedeutung « Zweifel kommen auf, und das nicht völlig zu Unrecht.

Da redete Petrus dawider und fragte seine Brüder über den Retter: »Sollte er tatsächlich mit einer Frau allein gesprochen und uns ausgeschlossen haben?« Petrus redet widersinnig. Zuvor hatte er noch gesagt: *(10, 1) Sage du uns Worte des Retters … die du kennst, wir aber nicht.* Er selbst war also derjenige, der Maria aufgefordert hatte. Er war es, der von Worten gesprochen hatte, die nur sie kennen würde. Jetzt bezweifelt er genau dieses. Er widerspricht sich.

Sollten wir ihr etwa zunicken und alle auf sie hören? Hat er sie uns vorgezogen? Warum reagiert Petrus so? Empfindet er sich bloß gegenüber Maria Magdalena minderwertig oder hat er einen anderen Grund?

(18, 1) Da weinte Maria und sprach zu Petrus: »Mein Bruder Petrus, was sagst du da! Meinst du, ich hätte dies alles selbst ersonnen in meinem Herzen (= Kopf) *und würde so über den Retter lügen?«* Maria ist verletzt, sie wehrt sich. Anscheinend unterstreicht sie dies durch theatralisches Auftreten.

Da übernahm Levi (= Matthäus) *das Wort und sprach zu Petrus: »Petrus, du bist von jeher aufbrausend.«* Matthäus ergreift Partei für Maria. Zudem charakterisiert er Petrus als aufbrausend.

»Und jetzt sehe ich, wie du dich gegen diese Frau groß machst, als wärest du ein Gegner. ... Und deshalb hat er sie auch mehr als uns geliebt. (18, 15) Wir sollen uns also schämen und den endgültigen Menschen anziehen. Wir sollen werden, wie er uns angewiesen hat, und das Evangelium predigen, ohne dass wir eine weitere Weisung oder ein weiteres Gesetz geben, es sei denn das, in dem uns der Retter unterwiesen hat.« Als Levi (= Matthäus) *das gesagt hatte, rüsteten sie sich, auszurufen und zu predigen.* Ein paar Jünger machen sich nun auf, mit der Vorgabe, das Evangelium, aber kein Gesetz, zu verkünden, und gründeten Christentum und spätantike Gnosis.

Was uns hier vorliegt, ist die Beschreibung der tatsächlichen Situation im Umfeld des Weggangs Jesu. Abschiedsschmerz ist erkennbar. Von einer Kreuzigung berichtet Maria wahrheitsgemäß nicht. Maria sagt uns weitgehend, wie es war, als Jesus ging, sie berichtet nicht die Legenden des Neuen Testaments.

Die Personen und ihr Charakter sind deckungsgleich mit denen des Thomasevangeliums, und, nach entsprechenden Korrekturen, sogar mit denen der Legenden des Neuen Testaments. Im Bericht stehen Gefühle im Mittelpunkt, was eine weibliche Urheberin bestätigt. Er wirkt mit den seelischen Kategorien auch blumig. Zudem wirkt er bemüht, den anderen etwas wirklich Unbekanntes mitzuteilen, was von Petrus durch seine Frage provoziert wurde.

Ferner schildert die Autorin aus der Sicht der Figur Maria, Petrus etwa würde wohl versuchen, den gleichen Vorgang für sich günstiger darzustellen oder sogar gänzlich anders. Die Annahme, dass Maria Magdalena Urheberin dieses Textes ist, wird zusätzlich bestärkt durch die Betonung der Sonderrolle Marias; mit dem Aufzählen der den übrigen unbekannten Seelenkategorien macht sie sich wichtig.

Das Evangelium, das nach Maria benannt ist, ist, vom Traum abgesehen, sehr realitätsnah. Es enthält keine Legenden, ist keine Predigt. Es kann auf Anhieb niemanden beeindrucken, es verschweigt keine Schwächen –, stellt die Personen, auch Maria selbst (nicht aber Jesus), nicht nur vorteilhaft dar; so wird ausgerechnet ihre Glaubwürdigkeit angezweifelt, die ihr doch wichtig gewesen sein muss. Zudem ist der Text weiblich-emotional gehalten und nennt eine Frau als Urheberin. All das spricht dafür, dass das Evangelium der Maria nicht von jemand Drittem gefälscht worden ist, sondern ganz im Gegenteil als ihr Werk angesehen werden muss.

Die Eingangsworte Jesu übermittelt Maria im Unterschied zu den Traumworten weitgehend authentisch. Sie betreffen vor allem die Vorstellungen, die Jesus bezüglich der zu gründenden Gemeinden hatte. Sie sind eine Ermahnung, den Weg nach innen zu gehen, und eine Warnung davor, seine Worte als Gesetzesstiftung aufzufassen.

Im Übrigen zeugt die Fürsorge, die Jesus seinen Jüngern beim Weggang entgegenbringt, davon, dass sich das Verhalten Jesu signifikant vom typischen Verhalten eines Menschen, der durch einen frühen Verlust geprägt wurde und nun selbst mit seinen engsten Vertrauten bricht, unterscheidet. Jesus wollte sich oder anderen mit dem Weggang nichts beweisen. Er ging auch nicht endgültig, um sich einer Verantwortung zu entziehen. Ihm war lediglich nicht bewusst, dass er aufgrund seiner Prägung zu solch einem endgültigen Weggang prädestiniert war. Es gab weitere Gründe für sein Weggehen: das eigene Missionsvorhaben und vor allem die drohende Verfolgung. Die Art des Abschieds von seinen Jüngern, nämlich seine endgültige Natur, trägt aber die Handschrift eines Menschen, der früh ein Elternteil verloren hat.

Das Hauptbild, das die Evangelien von Jesus zeichnen, nämlich das eines barmherzigen, weichen, duldsamen »Fürsten des Lebens«, ist sicher richtig. Er war in Wirklichkeit sogar friedlicher, so gehen etwa mehrere Jesus zugeschriebene Ereignisse wie die Tempelreinigung oder die Endzeitrede, die von Gewalt und Gewaltfantasien zeugen, nicht auf ihn zurück.

Dass er sich nicht »für uns« am Kreuz hingab, nimmt dem Ganzen lediglich eine künstliche dramaturgische Spitze. Konnte die Vorstellung vom Sühneopfertod Verbrechen in dieser Welt verhindern? Wir wissen natürlich nicht, wann sich Jesus dafür entschieden hätte, sein Leben zu geben. Er war sicher lebensbejahend, dennoch defensiv in der Verteidigung, und diese Lebensbejahung schloss seine Feinde, aber auch sich selbst, ein. Mit Giordano Bruno verband ihn mehr als mit dessen Henkern.[127]

127 Der Philosoph Giordano Bruno (1548-1600) wurde wegen seiner Auffassungen von der Kirche hingerichtet. Dabei unterschieden sich seine Auffassungen auch nicht mehr als die der Kirche von denen Jesu.

DER EINFLUSS DES EVANGELIUMS NACH MARIA AUF DAS NEUE TESTAMENT

Für die Rekonstruktion der Entstehungsgeschichte der Evangelien des Neuen Testaments spielt vor allem die Position des Mariaevangeliums in Relation zu anderen Schriften eine Rolle. In Bezug auf die Gnosis sind die Inhalte dessen, was Maria hier festhält, neben dem Thomasevangelium eine wichtige Basis dieser spätantiken spirituellen Strömung. Auch in der Gnosis spielt der Weggang Jesu eine wichtige Rolle. Der Traum mit seinen Seelenkategorien wird in der Gnosis zu einer Art Mysterienwelt ausgebaut. Neben dem Evangelium nach Maria werden aber auch viele andere gängige antike Auffassungen eingearbeitet, von denen einige wiederum zuvor selbst den Traum der Maria geprägt hatten. Die spätere Gnosis ist dann erfüllt von Figuren und von Kategorien. Die Fesselung und Umkehrung der Seele wird zum Kerngedanken der unterschiedlichsten gnostischen Strömungen.

Maria beeinflusst aber auch das Christentum. Es gibt einige Parallelen zwischen den Inhalten des Evangeliums der Maria und den kanonischen Evangelien. Es handelt sich bei den verwandten Stellen im Mariaevangelium aber nicht um Zitate aus dem Neuen Testament, wie oft geglaubt wird. Wie das Thomasevangelium ist auch das Mariaevangelium keine umständliche Komposition aus der Vielzahl der Schriften des Neuen Testaments. Vielmehr ist das schlichte, wunderfreie und bezüglich der Handlung in sich schlüssige Evangelium der Jüngerin eine weitere Quelle des Neuen Testaments. Welche Belege lassen sich für diesen Zusammenhang finden?

Ein Beispiel für den Einfluss des Evangeliums nach Maria auf die kanonischen Evangelien sind die ansonsten unerklärlichen »sieben Dämonen der Maria« im Lukasevangelium 8, 2: *… und einige Frauen, die von bösen Geistern und Krankheiten geheilt worden waren: Maria, genannt Magdalena, von der sieben Dämonen ausgefahren waren …* Sie entspringen aus den »sieben Genossen des Zornes«, wie sie im Evangelium der Maria beschrieben sind, wo sie als Teil eines Systems Sinn ergeben. Von da gelangten sie als ein die Person beschreibendes Merkmal ins Neue Testament. Dort werden die sieben Dämonen aber in keiner Weise eingeführt.[128] Es wird auch nicht geschildert, wie Jesus die angebliche Dämonenaustreibung vorgenommen hat.[129]

Mit den entsprechenden Stellen des Evangeliums nach Maria vergleiche man auch Lukas 11, 24ff., eine Passage, in der ebenfalls ein Geist ausgefahren ist: *Wenn der unreine Geist von dem Menschen ausgefahren ist, so durchwandert er dürre Orte und sucht Ruhe.* Der Geist entspricht der Seele, ihre »Wanderung« ist erhalten, ebenso die »Ruhe« der Maria und das Wort »sucht«.

Daraufhin werden nun wieder die sieben Gestalten genannt, diesmal nicht als Dämonen, sondern als Geister: *… und da er sie nicht findet, spricht er: »Ich will in mein Haus zurückkehren, von wo ich ausgegangen bin.« (11, 25) Und wenn er kommt, findet er es gekehrt und geschmückt. (11, 26) Dann geht er hin und nimmt sieben andere Geister mit, schlimmer als er selbst, und sie gehen hinein und wohnen dort; und das Ende jenes Menschen wird ärger als der Anfang.* Die »sieben anderen Geister« entstammen den sieben Gestalten der vierten Gewalt. Die sieben Geister sind deshalb »andere« Geister, da sich in der Vorlage die sieben Gestalten von den vier Gewalten unterscheiden. Dabei sind hier die sieben Geister dem Geist, der ausgefahren ist, zugeordnet, wie im Evangelium der Maria die sieben Gestalten einer Gewalt zugeordnet

128 Papst Gregor I. setzte im Jahr 951 die sieben Dämonen mit den sieben Todsünden gleich. Am Rande: Er bewies damit einen guten Instinkt, es besteht tatsächlich eine Verwandtschaft.

129 Von einer Austreibung spricht das Markusevangelium (16, 9). Zudem sind dort die sieben Dämonen gemäß der Vorlage der Situation aus dem Mariaevangelium nach dem Abschied – nun die Kreuzigung – platziert.

sind.[130] Die reichlich merkwürdige Geistergeschichte bei Lukas ist eine Folge der (auch schon etwas merkwürdigen) Seelenwanderung bei Maria. Die Geschichte verarbeitet die Vorlage, mit der sie deutlich erkennbar verwandt ist.

Die im Evangelium nach Maria überlieferte Abschiedsszene wird in der Gnosis weiterentwickelt, so wird Jesus unter anderem unsichtbar. Dieses Phänomen findet sich neben der Kreuzigungslegende in den kanonischen Evangelien in Lukas 24, 31: *Ihre Augen aber wurden aufgetan, und sie erkannten ihn; und er wurde vor ihnen unsichtbar.* Jesus taucht nach seinem Tode wiederholt auf und verschwindet dann wieder, was zu unterschiedlichen Erzählungen führte, darunter eben die vom Unsichtbarwerden, oder die zeittypische Gotteslegitimation Himmelfahrt, die in Apostelgeschichte 1, 9 erzählt wird. Die Abschiedsszene aus dem Evangelium nach Maria stand also Pate bei der Legendenschöpfung im Umfeld des »Erscheinens des Auferstandenen« und seines Verschwindens. Man beachte auch die Formulierung »Friede euch« in Lukas 24, 36 oder die Frage: »Was seid ihr bestürzt?«, in Lukas 24, 38. Diese Frage ist aus den Worten »weint nicht« der Maria hervorgegangen.

Es gibt aber auch inhaltliche Parallelen zwischen dem »Erscheinen des Auferstandenen« und dem Evangelium nach Maria. So ist es in den kanonischen Evangelien[131] Maria, die nach Jesu Kreuzigung das leere Grab findet und die die Botschaft überbringen soll – aber die Jünger glauben ihr nicht. Ebenso ist im Mariaevangelium Maria diejenige, die nach Jesu Weggang die Worte Jesu (aus dem Traum) vermitteln soll – aber die Jünger glauben ihr nicht. Entsprechend finden sich an den entsprechenden Stellen des Neuen Testaments auch Wortreste wie »sieben Dämonen« oder »weinten«, die dem Mariaevangelium entnommen sind, beispielsweise in Markus 16, 9ff.: *Als er aber früh am ersten Wochentag auferstanden war, erschien er zuerst der Maria Magdalena, von der er sieben Dämonen ausgetrieben hatte. Die ging hin und verkündete es denen, die mit ihm gewesen waren und trauerten und weinten. Und als jene hörten, dass er lebe und von ihr gesehen worden sei, glaubten sie nicht.*

130 Hier geht es nur um die Zuordnung. Literarisches Vorbild für den Geist, der ausgefahren ist, ist eher die wandernde Seele denn die vierte Gewalt (s. oben).
131 Matthäus 28, 1ff., Lukas 24, 1ff.

Auch Paulus verwendet das Evangelium nach Maria. Er zitiert in 1 Korinther 6, 12 die Stelle, in der Jesus davor warnt, ihn als Gesetzesstifter zu sehen. Aus Mariaevangelium 9, 2: *Ich habe euch kein Gesetz gegeben … Ihr sollt nicht durch das Gesetz ergriffen werden,* wird bei Paulus, der in Ich-Form schreibt: *Alles ist mir erlaubt, aber ich will mich von nichts beherrschen lassen.* Die Parallelität ist unverkennbar. Paulus übernimmt den zweigliedrigen Aufbau des Jesuswortes in seinen Einzelbestandteilen: »Ich habe euch kein Gesetz gegeben« (Mariaevangelium) wird zu: »Alles ist mir erlaubt …« (Paulusbrief); und: »Ihr sollt nicht durch das Gesetz ergriffen werden« (Mariaevangelium) wird zu: »… ich will mich von nichts beherrschen lassen« (Paulusbrief).

Zudem hätte Paulus, der nicht zur Anarchie neigt, ohne eine externe Quelle diese Stelle nicht geschrieben, die isoliert gesehen wie ein Freibrief wirkt, alles sei erlaubt (einer solch krassen Fehlinterpretation des Jesuswortes ist Paulus aber nicht erlegen, wie sein Gesamtwerk zeigt). Die externe Quelle ist das Evangelium nach Maria, in den Evangelien des Neuen Testaments findet sich keine passende Vorlage.

Paulus vertritt den außergewöhnlichen Standpunkt der spirituellen Gesetzesfreiheit, für den es außerhalb des Mariaevangeliums kein Vorbild gibt. Aufbau und Formulierungen sind an die Quelle angelehnt.

Maria		Paulus
„Ich habe euch kein Gesetz gegeben“	→	„Alles ist mir erlaubt“
„Ihr sollt nicht durch das Gesetz ergriffen werden“	→	„Ich will mich von nichts beherrschen lassen“

Abbildung 51: Übernahme der Gesetzesfreiheit aus dem Evangelium nach Maria durch Paulus

Ein weiteres Beispiel dafür, wie Paulus das Mariaevangelium verwendet, ist der Römerbrief. In Vers 7, 6: *sind wir von dem Gesetz losgemacht,* greift er auf Mariaevangelium 9, 4 zurück: *Ihr sollt nicht durch das Gesetz ergriffen werden,* und in: *da wir dem gestorben sind, worin wir festgehalten wurden,* auf Mariaevangelium 16, 17: *Getötet ist worden, was mich festhielt.* Die Parallelen in Inhalt und Formulierungen sind offenkundig. In Vers 7, 22 heißt es: *Denn ich habe nach dem inneren Menschen Wohlgefallen …* Paulus referiert mit dem »inneren Menschen« auch Jesu Satz aus dem Mariaevangelium (8, 18): *… denn der Sohn des Menschen ist inwendig in euch*, wobei aus dem inneren Sohn des Menschen ein innerer Mensch wurde.

Noch deutlicher wird der innere Sohn hier: *… denn der Sohn des Menschen ist inwendig in euch. Ihm sollt ihr nachgehen! Wer ihn sucht, wird ihn finden*, aus Mariaevangelium 8, 18ff. in Römer 8, 23 übermittelt: *Auch wir selbst seufzen in uns selbst und erwarten die Sohnschaft …* Mit Sohnschaft ist hier weder der Glaube an den Gottessohn noch die Wiederkehr Christi gemeint, sondern die innere Erlösung. Zwar formuliert Jesus als praktizierender Meister aktiv, man »suche« den Sohn, während bei Paulus dem Gemeindemenschen die Sohnschaft von Gott gewährt wird, sie werde »erwartet«. Mit Suche und Gewährung setzen Jesus und Paulus nur unterschiedliche Schwerpunkte, denn beides ist Voraussetzung, um den »Sohn« zu finden. Bei beiden aber ist der Sohn (beziehungsweise die Sohnschaft) eine innere und persönliche spirituelle Angelegenheit, es ist die Erlösung, die Erleuchtung.

»Sohn« ist Jesu Bezeichnung dessen, was die Religionen des Fernen Ostens »göttliches Selbst« nennen. Die Söhne stehen folgerichtig bei Paulus im Plural (beispielsweise Römer 8, 14: »… die sind Söhne Gottes«), wie es letztlich auch im Evangelium der Maria anklingt und gemeint ist (der »Sohn in euch«). In den Evangelien des Neuen Testaments fehlt hingegen das Konzept einer dem Menschen innewohnenden Erlösung mit Namen »Sohn«. In ihnen wird der Begriff »Sohn« gebraucht, um Jesus als Sohn Gottes zu bezeichnen. Aus der Vorstellung, Gottessohn sei Jesus, können aber weder die Söhne im Plural noch die Erwartung einer Sohnschaft bei Paulus angeregt worden sein. In den Briefen von Paulus gibt es somit verschiedene Stellen, die mit »Sohn« eindeutig nicht Jesus, sondern einen inneren spirituellen Vorgang meinen. Paulus muss aber für die spirituelle Bedeutung und die eigenartige Wortwahl »innerer Sohn« eine Quelle genutzt haben. Wegen der Formulierungen kann dies nur das Evangelium der Maria sein. Die

Evangelien des Neuen Testaments kommen hierfür nicht infrage, und auch das Thomasevangelium reicht hierzu nicht hin.

Wo Jesus im Mariaevangelium 7, 21 sagt: *Deswegen entsteht auch ihr, und deswegen sterbt auch ihr*, assoziiert auch Paulus den Tod, beispielsweise in Römer 7, 4: *dem Gesetz getötet*, oder in 7, 13: *Ist nun das Gute mir zum Tod geworden? Das sei ferne! Sondern die Sünde, damit sie als Sünde erschiene, indem sie durch das Gute mir den Tod bewirkte.* Hier hat er aber nicht nur den Tod eingearbeitet, sondern auch das »Gute« (Mariaevangelium: *Deswegen aber kam das Gute in die Mitte …*) und die »Sünde« (Mariaevangelium 7, 12: Petrus: Worin besteht die Sünde der Welt?). In der Nähe (Römer 7, 7) steht auch die »Begierde« (Mariaevangelium: *Mein Verlangen ist zu Ende …*).

Aus Jesu Satz: *In Wahrheit gibt es keine Sünde, sondern ihr macht Sünde durch euer Tun*, übernimmt Paulus in 7, 17 die Inwendigkeit der Sünde als *die in mir wohnende Sünde.* Der im Evangelium der Maria erwähnte »Mut« wird bei Paulus zur »Hoffnung« (beispielsweise in 8, 24). Das ganze Römerbriefkapitel 7 ist eine Erörterung der Thematik um Ehe, Sünde, Tod und Gesetzlosigkeit, wie sie sich im Evangelium der Maria findet. Für Paulus' Römer 7 gibt es keine Vorbilder im Alten Testament oder in den Evangelien der Bibel. Hinzu kommen Formulierungen wie »innerer Mensch«, »Söhne« oder »festhalten« sowie die zugehörigen Auffassungen, wobei hervorgehoben wird, dass die Erlösung in uns liege. Solche Formulierungen und solche Auffassungen sind sehr spezifisch und haben kein anderes Vorbild. Sie stammen weder von Paulus noch von Maria, sondern von Jesus. Nur ihm sind sie zuzutrauen. Sie kamen über das Mariaevangelium in die Paulusbriefe.

Bemerkenswert ist ferner die Formulierung, die Paulus im Galaterbrief gebraucht: *(1, 15) Als es aber … [Gott] gefiel, (1, 16) seinen Sohn in mir zu offenbaren.* Sie ist ebenfalls sehr an Jesu Worte aus dem Mariaevangelium angelehnt: *… denn der Sohn des Menschen ist inwendig in euch. Ihm sollt ihr nachgehen!* Auch an dieser Paulusbriefstelle ist mit »Sohn« nicht Jesus gemeint, der Sohn Gottes der kanonischen Evangelien. Vielmehr ist es, gemäß der Diktion Jesu, das spirituelle Selbst: Gott gewährte Paulus, dieses zu finden (hiermit bezeichnet Paulus sich übrigens – zu Recht, wie sich zeigen lässt – als erleuchtet). Und genauso, wie es dann im Mariaevangelium unmittelbar mit der Mission weitergeht: *Wer ihn sucht, wird ihn finden. Geht also und predigt das Evangelium des Königreiches!*, so fährt auch Paulus in Galater 1, 16 unmittelbar mit der Mission fort: *... damit ich ihn unter den Nationen verkündige.* Die Vorlage kann nur das Mariaevangelium sein. Und wen verkündet Paulus? Er nannte ihn zuvor den »in mir offenbarten Sohn«. Ihn, den Sohn, die innere Erlösung, verkündet Paulus!

Der durch den Verlust seines Vaters geprägte Jesus gebrauchte für das erweckte Spirituelle im Menschen den Begriff „Sohn". Den eher im Äußeren verwurzelten Legendenschöpfer inspirierte das dazu, Jesus als „Sohn Gottes" zu bezeichnen. Paulus, der neben dem Thomas- auch das Mariaevangelium nutzte, behielt den Begriff „Sohn" für die innere Erlösung bei.

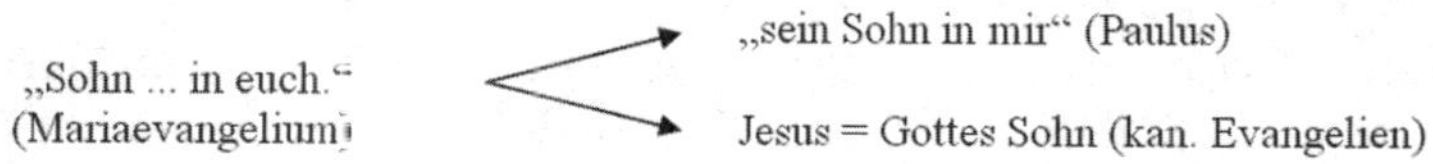

Abbildung 52: Übernahme des »inneren Sohns« durch Paulus trotz Bedeutungswandel in den kanonischen Evangelien

Auch im Brief an die Kolosser kann man die Verwendung des Evangeliums nach Maria anhand der Stelle identifizieren, in der Jesus sagt: *(9, 3) Ihr sollt nicht durch das Gesetz ergriffen werden.* Paulus stellt in 2, 20 eine entsprechende rhetorische Frage: *Was unterwerft ihr euch Satzungen?*

Aus der Warnung Jesu vor dem Lärm und Geschwätz der Welt: *(8, 15) Hütet euch, dass niemand euch abirren lasse mit den Worten: Seht hier! oder: Seht da!, denn der Sohn des Menschen ist inwendig in euch,* wird bei Paulus in 2, 8 die Warnung vor Irrlehren: *Seht zu, dass niemand euch einfange durch die Philosophie und leeren Betrug ...*

Aus der Stelle des Traums: *(16, 12) Das sind die sieben Genossen des Zornes. Diese fragen die Seele: Woher kommst du, du hast Menschen getötet?*, wird bei Paulus in 3, 5f.: *Tötet nun eure Glieder*, worauf wie bei Maria seelische Kategorien folgen, wenn auch nicht dieselben: *... Unzucht, Unreinheit, Leidenschaft, böse Lust und Habsucht.* Und dann kommt auch der »Zorn« hinzu, in Anlehnung an das Alte Testament Gott zugewiesen: *Um dieser Dinge willen kommt der Zorn Gottes.*

Auch an anderen Stellen kehren Einzelworte aus dem Evangelium der Maria wieder, etwa das »nicht richten« in Kolosserbrief 2, 16 oder das von Levi (= Matthäus) gesagte »Menschen anziehen« in 3, 10, wobei das im übertragenen Sinne gebrauchte »Menschen anziehen« eine weitere, sehr spezifische Formulierung ist, die weder in den kanonischen Evangelien noch im Thomasevangelium vorkommt! Die Terminologie ist so unüblich, dass mit Sicherheit eine Verbindung zum Evangelium der Maria besteht.

Schon zuvor findet sich in Kolosser 1, 9–14 neben der »Erkenntnis« und der »Finsternis« die (alttestamentlich formulierte) »Vergebung der Sünden«. Die Aussage Jesu aus Mariaevangelium 7, 3: *Alle Natur, jede Gestalt und jede Kreatur besteht in- und miteinander und wird wieder zu ihrer eigenen Wurzel hin aufgelöst,* wird in Kolosser 1, 16 zu: *Denn in ihm ist alles in den Himmeln und auf der Erde geschaffen worden, es seien Throne oder Herrschaften oder Gewalten oder Mächte: Alles ist durch ihn und für ihn geschaffen.* Man beachte Begriffe wie »alles in den Himmeln und auf der Erde« (aus »alle Natur, jede Gestalt«) oder »durch ihn und für ihn« (aus »in- und miteinander«).

Aus Jesu Anweisung: *Hütet euch, dass niemand euch abirren lasse mit den Worten: Seht hier! oder: Seht da!, denn der Sohn des Menschen ist inwendig in euch. Ihm sollt ihr nachgehen! Wer ihn sucht, wird ihn finden. Geht also und predigt das Evangelium des Königreiches* (Mariaevangelium 8, 15), verwendet Paulus in Kolosser 1, 23 die Teile »nicht abbringen«, »Evangelium« und »gepredigt«. Selbst die Inwendigkeit wird in Kolosser 1, 27 referiert als »Christus in euch«, wobei der »Sohn des Menschen« durch »Christus« ersetzt wurde.

Diese Beispiele sind nicht nur durch ihre Anzahl einzelner Wörter Hinweis auf die Quelle, sondern auch durch ihre Häufung in einem engen lokalen Textbereich, durch die exotischen Formulierungen sowie durch die ungewöhnlichen Auffassungen.

Zu beachten ist, dass der Wortlaut der Paulusbriefe durch spätere christliche Redaktion Änderungen erfahren hat. So findet sich in den Briefen des Apostels neben der individuellen Sohnschaft zugleich auch die Auffassung der kanonischen Evangelien, dass nur Jesus Sohn Gottes sei. Urheber der Auffassung, nur Jesus sei Sohn Gottes, ist aber nicht Paulus, sondern ein christlicher Paulusbriefüberarbeiter, der von den kanonischen Evangelien geprägt war. Dass aber »Söhne« und »Sohnschaft« in Paulusbriefen vorkommen, benötigt unabhängig davon, dass darin zusätzlich von »Sohn« im Sinne von Gottessohn gesprochen wird, eine Erklärung: Diese findet sich in der Vorlage, dem Evangelium der Maria.

Mit am bemerkenswertesten dürfte sein, dass die Gesetzesfreiheit, die Paulus auffälligerweise und sehr oft vertritt, weder dem allgemeinen Zeitgeist noch einer persönlichen Marotte geschuldet ist, sondern in einem Jesuswort wurzelt, das uns durch das Evangelium der Maria nunmehr wieder zugänglich ist. Bedeutsam ist auch, dass bei Paulus das Wort »Sohn« im Unterschied zu den kanonischen Evangelien nicht den Erlöser am Tag des Jüngsten Gerichts bezeichnet, sondern im Sinne des Mariaevangeliums die Erlösung, die zu Lebzeiten »empfangen« werden kann.

Paulus verwendet einige äußerst ungewöhnliche Begriffe in spezieller Bedeutung, für die es außerhalb des Mariaevangeliums keine Vorbilder gibt.

Maria		Paulus
„Sohn in euch“	→	„Sohn in mir“
„Endgültigen Menschen anziehen“	→	„Neuen Menschen anziehen“
„Kein Gesetz“	→	„Alles ist erlaubt“

Abbildung 53: Übernahme von Termini aus dem Evangelium nach Maria durch Paulus

Ein weiterer Aspekt bezüglich Paulus' ungewöhnlichen Auffassungen - wie jenen zur Gesetzesfreiheit, zur inneren Erlösung oder zur Beschneidung - hängt mit den ursprünglichen Lesern der Paulusbriefe in den damaligen Gemeinden zusammen. Vieles von dem, was Paulus vertritt, wird andernorts in der Bibel nicht erörtert. Es ist auch ansonsten kein Allgemeingut; man bezeichnet es deshalb heute als »paulinisch«. Die Gemeindemitglieder wären aber über neue und radikale Inhalte verblüfft gewesen.

Paulus kann seine Darlegungen etwa über die Gesetzesfreiheit oder die Beschneidung zweckmäßigerweise nur dann geschrieben haben, wenn diese Themen seinen Lesern damals geläufig waren. Andernfalls wäre er von seinen Zeitgenossen nicht verstanden worden. Diese Auffassungen müssen also präsent gewesen sein. Den Gemeindemitgliedern, denen seine Briefe vorgelesen wurden, waren Themen und Terminologie geläufig, und zwar aufgrund des Vorliegens des Thomas- und des Mariaevangeliums. Ansonsten hätte Paulus diese außergewöhnlichen Auffassungen einführen und erläutern müssen. Somit ist klar, dass sie keine freien Schöpfungen von Paulus waren.

Paulus vertritt für die häufig aus dem Judentum stammenden Hörer seiner Briefe radikale Thesen in außergewöhnlicher Formulierung, wie den Verzicht auf die Beschneidung, die innere Erlösung oder die Gesetzesfreiheit. Weder führt er diese Standpunkte ein, noch begründet er sie. Darauf konnte er nur verzichten, da Thomas- und Mariaevangelium in den frühesten Gemeinden noch bekannt waren.

	Jesus ↓		Paulus ↓
Thomasevangelium:	Beschneidungsverzicht	}	Gemeinde (bereits bekannt)
Mariaevangelium:	Gesetzesfreiheit		
Mariaevangelium:	Innere Sohn-Erlösung		

Abbildung 54: Paulus und die Gemeinde der Hörer seiner Briefe

In einem besonderen Verhältnis zum Evangelium der Maria steht das apokalyptisch-prophetische Buch des Neuen Testaments, die Offenbarung des Johannes. In ihr sind nicht nur Reste des Mariaevangeliums erkennbar. Vielmehr richtet sich sogar die Gesamtstruktur der Offenbarung an den vier Gewalten und den sieben Gestalten aus, wie sie im Evangelium der Maria beschrieben sind. Aus den »sieben Genossen des Zornes« werden die *»sieben Schalen des Zornes Gottes«* (16, 1), aber auch die *»sieben Siegel«* eines Buches (5, 1). Die »vier Gewalten« wandeln sich etwa zu *»vier lebendigen Wesen«* (4, 6), die mit den *»sieben Geistern Gottes«* (4, 5) beim Thron Gottes sind. Die aus dem Mariaevangelium stammende Sieben-Vier-Struktur ist insbesondere in der ersten Hälfte der Offenbarung von zentraler Bedeutung. Die Wanderung der Seele im Evangelium der Maria wandelt sich zum Öffnen der sieben Siegel (6, 1ff.).

Wie im Evangelium der Maria dabei die Seele spricht, wird auch beim Öffnen der jeweiligen Siegel in der Offenbarung gesprochen. Am Ende der Serie steht wie im Mariaevangelium das »Schweigen« (8, 1). Auch die Aufforderung Marias, nicht zu weinen, hat sich in dem veränderten Umfeld erhalten (5, 5): *Weine nicht!* Hinzu kommen Wörter wie »richten« (6, 10, ebenfalls als Teil einer Frage), »Menschen getötet« (9, 18), »Menschensohn« (1, 13), »wer ein Ohr hat« (2, 7) oder »Gewänder« (7, 13). Im Umfeld des »Ehebruchs« wird »nach euren Werken« gegeben (2, 22f., im Evangelium der Maria heißt es vergleichsweise: *Ihr macht Sünde durch euer Tun. Sie kommt aus den Handlungen, die der Natur des Ehebruchs gleichen.*). Das »Suchen« und »Finden« steht wie bei der Inspirationsquelle nahe beim »Menschen« (9, 6). In der Apokalypse bleibt auch die Sonderrolle, die der Zorn im Mariaevangelium innehat – er besteht dort als einzige der vier Gewalten aus den sieben Gestalten –, in Form der »sieben Zornschalen« (16) erhalten.

Die Offenbarung ist von mehr als einem antiken Text inspiriert. Darunter ist aber auch das Evangelium der Maria, dessen ferner Abkömmling sie ist und das für sie eine zentrale Rolle spielt. Die Seelenwanderung des Traums des Evangeliums nach Maria bildet eine zentrale Richtschnur in der Offenbarung.

Die mit der Offenbarung des Johannes verwandten, in die synoptischen (die der drei Evangelisten Markus, Matthäus und Lukas) Evangelien aufgenommenen »Endzeitreden« (wie Markus 13) sind ebenfalls an das Evangelium der Maria angelehnt. Während es Jesus im Mariaevangelium konkret um die Jünger und ihre Aufgabe ging, beschreiben die Endzeitreden nach jüdischer Tradition die Apokalypse, wobei ihr Verfasser Worte aus dem Mariaevangelium einbaute. Aus dem Zuruf: *Habt Mut!*, der sich im Mariaevangelium findet, wird in Markus 13, 7: *Erschreckt nicht!* Aus der Warnung: *Hütet euch, dass niemand euch abirren lasse mit den Worten: Seht hier! oder: Seht da!*, wird in Lukas 21, 8 die an dieser Stelle unpassende Warnung: *Seht zu, dass ihr nicht verführt werdet! … Geht ihnen nicht nach.* Auch die Stelle: *Und wenn dann jemand zu euch sagt: »Siehe, hier ist der Christus! Siehe dort!«, so glaubt nicht!*, in Markus 13, 21 fußt erkennbar darauf.

Die Aufforderung im Evangelium der Maria: *(8, 21) Geht also und predigt das Evangelium des Königreiches!*, wird in Markus 13, 10 übernommen und lautet dort so: *... und allen Nationen muss zuvor das Evangelium gepredigt werden.* Die Nähe lässt vermuten, dass aus dem Wort Jesu im Mariaevangelium *(8, 18) denn der Sohn des Menschen ist inwendig in euch*, in Markus 13, 9 wird: *Ihr aber, seht auf euch selbst.* Auch Begriffe werden übernommen. Aus dem »Sohn des Menschen«, ein Terminus für das Selbst, dem die Jünger nachgehen sollen, wird in Lukas 21, 27 gemäß jüdischer Tradition der jenseitige »Sohn des Menschen«, der kommen wird. Matthäus nennt in 24, 12 die »Gesetzlosigkeit«, Lukas in 21, 23 den »Zorn«.

In Bezug auf den Gesamtinhalt gibt es weitere vergleichbare Verschiebungen. Aus der Frage des Petrus: *Worin besteht die Sünde der Welt?*, im Evangelium der Maria wird anscheinend der (unausgesprochene) Anlass des Strafgerichts: die Sünden der Welt (wie es der damaligen Vorstellung entspricht). Aus dem letztlich auch im Verlust des Vaters wurzelnden Terminus »Menschen-Töten« werden entsprechende Handlungen der Endzeit. Und aus dem – aus der Sicht Jesu in Bezug auf die Jünger überwiegend erst künftigen – »inwendigen Himmelreich« wird das künftige Himmelreich Gottes auf Erden. Die Parallelen zwischen dem Evangelium der Maria und den Endzeitreden sind auffällig, wenn sie auch isoliert betrachtet von begrenzter Beweiskraft sein mögen.

Im Übrigen lassen die gemeinsame Verwandtschaft der Endzeitreden und der Offenbarung zum Mariaevangelium sowie das Fehlen der Endzeitreden bei Johannes bei gleichzeitigem Fehlen von Offenbarungen bei den synoptischen Evangelisten auf eine entfernte Verwandtschaft trotz nur weniger Gemeinsamkeiten schließen. So gesehen sind die Endzeitreden die synoptischen Versionen der Offenbarung, wobei die Endzeitreden als Teil der Evangelien ein geringeres »Eigenleben« haben. In der erst spät finalisierten Apokalypse sind weitere Einflüsse eingearbeitet, neben jüdischen und antiken Vorstellungen beispeilsweise ein gegen Rom gerichtetes Aufbegehren der unterdrückten Völker.

Wie die Endzeitreden ist die ebenfalls prophetische Ankündigung des Reiches Gottes im Kapitel 17 des Lukasevangeliums unter dem Einfluss des Evangeliums nach Maria entstanden. In Lukas 17, 21 heißt es: *... Siehe hier! Oder: Siehe dort! Denn siehe, das Reich Gottes ist mitten unter euch*, was fast wörtlich der Stelle: *»Seht hier! oder: Seht da!, denn der Sohn des Menschen ist inwendig in euch«* im Evangelium der Maria (8, 17) entspricht. Zwar ist für Lukas 17, 21 Thomas 113 die passendere Quelle*: Seht, hier ist es, oder: Seht, dort ist es; sondern das Königreich des Vaters ist ausgebreitet über die Erde.* Der Erzähler ließ sich aber zugleich vom Satz aus dem Evangelium der Maria inspirieren, denn aus ihm hat er die Formulierung »Sohn des Menschen«, die bei Lukas im nächsten Satz steht: *(17, 22) ... Es werden Tage kommen, da ihr begehren werdet, einen der Tage des Sohnes des Menschen zu sehen, und ihr werdet [ihn] nicht sehen.* Dem Erzähler lagen anscheinend beide Quellen vor.[132]

Jesus hatte ausdrücklich darauf hingewiesen, den Menschensohn im Inneren zu suchen. Festgehalten wurde das im Evangelium der Maria. Lukas 17, 21 erklärt sich als Rest der Auffassung von Jesus zur Inwendigkeit, denn nur dann kann das Reich bereits »mitten unter« uns sein. In Form des »Sohnes« kennt auch Paulus die inwendige Erlösung. In den Evangelien des Neuen Testaments ist hingegen die Auffassung eines rein jenseitigen Himmels dominierend, was eine Anpassung an die damals – und auch heute noch – vorherrschende Vorstellung darstellt.

Dies gilt insbesondere auch für den Begriff »Menschensohn«. Dieser Begriff ist missverstanden worden, weil die Richtung der Metaphorik wieder umgekehrt wurde: Jesus verwendet einen Begriff der äußeren Welt, beschreibt damit metaphorisch einen inneren spirituellen Vorgang, doch der Legendenschöpfer verwendet ihn wieder äußerlich. In der Tradition steht der Begriff »Menschensohn« für den Retter der Endzeit. Jesus hat den Begriff aus der Tradition entlehnt und mit ihm metaphorisch das innere, göttliche Selbst benannt. Für die meisten seiner Zeitgenossen war »Menschensohn« hingegen weiterhin mit der festen Vorstellung des Menschensohns des endzeitlichen Strafgerichts

132 Theoretisch käme noch eine verloren gegangene Mischquelle infrage, für die wir aber ansonsten keinen Anhaltspunkt haben. Zudem lag ihm Thomas 38 vor: »... Tage werden kommen, da ihr mich suchen (und) nicht finden werdet.«

verbunden. Deswegen ist es auch nicht überraschend, dass der Erzähler und Legendenschöpfer anlässlich der Passagen im Evangelium der Maria, in denen der Begriff »Menschensohn« vorkommt, die endzeitlichen Texte wie die Ankündigung des Reiches Gottes, die Endzeitreden und die Apokalypse erfand. Er verstand, wie die meisten seiner Hörer, den »Menschensohn« wieder äußerlich und begann, sich eine Endzeit auszumalen. So trug er es vor, und so steht es heute in der Bibel.

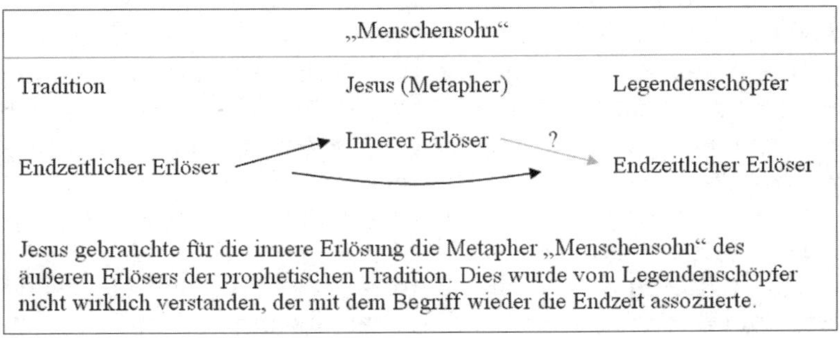

Abbildung 55: Die nicht verstandene Metapher »Menschensohn«

Solche Details bestärken den Entstehungsweg von Maria zu Lukas. Während das Evangelium der Maria durchgängig die Inwendigkeit betont, stellt diese im Lukasevangelium einen Bruch dar. Die Inwendigkeit hat sich bei Lukas nur ausnahmsweise erhalten. Lukas verarbeitet mehrere Auffassungen bezüglich des »Reiches«. Wo sie ihm vorlag, übermittelt er wortgetreu die originale, inwendige Auffassung Jesu, die dieser aus eigener Erfahrung kannte. Ansonsten vertritt er die gängigere Jenseitsvorstellung des »Reichs«, wie sie ihm der Legendenschöpfer übermittelte. Die Inwendigkeit »mitten unter euch« ist so für diesen endzeitlichen Text das, was der »Sauerteig« für die Brotvermehrungslegende war: Ein auf den Ursprung hinweisender Marker, der ansonsten unerklärlich bliebe.

Doch es gibt auch einen Unterschied bei der Art des Markers. Auf dem Weg vom Thomasevangelium zu den kanonischen Evangelien war mit »Sauerteig« ein Wort, das sich erhalten hatte, der markante

Marker, hier hat sich mit der Inwendigkeit eine inhaltliche Aussage bewahrt. Wobei nicht jede Erzählung in den kanonischen Evangelien nur eine Quelle hat, viele haben mehrere. So findet sich gegen Ende von obigem Text von der Endzeit in Lukas 17, 34 der eingangs besprochene Spruch mit Salome von den zweien auf einem Bett wieder: *Ich sage euch: In jener Nacht werden zwei auf einem Bett sein; einer wird genommen und der andere gelassen werden.* Er passte einfach in den endzeitlichen Text, denn Jesus sagte in Thomas 61: *Zwei werden ruhen auf einem Bett, einer wird sterben, der andere wird leben.* Der Erzähler und Legendenschöpfer dachte sich, dass zur Endzeit etwas mit »sterben werden« passt, und fügte deshalb einen Teil dieses Thomasspruches ein. Lukas 17, 34 ist integraler Bestandteil der Erzählung, es muss deshalb ein und dieselbe Person gewesen sein, die einmal aus dem Evangelium der Maria, einmal aus dem Thomasevangelium einen Spruch entnahm. Eine spätere redaktionelle Überarbeitung liegt hier nicht vor.

Es gibt natürlich noch weitere Stellen des Neuen Testaments, die durch das Evangelium der Maria beeinflusst sind. Wir müssen für eine Abschätzung der Menge aber den schlechten Erhaltungszustand des Mariaevangeliums berücksichtigen. Der tatsächliche Einfluss dürfte größer sein, als es aufgrund unserer Quellenlage scheinen mag. Denn nur auf der Basis des erhaltenen Bruchstücks des Mariaevangeliums kann eine Analyse derzeit beruhen. Tatsächlich war der Textumfang des Mariaevangeliums aber mehr als doppelt so groß, wie man anhand der Seitenzahlen erschließen kann. Somit dürfte der tatsächliche Einfluss des Mariaevangeliums auch bis etwa doppelt so groß sein, als es aufgrund der derzeitigen Quellenlage scheint.

Aber selbst dieser erkennbare Einfluss ist schon relativ groß. Die geringe Größe des erhaltenen Teils des Mariaevangeliums unterstreicht dies: Setzt man den Umfang des Lukasevangeliums mit 100 Prozent an, so beträgt der des Markusevangeliums 58 Prozent, der des Thomasevangeliums 19 Prozent, und der des erhaltenen Teils des Mariaevangeliums nur 4 Prozent.

Auch in Bezug auf Aussagen Jesu lässt sich der Einfluss des Mariaevangeliums auf das Neue Testament nicht präzise abschätzen. Möglicherweise standen auf den verlorenen Seiten, speziell am Anfang, viele authentische Jesusworte. Da noch kein vollständiges Exemplar gefunden wurde, wissen wir aber nicht, was und wie viel dort stand. Mancher Jesusspruch im Neuen Testament oder in außerkanonischen Texten dürfte auf dem verloren gegangenen Teil des Mariaevangeliums beruhen. Es stehen sicher im Neuen Testament authentische Jesusworte, für die uns keine Quelle vorliegt. Der verlorenen gegangene Teil des Mariaevangeliums ist neben den Erinnerungen des Legendenschöpfers eine der möglichen Quellen, die dafür am ehesten infrage kommt.

Zum Abschluss dieser Betrachtung des Mariaevangeliums sei darauf hingewiesen, dass gerade in die Figur der Maria Magdalena gerne eigene Vorstellungen anderer hineinprojiziert werden, neuerdings feministische, von Anfang an aber waren es romantische Vorstellungen. Das überaus erfolgreiche Wirken der Maria beruht aber nicht auf der Befreiung einer geknechteten Frau, sondern auf ihrer unerschütterlichen Überzeugung, ihrem Eifer und den Möglichkeiten ihrer Zeit, die sie zu nutzen verstand.

Ferner beweist die Eifersucht, die Petrus im Mariaevangelium und an anderen Stellen zeigt, nur seine eigene Gefühlslage, damit ist nichts über eine Liebesbeziehung zwischen Jesus und Maria ausgesagt.[133] Gegen eine Liebesbeziehung zwischen Maria und Jesus spricht neben anderem, dass Jesus Maria nicht mitnimmt, als er ging, dass er von Maria wegging wie von den anderen Jüngern und dass es beim Weggang weder einen Beziehungsstreit gab noch irgendwelche Emotionen deutlich werden, wie sie üblich sind, wenn sich Paare trennen. Wir werden im Zuge der weiteren Untersuchung das Verhältnis von Jesus und Maria noch besser kennenlernen und vor allem verstehen, wo die These, Jesus und Maria hätten ein Verhältnis miteinander gehabt, ihren Ursprung hat. Maria und Jesus waren kein Liebespaar, sondern enge Vertraute, nichts weiter.

Wir haben dank des Evangeliums der Maria weitere authentische Jesusworte. Wir haben die mit Abstand beste Schilderung der Vorgänge beim Weggang Jesu. Wir haben die wohl wichtigsten Überlegungen Jesu und der Jünger zu Gemeindegründungen. Und: Wir haben die zweite Quelle des Neuen Testaments.

133 Andere Quellen wie Philippus 55 sind abhängig von den früheren Schriften, also später entstanden und selbst deutungsbedürftig und damit ebenfalls kein Beweis für ein Verhältnis zwischen Maria und Jesus.

WER ERFAND DIE LEGENDEN IN DEN EVANGELIEN?

Nach der Besprechung des Evangeliums nach Maria wissen wir endlich genug, um herausfinden zu können, wer der Urheber all der schönen Erzählungen des Neuen Testaments ist. Wer ist Autor der Erzählungen, die seit rund zweitausend Jahren Millionen Menschen in den Bann ziehen? Er konnte sich ja nicht als Verfasser kenntlich machen, um die erfundenen Wunder authentisch erscheinen zu lassen. Um ihn nun zu identifizieren, machen wir da weiter, wo wir im Kapitel »Der Prozess …« stehen geblieben sind, als es um den Namen Jesu und Gottes, um die Aussage: »Ich bin, wer ich bin«, ging, und um die anschließende Steinigungsszene.

Im Johannesevangelium folgt auf diese »Anschläge gegen Jesus« die Lazarusgeschichte. In ihr wird Jesus gerufen, weil Lazarus krank ist. Lazarus stirbt aber, bevor Jesus kommen kann; für eine Krankenheilung ist es zu spät. Jesus erweckt nun aber sogar den verstorbenen Lazarus wieder zum Leben. Diese Totenerweckung ist eine klare erzählerische Steigerung der vorangehenden Erzählungen, in denen Jesus als Heiler auftritt. Zur Beantwortung der Frage, wer die Legenden der Evangelien erfand, achten wir nun auf einen bestimmten Jünger: Lazarus. Die meisten Jünger werden in den Evangelien einfach beim Namen genannt. Nicht so dieser, Lazarus wird manchmal namentlich genannt, manchmal umschrieben, indem er dadurch charakterisiert wird, dass Jesus ihn »liebte«.

Nun zur Analyse der Lazarusgeschichte. In Johannes 11, 3 wird Jesus auf die Situation des Lazarus aufmerksam gemacht: *Da sandten die Schwestern zu ihm und ließen ihm sagen: »Herr, siehe, der, den du lieb hast, ist krank.«* Im Johannesevangelium war jedoch zuvor der Jünger, den Jesus lieb hat, gar nicht eingeführt worden.[134] Wir finden die Einführung des Jüngers aber in Markus 10, 21: *Jesus aber blickte ihn an, gewann ihn lieb und sprach zu ihm: »Eins fehlt dir; geh hin, verkaufe alles, was du hast ...«* Im Markusevangelium fehlt allerdings die Lazarusgeschichte! Offensichtlich ist die Geschichte des Liebgewinnens des reichen Mannes durch Jesus im Johannesevangelium verloren gegangen. Wir finden wiederum die Lazarusgeschichte in den kanonischen Evangelien, aber nur bei Johannes.

	Markus	Johannes
Einführung:	„Jesus ... gewann ihn lieb"	–
Erzählung	–	„...der, den du lieb hast, ist krank"

Der Jünger, den Jesus lieb hat, wird im Markusevangelium eingeführt, dort aber nicht weiter besprochen. Im Johannesevangelium spielt er eine wichtige Rolle als Lazarus, ohne dort eingeführt worden zu sein.

Abbildung 56: Lücken bei der Einführung und Erzählung der Lazarusgeschichte

Zur Schließung der Lücken greifen wir auf eine weitere Quelle zu, den bereits erwähnten Brief des Clemens von Alexandria.[135] Er wurde um das Jahr 200 von Clemens, einem der Kirchenväter, verfasst. Gefunden wurde er Mitte des 20. Jahrhunderts.[136]

134 Um einer einheitlichen Benennung willen nennen wir den Jüngling, den Jesus lieb hat, bereits jetzt »Jünger«. Eine spätere Analyse wird das bestätigen.

135 An Theodorus. Manuskriptfund von Morton Smith 1958 im Kloster Mar Saba.

136 Alle drei zur vollständigen Entschlüsselung beitragenden Schriften traten somit fast gleichzeitig an die Öffentlichkeit. Im Unterschied zu Thomas- und Mariaevangelium ist der Clemensbrief nur durch eine relativ späte Abschrift überliefert. Dennoch handelt es sich unter inhaltlichen und sprachlichen Gesichtspunkten nicht um eine neuzeitliche Fälschung. Sie wäre nicht nur außergewöhnlich gut, der Fälscher hätte auch Detailwissen berücksichtigen müssen, das er kaum gehabt haben kann. Bis heute liegen aber nicht alle zur Beurteilung heranziehbaren Fakten vor, so gibt es beispielsweise noch keine Materialuntersuchung.

Er enthält nicht nur den üblichen Briefteil, sondern auch einen Ausschnitt aus dem »geheimen Markusevangelium«. So nennt es Clemens, er erachtet es für genauso authentisch wie den nicht geheimen Teil. Clemens behauptet sogar, die Kirche von Alexandrien habe das Original von Markus geerbt.

Clemens rät allerdings dem Briefempfänger, zu behaupten, der geheime Teil sei nicht von Markus, da er von einer anderen Gemeinde »unreinen Geistes«, den Karpokratianern (einer christlichen Gruppierung mit abweichenden Auffassungen), genutzt werde, um »fleischliche« Geschichten zu erfinden. Sogar unter Eid würde er deshalb zum Schutze der Wahrheit diesbezüglich lügen: *… noch sollte man, wenn sie* (= die Karpokratianer) *ihre Fälschungen herausstellen, ihnen zugeben, dass das Geheime Evangelium von Markus ist, sondern sollte es sogar unter Eid verneinen.*

Es gab also in der Gemeinde des Clemens zwei Markusevangelien, ein offenes, das dem uns bekannten kanonischen Markusevangelium entspricht, und ein erweitertes geheimes, das zusätzlich geheime Geschichten enthielt.

Durch den Brief des Clemens ist von den Geschichten des geheimen Markusevangeliums nur eine unmittelbar überliefert, und zwar die Lazarusgeschichte in der Markusversion. In ihr heißt der Jünger, den Jesus lieb hat, noch nicht Lazarus. Die Erzählung ist aber der Lazarusgeschichte recht ähnlich, wie wir sie aus dem Johannesevangelium kennen. Laut Clemens steht die geheime Erzählung an Position 10, 34 unseres Markusevangeliums. Sie ist somit nach der Einführung des Jüngers in 10, 21 platziert. Die Figur des Jüngers wird also im allgemein zugänglichen Markusevangelium an 10, 21 eingeführt, spielt dort dann aber keine weitere Rolle mehr. Im geheimen Markusevangelium kommt dann aber der Jünger in der dortigen Lazarus-Erzählung ab 10, 34ff. vor. Offenkundig ist der im offenen Teil des Markusevangeliums eingeführte Jünger identisch mit dem des geheimen Teils.

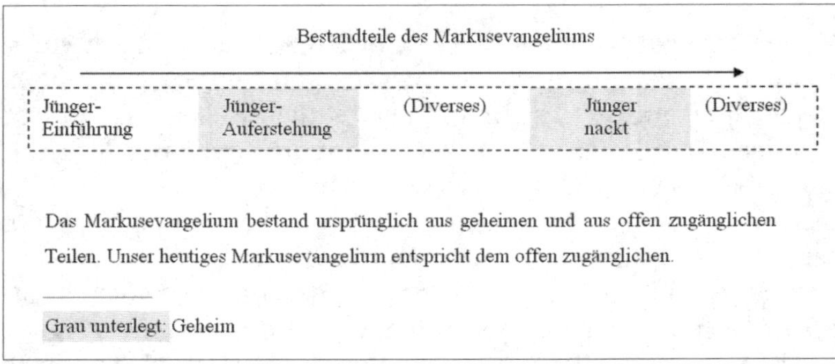

Abbildung 57: Das Verhältnis von geheimen zu offen zugänglichen Teilen des Markusevangeliums

Die Lazarusversion des geheimen Markusevangeliums, die sich in dem Brief des Clemens befindet, lautet:[137] *Und sie kamen nach Bethanien, und eine gewisse Frau, deren Bruder gestorben war, war dort. Und sie kam und fiel vor Jesus nieder und sagte zu Ihm: »Sohn Davids, erbarme dich meiner.« Die Jünger aber tadelten sie. Und [darob] erzürnt ging Jesus mit ihr in den Garten, wo das Grab war, und sogleich wurde ein lauter Schrei aus dem Grab gehört. Und näher tretend, rollte Jesus den Stein vom Eingang des Grabes weg. Und sogleich ging er hinein, wo der Jüngling war, streckte seine Hand aus und zog ihn hoch, indem er dessen Hand ergriff. Aber der Jüngling, als er ihn ansah, liebte ihn und fing an, ihn anzuflehen, dass er bei ihm sein möge. Und sie gingen aus dem Grab heraus und kamen in das Haus des Jünglings, denn er war reich.*

Der in 10, 21 eingeführte Jüngling, den Jesus lieb gewann, war ebenfalls reich. Dies ist eine Bestätigung dafür, dass es sich um dieselbe Person handelt. Man beachte zusätzlich, dass in der Lazarus-Version des Johannesevangeliums der Jünger als bekannt vorausgesetzt wird und als von Jesus geliebt bezeichnet wird.[138]

137 Übersetzung ins Deutsche nach Willker, Wieland, und nach Smith, Morton (ins Englische) siehe www-user.uni-bremen.de/~wie/Secret/secmark.html

138 Johannes 11, 3: »Herr, siehe, der, den du lieb hast, ist krank.«

Einführung (Offener Markus 10,21f.)	„Jesus ... gewann ihn lieb ... denn er hatte viele Güter“
Lazarus-Erzählung (Geheimer Markus 10,34ff.)	„Jüngling ... liebte ihn ... denn er war reich.“

Die Identität des Jüngers wird durch die Nähe der Erzählungen, durch seine Einführung nur in der ersten, durch das Lieb-Haben und durch den Reichtum bestätigt.

Abbildung 58: Identität des Jüngers, den Jesus lieb hat: Lazarus

Und nach sechs Tagen sagte ihm Jesus, was er tun solle, und am Abend kommt der Jüngling zu ihm, ein leinenes Tuch über [seinem] nackten [Körper] tragend. Und er blieb diese Nacht bei ihm, denn Jesus lehrte ihn das Geheimnis des Reiches Gottes.

Ja, was ist denn nun los?, fragt man sich unwillkürlich. Das Reich Gottes ist nicht inwendig, es ist nicht jenseitig, es gleicht hier eher einem Schäferstündchen zwischen Jünglingen. Kein Wunder, dass die Karpokratianer hier vermuteten und unterstellten, Jesus sei schwul gewesen, sodass sich Clemens in seinem Brief dagegen verwehrt: *Aber »nackter [Mann] mit nacktem [Mann]« und die anderen Dinge, über die du schriebst, werden nicht gefunden.* Die Karpokratianer haben die Geschichte homosexuell gedeutet und in diesem Sinne weitergesponnen, was der Anlass für Clemens' Brief war.

Aber zeigt die Stelle wirklich, dass Jesus schwul war? Natürlich nicht, wir lesen hier schließlich eine Legende. Die Stelle zeigt lediglich, aber immerhin, dass der Legendenschöpfer eine homoerotische Wunschvorstellung hatte. Nun kommt der Jünger, den Jesus lieb gewann, den er liebte, der Jesus liebte, der Jesus anflehte, bei ihm zu sein, der ein Leinentuch über dem nackten Körper trug, bei dem Jesus nächtigte und der ihm dabei das Himmelreich zeigte, aber bei mehreren Evangelisten vor, nämlich bei Johannes und bei Markus. Es war also keiner der Evangelisten, der sich diese Geschichten ausdachte. Vielmehr muss dies schon vorher geschehen sein.

Doch entwickelt jemand erotische Fantasien über einen Verstorbenen, den er nicht kannte? Wohl kaum. Mag etwa Kleopatra eine noch so schöne Nase gehabt haben, ein Mann, der heute lebt, schwärmt von heute lebenden Frauen. Ebenso unser Legendenschöpfer. Er kannte Jesus. Er kannte zwar nicht das Himmelreich, denn sonst hätte er den Unsinn nicht erzählt, Jesus habe es ihm nächtens gezeigt, aber er kannte Jesus persönlich. Und hatte sich in ihn verliebt.

Nun suchen wir den Kandidaten in den legendenfreieren Quellen. Wir erinnern uns an den eifersüchtigen Petrus aus dem Mariaevangelium. Maria als Urheberin könnte jedoch den Vorgang parteiisch dargestellt haben. Deshalb ziehen wir zusätzlich das Thomasevangelium heran. In Thomas 114 heißt es: *Simon Petrus sagte zu ihnen: Mariham soll aus unserer Mitte fortgehen, denn die Frauen sind des Lebens nicht würdig. Jesus sagte: Seht, ich werde sie ziehen, um sie männlich zu machen, damit auch sie ein lebendiger Geist wird, vergleichbar mit euch Männern. Denn jede Frau, die sich männlich macht, wird in das Himmelreich gelangen.*

Petrus will Maria loswerden, angeblich, weil sie als Frau für das spirituelle Ziel ungeeignet sei. Jesus widerspricht, sagt, auch Frauen könnten in das Himmelreich gelangen, wenn sie »männlich« würden. Da aus dem Männlichen und dem Weiblichen eines wird (Thomas 22: ... *und wenn ihr aus dem Männlichen und dem Weiblichen eine Sache macht* ...), gilt dies auch umgekehrt, was Jesus hier aber aufgrund der Fragestellung des Petrus nicht sagt. »Männlich« meint hier »spirituell«, die Frau, die sich »männlich macht, wird in das Himmelreich gelangen«.

- Der metaphorische Begriff »Männlich-Sein« geht über die reine Geschlechterbezeichnung hinaus, sonst wäre ja jeder Mann ohne weiteres Zutun im Himmelreich, da er bereits männlich ist. Die Männer sind nur formal bereits dort (»lebendiger Geist«, »vergleichbar mit euch Männern«), aber das ist eine Konzession an die Situation und gehört zum weltlich auszulegenden Teil des Spruchs. Denn der Spruch bewegt sich, ausgehend von der Frage des Petrus, auf zwei Ebenen, auf einer spirituellen und auf einer gruppenbezogenen. Der doppelte Anspruch des Spruchs lautet: Marias Geschlecht spielt nicht nur spirituell keine Rolle, sie gehört auch zur weltlichen Gruppe dazu. Für Petrus, der sich rein männliche Gruppen vorstellt und wünscht, formuliert Jesus, dass Maria »männlich« werde (und so nicht mehr unterscheidbar von den männlichen Jüngern ist).

- Zwar gibt es geschlechtsspezifische Komponenten des Egos, bei Frauen ist dies etwa die Machtausübung durch Locken und gezieltes selektives Gunstgewähren. Geschlechtsspezifisches gibt es aber bei beiden Geschlechtern, das Ego beider ist gleich groß, die Hürden gleich hoch, das Ziel gleichermaßen nah und fern.

- In Thomas 114 legt Jesus dar, dass Frauen die Erleuchtung erzielen können.

- Die Katharer, eine weitverbreitete Glaubensgemeinschaft des Mittelalters, waren der Auffassung, dass die Seele einer »vollkommenen« Frau männlich sei. Die Katharer nannten sich »wahre Christen« und wurden von der katholischen Kirche brutal vernichtet. Über ihre Lehre ist deshalb nicht sehr viel bekannt, sie scheint aber in manchem frühen Jesus-Strömungen nahegestanden zu haben.[139] Auffällig ist die Parallele zum Thomasspruch bei der »männlichen Seele« der »perfekten Frau« aber allemal.

Petrus will also, dass Maria ausgeschlossen wird. Angeblich ist sie als Frau des Spirituellen »nicht würdig«. Das kann Petrus aber eigentlich völlig gleichgültig sein. Wieso also will er Maria loswerden? Was ist der wahre Grund? Der Grund lautet: Weil er in ihr eine Konkurrentin um die Zuneigung Jesu sieht. Sie ist diejenige, der Jesus vertraut. Er ist derjenige, der Jesu Liebe will. Es bleibt dabei offen, ob er sich seine homosexuelle Neigung überhaupt eingestanden hat. Er verhält sich in jedem Fall umgekehrt, als es heterosexuelle Männer tun. Er schäkert nicht, er flirtet nicht, er

139 So kannten die Katharer anscheinend die Vorstellung des inneren göttlichen Lichts.

wirbt nicht in Richtung der Maria oder einer anderen Frau. Nicht Jesus ist der Störenfried um die Gunst der Maria, sondern Maria ist der Störenfried um die Gunst Jesu. Petrus macht sie verantwortlich für sein ausbleibendes Liebesglück.

Es ist auch nicht bloß ein Unter-Männern-sein-Wollen wie bei einem Stammtisch, beim Fachsimpeln oder auch in kirchlichen Kreisen. Dagegen spricht, dass er zielgerichtet und häufig vehement speziell gegen Maria vorgeht. Im Thomasevangelium kommt Petrus nur zweimal vor, einmal in oben beschriebener Szene, in der er Maria aus der Gruppe vertreiben will.

Nun untersuchen wir das Evangelium der Maria nochmals hinsichtlich des Verhältnisses von Petrus zu Maria: ... *(10, 1) Petrus sprach zu Maria: »Schwester, wir alle wissen, dass der Retter dich lieber hatte als die anderen Frauen.«* Nicht die Frauen thematisiert Petrus, sondern dass Jesus Maria lieber hatte.

Sage du uns Worte des Retters, derer du dich erinnerst und die du kennst, wir aber nicht, weil wir sie auch nicht gehört haben. Petrus meint, dass Jesus Maria Dinge gesagt hatte, die Jesus anderen nicht mitteilte, die also insbesondere er, Petrus, nicht kennt. Maria erzählt dann den Traum.

... *(17, 15) Da redete Petrus dawider und fragte seine Brüder über den Retter: »Sollte er tatsächlich mit einer Frau allein gesprochen und uns ausgeschlossen haben?«* Jetzt greift Petrus Maria an. Dabei richtet er sich an die anderen, zudem argumentiert er nicht inhaltlich, sondern zweifelt vielmehr an, dass Jesus mit Maria alleine gesprochen hätte. Genau dies hatte er zuvor aber selbst behauptet. Er argumentiert irrational. Es sind Emotionen mit im Spiel.

Sollten wir ihr etwa zunicken und alle auf sie hören? Hat er sie uns vorgezogen? Er weiß genau, dass Jesus Maria ihm vorgezogen hat. Letztlich hat Petrus es zuvor noch selbst behauptet. Er fährt fort, die Wahrheit zu verdrehen. Er kann es nicht verkraften, dass Jesus sie ihm vorzog.

Da weinte Maria und sprach zu Petrus: »Mein Bruder Petrus, was sagst du da!« Maria leitet den Versuch ein, wieder mit dem begonnenen Thema fortzufahren, aber dieses ist eigentlich gar nicht das Thema, zumindest nicht für Petrus. Petrus ist in diesem Augenblick vollkommen egal, was Jesus sagte und ob Maria es wahrheitsgemäß berichtet hatte. Ihre Reaktion im emotionalen Bereich zeigt hier den eigentlichen Streitpunkt, denn ihr Gefühl reagiert auf seines. Sie ist verletzt, weil er sie verletzte. Er verletzte sie, weil er in ihr die Schuldige dafür zu erkennen glaubte, dass Jesus seine Liebe nicht erwiderte.

(18, 3) Meinst du, ich hätte dies alles selbst ersonnen in meinem Herzen (= Kopf) *und würde so über den Retter lügen?* Maria bringt das Gespräch wieder auf das ursprüngliche Thema. Es geht ihr darum, zu zeigen, Jesu Worte richtig zitiert zu haben. So versucht sie, das Gespräch wieder von der Person zur ursprünglichen Sache zu leiten. Petrus hatte wider besseren Wissens angezweifelt, dass Jesus überhaupt mit Maria alleine geredet hatte, und attackierte Maria so als Person.

Da nahm Levi (= Matthäus) *das Wort und sprach zu Petrus: »Petrus, du bist von jeher aufbrausend.«* Matthäus wird es zu viel, er ergreift Partei für Maria. Er bemerkt zudem Petri aufbrausende Art und bestätigt somit, dass Petrus in dieser Szene auch äußerlich emotional wurde. Die Argumentationskette von Petrus, die nichts anderes ist als eine Rationalisierung seiner vermutlich verdrängten Gefühlswelt, bricht zusammen. Matthäus fährt fort:

… (18 14) Und deshalb hat er sie auch mehr als uns geliebt. Er übernimmt den »Mehr-lieben«-Terminus. Zugleich bestätigt er das engere Verhältnis Jesu zu Maria.

Maria hat diese Szene wohl kaum in ihrem Sinne verfälscht, es ist undenkbar, dass sie sie erfunden hat. Und zwar deshalb, weil sie durch den Streit die Jüngergruppe in schlechtem Licht darstellt, insbesondere auch sich selbst: Wenn schon die anderen Jünger den Wahrheitsgehalt ihres Traums anzweifeln, dann schwächt sie den Eindruck an Glaubwürdigkeit, den sie bei den Lesern erweckt. Sie stellt sich selbst in ihrem eigenen Evangelium das denkbar schlechteste Glaubwürdigkeitszeugnis aus. Es spricht deshalb einiges dafür, dass sie die Vorgänge zwar subjektiv geschildert haben mag, aber die Szene in ihren Einzelheiten wahrheitsgemäß übermittelte.

Die zwischenmenschliche Kernaussage des Evangeliums der Maria wird zudem durch das Thomasevangelium bestätigt: Petrus wollte Maria loswerden. Sie war die Konkurrentin um die Liebe Jesu. Petrus war in Jesus verliebt. Möglicherweise war er sich dessen aber gar nicht richtig bewusst, weil er sich seine Homosexualität und seine Gefühle zu Jesus nicht eingestanden hat.

Erotische Fantasien hatte Petrus allerdings schon. Sie sind in den Geschichten eingearbeitet, deren Verfasser eben Petrus ist. Dabei kaschiert er die erotischen Teile, wie die Erwähnung des Leinentuchs auf nacktem Körper, nur mühsam. Eine solche Kaschierung ist beispielsweise, dass Jesus dem Jüngling in der gemeinsamen Nacht das Himmelreich zeigt. Dass er sie kaschiert, ist selbstverständlich, es handelt sich ja immerhin um einen religiösen Text, der nicht nur in zahlenmäßig begrenzten homosexuellen Kirchenzirkeln kursieren sollte. Dass diese Texte nur eine geringe Chance hatten, unverändert bis in den Kanon zu gelangen, erscheint naheliegend. Schon Clemens weist auf diese Problematik hin sowie auf seinen bezeichnenden Umgang damit, nämlich dass er den Text verleugnen würde.

Wir finden in den kanonischen Evangelien deshalb nur noch wenige Hinweise auf die Liebe des Jüngers beziehungsweise auf die Liebe Jesu zum Jünger. Die Evangelien sind weitgehend entsexualisiert, aber nicht vollständig, es schimmern selbst im Neuen Testament immer wieder Reste durch, was sich in Formulierungen wie »lieb haben«, »nackt« und dergleichen, insbesondere im Johannesevangelium, zeigt. Die ganze Kirchengeschichte hindurch gaben diese Stellen in den heiligen Schriften Anlass für Spekulationen.

Dass Geschichten über die Erwiderung von Liebe frei erfunden werden, ist im Übrigen nicht selten. Der Verliebte fantasiert sich in die Rolle des Partners der begehrten Person. Solche Geschichten, die sich im Kopf der Lebenden abspielen, finden mitunter ihren Weg aus der Vorstellungswelt, auch wenn sie nicht der Wahrheit entsprechen, und werden als reale Tatsachen ausgegeben. Auch im Falle des Petrus war es so.

Simon Petrus ist also der »Jünger, den Jesus lieb hat«, wie wir ihn in Johannes 11, 3 und Markus 10, 21 finden (der »Lieblingsjünger«, beispielsweise in Johannes 13, 23, ist trotz vergleichbarer Wortwahl ein anderer). Dieses Liebhaben durch Jesus ist zur Erzählung gewordene Fantasie und Wunschvorstellung. So direkt erscheint dies natürlich nicht in den Legenden. Aus der unerwiderten Liebe der Realität wird aufgrund entsprechender Wunschvorstellung in den Legenden die Liebe der Figur Jesus zur Figur des »Jüngers, den Jesus lieb hat«, hinter der Petrus steckt.

Petrus stand dabei in Konkurrenz zur Jüngerin Maria. Auch diese Eifersucht schimmert manchmal durch, wie wir gesehen haben. Da die Figur des Jüngers, den Jesus lieb hat, nicht den Namen Simon Petrus trägt, hat in den Legenden neben der Figur dieses Jüngers noch eine weitere Figur »Simon Petrus« Platz, die auch so heißt.

Der echte Simon Petrus steht damit am Beginn der Legendenschöpfungskette. Er ist der erste und wichtigste Erfinder der Legenden der Evangelien. Er tut dies als Zeitgenosse und in Kenntnis der Person Jesu. Deshalb kann es vor ihm keinen weiteren gegeben haben. Wieso aber erfindet er solche Geschichten? Vor einer Antwort auf diese Frage wollen wir aber erst die Urheberschaft des Petrus weiter untermauern.

DIE SCHÖPFUNG DES MARKUSEVANGELIUMS

Petrus ist also der Urheber der Legenden der biblischen Evangelien. Doch welche Vorgänge führten zur Entstehung des ersten Evangeliums, dem des Markus? Dazu muss man praktischerweise nur lesen, nichts analysieren. Es ist nämlich ein Bericht überliefert, der die Entstehung des Markusevangeliums schildert. Wir finden ihn im besagten Brief des Clemens. Es ist lediglich nötig, Personen und Texte zuzuordnen. Clemens beschreibt nämlich nicht nur, worum es sich bei dem geheimen Markusevangelium handelt, sondern liefert nebenbei auch einen Bericht, wie das Markusevangelium entstanden ist. Er übermittelt uns sogar, wozu es entstand. Clemens schreibt:

»[Was nun] Markus [angeht], so schrieb er damals, während des Aufenthalts des Petrus in Rom, [eine Darstellung von] den Taten des Herrn, nicht jedoch gab er alle bekannt, noch machte er schon Andeutungen auf die geheimen, sondern wählte diejenigen aus, die er für die nützlichsten hielt, den Glauben jener zu stärken, die gerade unterwiesen wurden.«

Der Markus, von dem hier die Rede ist, ist kein anderer als derjenige, nach dem das Markusevangelium benannt ist. Und Petrus ist Simon Petrus, der Jünger Jesu, Erfinder der Legenden. Petrus war in Rom. Markus schrieb eine Darstellung von den Taten des Herrn, also von den Legenden, die Petrus vortrug. Dabei handelt es sich um den Vorläufer des heutigen Markusevangeliums, nur aus Legenden bestehend, wie Markus sie sich notierte, noch ohne Jesusworte. Die geheimen Taten sind die Legenden, die später Bestandteil des geheimen Markusevangeliums sein werden. Markus traf eine Auswahl unter Nützlichkeitsgesichtspunkten.

Petrus-Erzählungen:	Offen	Geheim
	↓	
Markus erste Notizen:	Auswahl	

Petrus trägt seine Erzählungen vor, von denen er einen Teil als geheim deklariert. Markus trifft von den offen vorgetragenen eine Auswahl.

Abbildung 59: Erste Niederschrift von Erzählungen über Petrus durch den späteren Evangelisten Markus in Rom

Als aber Petrus als Märtyrer starb, kam Markus nach Alexandria herüber und brachte seine eigenen Aufzeichnungen wie auch die des Petrus mit. Markus reist – flieht – nach Alexandria. Er hat seine eigenen Aufzeichnungen sowie die Legendensammlung[140] und weitere Texte des Petrus im Gepäck, die er geerbt hatte. Die Örtlichkeiten und Personen stimmen im Übrigen mit der römischen beziehungsweise mit der griechisch-koptischen Überlieferung überein.

... von denen er in sein früheres Buch diejenigen Dinge übertrug, die geeignet waren, welchen Fortschritt auch immer zur Erkenntnis zu machen. [Solchermaßen] verfasste er ein geistigeres Evangelium zum Gebrauch für jene, die eben vervollkommnet wurden. Markus erweitert seine Legendensammlung um solche Erzählungen, die direkt aus der Legendensammlung des Petrus stammen. Dabei handelt es sich um die Legenden, die Bestandteil des geheimen Markusevangeliums werden.

Dessen ungeachtet enthüllte er nicht die nicht zu verbreitenden Dinge, noch schrieb er die hierophantische Lehre des Herrn nieder. Die nicht zu verbreitenden Dinge sind die Jesusworte des Thomasevangeliums, die hierophantische (= mysteriöse, enthüllende) Lehre ist die des Mariaevangeliums. Der Evangelist Markus hält

140 Mehrere Werke dieser Legendensammlung von Petrus sind erhalten, darunter das außerkanonische Petrusevangelium. Es würde in diesem Zusammenhang jedoch zu weit führen, dies hier zusätzlich zu erläutern.

sich an die Vorgabe Jesu bezüglich der Geheimhaltung. Dass Clemens das Thomasevangelium vorlag, ist bekannt.[141] Dabei dürften ihm jedoch nur Teile des Thomas- oder auch des Mariaevangeliums vorgelegen haben.

... sondern fügte den schon geschriebenen Geschichten noch andere hinzu und brachte überdies gewisse Aussprüche hinein, von denen er wusste, dass ihre Interpretation als ein Mystagogen die Hörer in das innerste Heiligtum jener Wahrheit führen würde, die von sieben [Schleiern] verhüllt ist.

Das ist das Rezept! Hier steht es! Markus fügt in die Erzählungen des Petrus Jesusworte aus dem Thomasevangelium ein in der Absicht, die Hörer an das innerste Heiligtum heranzuführen. Hier ein »Balken vor dem Auge«, dort ein Senfkorngleichnis.[142] Zugleich erweitert er den Umfang. Die »sieben [Schleier]« bestätigen, dass es sich bei der hierophantischen Lehre um die des Mariaevangeliums handelt. Sie entsprechen den sieben Genossen des Zorns im Traum der Maria.

So bestimmte er insgesamt, meiner Meinung nach, weder ungern noch unvorsichtig, die Dinge vorher und hinterließ sterbend sein Werk der Kirche in Alexandria, wo es noch heute aufs Sorgfältigste behütet und nur denen vorgelesen wird, die in die großen Geheimnisse eingeweiht werden. Das »Werk« bezieht sich inhaltlich auf geheime Texte: das geheime Markusevangelium, wohl auch das Thomas- und Mariaevangelium. Dabei sind die Originale gemeint – dies liegt auch wegen der Erwähnung einer »sorgfältigsten Behütung« nahe; zudem ergab sich anfangs kein Bedarf an Kopien der geheimen Texte.[143]

141 Beispielsweise *Stromata V* 14, 96 oder II 9, 45; sein Nachfolger Origenes erwähnt es explizit (Homilie zu Lukas I, 2).

142 Tatsächlich kommt das Balken-Gleichnis bei Markus nicht vor. An dieser Stelle geht es nur darum, das Verfahren der Integration von Jesusworten zu verstehen. Dieses Verfahren haben später Lukas und Matthäus übernommen. Dass Lukas und Matthäus Logien in ihre Evangelien integriert haben, ist grundsätzlich bereits im 19. Jahrhundert bemerkt worden (im Rahmen der sogenannten Zweiquellentheorie, die insbesondere von Schleiermacher, Weisse und Holtzmann entwickelt wurde). Allerdings hat eben bereits Markus Jesusworte integriert – und selbst er war nicht der Erste, sondern zuvor war es natürlich Petrus, der bei seiner Mission auf das Thomasevangelium zurückgriff und beim Vortragen beziehungsweise Erfinden der Erzählungen Logien einbaute.

143 Wer möchte, kann ja jetzt die seinerzeit sorgfältigst behüteten Originale des Jüngers Petrus und des Evangelisten Markus suchen. Vielleicht sind die Stiftungspapiere des Christentums nicht zu Asche und Staub zerfallenen, sondern haben die Wirren der Geschichte irgendwo im Gebiet von Alexandria überdauert. Wahrscheinlich ist dies allerdings nicht.

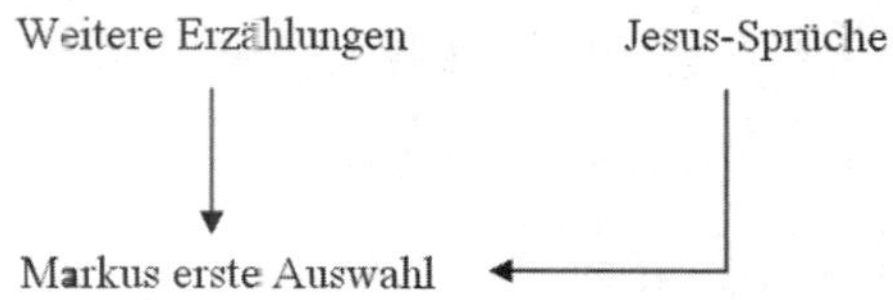

In Alexandria ergänzt Markus seine frühen Aufzeichnungen um weitere Erzählungen. Der so entstandene Text bleibt an den Stellen geheim, bei denen es sich bereits zuvor um geheime Erzählungen handelte.
Zudem fügt Markus einige geheime Jesusworten hinzu, um die Hörer ans Innerste heranzuführen. Durch die Beifügung von (spirituellen) Jesusworten in die (Wunder-)Erzählungen von Petrus erfindet Markus die Literaturgattung, die bald als „Evangelium" eine Erfolgsgeschichte ohne gleichen werden wird.

Abbildung 60: Die Erfindung des Evangelium-Konzeptes durch Markus

Was hier steht, ist der Schlüssel zum Verständnis der Entstehung des Markusevangeliums und damit der kanonischen Evangelien insgesamt. Zugleich wird die Situation der Kirche zu Markus' Zeiten deutlich. Auf der einen Seite wurden die Legenden des Petrus, von deren Wahrheitsgehalt Markus wohl überzeugt war, dem Publikum vorgetragen. Auf der anderen Seite gab es die geheimen Worte Jesu aus dem Thomasevangelium, die den innersten Kirchenkreisen vorbehalten waren.

Markus' eigentlich recht gute Idee war nun, dem Publikum eine Art Vorgeschmack zu bieten. Dazu fügte er eine Auswahl an geheimen Jesusworten in die Legenden ein, die dem Publikum vorgetragen wurden. So knüpfte er Bande zwischen den beiden doch sehr unterschiedlichen Teilen, den Legenden und den überlieferten Worten. Die letztlich wenig aussagenden, aber attraktiven Legenden wurden mit - halbwegs - wahren Jesusworten angereichert, die bis heute auf Christen spirituell wirken können. Geheim und nicht für das breite Publikum waren des Weiteren das Mariaevangelium und der als »geheim« deklarierte Teil der Legenden. Am Rande erwähnenswert ist, dass Markus sein Evangelium in Alexandria verfasst hat und dass er es dort mit den Aufzeichnungen des Petrus hinterließ.[144]

Rom:	Petrus-Aufzeichnungen (Offene und geheime Erzählungen, Thomas- und Mariaevangelium)	→	Markus' erste Auswahl an Erzählungen
	↓		↓
Alexandria:	Petrus-Aufzeichnungen	→	Markusevangelium

In Rom macht Markus erste Aufzeichnungen von den Erzählungen des Petrus. Petri Aufzeichnungen umfassen aber weitere Erzählungen sowie (schlecht überlieferte) Teile des Thomas- und des Mariaevangeliums. Markus transportiert beider Aufzeichnungen nach Alexandria, wo er daraus sein Evangelium verfaßt.
Diese Entstehungsgeschichte erklärt, wieso in der frühen Überlieferung beide Orte, Rom und Alexandria, als Entstehungsorte genannt werden.

Abbildung 61: Die Entstehungsorte des Markusevangeliums

Es wird aber auch das seinerzeitige Verhältnis von Gnosis und Christentum deutlicher. Gnosis und Christentum haben sich schnell auseinanderentwickelt, sowohl in ihren Schwerpunkten als auch bezüglich ihrer Legenden und Ausschmückungen. Im Kern behielten aber beide die im Thomasevangelium festgehaltenen echten Worte Jesu als das Heiligste bei und tradierten sie in ihren innersten Kreisen weiter. Die strikte Trennung, die wir heute vornehmen, ist nachträglich und in ihrer Schärfe unbegründet. Es sind zwei Stämme eines Baumes mit gemeinsamen Wurzeln, den Worten Jesu. Entsprechend gibt es Gemeinsamkeiten, wie das Streben nach »Erkenntnis« (ursprünglich eine weitere Metapher für Erleuchtung). Dementsprechend stand auch im christlichen Mönchtum lange Zeit die Erkenntnis Gottes im Mittelpunkt, die durch Kontemplation, Gebet und dergleichen angestrebt wurde (und zum Teil auch heute noch angestrebt wird).

144 Johannes Chrysostomus bestätigt im Übrigen den Entstehungsort Ägypten (Homilie zum Matthäusevangelium I, 7), andere frühchristliche Autoren nennen Rom. Gewissermaßen sind beide Orte richtig, weil das Evangelium schrittweise an beiden Orten entstand.

DIE GEHEIMEN EVANGELIENERZÄHLUNGEN

Besser verständlich ist jetzt auch die Natur des geheimen Teils des Markusevangeliums. Die geheimen Legenden, die dort standen, waren einfach besondere Legenden, die sich Petrus ausdachte und die er für geheim erklärte. Dabei griff er auf die durch Jesus begründete Tradition der Geheimhaltung zurück. Die Geheimhaltung hat bei ihm aber eine andere Funktion als bei Jesus. Jesus wollte die Geheimhaltung, weil seine Worte nur denen mitgeteilt werden sollen, die ihrer würdig sind – heilige Worte nur für jene, die dafür offen, die nicht »geistig blind« (Clemens) sind.

Bei Petrus scheinen die der Geheimhaltung unterliegenden Legenden hingegen gerade diejenigen zu sein, die beweisen sollen, dass Jesus Petrus Liebe erwidert habe oder die anderweitig eine Liebe zwischen Jesus und Petrus thematisieren. Für alle Erzählungen lässt sich das derzeit nicht zuverlässig beurteilen, da aus dem geheimen Markusevangelium nur die Markusversion der Lazarusgeschichte überliefert ist, in der die Thematik der Liebe Jesu freilich deutlich durchscheint. Aber bei zumindest einigen der anderen geheimen Legenden muss es um vergleichbare Themen gegangen sein. Wie lässt sich das nachweisen?

Sehen wir uns dazu den Gesamtzusammenhang aus einem anderen Blickwinkel an. Durch Clemens ist überliefert, dass es einen geheimen Teil des Markusevangeliums gab. Zudem übermittelt er eine Erzählung aus dem geheimen Markusevangelium. Bei dieser handelt es sich um die Markusversion der Lazarusgeschichte. Die Lazaruserzählung ist wiederum durch die Bibel wohlbekannt. Sie steht dort aber nur im Johannesevangelium, nicht in den drei übrigen Evangelien.

Nun enthält das Johannesevangelium weitere Erzählungen, die sich nur bei Johannes finden, nicht aber in den drei anderen Evangelien. Bei einem Teil dieser bei Johannes zusätzlich vorhandenen Geschichten handelt es sich nun um die Johannesversionen der Geschichten des geheimen Markusevangeliums! In der Bibel wurden vom Markusevangelium nur die offen zugänglichen Teile überliefert, nicht die geheimen.[145] Da diese geheimen Teile nicht in die Bibel aufgenommen wurden, gingen sie wohl letztlich verloren, weil man sie geheim halten wollte. Nicht so bei Johannes. Durch sein Evangelium sind ehedem als geheim klassifizierte Erzählungen überliefert! So wie die Lazarusgeschichte nur bei Johannes und im geheimen Markusevangelium überliefert ist, gilt analog für weitere exklusive Geschichten des Johannesevangeliums: Sie waren ursprünglich geheim. So kennen wir durch das Johannesevangelium noch weitere der ursprünglich geheimen Erzählungen.

Johannes kümmerte sich also nicht mehr um die Geheimhaltung. Die von ihm tradierten Geschichten sind zudem entschärft, die um den Jünger, den Jesus lieb hat, weitgehend entsexualisiert. Darüber hinaus dürften die Geschichten weiter ausgeschmückt und mit zusätzlichen Elementen erweitert worden sein, so wie bei Johannes vieles weiterentwickelt wurde. Dennoch ist derzeit das Johannesevangelium der wichtigste Hinweis auf weitere Geschichten, die das geheime Markusevangelium enthalten haben dürfte.

Und so finden wir im Johannesevangelium einige der Erzählungen, die Petrus ursprünglich als geheim klassifizierte, da sie sein Verhältnis zu Jesus thematisieren. Sie liegen somit in der Johannesversion heute noch vor. In diesen Erzählungen verarbeitet Petrus seine romantische Sehnsucht nach Jesus. Dazu zählt Johannes Kapitel 13 »Die Fußwaschung«. Dort steht: *... da er die Seinen ... geliebt hatte, liebte er sie bis ans Ende. ... steht [Jesus] ... von dem Abendessen auf und legt die Oberkleider ab; ... und fing*

145 Gleiches gilt fürs Lukas- und fürs Matthäusevangelium, soweit man aufgrund von Analogieüberlegungen auch bei ihnen die frühere Existenz geheimer Teile annimmt.

Zugänglichkeit:	Offen	Geheim
	↓	↓
Aufnahme:	Matthäus, Markus Lukas, Johannes	~~Matthäus~~, (Markus) ~~Lukas~~, Johannes

Nur die offenen Erzählungen gelangten unverändert in die Bibel. Die ehedem geheimen Erzählungen wurden von den Synoptikern nicht überliefert. Johannes nahm sie hingegen in einer abgeschwächten Version in sein Evangelium auf. Unabgeschwächt ist nur eine geheime Erzählung des Markusevangeliums aus dem Brief des Clemens bekannt.

Abbildung 62: Die Überlieferungsgeschichte der geheimen Erzählungen von Petrus

an, die Füße der Jünger zu waschen … Er kommt nun zu Simon Petrus … Jesus antwortete ihm: »Wenn ich dich nicht wasche …« Simon Petrus spricht zu ihm: »Herr, nicht meine Füße allein, sondern auch die Hände und das Haupt …«

In dieser Erzählung geht es spirituell, moralisch oder erzählerisch letztlich um nichts Wesentliches. Stattdessen wird eine ausgedehnte Fußwaschung berichtet, in der sehr betont wird, dass Jesus die Jünger liebt, seine Oberkleider ablegt und dergleichen. All dies wird etwas aufdringlich geschildert, aber auch so, dass es gerade noch durchgehen kann, ohne sexuell anzumuten. Und wer bittet dann unvermittelt Jesus, er möge ihm doch auch seine Hände und Haupt waschen? Petrus natürlich, diesmal in persona, nicht als »der Jünger, den Jesus lieb hat«.

Ein weiteres Beispiel ist Johannes 21, 15–23: *Als sie nun gefrühstückt hatten, spricht Jesus zu Simon Petrus: »Simon, [Sohn] des Johannes, liebst du mich mehr als diese?« Er spricht zu ihm: »Ja, Herr, du weißt, dass ich dich lieb habe …«* Immer wieder fragt Jesus Petrus, ob er ihn liebe. Religiös ergibt das kaum Sinn. Auch hier tritt Petrus in eigener Person auf, nicht als Jünger, den Jesus lieb hat. Dies gilt nicht für seine Konkurrentin Maria, die in seinen Erzählungen immer anonymisiert wird, wenn es ums Verhältnis zu Jesus geht.

Sowohl im Thomasevangelium als auch im Mariaevangelium ist Petri Eifersucht auf Maria bezeugt. Sie ist, neben Petrus selbst, die zweite Person, die er anonymisiert. In den ehedem geheimen Legenden des Petrus, wie sie uns im Johannesevangelium überliefert sind, mutiert Maria zum anonymen Lieblingsjünger. In Vers 21, 20 steht geschrieben: *Petrus wandte sich um und sieht den Jünger nachfolgen, den Jesus liebte, der sich auch bei dem Abendessen an seine Brust gelehnt und gesagt hatte: »Herr, wer ist es, der dich überliefert?« (21, 21) Als nun Petrus diesen sah, spricht er zu Jesus: »Herr, was [soll] aber dieser?«* Petrus wendet sich hier gegen seine (anonymisierte) Konkurrentin Maria. Sie ist die Person, die hinter »dieser« steckt: »...was [soll] aber dieser?« Der Autor Petrus lässt hier die Figur Petrus gegen die Figur des Lieblingsjüngers vorgehen, die er mit »dieser« anonymisiert und hinter der Maria Magdalena steckt. Johannes 21, 15–23 ist eine kaum verkappte Geschichte Petri um Liebe und Eifersucht von Petrus.

Man beachte auch Johannes 21, 7: *Da sagt jener Jünger, den Jesus liebte, zu Petrus: ...,* und 13, 23: *Einer von seinen Jüngern, den Jesus liebte, lag zu Tisch an der Brust Jesu.* Vielleicht legte Maria ihren Kopf beim Abschiedsmahl tatsächlich auf die Brust des (liegenden) Jesus. Dass Petrus dieses Detail schildert, spricht eigentlich dafür, denn ein Eifersüchtiger schildert den »Erfolg« seines Konkurrenten wohl nur, wenn er Anlass dazu hat. Und dass er solchen Details überhaupt Beachtung schenkt, zeigt, wie sehr er emotional involviert ist.

Wir haben also in den Legenden die Figuren dreier Jünger, die eine Rolle im Umfeld einer Liebe Jesu beziehungsweise zu Jesus spielen. Von diesen fallen zwei zusammen: Einmal Petrus in der Figur des Jüngers, den Jesus lieb hat, einmal Petrus in der Figur des Petrus. Die dritte ist seine Konkurrentin Maria in der Figur des (männlichen!) Lieblingsjüngers. Der erste Petrus ist die Wunschvorstellung, der zweite ist der realitätsnahe, unsichere, ungeliebte Petrus.[146] Durch die Anonymisierung Marias kaschiert Petrus seine Eifersucht und seine Gefühle gegenüber Jesus. Ihre Geschlechtsumwandlung reduziert den Anschein romantischen Gefühls weiter.

146 Ob sich Petrus selbst anonymisierte oder nicht, unterlag vermutlich auch dem Kriterium der Anstößigkeit: Die Fußwaschung hielt er anscheinend für unbedenklich, beim nächtlichen Zeigen des Reiches in der Lazarusversion des geheimen Markusevangelium zog er die Anonymisierung vor.

Aber es bleiben trotz der Entschlüsselung der Figuren legendenhafte Erzählungen mit zweifelhaftem Wahrheitsgehalt. Das Gezänk zwischen den beiden ist jedoch durch das Thomas- und durch das Mariaevangelium hinreichend belegt. Hinzu kommen Formulierungen wie obige aus dem Johannesevangelium: *(21, 21) … Petrus … spricht … zu Jesus: »Herr, was [soll] aber dieser?«.* Diese Stelle ist vermutlich an den entsprechenden Spruch des Thomasevangeliums angelehnt, der parallel aufgebaut ist und in dem Marias Ausgrenzung ebenfalls gefordert wird: *(114) Simon Petrus sagte zu ihnen: »Mariham soll aus unserer Mitte fortgehen …«.*

Thomasevangelium:	Petrus: Mariham soll gehen
	↓
Johannesevangelium:	Petrus: Was soll dieser?

Thomas hielt in seinem Evangelium fest, wie Petrus für einen Ausschluß Marias plädierte – aus Eifersucht. Petrus hat aber seinem Wunsch, Maria auszugrenzen, auch selbst in seinen Erzählungen Ausdruck verliehen. Dabei anonymisierte er Maria zum Lieblingsjünger, um sich seinen Gefühlen nicht stellen zu müssen.

Abbildung 63: Anonymisierung Maria Magdalenas zur Figur des Lieblingsjüngers durch Petrus

Insgesamt handelt es sich sogar um vier Figuren, denn wie Petrus kommt auch Maria in den kanonischen Evangelien doppelt (und teilweise nebeneinander) vor, nämlich als Lieblingsjünger und als Maria. Als Letztere bleibt sie allerdings farblos, die Maria steht nicht in Konkurrenz zu Petrus und hat auch kein besonderes Verhältnis zu Jesus. In Konkurrenz zu Petrus erscheint sie nur in der Figur des Lieblingsjüngers (beispielsweise bei Johannes 21, 21) und nur als solche kommt sie Jesus näher (13, 23: »… lag zu Tisch an der Brust Jesu«). Zudem tritt sie als Lieblingsjünger meist gemeinsam mit ihrem Konkurrenten Petrus auf. Es ist sehr merkwürdig, dass in den kanonischen Evangelien ausgerechnet Jesu Lieblingsjünger nicht zu den Zwölfen gehört und dass er namenlos bleibt, wo doch ansonsten beinahe jeder mit Namen aufgeführt wird, auch wenn er seltener vorkommt und bedeutungsloser ist. Gleiches gilt für den ebenfalls anonymen Jünger, den Jesus lieb hat. Nur der Verfasser der Erzählung kommt für die Anonymisierung infrage. Die Erklärung findet sich in der Vorlage, dem Evangelium nach Maria, in der Jesus Maria mehr liebt als die anderen: »(18, 14) Und deshalb hat er sie auch mehr als uns geliebt«, und in den damit in Zusammenhang stehenden Gefühlen und Kaschierungswünschen Petri.

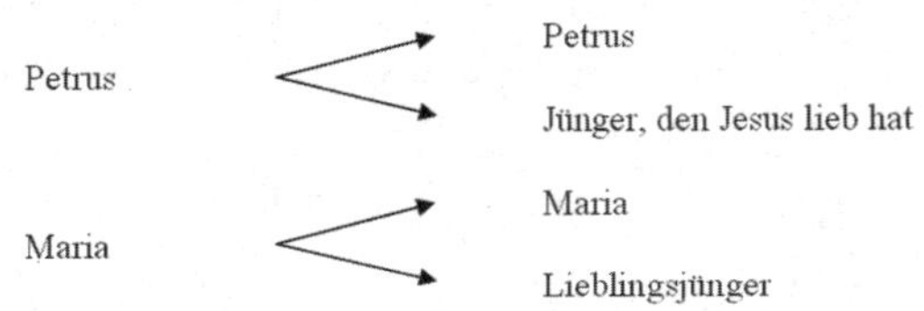

Im Neuen Testament gibt es zwei anonyme Jünger, den Lieblingsjünger (z.B. Johannes 13,23 oder 21,20) und den Jünger, den Jesus lieb hat (z.B. Johannes 11,3 oder Markus 10,21). Diese Figuren hat der Urheber der Erzählungen, Petrus, eingeführt, um seine Eifersucht auf Maria und um seine romantischen Gefühle zu Jesus zu kaschieren.
Sie treten folglich nur im entsprechendem Kontext auf: Maria als Lieblingsjünger, wenn es um ihre Bevorzugung durch Jesus und um die Eifersucht Petri darauf geht, und Petrus als Jünger, den Jesus lieb hat, wenn sich Petrus in die Rolle des Geliebten reinträumt. In anderem Zusammenhang kommen Petrus und Maria zusätzlich in ihren Originalnamen vor – insgesamt also doppelt.

Abbildung 64: Zuordnung und Funktion der anonymen Jünger

Petrus, dessen zweites Ich im Johannesevangelium in der Figur des Jüngers, den Jesus lieb hatte, mit dem späteren Namen Lazarus,[147] auftritt, wünschte sich Jesu Zuneigung. Gewissermaßen realisierte er diese Fantasie als Erzählung, etwa in Johannes 11, 35f., wo er zuvor sogar den Tod seines Alter Egos inszenierte, um Jesus Anlass zu geben, seine Gefühle zu ihm zu zeigen und seine Liebe auszudrücken: *Jesus weinte. Da sprachen die Juden: »Siehe, wie lieb hat er ihn gehabt!«* Er tat also so, als hätte Jesus ihn lieb gehabt (hier lohnt noch einmal ein vergleichender Blick auf Goethes Werther: Goethe hat nämlich nach seinem real erfolglosen Liebeswerben in seinem Roman den Tod seines Alter Egos Werther inszeniert, woraufhin er Lotte heftig weinen ließ!).

147 In der entschärften Version der Lazarusgeschichte bei Johannes hat der Jünger erst nachträglich (durch einen späteren Redaktor, nicht durch Petrus) den Namen »Lazarus« erhalten. Dabei wurde die ursprüngliche Bezeichnung belassen (11, 3: »den du lieb hast«).

Dabei beließ Petrus aber bei der Mehrzahl der Erörterungen, in denen es um das Liebhaben geht, seinen Namen Petrus, denn er wollte sich nicht völlig aus den Erzählungen eliminieren. Die Liebe Jesu zu Maria kaschierte er aber vollständig, ja, er machte seine Nebenbuhlerin zu einer Person ohne Gesicht und Eigenschaften. Deshalb tritt der Lieblingsjünger öfter auf als der Jünger, den Jesus lieb hat.[148]

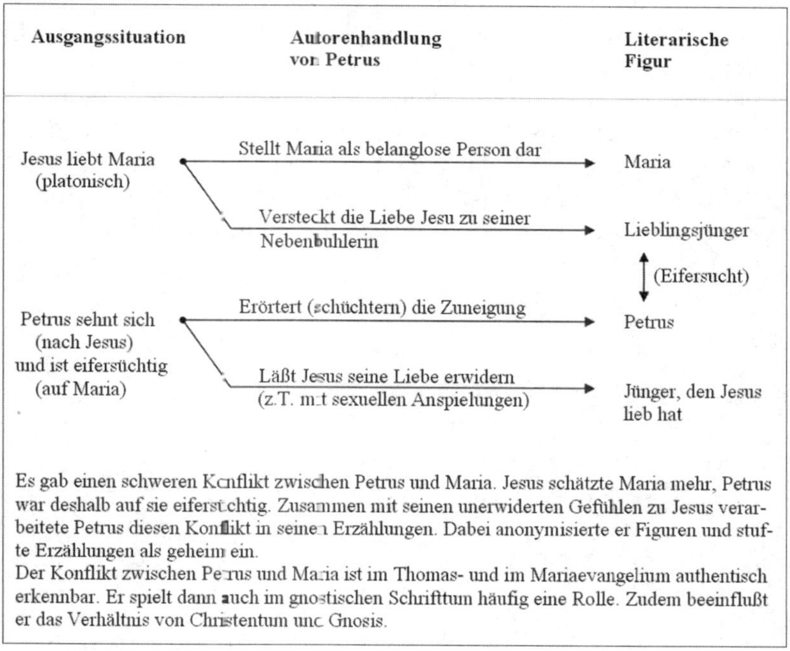

Abbildung 65: Motive, Projektionen und Konflikte von Petrus und ihre literarische Verarbeitung

Auch die weitere Situation von Petrus wird nun deutlicher. Er hatte eine Version des Thomasevangeliums bei sich, als er unterwegs war, um zu missionieren. Ursprünglich war dies sein wichtigster Text, schließlich handelt es sich um die Sammlung der

148 Beide, Petrus wie Maria, stecken hinter noch weiteren Figuren mit anderen Bezeichnungen. Es würde in diesem Zusammenhang jedoch zu weit gehen, diese an dieser Stelle zusätzlich zu erläutern, weswegen hier eine Beschränkung auf die Hauptfiguren erfolgt.

Worte Jesu.[149] Des Weiteren muss er auch das Mariaevangelium mit sich geführt haben, trotz aller Probleme zwischen den beiden, und trotz der Probleme, die es später bereitet haben dürfte, etwa die Kreuzigung mit dem bloßen Weggang zu vereinbaren.[150] Hätte er das Mariaevangelium nicht bei sich gehabt, hätte es den von ihm missionierten Gemeinden nicht vorgelegen. Zudem war er ja eigentlich davon überzeugt, dass Jesus Maria zusätzliche Informationen übermittelt hat, wie wir aus dem Mariaevangelium wissen. Dennoch dürfte er dem Evangelium der Maria die geringste Bedeutung zugemessen haben.

Man muss auch berücksichtigen, dass die Jünger nach dem Abschied Jesu nicht sofort auseinandergingen. Vielmehr haben sie sich zusammengesetzt, das weitere Vorgehen besprochen, Informationen ausgetauscht, wie wir es auch heute machen würden. Danach erst geht Petrus hin, missioniert und erfindet seine Legenden. Doch wieso?

149 Was die Qualität der Überlieferung der Sprüche angeht, hatten wir gesehen, dass sich bereits früh gravierende Fehler eingeschlichen haben. Auch dies könnte unmittelbar mit seiner Person zu tun haben, so spricht einiges dafür, dass Petrus schwach in Fremdsprachen und damit beim Übersetzen war.

150 Da kann man freilich redaktionell nachhelfen, insbesondere könnte Petrus die für ihn problematischen Stellen entfernt haben.

WOZU LEGENDEN?

Petrus handelte völlig rational. Man versuche einmal sich vorzustellen, mit dem Thomasevangelium in der Hand zu missionieren. Will eine Mutter quengelnder Kinder eine Aufforderung wie: »Hasse Vater und Mutter«, hören? Oder nicht vielleicht doch lieber: »Ehre Vater und Mutter«? Will ein Trauernder: »Wer sucht, wird einen Leichnam finden«, hören? Oder nicht vielleicht doch lieber: »Jesus ist für uns gestorben und wieder auferstanden!« Will ein Hungriger: »Sauerteig lässt Brote aufgehen«, hören? Oder nicht vielleicht doch lieber: »Jesus machte aus ganz wenigen Broten ganz viele Brote!«?

Aus seiner subjektiven Sicht handelte Petrus dabei sogar im besten Sinne. Denn er zog ja nicht nur viele Leute an, sondern gab den Gemeinden zudem echte Jesusworte des Thomasevangeliums mit, und das sogar unter der Vorgabe der Geheimhaltung. Hätte er ahnen müssen, dass irgendwann seine literarischen Meisterwerke, die er selbst womöglich für Schundwerke hielt, die wahren Jesusworte verdrängen würden, deren Bedeutung er erkannte und die er eigentlich vermitteln wollte? Aus seiner Sicht handelte er wie ein guter Verkäufer, der eben ein bisschen mogelt, der aber gleichzeitig darauf achtet, dass seine Kunden letztlich doch zufrieden sind und das Richtige bekommen.

Zweierlei sticht dabei hervor. Zum einen erfand Petrus natürlich seine gesamten Legenden nicht am Stück, vielmehr war dies ein längerer Prozess. Zuerst versuchte er, Jesusworte an den Mann zu bringen, und scheiterte. Nun erfand er Legenden, erklärte die Worte Jesu, brachte jüdisches Gedankengut ein, Gedankengut Jesu – oder was er dafür hielt –, modernes Gedankengut – das heißt damals vor allem griechisches und römisches – sowie eigene Ideen. Das entwickelte er laufend weiter. So kommt es, dass aus der Gesprächsnotiz oder Erinnerung an die tatsächlich stattgefundene Diskussion über die Frage, ob Jesus sich als Gott bezeichnen dürfe, erst die »Anschläge gegen Jesus« werden, und dann der »Prozess gegen Jesus«. So kommt es auch zu den vielen Zweifeln der Jünger, die die Zweifel der Zuhörer des Petrus waren, und die er mit Legenden, den unnötigen Hinweisen auf die Wunder in diesen Legenden und dergleichen zu beseitigen versuchte. So kommt es auch zu den dauernden Verweisen auf das Alte Testament, denn er und viele seiner Hörer waren Juden.

Petrus bastelt, wie ein Schriftsteller bastelt, aber da er eigentlich die Mission zum Ziel hatte, veränderte er sein Werk im Unterschied zu einem Schriftsteller laufend, dabei jedes einzelne Teilstück nach dem Maß des (äußerlichen!) Missionserfolges. Zudem gab er sein Werk im Unterschied zu einem Schriftsteller natürlich nicht als Roman aus, sondern als wahre Begebenheit. Einmal in seinen Geschichten verstrickt, fand er vielleicht vor Scham keinen Weg mehr heraus, falls er dies überhaupt wollte – auch heute gibt es Menschen, die sich in vergleichbare Verstrickungen der Geschichtenerzählerei begeben. So in etwa entstanden die Legenden, die bis heute in unseren Köpfen sind. Natürlich geschah dies nicht bei jeder Legende auf die gleiche Weise. So spielt etwa bei der Kreuzigungslegende die Aufarbeitung des Weggangs Jesu eine Rolle, bei anderen hingegen liegt ein konkreter Erklärungsversuch von Jesusworten im Zuge der Mission vor.

Zum anderen ist augenfällig, dass Petrus insofern in einer besonderen Situation war, als er Jesus liebte. Seine Homosexualität spielte dabei keine eigentliche Rolle, Jesus hätte auch eine Frau sein können und Petrus heterosexuell. Seine Verliebtheit in Jesus aber machte den bruchartigen Weggang Jesu für Petrus schwieriger als für die anderen. So wie Goethe den *Werther* schrieb, um den Bruch durch Lotte aufzuarbeiten, und dabei seinen Selbstmord inszenierte, so schrieb Petrus, um den bruchartigen Weggang Jesu aufzuarbeiten, die wichtigsten Legenden und inszenierte die Kreuzigung. Sowohl Goethe als auch Petrus verliebten sich in einen Menschen, der durch einen schweren Verlust geprägt worden ist: In beiden Fällen folgte eine Vergötterung, in beiden Fällen eine bruchartige Trennung, in beiden Fällen ein spektakulär inszenierter Tod, in beiden Fällen ein literarisches Meisterwerk.

Im Unterschied zu Goethes Lotte war Jesus für Petrus aber über den begehrenswerten Menschen hinaus geistiger und geistlicher Inhalt. Zudem war er für ihn auch Vorgabe für den weiteren Lebensweg. Er fühlte sich wohl verpflichtet, das (äußerliche) Werk Jesu zu vollenden, so wie Verbliebene oft das Werk eines geliebten Verstorbenen vollenden wollen. Bloß war Petrus nun derjenige, der einen »Verlust« erlitten hatte: Petrus verhielt sich, als wäre Jesus gestorben, denn Jesu bruchartiger Weggang war für ihn ein ebenso großer Verlust. Er wollte das Werk des verschwundenen Jesus vollenden.

Petrus handelte dabei gemäß seines Wesens. Er war nicht derjenige, der den Weg zum Selbst ging. Er war vielleicht nicht einmal jemand, der, wie wohl die Mehrzahl, merkte, dass das eigene Innere von entscheidender Bedeutung ist. Vielmehr war er, zumindest zu diesem Zeitpunkt, jemand, der spürte, dass Jesus etwas hatte, was ihm selbst fehlte und was ihn anzog. Petrus fühlte sich von Jesus also nicht nur als Mann angezogen, sondern auch als Person. Darüber hinaus erkannte er sehr wohl die Bedeutung dessen, was Jesus zu vermitteln hatte, auch wenn er nicht wirklich etwas damit anfangen konnte.

Zudem war er ein Mensch des äußeren Erfolges. Die Beschreibungen des Jüngers, den Jesus lieb hat, zielen auffällig oft auf einen Reichen, der seinen Reichtum nicht abzugeben vermag. Jesus hatte wohl recht, als er dies als Hindernis von Petrus erkannte. Denn Petrus wird mit der gleichen Art, mit der er Reichtum vermehrt, die Lehre Jesu verbreiten, im Maßstab des äußeren Erfolges, auch wenn Jesus diesen Maßstab explizit ablehnte. Petrus missionierte, ohne den Weg, den Jesus gewiesen hat, gegangen zu sein.

Den Beruf Fischer, den er als Figur Simon Petrus einnimmt, wird Petrus wahrheitsgemäß überliefert haben, zu oft werden Fische oder Schifffahrt thematisiert. So ist die Voraussage: *Du wirst Menschen fangen wie Fische* (Lukas 5, 10), die Jesus gemacht haben soll, wohl auch eine Charakterisierung des Petrus, sei sie von ihm selbst, sei sie von Jesus. Petrus missioniert nach dem Maßstab des äußeren Erfolges. Nach diesem Maßstab hat er seine Arbeit gut gemacht, er hat maßgeblich zum Erfolg des Neuen Testaments und damit des Christentums beigetragen. Nicht Jesus, nicht Paulus, sondern Petrus war der Marketingprofi, der das Christentum letztlich so groß machte.

Man beachte im Zusammenhang mit der Missionsarbeit auch, wie oft in den Evangelien das Überzeugen von Menschen thematisiert wird, insbesondere auch das Scheitern dieser Überzeugungsarbeit. Dies geschieht immer auf der gleichen Ebene, auf der sich auch die Wunder der Legenden ereignen, was streng genommen unmöglich ist, denn Zeugen solcher Wunder würden nicht zweifeln. Die Erörterung der Überzeugungsarbeit als Bestandteil der Legenden ist Folge der Überzeugungsarbeit selbst, und zwar der von Petrus. Petrus überzeugt, Petrus scheitert im Überzeugen. Petrus notiert sich seine Erfahrungen und integriert sie, die Akteure austauschend, in seine Erzählungen. Nicht ein Wunder vollführender Jesus hatte Probleme, Leute zu überzeugen, sondern der missionierende Petrus.

- Einige Punkte, die hier anhand der Inhalte der Texte erarbeitet wurden, decken sich durchaus mit dem, was andere Quellen über deren Entstehungsgeschichte überliefern. Auf Papias, einen Bischof (um 70–155), geht folgende Aussage zurück: *Markus, der Dolmetscher des Petrus, hat alles, dessen er sich erinnerte, genau aufgeschrieben, freilich nicht der [richtigen] Reihe nach … Später aber, wie gesagt, [folgte er] dem Petrus, der seine Lehrvorträge den Bedürfnissen entsprechend gestaltete.*[151] Petrus gestaltete seine Vorträge den »Bedürfnissen« seiner Zuhörer entsprechend, muss seine Vorträge somit dem Geschmack des Publikums angepasst haben (was in der Praxis auch bedeutet, dass er unterschiedliche Versionen erzählt haben muss).
  … jedoch nicht, um eine zusammenhängende Darstellung der Herrnworte zu geben, sodass Markus nicht falsch handelte, als er einiges so aufschrieb, wie er sich erinnerte.

151 Eusebius *Kirchengeschichte III*, 39, 15.

Petrus war also der Vortragende (und somit der Begründer des Christentums sowie der Schöpfer der Legenden), und Markus der, der die Erzählungen aufschrieb.

- Auffallend ist, dass »Markus nicht falsch handelte«, indem er keine »zusammenhängende Darstellung der Herrnworte« gab. Dies kann eigentlich nur ein Hinweis auf deren geheimen Charakter sein: Eine »zusammenhängende Darstellung der Herrenworte« wäre eine Veröffentlichung aller Sprüche Jesu aus dem Thomasevangelium und damit ein Verstoß gegen die Geheimhaltung. Einzig ein Verbot, Jesu Worte offenzulegen, erklärt diese Bemerkung des Bischofs. Eine Auswahl an Sprüchen hält Papias hingegen für unbedenklich. Sein Urteil ähnelt dem von Clemens in dessen Brief. Er bestätigt zugleich die zugehörigen Teile der Entstehungsgeschichte des Markusevangeliums, insbesondere, dass Markus nur einen Teil der Jesusworte ins sein Evangelium aufgenommen hat.

- Der Kirchenvater Hieronymus (347–419)[152] beschreibt Markus als Schüler und Übersetzer von Petrus. Markus schrieb in Rom ein »kurzes« Evangelium (also wohl die erste Version, in die er noch keine Jesusworte integriert hatte!), von dem, was er von Petrus gehört hatte. Wieder ist Petrus der Vortragende. Markus fuhr dann nach Ägypten.

- Die christliche Überlieferung deckt sich also mit dem hier entwickelten Entstehungsweg direkt von Petrus zu Markus! Die Quelle Petrus, die wir vor allem durch Textanalyse erarbeitet haben, war früher Allgemeingut – bis heute spricht man vom »Stuhl Petri«, erachtet sich die katholische Kirche als Nachfolgerin Petri, ist ihre Hauptkirche der Petersdom auf dem Petersplatz am Ort des Petrusgrabes. Allerdings stießen sich später die meisten Forscher an solchen Berichten (bis auf jene, die die Legenden des Neuen Testaments für bare Münze nahmen).

152 Hieronymus schreibt zwar spät, greift aber auf ältere Quellen zurück; siehe *De viris illustribus VIII.*

Anstatt nun Petrus als den Erfinder der Legenden auszumachen, erklärten die Forscher die Überlieferung, Petrus stünde am Beginn der Berichte über Jesus, für fehlerhaft! Stattdessen hätten sich frühe Christen nachträglich auf die Autorität des Apostels bezogen, sie hätten also so getan, als stammten die biblischen Erzählungen von ihm, um deren Glaubwürdigkeit zu untermauern.

Letztlich konnte man sich nicht vorstellen, dass es ein Jünger Jesu und somit ein Augenzeuge war, der Legenden über Jesu Leben erzählte. Deshalb sah sich die Forschung veranlasst, eine viele Jahrzehnte dauernde, fiktive Phase der mündlichen Tradierung anzunehmen, während der die Legenden entstanden sein sollen. Diese Annahme hat sich als falsch erwiesen. Die hier durch Textanalyse gewonnene Auffassung, dass der Jünger Petrus die Legenden über Jesu Leben entwickelte und übermittelte, stimmt hingegen mit der externen christlichen Überlieferung überein. Innere Textgründe und äußere Überlieferung decken sich.

Grundsätzlich muss irgendjemand die Legenden entwickelt haben, so viele Möglichkeiten gibt es nicht. Eine x-beliebige Person wird man ausschließen können, ebenso eine bekanntere (da wir keinen Hinweis auf eine solche Person haben).

Es bleiben zwei Möglichkeiten: Entweder entstanden die Legenden in einer längeren Phase mündlicher Tradierung und die frühen Berichte über Petrus als Übermittler sind falsch. Oder eben: Petrus selbst hat die Legenden erfunden, und die christliche Überlieferung über seine Rolle am Beginn des Christentums ist richtig.

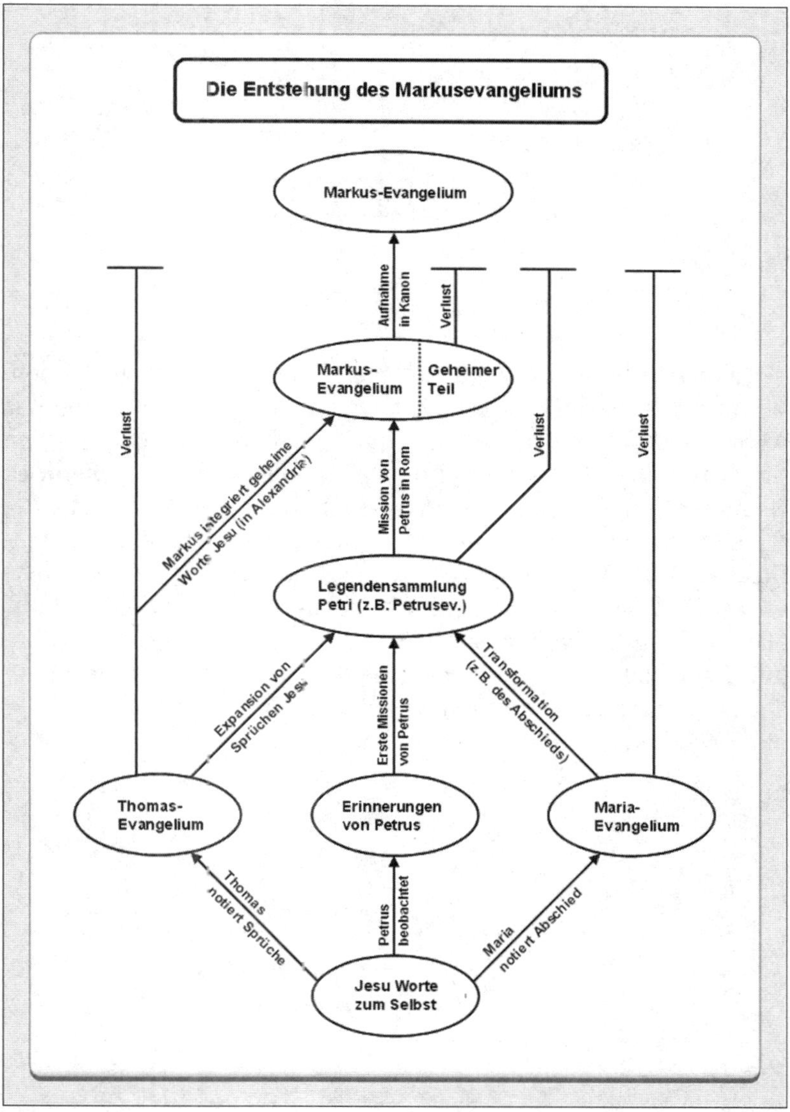

Abbildung 66: Die Entstehung des Markusevangeliums (Kurzschema)

AUSBLICK

Wir haben bereits viele grundlegende Erkenntnisse gewonnen. Wir wissen, wer die Legenden erfand, wie und wieso er es tat. Wir wissen auch, dass das Thomas- und das Mariaevangelium sowie die Erinnerung Petri die wichtigsten Quellen der Evangelien des Neuen Testaments waren. Hinzu kommen biografische Elemente, die eine Rolle für die Entstehung der Legenden spielen, vom Einfluss, den der Verlust des Vaters für Jesus hatte, über die unerwiderte Verliebtheit Petri in Jesus bis hin zu seiner Eifersucht auf Maria. Vor allem aber konnte gezeigt werden, dass Jesu Spiritualität inwendig zu verstehen ist. Sie weist den Menschen bis heute einen lebendigen Weg zu einem spirituell besseren Leben bis hin zur Erleuchtung.

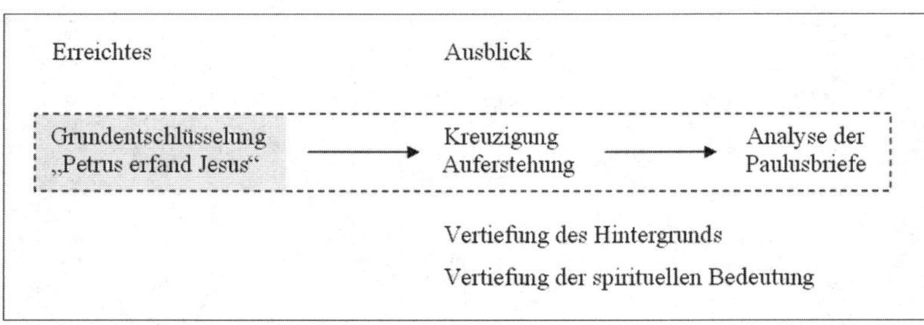

Abbildung 67: Ausblick

Ein erster, wichtiger Grundstein für eine vollständige Entschlüsselung ist mit den hier gewonnenen Erkenntnissen gelegt. Es sind aber noch weitere Aufgaben aus unterschiedlichen Bereichen zu lösen. Dazu gehört die Entschlüsselung weiterer Erzählungen, insbesondere die der Kreuzigung und die der Auferstehung. Hinzu kommt die Analyse der Paulusbriefe, denn diese wurden später redaktionell bearbeitet. Diese Schritte bedürfen aber ihrerseits ausführlicher Darlegungen und füllen ein eigenes Buch, das bereits in Planung ist. Dabei werden zusätzliche Methoden zur Anwendung kommen, denn der Entstehungsprozess des Neuen Testaments ist vielschichtig. Es wird sich endgültig zeigen, dass Paulus wie Jesus den Weg zur inneren spirituellen Erleuchtung wies. Außerdem wird sich das hier Erschlossene widerspruchsfrei bestätigen: Jesus wies zum Licht im Menschen. Andere hingegen verstanden ihn nicht und verfälschten Lehre und Texte.

ANHANG

DAS EVANGELIUM NACH THOMAS

Das Thomasevangelium

nach W. Schneemelcher/E. Blatz, © Mohr

Dies sind die geheimen Worte, die Jesus, der Lebendige, sagte und die Didymus Judas Thomas aufgeschrieben hat.

(1) Und er sagte: Wer die Interpretation dieser Worte findet, wird den Tod nicht schmecken.

(2) Jesus sagte: Wer sucht, soll nicht aufhören zu suchen, bis er findet; und wenn er findet, wird er bestürzt sein; und wenn er bestürzt ist, wird er verwundert sein, und er wird über das All herrschen.

(3) Jesus sagte: Wenn die, die euch führen, euch sagen: seht, das Königreich ist im Himmel, so werden euch die Vögel des Himmels vorangehen; wenn sie euch sagen: es ist im Meer, so werden euch die Fische vorangehen. Aber das Königreich ist in eurem Inneren, und es ist außerhalb von euch. Wenn ihr euch erkennen werdet, dann werdet ihr erkannt, und ihr werdet wissen, daß ihr die Söhne des lebendigen Vaters seid. Aber wenn ihr euch nicht erkennt, dann werdet ihr in der Armut sein, und ihr seid die Armut.

(4) Jesus sagte: Der alte Mensch wird nicht zögern in seinem Alter, ein kleines Kind von sieben Tagen zu befragen über den Ort des

Lebens, und er wird leben; denn viele Erste werden die Letzten werden, und sie werden ein einziger werden.

(5) Jesus sagte: Erkenne das, was vor dir ist, und das, was vor dir verborgen ist, wird dir enthüllt werden; denn es gibt nichts Verborgenes, was nicht offenbar werden wird.

(6) Seine Jünger fragten ihn (und) sagten zu ihm: Willst du, daß wir fasten? Und wie sollen wir beten (und) Almosen geben? Wie beachten wir die Frage der Speisen? Jesus sagte: lügt nicht und, was ihr verabscheut, das tut nicht; denn alles ist offenbar im Angesicht des Himmels; denn es gibt nichts Verborgenes, das nicht offenbar werden wird, und es gibt nichts Verhülltes, das bleibt, ohne enthüllt zu werden.

(7) Jesus sagte: Selig ist der Löwe, selig ist, den der Mensch ißt, und der Löwe wird Mensch werden; und verflucht sei der Mensch, den der Löwe frißt, und der Löwe wird Mensch werden.

(8) Und er sagte: Der Mensch gleicht einem weisen Fischer, der sein Netz ins Meer warf; er zog es aus dem Meer voll von Meinen Fischen; unter ihnen fand er einen großen schönen Fisch, der weise Fischer; er warf alle kleinen Fische ins Meer, er wählte den großen Fisch ohne Anstrengung. Wer Ohren hat, zu hören, der höre!

(9) Jesus sagte: Siehe, da ging ein Sämann hinaus, füllte seine Hand (und) warf (die Samen). Ein Teil davon fiel auf den Weg; die Vögel kamen, sie aufzusammeln. Andere fielen auf den Felsen, und sie schlugen keine Wurzeln in der Erde und brachten keine Ähren hervor gen Himmel. Und andere fielen auf die Dornen; sie erstickten die Saat und der Wurm fraß sie. Und andere fielen auf die gute Erde, und sie gab eine gute Frucht gen Himmel; sie brachte sechzig des Maßes und hundertzwanzig des Maßes.

(10) Jesus sagte: Ich habe ein Feuer auf die Welt geworfen, und seht, ich wache über es, bis es sich entzündet.

(11) Jesus sagte: Dieser Himmel wird vergehen. Und derjenige, der darüber ist, wird vergehen; und die, die tot sind, sind nicht lebendig, und die, die lebendig sind, werden nicht sterben. In den Tagen, in denen ihr eßt von dem, was tot ist, macht ihr daraus, was lebendig ist. Wenn ihr Licht sein werdet, was werdet ihr tun? An dem Tag, da ihr eins gewesen seid, seid ihr zwei geworden. Aber wenn ihr zwei geworden seid, was werdet ihr tun?

(12) Die Jünger sagten zu Jesus: Wir wissen, daß du uns verlassen wirst; wer ist es, der groß über uns werden wird? Jesus sagte zu ihnen: Da, wo ihr hingegangen sein werdet, werdet ihr auf Jakobus, den Gerechten, zugehen, für den Himmel und Erde gemacht worden sind.

(13) Jesus sagte zu seinen Jüngern: Vergleicht mich, sagt mir, wem ich gleiche. Simon Petrus sagte zu ihm: Du gleichst einem gerechten Engel. Matthäus sagte zu ihm: Du gleichst einem weisen Philosophen. Thomas sagte zu ihm: Meister, mein Mund wird es absolut nicht zulassen, daß ich sage, wem du gleichst. Jesus sagte: Ich bin nicht dein Meister, denn du hast dich berauscht an der sprudelnden Quelle, die ich hervorströmen ließ (?). Und er nahm ihn (und) zog sich zurück (und) sagte ihm drei Worte. Als Thomas aber zu seinen Gefährten zurückgekehrt war, fragten sie ihn: Was hat dir Jesus gesagt? Thomas sagte zu ihnen: Wenn ich euch eines der Worte sage, die er mir gesagt hat, werdet ihr Steine nehmen (und) sie gegen mich werfen, und ein Feuer wird aus den Steinen hervorkommen (und) euch verbrennen.

(14) Jesus sagte zu ihnen: Wenn ihr fastet, werdet ihr euch eine Sünde zuschreiben; und wenn ihr betet, werdet ihr verdammt werden; und wenn ihr Almosen gebt, werdet ihr Böses an eurem Pneuma tun. Und wenn ihr in irgendein Land eintreten werdet und in den Gebieten wandert, wenn man euch empfängt, dann eßt, was auch vorgesetzt wird; heilt die unter ihnen, die krank sind. Denn das, was in euren Mund hineingeht, wird euch nicht beflecken; aber das, was euren Mund verläßt, das ist es, was euch beflecken wird.

(15) Jesus sagte: Wenn ihr den seht, der nicht aus der Frau geboren ist, werft euch mit dem Gesicht zur Erde (und) betet ihn an; dieser ist euer Vater.

(16) Jesus sagte: Vielleicht denken die Menschen, daß ich gekommen bin, um Frieden auf die Welt zu werfen; und sie wissen nicht, daß ich gekommen bin, Uneinigkeiten auf die Erde zu werfen, Feuer, Schwert, Krieg. Denn es werden fünf sein, die in einem Haus sein werden: drei werden gegen zwei und zwei werden gegen drei sein, der Vater gegen den Sohn, der Sohn gegen den Vater, und sie werden als Einzelne dastehen.

(17) Jesus sagte: Ich werde euch geben, was kein Auge gesehen und was kein Ohr gehört und was keine Hand berührt hat und was nicht zum Herzen des Menschen aufgestiegen ist.

(18) Die Jünger sagten zu Jesus: Sage uns, wie unser Ende sein wird. Jesus sagte: Da ihr entdeckt habt den Anfang, warum sucht ihr das Ende? Denn da, wo der Anfang ist, wird auch das Ende sein. Selig, wer sich an den Anfang (im Anfang) halten wird, und er wird das Ende erkennen, und er wird den Tod nicht schmecken.

(19) Jesus sagte: Selig der, der war, bevor er wurde. Wenn ihr mir Jünger werdet (und) wenn ihr auf meine Worte hört, werden diese Steine euch dienen. Denn ihr habt fünf Bäume im Paradies, die verändern sich nicht, weder im Sommer noch im Winter, und deren Blätter fallen nicht. Derjenige, der sie kennt, wird den Tod nicht schmecken.

(20) Die Jünger sagten zu Jesus: Sage uns, was mit dem Himmelreich zu vergleichen ist. Er sagte zu ihnen: Es ist gleich einem Senfkorn, dem kleinsten unter allen Samen; aber wenn es auf beackerten Boden fällt, kommt aus ihm ein großer Zweig hervor, der ein Schutz für die Vögel des Himmels wird.

(21) Mariham sagte zu Jesus: Wem gleichen deine Jünger? Er sagte: Sie gleichen kleinen Kindern, die sich auf einem Feld niederge-

lassen haben, das ihnen nicht gehört. Wenn die Herren des Feldes kommen, werden sie sagen: Laßt uns unser Feld. Sie sind ganz nackt in ihrer Gegenwart, damit sie es ihnen lassen und ihnen ihr Feld geben. Darum sage ich: Wenn der Herr des Hauses weiß, daß der Dieb kommen wird, wird er wachen, bevor er kommt; (und) er wird ihn nicht eindringen lassen in das Haus seines Königreiches, um seine Dinge mitzunehmen. Ihr aber, wacht angesichts der Welt; gürtet eure Lenden mit einer großen Kraft, daß die Räuber keinen Weg finden, um zu euch zu kommen. Denn der Lohn, auf den ihr rechnet, sie werden ihn finden. Wäre (doch) unter euch ein weiser Mann! Als die Frucht gereift ist, ist er sofort gekommen, seine Sichel in der Hand, und hat sie gemäht. Wer Ohren hat, zu hören, der höre.

(22) Jesus sah Kleine, die gesäugt wurden. Er sagte zu seinen Jüngern: Diese Kleinen, die gesäugt werden, gleichen denen, die ins Königreich eingehen. Sie sagten zu ihm: Wenn wir also Kinder werden, werden wir in das Königreich eingehen? Jesus sagte zu ihnen: Wenn ihr aus zwei eins macht und wenn ihr das Innere wie das Äußere macht und das Äußere wie das Innere und das Obere wie das Untere und wenn ihr aus dem Männlichen und dem Weiblichen eine Sache macht, sodaß das Männliche nicht männlich und das Weibliche nicht weiblich ist und wenn ihr Augen macht statt eines Auges und eine Hand statt einer Hand und einen Fuß statt eines Fußes, ein Bild statt eines Bildes, dann werdet ihr in das [Königreich] eingehen.

(23) Jesus sagte: Ich werde euch erwählen (auswählen), einen unter tausend und zwei unter zehntausend, und sie werden dastehen, als wären sie ein einziger.

(24) Seine Jünger sagten: Belehre uns über den Ort, an dem du bist, denn es ist eine Notwendigkeit für uns, daß wir ihn suchen. Er sagte zu ihnen: Wer Ohren hat, der höre! Es ist Licht im Inneren des Menschen des Lichts, und er erleuchtet die ganze Welt. Wenn er nicht scheint, das ist die Finsternis.

(25) Jesus sagte: Liebe deinen Bruder wie deine Seele; wache über ihn wie über deinen Augapfel.

(26) Jesus sagte: Den Splitter, der im Auge deines Bruders ist, siehst du; aber den Balken, der in deinem Auge ist, siehst du nicht. Wenn du den Balken aus deinem Auge gezogen hast, dann wirst du (klar) sehen; um den Splitter aus deines Bruders Auge zu ziehen.

(27) Jesus sagte: Wenn ihr nicht fastet gegenüber der Welt, werdet ihr das Königreich nicht finden; wenn ihr den Sabbat nicht feiert wie den Sabbat, werdet ihr den Vater nicht sehen.

(28) Jesus sagte: Ich stand in der Mitte der Welt, und ich habe mich ihnen im Fleisch offenbart. Ich habe sie alle betrunken gefunden; ich habe niemanden unter ihnen durstig gefunden, und meine Seele wurde betrübt über die Söhne der Menschen; denn sie sind blind in ihrem Herzen, und sie sehen nicht, daß sie leer in die Welt gekommen sind, leer auch die Welt zu verlassen suchen. Aber nun sind sie betrunken. Wenn sie ihren Wein abschütteln, so werden sie bereuen (Buße tun).

(29) Jesus sagte: Wenn das Fleisch zur Existenz gelangt ist wegen des Geistes, so ist das ein Wunder. Aber wenn der Geist (zur Existenz gelangt ist) wegen des Leibes, so ist das ein Wunder der Wunder. Aber ich, ich wundere mich darüber, wie dieser große Reichtum in dieser Armut gewohnt hat.

(30) Jesus sagte: Wo drei Götter sind, da sind es Götter; wo zwei oder einer ist, da werde ich mit ihm sein.

(31) Jesus sagte: Kein Prophet wird in seinem Dorf aufgenommen, kein Arzt heilt die, die ihn kennen.

(32) Jesus sagte: Eine Stadt, die auf einem Berg gebaut ist, erhöht und befestigt, kann nicht fallen, noch kann sie verborgen werden.

(33) Jesus sagte: Das, was du mit deinem Ohr (und) mit dem anderen Ohr hörst, verkünde es auf euren Dächern. Denn niemand zündet eine Lampe an, um sie unter den Scheffel zu stellen, noch um sie an einen verborgenen Ort zu stellen; sondern man stellt sie auf einen Leuchter, damit jeder, der eintritt und hinausgeht, ihr Licht sieht.

(34) Jesus sagte: Wenn ein Blinder einen Blinden führt, fallen sie beide hinunter in eine Grube.

(35) Jesus sagte: Es ist nicht möglich, daß jemand in das Haus des Mächtigen eintritt (und) es mit Gewalt nimmt, es sei denn, er bände ihm die Hände; dann wird er sein Haus umdrehen.

(36) Jesus sagte: Sorgt euch nicht vom Morgen bis zum Abend und vom Abend bis zum Morgen, mit was ihr euch bekleiden werdet.

(37) Seine Jünger sagten: An welchem Tag wirst du dich uns offenbaren, und an welchem Tag werden wir dich sehen? Jesus sagte: Wenn ihr eure Scham nackt gemacht habt, wenn ihr eure Kleider nehmen und unter eure Füße legen werdet wie die kleinen Kinder (und) auf sie tretet, dann [werdet ihr sehen] den Sohn des Lebendigen und ihr werdet euch nicht fürchten.

(38) Jesus sagte: Oft habt ihr gewünscht, diese Worte zu hören, die ich euch sage, und ihr habt keinen anderen, von dem ihr sie hören könnt. Tage werden kommen, da ihr mich suchen (und) nicht finden werdet.

(39) Jesus sagte: Die Pharisäer und die Schriftgelehrten haben die Schlüssel zur Erkenntnis erhalten, (und) sie haben sie versteckt. Sie sind auch nicht eingetreten, und die, die eintreten wollten, haben sie nicht eintreten lassen. Aber ihr, seid klug wie die Schlangen und rein wie die Tauben.

(40) Jesus sagte: Ein Weinstock ist gepflanzt worden außerhalb des Vaters; und da er nicht befestigt ist, wird er ausgerissen werden mit seiner Wurzel, (und) er wird verderben.

(41) Jesus sagte: Wer in seiner Hand hat, dem wird gegeben werden; und dem, der nicht hat, wird man auch das Wenige, das er hat, nehmen.

(42) Jesus sagte: Seid Vorübergehende!

(43) Seine Jünger sagten zu ihm: Wer bist du, der du uns das sagst? Jesus sagte zu ihnen: Von dem, was ich euch sage, wißt ihr nicht, wer ich bin? Doch ihr seid wie die Juden geworden; denn sie lieben den Baum (und) hassen seine Frucht, und sie lieben die Frucht (und) hassen den Baum.

(44) Jesus sagte: Wer den Vater lästert, dem wird man verzeihen, und wer den Sohn lästert, dem wird man verzeihen; aber dem, der den Heiligen Geist lästert, dem wird man nicht verzeihen, weder auf der Erde noch im Himmel.

(45) Jesus sagte: Man erntet nicht Trauben von Dornsträuchern, noch pflückt man Feigen von Weißdornsträuchern, sie geben keine Frucht. Denn ein guter Mensch bringt Gutes aus seinem Schatz hervor; ein böser Mensch bringt böse Dinge aus seinem Schatz hervor, der sein Herz ist, und er sagt böse Dinge, denn aus dem Überfluß des Herzens bringt er böse Dinge hervor.

(46) Jesus sagte: Von Adam bis Johannes dem Täufer ist unter den Kindern der Frauen keiner höher als Johannes der Täufer, denn seine Augen waren nicht zerstört (?). Aber ich habe gesagt: Wer unter euch klein wird, wird das Königreich erkennen und wird höher sein als Johannes.

(47) Jesus sagte: Es ist nicht möglich, daß ein Mensch zwei Pferde besteigt, (noch daß) er zwei Bogen spannt; und es ist nicht möglich, daß ein Diener zwei Herren dient, es sei denn, er ist ehrerbietig gegenüber dem einen, und den anderen verhöhnt er. Niemand trinkt alten Wein und wünscht sofort, neuen Wein zu trinken. Und man gießt nicht neuen Wein in alte Schläuche, damit sie nicht verderben; und man gießt nicht alten Wein in einen neuen Schlauch,

damit er ihn nicht verdürbe. Man näht nicht einen alten Flecken auf ein neues Gewand, denn es würde ein Riß entstehen.

(48) Jesus sagte: Wenn zwei Frieden schließen unter sich in diesem einen Haus, werden sie dem Berg sagen: Versetze dich, und er wird sich versetzen.

(49) Jesus sagte: Selig die Einsamen und die Erwählten, denn ihr werdet das Königreich finden, denn ihr seid hervorgekommen aus ihm, (und) aufs neue werdet ihr dahin zurückkehren.

(50) Jesus sagte: Wenn sie zu euch sagen: Woher kommt ihr?, dann sagt zu ihnen:
Wir kommen aus dem Licht, daher, wo das Licht aus sich selbst heraus geboren ist. Es hat [sich aufgestellt], und es hat sich in ihrem Bild offenbart. Wenn sie zu euch sagen: Wer seid ihr?, dann sagt: Wir sind seine Söhne, und wir sind die Erwählten des lebendigen Vaters. Wenn sie euch fragen: Welches ist das Zeichen eures Vaters in euch?, sagt zu ihnen: Es ist Bewegung und Ruhe.

(51) Seine Jünger sagten zu ihm: An welchem Tag wird die Ruhe der Toten eintreten, und an welchem Tag wird die neue Welt kommen? Er sagte zu ihnen: Die, die ihr erwartet, ist gekommen, aber ihr erkennt sie nicht.

(52) Seine Jünger sagten zu ihm: Vierundzwanzig Propheten haben in Israel gesprochen, und sie haben alle von dir gesprochen. Er sagte zu ihnen: Ihr habt den vor euren Augen Lebendigen ausgelassen, und ihr habt von den Toten gesprochen.

(53) Seine Jünger sagten zu ihm: Ist die Beschneidung nützlich oder nicht? Er sagte zu ihnen: Wenn sie nützlich wäre, würde ihr Vater sie schon beschnitten in ihrer Mutter zeugen. Aber die wahre Beschneidung im Geist hat vollen Nutzen gehabt.

(54) Jesus sagte: Selig sind die Armen, denn euer ist das Himmelreich.

(55) Jesus sagte: Wer seinen Vater und seine Mutter nicht haßt, kann nicht mein Jünger werden. Und [wer nicht] seine Brüder und seine Schwestern haßt [und] wer [nicht] sein Kreuz trägt wie ich, wird meiner nicht würdig sein.

(56) Jesus sagte: Wer die Welt erkannt hat, hat einen Leichnam gefunden; und wer einen Leichnam gefunden hat, dessen ist die Welt nicht würdig.

(57) Jesus sagte: Das Königreich des Vaters ist gleich einem Menschen, der eine [gute] Saat hatte. Sein Feind kam in der Nacht und säte Unkraut unter die gute Saat. Der Mensch erlaubte ihnen nicht, das Unkraut auszureißen. Er sagte zu ihnen: Damit ihr nicht geht, das Unkraut auszureißen, (und) den Weizen mit ihm ausreißt. Am Tag der Ernte wird das Unkraut sichtbar werden; man wird es ausreißen (und) verbrennen.

(58) Jesus sagte: Selig der Mensch, der gelitten hat; er hat das Leben gefunden.

(59) Jesus sagte: Schaut auf den Lebendigen, solange ihr lebt, damit ihr nicht sterbt und sucht, ihn zu sehen und werdet ihn nicht sehen können.

(60) Sie sahen einen Samariter, der, ein Lamm tragend, nach Judäa ging. Er sagte zu seinen Jüngern: (Was will) dieser mit dem Lamm (tun)? Sie sagten zu ihm: Es töten und essen. Er sagte zu ihnen: Während es lebt, wird er es nicht essen, sondern (nur), wenn er es tötet (und) wenn es ein Leichnam wird. Sie sagten: Anders kann er es nicht tun. Er sagte zu ihnen: Auch ihr, sucht einen Ort zur Ruhe, damit ihr nicht ein Leichnam werdet und gegessen werdet.

(61) Jesus sagte: Zwei werden ruhen auf einem Bett, einer wird sterben, der andere wird leben. Salome sagte: Wer bist du, Mensch, wessen Sohn? Du bist auf mein Bett gestiegen und hast an meinem Tisch gegessen. Jesus sagte zu ihr: Ich bin der, der aus dem hervorkommt, der gleich ist; es sind mir Dinge meines Vaters ge-

geben. Salome sagte: Ich bin deine Jüngerin. Jesus sagte zu ihr: Darum sage ich: Wenn er gleich ist, ist er voller Licht; aber wenn er geteilt ist, wird er voller Dunkelheit sein.

(62) Jesus sagte: Ich sage meine Geheimnisse denen, die [würdig sind meiner] Geheimnisse. Was deine Rechte tut, deine Linke soll nicht wissen, was sie tut.

(63) Jesus sagte: Es war einmal ein reicher Mann, der hatte viel Besitz. Er sagte: Ich werde mein Vermögen benutzen, um zu säen, zu ernten, zu pflanzen, meine Speicher mit Früchten zu füllen, auf daß mir nichts fehle. So waren seine Gedanken in seinem Herzen; und in dieser Nacht starb er. Wer Ohren hat, der höre.

(64) Jesus sagte: Ein Mann hatte Gäste; und nachdem er das Mahl zubereitet hatte, schickte er seinen Diener, um die Gäste einzuladen. Er ging zum ersten und sagte zu ihm: Mein Herr lädt dich ein. Der sagte: Ich habe Geld bei Kaufleuten; sie werden heute Abend zu mir kommen, ich werde gehen (und) ihnen Aufträge geben. Ich entschuldige mich für das Mahl. Er ging zu einem anderen (und) sagte zu ihm: Mein Herr hat dich eingeladen. Dieser sagte zu ihm: Ich habe ein Haus gekauft; und man braucht mich für einen Tag. Ich werde keine Zeit haben. Er ging zu einem anderen (und) sagte zu ihm: Mein Herr lädt dich ein. Dieser sagte zu ihm: Mein Freund wird sich verheiraten, und ich mache das Mahl. Ich kann nicht kommen. Ich entschuldige mich für das Mahl. Er ging zu einem anderen, er sagte zu ihm: Mein Herr lädt dich ein. Er sagte zu ihm: Ich habe einen Bauernhof gekauft; ich werde gehen, den Zins zu erhalten. Ich kann nicht kommen. Ich entschuldige mich. Der Diener kam zurück (und) sagte zu seinem Herrn: Die, die du eingeladen hast zum Mahl, lassen sich entschuldigen. Der Herr sagte zu seinem Diener: Geh hinaus auf die Wege, bring die mit, die du finden wirst, damit sie essen. Die Verkäufer und Händler [werden] nicht den Ort meines Vaters [betreten].

(65) Er sagte: Ein ehrbarer Mann hatte einen Weinberg; er gab ihn Winzern, damit sie in ihm arbeiteten (und) er die Früchte von ih-

nen bekäme. Er schickte seinen Diener, damit die Winzer ihm die Frucht des Weinbergs gäben. Diese ergriffen seinen Diener, schlugen ihn, (und) sie hätten ihn beinahe erschlagen. Der Diener ging davon (und) sagte es seinem Herrn. Sein Herr sagte: Vielleicht hat er sie nicht erkannt. Er schickte einen anderen Diener; die Winzer schlugen auch diesen. Nun schickte der Herr seinen Sohn. Er sagte. Vielleicht werden sie Respekt haben vor meinem Sohn. Diese Winzer, als sie erfuhren, daß er der Erbe des Weinbergs wäre, packten ihn und töteten ihn. Wer Ohren hat, der höre.

(66) Jesus sagte: Zeigt mir den Stein, den die Bauleute verworfen haben: er ist der Eckstein.

(67) Jesus sagte: Wer das All erkennt, sich selbst (aber) verfehlt, der verfehlt das All.

(68) Jesus sagte: Selig seid ihr, daß man euch hassen wird und daß man euch verfolgen wird, und sie werden keinen Platz finden, wo man euch verfolgt hat.

(69) Jesus sagte: Selig sind die, die man verfolgt hat in ihrem Herzen; es sind diese, die den Vater in Wahrheit erkannt haben. Selig sind die Hungrigen, denn man wird den Bauch dessen, der (es) wünscht, füllen.

(70) Jesus sagte: Wenn ihr dies in euch erworben habt, wird euch das, was ihr habt, retten. Wenn ihr dies nicht in [euch] habt, [wird] das, was ihr nicht in euch habt, euch sterben lassen.

(71) Jesus sagte: Ich werde [dieses] Haus zerstören, und niemand wird in der Lage sein, es [wieder] aufzubauen.

(72) [Ein Mann sagte] zu ihm: Sage meinen Brüdern, daß sie die Güter meines Vaters mit mir teilen sollen. Er sagte zu ihm: O Mensch, wer hat mich zu einem Teiler gemacht? Er wandte sich seinen Jüngern zu. Er sagte ihnen: Bin ich denn ein Teiler?

(73) Jesus sagte: Die Ernte ist zwar groß, aber der Arbeiter sind wenige. Bittet aber den Herrn, daß er Arbeiter für die Ernte schickt.

(74) Er sagte: Herr, es sind viele um den Brunnen, aber keiner ist in dem Brunnen.

(75) Jesus sagte: Es gibt viele, die an der Tür stehen, aber es sind die Einsamen, die in das Brautgemach eintreten werden.

(76) Jesus sagte: Das Königreich des Vaters ist gleich einem Kaufmann, der eine Ware hatte (und) der eine Perle fand. Dieser Kaufmann war weise. Er verkaufte die Ware, er kaufte die Perle allein. Sucht auch ihr den Schatz, der nicht aufhört und dauert, dort, wo die Motte nicht hinkommt, um zu fressen, und (wo) auch kein Wurm zerstört.

(77) Jesus sagte: Ich bin das Licht, das über allen ist. Ich bin das All; das All ist aus mir hervorgegangen, und das All ist zu mir gelangt. Spaltet das Holz, ich bin da. Hebt einen Stein auf, und ihr werdet mich dort finden.

(78) Jesus sagte: Warum seid ihr ausgezogen auf das Feld? Um ein Schilfrohr im Winde schwankend zu sehen? Und um einen Menschen zu sehen, der weiche Kleider an hat? [Seht eure] Könige und Vornehmen, diese haben weiche Kleider an, und sie [können] die Wahrheit nicht erkennen.

(79) Eine Frau aus der Menge sagte zu ihm: Glücklich der Leib, der dich getragen hat, und die Brüste, die dich genährt haben. Er sagte zu [ihr]: Glücklich sind die, die das Wort des Vaters gehört haben (und) die es bewahrt haben in Wahrheit. Denn es werden Tage kommen, da ihr euch sagen werdet: Glücklich der Leib, der nicht empfangen hat, und die Brüste, die nicht Milch gegeben haben.

(80) Jesus sagte: Wer die Welt erkannt hat, hat den Leib gefunden; aber wer den Leib gefunden hat, dessen ist die Welt nicht würdig.

(81) Jesus sagte: Wer reich geworden ist, soll herrschen, und wer die Macht besitzt, soll sie aufgeben.

(82) Jesus sagte: Wer mir nahe ist, der ist dem Feuer nahe, und wer fern von mir ist, ist fern vom Königreich.

(83) Jesus sagte: Die Bilder sind dem Menschen offenbart, und das Licht, das in ihnen ist, ist verborgen im Bild des Lichtes des Vaters. Er wird sich offenbaren, und sein Bild ist durch sein Licht verborgen.

(84) Jesus sagte: Wenn ihr eure Ebenbilder seht, werdet ihr erfreut sein. Aber wenn ihr eure Ebenbilder seht, die vor euch existierten, die nicht sterben noch sich offenbaren, wie viel werdet ihr dann ertragen?

(85) Jesus sagte: Adam ist aus einer großen Kraft hervorgekommen und aus einem großen Reichtum, und er war eurer nicht würdig; denn wenn er würdig gewesen wäre, [hätte] er nicht den Tod [geschmeckt].

(86) Jesus sagte: [Die Füchse haben Höhlen] und die Vögel haben [ihr] Nest, aber der Sohn des Menschen hat keinen Ort, wo er sein Haupt hinlegen [und] sich ausruhen kann.

(87) Jesus sagte: Elend ist der Leib, der von einem Leib abhängig ist, und elend ist die Seele, die von diesen beiden abhängt.

(88) Jesus sagte: Die Engel und die Propheten werden zu euch kommen, und sie werden euch geben, was euer ist. Und ihr selbst, was in euren Händen ist, gebt es ihnen (und) sagt euch selbst: An welchem Tag werden sie kommen, um zu empfangen, was das ihre ist?

(89) Jesus sagte: Warum wascht ihr das Äußere der Trinkschale? Versteht ihr nicht, daß der, der das Innere gemacht hat, auch der ist, der das Äußere gemacht hat?

(90) Jesus sagte: Kommt zu mir, denn mein Joch ist angenehm, und meine Herrschaft ist mild, und ihr werdet Ruhe für euch finden.

(91) Sie sagten zu ihm: Sage uns, wer du bist, damit wir an dich glauben. Er sagte zu ihnen: Ihr erkundet (prüft?) das Gesicht des Himmels und der Erde, und den, der vor euch ist, habt ihr nicht erkannt, und diesen Augenblick wißt ihr nicht zu erkunden (prüfen?)?

(92) Jesus sagte: Sucht, und ihr werdet finden; aber was ihr mich in diesen Tagen gefragt habt und was ich euch nicht gesagt habe, jetzt gefällt es mir, es zu sagen, und ihr fragt nicht danach.

(93) Jesus sagte: Gebt nicht, was heilig ist, den Hunden, damit sie es nicht auf den Misthaufen werfen. Werft keine Perlen vor die Schweine, damit sie sie nicht [...] machen.

(94) Jesus [sagte]: Wer sucht, der wird finden, [und der, der anklopft] an das Innere, dem wird geöffnet werden.

(95) [Jesus sagte:] Wenn ihr Geld habt, verleiht es nicht mit Wucher, sondern gebt [...] dem, von dem [ihr] es nicht wiederbekommen werdet.

(96) Jesus [sagte]: Das Königreich des Vaters ist gleich [einer] Frau. Sie nahm ein wenig Sauerteig, [verbarg] ihn in dem Teig [und] machte davon große Brote. Wer Ohren hat, der höre.

(97) Jesus sagte: Das Königreich des [Vaters] ist gleich einer Frau, die einen Krug voller Mehl trug. Sie ging [auf einem] weiten Weg. Der Henkel des Kruges brach, das Mehl verstreute sich hinter ihr auf den Weg. Sie wußte es nicht, sie hatte das Unheil nicht wahrgenommen. Als sie in ihr Haus kam, stellte sie den Krug auf den Boden (und) fand ihn leer.

(98) Jesus sagte: Das Königreich des Vaters ist gleich einem Mann, der wollte einen Edlen töten. Er zog das Schwert in seinem Haus,

er durchstach die Mauer, um herauszufinden, ob seine Hand stark [genug] wäre. Dann tötete er den Edlen.

(99) Die Jünger sagten zu ihm: Deine Brüder und deine Mutter sind draußen. Er sagte zu ihnen: Diese hier, die den Willen meines Vaters tun, die sind meine Brüder und meine Mutter; sie sind es, die in das Königreich meines Vaters eingehen werden.

(100) Sie zeigten Jesus ein Goldstück und sagten zu ihm: Die Leute des Kaisers verlangen von uns Steuern. Er sagte zu ihnen: Gebt dem Kaiser, was des Kaisers ist; gebt Gott, was Gottes ist. Und was mein ist, gebt es mir.

(101) Jesus sagte: Wer nicht seinen Vater und seine Mutter haßt, wird nicht [mein Jünger] werden können. Und wer seinen [Vater nicht] liebt und seine Mutter wie ich, wird nicht mein [Jünger] werden. Denn meine Mutter [...], aber [meine] wahre [Mutter], sie gab mir das Leben.

(102) Jesus sagte: Wehe den Pharisäern, denn sie gleichen einem Hund, der in dem Trog der Rinder liegt; denn er frißt nicht, noch läßt er die Rinder fressen.

(103) Jesus sagte: Selig der Mensch, der weiß, [in welchem] Teil (der Nacht) die Diebe kommen werden, daß er aufstehe, sein [...] sammle und sich die Lenden gürte, bevor sie eintreten.

(104) Sie sagten [zu ihm]: Komm, laß uns heute beten und fasten. Jesus sagte: Welches ist denn die Sünde, die ich begangen habe, oder in was bin ich besiegt worden? Aber wenn der Bräutigam aus der Brautkammer hinausgegangen sein wird, dann laßt sie fasten und beten.

(105) Jesus sagte: Wer den Vater und die Mutter kennt, wird Sohn einer Hure genannt werden.

(106) Jesus sagte: Wenn ihr aus zwei eins macht, werdet ihr Söhne des Menschen werden; und wenn ihr sagt: Berg, gehe weg, wird er sich wegbewegen.

(107) Jesus sagte: Das Königreich ist gleich einem Hirten, der hundert Schafe hatte; eines, das das größte war, verirrte sich; er ließ (die) neunundneunzig (und) suchte das eine, bis er es gefunden hatte. Danach, als er so viel Mühe gehabt hatte, sagte er zu dem Schaf: ich liebe dich mehr als die neunundneunzig.

(108) Jesus sagte: Wer von meinem Mund trinkt, wird werden wie ich, und ich werde wie er, und die verborgenen Dinge werden sich ihm offenbaren.

(109) Jesus sagte: Das Königreich ist gleich einem Mann, der in seinem Acker einen [versteckten] Schatz hatte, von dem er nichts wußte. Und [nachdem] er gestorben war, vererbte er ihn seinem [Sohn. Der] Sohn wußte (davon) nichts; er nahm dieses Feld und verkaufte es. Und der, der es gekauft hatte, kam; er pflügte (und) [er fand] den Schatz; er begann, Geld gegen Zinsen zu verleihen an die, die er wollte.

(110) Jesus sagte: Wer die Welt gefunden hat (und) reich geworden ist, der soll auf die Welt verzichten.

(111) Jesus sagte: Die Himmel werden sich aufrollen, ebenso die Erde in eurer Gegenwart, und der Lebendige, (hervorgegangen) aus dem Lebendigen, wird nicht sehen Tod noch Furcht, weil Jesus sagt: Wer sich selbst findet, dessen ist die Welt nicht würdig.

(112) Jesus sagte: Wehe dem Fleisch, das von der Seele abhängig ist; wehe der Seele, die vom Fleisch abhängig ist.

(113) Seine Jünger sagten zu ihm: Das Königreich, an welchem Tage wird es kommen? Jesus sagte: Es wird nicht kommen, indem man darauf wartet; man wird nicht sagen: Seht, hier ist es, oder:

Seht, dort ist es; sondern das Königreich des Vaters ist ausgebreitet über die Erde, und die Menschen sehen es nicht.

(114) Simon Petrus sagte zu ihnen: Mariham soll aus unserer Mitte fortgehen, denn die Frauen sind des Lebens nicht würdig. Jesus sagte: Seht, ich werde sie ziehen, um sie männlich zu machen, damit auch sie ein lebendiger Geist wird, vergleichbar mit euch Männern. Denn jede Frau, die sich männlich macht, wird in das Himmelreich gelangen.

Das Evangelium nach Thomas.

DAS EVANGELIUM NACH MARIA

nach Walter C. Till,[153] © Akademie-Verlag Berlin

[…]

(7,1) … wird nun die Materie gerettet werden oder nicht? Der Erlöser sagte: »Alle Natur, alle Gebilde, alle Geschöpfe bestehen ineinander und miteinander (7,5) und werden wieder zu ihrer eigenen Wurzel aufgelöst werden. Denn die Natur der Materie löst sich bloß zu den Wurzeln ihrer Natur allein auf. Wer Ohren hat zu hören, möge hören.« (7,10) Petrus sagte zu ihm: »Da du uns (nun schon) alle Dinge erklärt hast, sage uns auch noch dieses: Was ist die Sünde der Welt?« Der Erlöser sagte: »Es gibt keine Sünde, sondern ihr macht die Sünde, wenn (7,15) ihr die Handlungen tut, die der Natur der Unzucht gleichen, die man ‚die Sünde' nennt. Deswegen kam das Gute in eurer Mitte zu den Wesen jeder Natur, um sie in (7,20) ihre Wurzel einzusetzen.« Weiter fuhr er fort und sprach: »Deswegen entsteht ihr und sterbt ihr, denn …

(8,1) dessen, der … Wer begreift, möge begreifen, … ein Leid, das seinesgleichen nicht hat, das aus dem Widernatürlichen hervorgegangen ist. (8,5) Dann entsteht eine Verwirrung im ganzen Leib. Deshalb habe ich euch gesagt: Faßt Mut, und wenn ihr mutlos

153 Till, Walter C; *Schenke, Hans-Martin: Die gnostischen Schriften des koptischen Papyrus Berolinensis 8502* Berlin 1955. - Der Papyrus ist stark beschädigt, insbesondere fehlen am Anfang und in der Mitte Seiten. Zur besseren Lesbarkeit wurden die Erläuterungen weggelassen und die griechischen Begriffe ins Deutsche übertragen. Die Zahlenangaben bedeuten Seite, Zeile des Originalpapyrus.

seid, habt doch Mut angesichts der verschiedenen Gestalten (8,10) der Natur. Wer Ohren hat, um zu hören, der höre.« Als der Selige das gesagt hatte, grüßte er sie alle und sagte: »Friede sei euch. Meinen Frieden (8,15) erwerbt euch. Seid auf der Hut, daß niemand euch irre führe mit den Worten: ›Seht hier‹ oder ›Seht da!‹. Denn der Sohn des Menschen ist in eurem Inneren. Folget (8,20) ihm nach. Die ihn suchen, werden ihn finden. Geht also hin und predigt das Evangelium vom Reiche. Ich habe kein

(9,1) Gebot erlassen außer dem, was ich euch festgesetzt habe. Auch habe ich kein Gesetz gegeben wie der Gesetzgeber, damit ihr dadurch nicht erfaßt werdet.« (9,5) Als er das gesagt hatte, ging er weg. Sie aber waren betrübt, weinten heftig und sprachen: »Wie sollen wir zu den Heiden gehen und das Evangelium vom Reiche des Sohnes (9,10) des Menschen predigen? Wenn nicht einmal dieser verschont wurde, wie sollen da wir verschont werden?« Da stand Maria auf, begrüßte sie alle und sprach zu ihren Brüdern: »Weinet nicht, (9,15) seid nicht traurig und auch nicht unentschlossen, denn seine Gnade wird mit euch allen sein und wird euch beschützen. Laßt uns vielmehr all seine Größe preisen, denn er hat uns bereitet (9,20) und zu Menschen gemacht.« Als Maria das sagte, wandte sie ihren Sinn zum Guten und sie begannen, über die Worte des Erlösers zu diskutieren.

(10,1) Petrus sprach zu Maria: »Schwester, wir wissen, daß der Erlöser dich mehr liebte als die übrigen Frauen. Sage uns die Worte des Erlösers, deren du (10,5) dich erinnerst, die du kennst, nicht aber wir, und die wir auch nicht gehört haben.« Maria antwortete und sprach: »Was euch verborgen ist, will ich euch mitteilen.« Und sie begann ihnen (10,10) folgende Worte zu sagen: »Ich«, sagte sie, »ich sah den Herrn in einem Gesicht und ich sagte zu ihm: ›Herr, ich sah dich heute in einem Gesicht‹. Er antwortete und sagte zu mir: ›Wohl dir, daß du nicht wankst (10,15) bei meinem Anblick. Denn dort, wo der Verstand ist, da ist dein Antlitz.‹ Ich sagte zu ihm: ›Herr, sieht der Verstand das Gesicht, wenn er es sieht, durch die Seele oder durch den Geist?‹ Der Erlöser antwortete und sagte: (10,20) Er sieht nicht durch die Seele und auch nicht durch den

Geist, sondern der Verstand, der in der Mitte zwischen den beiden ist, der ist es, der das Gesicht sieht, und er ist es.

[…]

(15,1) »[…] ihn und das Verlangen sprach: ›Ich habe dich nicht herunterkommen gesehen. Jetzt aber sehe ich dich hinaufsteigen. Wieso aber lügst du, da du ja (15,5) zu mir gehörst?‹ Die Seele antwortete und sprach: ›Ich habe dich gesehen. Du hast mich nicht gesehen und hast mich nicht erkannt. Ich diente dir als Kleid und du hast mich nicht erkannt.‹ Nachdem sie das gesagt hatte, ging sie freudig jubelnd weg. (15,10) Wieder kam sie zur dritten Gewalt, die »die Unwissenheit« heißt. Diese fragte die Seele aus: ›Wohin gehst du? In Schlechtigkeit (15,15) bist du ergriffen worden. Du bist aber ergriffen worden. Richte nicht!‹ Und die Seele sprach: ›Warum richtest du mich, obwohl ich nicht gerichtet habe? Ich bin ergriffen worden, obwohl ich nicht ergriffen habe. Ich bin nicht (15,20) erkannt worden, ich habe aber erkannt, daß das All aufgelöst wurde, sowohl die irdischen Dinge und Wesen,

(16,1) wie auch die himmlischen.‹ Nachdem die Seele die dritte Gewalt hinter sich gelassen hatte, stieg sie aufwärts und sah die vierte Gewalt. Sie war siebengestaltig. (16,5) Die erste Gestalt ist die Finsternis; die zweite die Begierde; die dritte die Unwissenheit; die vierte ist die Erregung des Todes; die fünfte ist das Reich des Fleisches; (16,10) die sechste ist die törichte Fleisches-Klugheit. Die siebente ist die zornige Weisheit. Das sind die sieben Teilhaber am Zorn. Sie fragen die Seele: ›Woher kommst du, (16,15) du Menschentöterin, oder wohin bist du des Weges, du Orteüberwinderin?‹ Die Seele antwortete und sagte: ›Was mich faßt, ist getötet worden; was mich umwendet, ist beseitigt worden; meine Begierde (16,20) ist zu Ende gegangen und die Unwissenheit ist gestorben. In einer Welt wurde ich erlöst

(17,1) aus einer Welt und in einer Form aus einer oberen Form und aus der Fessel der Erkenntnisunfähigkeit, deren Bestehen zeitlich begrenzt ist. Von dieser Zeit an (17,5) werde ich Ruhe erlangen zur Zeit des Zeitpunktes des Äons in Schweigen.‹« Als Maria das gesagt hatte, schwieg sie, so daß also der Erlöser bis hierher mit ihr gesprochen hatte. (17,10) Andreas aber entgegnete und sprach zu den Brüdern: »Sagt, was meint ihr betreffs dessen, was sie sagte? Ich wenigstens glaube nicht, daß der Erlöser das gesagt hat. Denn sicherlich sind diese Lehren (17,15) andere Meinungen.« Entgegnend sprach Petrus betreffs dieser Dinge und fragte sie über den Erlöser: »Sprach er denn mit einem Weibe heimlich (17,20) vor uns und nicht offen? Sollen wir umkehren und alle auf sie hören? Hat er sie uns gegenüber bevorzugt?«

(18,1) Darauf weinte Maria und sprach zu Petrus: »Mein Bruder Petrus, was glaubst du denn? Glaubst du, ich habe das selbst ersonnen in meinem (18,5) Herzen oder ich lüge über den Erlöser?« Lewi entgegnete und sprach zu Petrus: »Petrus, du bist von jeher aufbrausend. Nun sehe ich, wie du dich gegen diese Frau ereiferst wie (18,10) die Widersacher. Wenn der Erlöser sie aber würdig gemacht hat, wer bist denn du, daß du sie verwirfst? Sicherlich kennt der Erlöser sie ganz genau. Deshalb hat er sie mehr als uns geliebt. (18,15) Wir sollen uns vielmehr schämen, den vollkommenen Menschen anziehen, uns so formen, wie er es uns aufgetragen hat, und das Evangelium verkünden, ohne daß (18,20) wir ein weiteres Gebot oder ein weiteres Gesetz erlassen außer dem, was der Erlöser sagte.« Als

(19,1) aber Lewi das gesagt hatte, schickten sie sich an zu gehen, um zu verkündigen und zu predigen.

Das Evangelium nach Maria.

LITERATUR

Allberry, Charles: *A Manichaean Psalm-Book*, Teil II, Stuttgart 1998.

Alsohairy, Sabih: *Die irakischen Mandäer in der Gegenwart*, Hamburg 1979.

Barc, Bernard: *Colloque international sur les textes de Nag Hammadi*, Quebec 1981.

Barnabas (Apostolus): *Das Barnabas-Evangelium: wahres Evangelium Jesu, genannt Christus, eines neuen Propheten, von Gott der Welt gesandt gemäß dem Bericht des Barnabas, seines Apostels*, Bonndorf im Schwarzwald 1994.

Becker, Ernest: *Die Überwindung der Todesfurcht*, Olten 1976.

Bellinger, Alfred Raymond (Hrsg.): *Anastasius I to Maurice, 491–602, Catalogue of the Byzantine Coins in the Dunbarton Oaks Collection and in the Whittemore Collection*, Washington, DC 1966.

Berger, Klaus; Nord, Christiane: *Das Neue Testament und frühchristliche Schriften*, Frankfurt 1999.

Beyschlag, Karlmann: Clemens Romanus und der Frühkatholizismus, Tübingen 1966.

Beyschlag, Karlmann: *Simon Magus und die christliche Gnosis*, Tübingen 1974.

Bobrowski, Juliane: *Wer war Jesus? – Eine Spekulation* (online nur noch archivarisch: web.archive.org/web/20010309233816/gnosisag.de/perspektive.htm).

Böhlig, Alexander: *Die Bibel bei den Manichäern*, Münster 1947.

Böhlig, Alexander: *Nag Hammadi Codices* 2,2/7,1, Leiden 1989.

Bosson, Nathalie: *Wörterverzeichnis zu Gawdat Gabras Ausgabe des Psalters im mesokemischen (oxrhynchitischen/mittelägyptischen) Dialekt des Koptischen (Mudil-Kodex)*, Lovanii 1997.

Bowlby, John: *Verlust, Trauer und Depression*, Frankfurt 1983.

Brill, E. J. (Herausgeber): *The Facsimile Edition of the Nag Hammadi Codices*, Leiden 1972–1984.

Bron, B.: »Klinische und therapeutische Aspekte der Trauer«, in: *Deutsche Medizinische Wochenschrift 114*, Stuttgart 1989, S. 1294–1299.

Bruun, Patrick: *Studies in Constantinian numismatics*, Rom 1991.

Buchler, W. H.; Calder, W. M.; Lox, C. W. H: »Monuments from Central Phrygia.« In: *The Journal of Roman Studies*, Bd. 16, London 1926, S. 53–94.

Brunner, Gerbert: *Die theologische Mitte des ersten Klemensbriefes*, Frankfurt a. M. 1972.

Bunge, Gabriel: *Evagrios Pontikos: Briefe aus der Wüste*, Trier 1986.

Bunge, Gabriel: Evagrios Pontikos: Praktikos oder Der Mönch, Köln 1989.

Cavedoni, Celestino: *Biblische Numismatik oder Erklärung der in der heil. Schrift erwähnten alten Münzen I*, Hannover 1856.

Clabeaux, John J.: *A lost edition of the letters of Paul*, Washington 1989.

Couchoud, Paul-Louis: *Die Erstausgabe der Paulusbriefe* (Übersetzung des französischen Originals, Paris 1930), www.radikalkritik.de/couchoud.pdf.

Couchoud, Paul-Louis: *Das Markusevangelium ist in lateinischer Sprache verfasst worden* (Übersetzung des französischen Originals, Paris und Amsterdam 1930).

Cox, Wade: *The Cross. Its Origin and Significance*, 1994, 1997, 1999, http://www.ccg.org/english/s/po39.html.

Cramer, Maria: *Das altägyptische Lebenszeichen im christlichen Ägypten*, Wiesbaden 1955.

Cramer, Maria: *Koptische Buchmalerei*, Recklinghausen 1964.

Crossan, John Dominic: *Der historische Jesus*, München 1995.

Crossan, John Dominic: *The cross that spoke - the origins of the passion narrative*, San Francisco 1988.

Dahl, Nils: »The Origin of the Earliest Prologues to the Pauline Letters«, in: *Semeia* 12, 1978, S. 233-277.

Dante Alighieri: *Die göttliche Komödie*, Darmstadt 2003.

Douglas-Klotz, Neil: *Der Prophet aus der Wüste*, München 2003.

Dölger, Franz Joseph: »Beiträge zur Geschichte des Kreuzzeichens 1«, in: *Jahrbuch für Antike und Christentum*, 1958, S. 5-19.

Dölger, Franz Joseph: »Beiträge zur Geschichte des Kreuzzeichens 2«, in: *Jahrbuch für Antike und Christentum*, 1959, S. 15-29.

Dölger, Franz Joseph: »Beiträge zur Geschichte des Kreuzzeichens 3«, in: *Jahrbuch für Antike und Christentum*, 1960, S. 5-16.

Drews, Arthur: *Die Entstehung des Christentums aus dem Gnostizismus*, Jena 1924.

Drower, Ethel Stefana: *A pair of Nasoraean commentaries - two priestly documents the great »first world« and the lesser »first world«*, Leiden 1963.

Drower, Ethel Stefana: *The Coronation oft the Great Šišlam (mandäisch u. engl.) - Being a description of the rite of the coronation of a Mandaean priest according to the ancient canon*, Leiden 1962.

Drower, Ethel Stefana: *The sectret Adam*, Oxford 1960.

Drower, Ethel Stefana: *The Haran Gawaita and the baptism of Hibil-Ziwa*, Vatikan 1953.

Drower, Ethel Stefana: *The Mandaeans of Iraq and Iran*, Oxford 1937 (Nachdruck Leiden 1962).

Drower, Ethel Stefana: *The thousand and twelve questions/Alf Trisar Suialia* (mandäisch u. engl.), Berlin 1960.

Drower, Ethel Stefana: »The Alf Trisar Suialia«, in: *Royal Asiatic Society of Great Britain and Ireland* 1941, S 115.

Elberfelder Bibel: *Die Heilige Schrift. Aus dem Grundtext übersetzt. Revidierte Elberfelder Bibel.* Wuppertal 1985 (elektronisch 1989).

Eggenberger, Christian: *Die Quellen der politischen Ethik des 1. Klemensbriefes*, Zürich 1951.

Erman, Adolf: *Wörterbuch der ägyptischen Sprache*, Leipzig 1925.

Evagrius Ponticus: *Über die acht Gedanken*, Würzburg 1992.

Fieger, Michael: *Das Thomasevangelium*, Münster 1991.

Finegan, Jack: *The archeology of the New Testament*, Princeton, NJ 1992.

Fink: Hanno: *Die Sieben Todsünden in der mittelenglischen erbaulichen Literatur*, Hamburg 1969.

Fontanille, Jean-Philippe: »The largest Herodian coin: The very first dies«, in: *The Celator*, Bd. 19, Nr. 2, Lancaster 2005, S. 18–25.

Frede, Hermann Josef: *Altlateinische Paulushandschriften*, Freiburg 1964.

Gal'al-ad-D'in Rumi: *Das Mesnevi*, Bern, München 1997.

Gardthausen, Victor: *Das alte Monogramm*, Leipzig 1924.

Goldschmidt, Lazarus: *Der Babylonische Talmud*, Berlin 1929-1936.

Hagner, Alfred: *The use of the Old and New Testament, in Clement of Rome*, Leiden 1973.

Hahn, Wolfgang: »Moneta Imparii Byzantini 1«, in: *Veröffentlichungen der numismatischen Kommission*, Wien 1973.

Halm, Heinz: *Kosmologie und Heilslehre der frühen Ism□'□l□ya – eine Studie zur islamischen Gnosis*, Wiesbaden 1978.

Harnack, Adolf von: *Marcion*, Berlin 2003.

Harnack, Adolf von: *Marcion, das Evangelium vom fremden Gott* (Nachdruck der 2. Auflage Leipzig 1924), Darmstadt 1960.

Hecker, Hellmuth: *Die Mystiker Asiens* (3 Bde.), Wien 1986.
- *Asiatische Mystiker*, Wien 1981.
- *Indische Mystiker*, Wien 1986.
- *Buddhistische Mystiker*, Wien 1988.

Hecker, Hellmuth: *Nisargadatta - ein indischer Mystiker des 20. Jahrhunderts*, Wien 1987.

Hendin, David: *Guide to ancient Jewish coins*, New York 1976.

Hengel, Martin: *Der messianische Anspruch Jesu und die Anfänge der Christologie*, Tübingen 2001.

Hunkin: J. W. Q.: ›Note on a monogram on certain coins of Herod the Great«, in: *Numismatic Circular* 5th, Bd. 6, 1926. S. 299–300.

Hurtado, Larry: »The Staurogramm in Early Christian Manuscripts - The Earliest Visual Reference to the Crucified Jesus?«, in: Krauss, Thomas et al. (Hrsg.): *New Testament Manuscripts and their World,* Brill 2006, S. 207–226.

International Numismatic Convention on Greek Imperials: »Proceedings of the International Numismatic Convention on Greek Imperials«, in: *Israel Numismatic Journal*, 6/7, Jerusalem 1983.

Jacob, Kenneth A.: *Coins and Christianity*, London 1985.

Jiffy, Hady: *Die verschollene Wiege der Kultur und Seefahrt*, Hamburg 1995.

Kogen, H.: *Coins of the Jewish-Roman wars*, Tel-Aviv 1987.

Köhnken, Günter (Interviewter): »Böse Eloquenz«, in: *Die Zeit* vom 3.4.2008.

Koivunen, Hannele: *The Woman Who Understood Completely. A Semiotic Analysis of the Mary Magdalene Myth in the Gospel of Mary*, Imatra 1994.

Kosack, Wolfgang: *Alltag im alten Ägypten*, o. O. 1974.

Kosack, Wolfgang: *Lehrbuch des Koptischen*, Graz 1974.

Kraus, Thomas J; Nicklas, Tobias: *Das Petrusevangelium und die Petrusapokalypse - die griechischen Fragmente mit deutscher und englischer Übersetzung*, Reihe: Die griechischen Schriftsteller der ersten Jahrhunderte: Neue Folge, Bd. 11, Neutestamentliche Apokryphen Bd. 1, Berlin 2004.

Krause, Martin: *Biblia, koptisch u. deutsch: Neues Testament, Apokryphen, Johannes – die drei Versionen der Apokryphen des Johannes im Koptischen Museum zu Alt-Kairo*, Wiesbaden 1962.

Krupp, Michael; Quedar, S. H.: »The cross on the coins of King Herod«, in: *Israel Numismatic Journal* 5, Jerusalem 1981, S. 17.

Lactanz (= Lactanius, Lucius Caecilius Firmianus): *De mortibus persecutorum* (lat.-dt.), Turnhout 2003.

Lampe, Peter: *Die stadtrömischen Christen in den ersten beiden Jahrhunderten*, Tübingen 1987.

Lapide, Pinchas: *Er wandelte nicht auf dem Meer*, Gütersloh 1984.

Lemon, Jean Pierre de: »Der Denar des Kaisers«, in: *Welt und Umwelt der Bibel* 1/2008.

Levi, Moritz A.: *Geschichte der jüdischen Münzen*, Leipzig 1862.

Lidzbarski, Mark: *Das Johannesbuch der Mandäer*, Gießen 1915.

Lidzbarski, Mark: *Der Schatz oder das große Buch der Mandäer*, (Nachdruck der Auflage von 1925) Göttingen 1978.

Lidzbarski, Mark: *Mandäische Liturgien*, (Nachdruck von Berlin 1925) Hildesheim 1971.

Lona, Horacio: *Der erste Clemensbrief*, Göttingen 1998.

Lorah, Theodore R: *Again – Camel or Rope in Matthew 19.24 and Mark 10.25*, http://daniel.eastern.edu/seminary/tmcdaniel/camel-hawser.pdf.

Lindemann, Andreas: *Die Clemensbriefe*, Tübingen 1992.

Lüdemann, Gerd: *Der große Betrug – und was Jesus wirklich sagte und tat*, Lüneburg 1998.

Lüdemann, Gerd: *Jesus nach 2000 Jahren – was er wirklich sagte und tat*, Springe 2004.

Lüdemann, Gerd: *Untersuchungen zur simonianischen Gnosis*, Göttingen 1975.

Lüdemann, Gerd (Hrsg.): *Studien zur Gnosis*, Frankfurt a. M. 1999.

Lüdemann, Gerd; Janßen, Martina: *Bibel der Häretiker – Die gnostischen Schriften aus Nag Hammadi*, Stuttgart 1997.

Mack, Burton: *Wer schrieb das Neue Testament?*, München 2000.

Madden, Frederic: *Coins of the Jews*, Hildesheim, New York 1976.

May, Gerhard: »Marcions Genesisauslegung und die „Antithesen«, in: Wyrwa, Dietmar (Hrsg.): *Die Weltlichkeit des Glaubens in der Alten Kirche – Festschrift für Ulrich Wickert zum siebzigsten Geburtstag*, Berlin 1997.

Meshorer, Ya'akov: *Ancient Jewish Coinage/2. Herod the Great through Bar Cochba*, New York 1982.

Meshorer, Ya'akov: *Jewish coins of the Second Temple Period*, (TelAviv 1967) Chicago 1969.

Meshorer, Ya'akov: »One hundred ninety years of Tyrian Shekels. Studies in Honor of Leo Mildenburg«, in: *Numismatics, Art History, Archaeology*, Wetteren 1984, S. 171–180.

Meshorer, Ya'akov: »Ancient Jewish Coinage Addendum 1«, in: *Israel Numismatic Journal* 11, 1990/91, S. 104.

Millard, Alan: »Literacy in the Time of Jesus – Could His Words Have Been Recorded in His Lifetime?«, in: *Biblical Archaeology Review* Vol. 29, Bd. 4, Washington 2003, S. 36–45.

Milstein, Rachel: »A hoard of early Arab figurative coins«, in: *Israel Numismatic Journal* 10, 1988/89, S. 3.

Mirecki, Paul A.; Hedrick, Charles W.: *The Gospel of the Savior. A New Ancient Gospel*, Santa Rosa 1999.

Molitor, Joseph: *Der Paulustext des Hl. Ephräm*, Rom 1938.

Narkiss, M.: »Notes on the coins of the Herodian Dynasty«, in: *Bulletin of the Jewish Palestine Exploration Society 1*, Nr. 4 (1994), S. 8.

Nizsch, Friedrich: »Marcion und die zwei letzten Capitel des Römerbriefes«, in: *Zeitschrift für die historische Theologie*, Gotha 1860, S. 285–288.

Ouseley, Gideon Jasper Richard: *Das Evangelium des vollkommenen Lebens*, (Lauf, Leipzig, Bern 1938) Haarlem 1994.

Pemsel, Johann N.: *Antike Münzen zur Heilsgeschichte*, München 1989.

Pines, Shlomo: »An Arabic Version of the Testimonium Flavianum and its Implications«, in: *The Collected Works of Shlomo*, Jerusalem 1996.

Price, Robert: *Simon von Samarien* (Übersetzung des amerikanischen Originals), http://www.radikalkritik.de/simon_von_samarien.htm.

Raschke, Hermann: *Der Römerbrief der Markion nach Epphanius in Abhandlungen und Vorträgen*, 1, Bremen 1926

Römer, Anja: *Der Einfluß der bildlichen und allegorischen Darstellung der sieben Todsünden auf das Werk Shakespeares*, (Mikrofiches) 1989.

Rudolph, Kurt: *Die Mandäer I*, Göttingen 1960.

Rudolph, Kurt: *Die Mandäer II*, Göttingen 1961.

Sarmiento, Chema (Regie): *Die Katharer*, Dokumentarfilm Frankreich 2001, Arte, 17. Mai 2008.

Schenke, Hans-Martin: *Papyrus Berolinensis 8502 (gr. u. dt.) – die gnostischen Schriften des koptischen Papyrus Berolinensis 8502*, o. O. 1972.

Schmid, Ulrich: *Marcion und sein Apostolos*, Berlin 1995.

Schmidt, Carl: *Gespräche Jesu mit seinen Jüngern nach der Auferstehung – Ein katholisch-apostolisches Sendschreiben des 2. Jahrhunderts*, Leipzig 1919.

Schmidt, Carl: *Gnostische Schriften in koptischer Sprache*, Leipzig 1892.

Schmidt, Carl (Hrsg.): *Kephalia*, Stuttgart 1940.

Schnabel, Eckhard: *Urchristliche Mission*, Wuppertal 2002.

Schneemelcher, Wilhelm: *Neutestamentliche Apokryphen*, Tübingen 1989.

Schrage, Wolfgang: *Das Verhältnis des Thomas-Evangeliums zur synoptischen Tradition und zu den koptischen Evangelien – Übersetzungen*, Berlin 1964.

Sear, David R.: *Byzantine coins and their values*, London 1987.

Sear, David R.: *Greek imperial coins and their values*, London 1982.

Sear, David R.: *Roman coins and their values*, London 1988.

Siegert, Christa M.: *Das Evangelium der Pistis Sophia*, Bad Teinach-Zavelstein 1991.

Siegert, Christa: *Das Evangelium der Pistis Sophia*, Cadolzburg 1991.

Siegert, Christa: *Mani Perlenlieder*, Cadolzburg 1985.

Snyder, Graydon F.: *Ante pacem – archaeological evidence of church life before Constantine*, Macon, GA 1985.

Sothebys, Kat. Juni 19, 1990 *The Nelson B Hunt Collection: Highly important Greek and Roman coins*, Nr. 161 u. 159, Fast W 1983.

Stock, Rudolf: *Der Galaterbrief nach seiner Echtheit untersucht*, Berlin 1888.

Surma d'Bait Mar Shimun: *Assyrian Church Customs and the murder of Mar Shimun*, London 1920.

Székely, Edmond: *Die unbekannten Schriften der Essener*, Südergellersen 1988.

Thümmel, Hans Georg: »Die Wunde Constantins und die Denkmäler«, in: Mühlenberg, Ekkehard: *Die Konstantinische Wunde*, Gütersloh 1998, S. 144-185.

Till, Walter C.: *Koptische Dialektgrammatik*, München 1994.

Till, Walter C; Schenke, Hans-Martin: *Die gnostischen Schriften des koptischen Papyrus Berolinensis 8502*, Berlin 1955.

Tsutsui, Kenji: *Die Auseinandersetzung mit den Markoniten im Adamantios-Dialog: ein Kommentar zu den Büchern I-II von Kenji Tsutsui*, Berlin 2004.

Unnik, Willem Cornelis van: *Evangelien aus dem Nilsand* (Openbaringen uit Egyptisch zand, dt.) – Mit einem Beitrag: »Echte Jesusworte?« von Johannes B(aptist) Bauer u. m. e. Nachw.: »Die Edition d. koptischgnost«, o. O. 1960.

Van Manen, W. C.: »Epistle to the Romans«, in: *Encyclopaedia Biblica*, 4 Bde., 1899–1903, Bd. 4, 1903, New York: Macmillan 1903, S. 4127–4145.

Verweijs, Pieter G.: *Evangelium und neues Gesetz in der ältesten Christenheit bis Markion*, Utrecht 1960

Waner, M.; Safrai, Z.: »A catalogue of coin hoards and the shelf life of coins in Palestine hoards during the Roman and Byzantine periods«, in: *Liber Annuus*, 51, 2001, S. 305-336.

Wedel, Ezzelino von: *Als Jesus sich Gott ausdachte*, Stuttgart 1990.

Whittaker, Thomas: »An Exposition of Van Manen's Epistle to the Romans«, in: *Journal of Higher Criticism* (JHC) 6/1 (Frühjahr 1999) Madison, New York, S. 3–31.

Widengren, Geo (Hrsg.): *Der Mandäismus*, Darmstadt 1982.

Williams, Frank (Übersetzer): *The Panarion of Epiphanius of Salamis, Book I (Sects 1-46)*, Leiden 1987.

Ziegler, Adolf: *Neue Studien zum ersten Klemensbrief*, München 1958.

Zöchler, Otto: *Das Lehrstück von den sieben Hauptsünden*, München 1899.

Zonarae, Joannis: *Opera Omnia* (Patrologieae Graecae Bd. 134), (Paris 1864) Turnhout 1988.

Internetquellen:

Bibel interlinear: www.blueletterbible.org

Christian Classics: Early Church Fathers, www.ccel.org/fathers.html

Der Koran: www.islam.de/13822.php

QUELLENVERZEICHNIS

Mariaevangelium:

Till, Walter: »Die gnostischen Schriften des Papyrus Berolinensis 8502«, in: *Texte und Untersuchungen zur Geschichte der altchristlichen Literatur*, De Gruyter 1972.

Thomasevangelium:

Blatz, Beate und Schneemelcher, Wilhelm: *Neutestamentliche Apokryphen in deutscher Übersetzung*, Band 1 Evangelien, Mohr Siebeck 1987.

Zitate aus der revidierten Elberfelder Bibel:

Abbildungen:

REGISTER

Ein Klick –
und das Buch ist da!
www.e-bono.de
www.e-bono.de ist das E-Book-Portal im Internet. Hier finden Sie alles zu den Themen Sport und Fitness, Leben und Lifestyle, Gesundheit und Ernährung, Biografien von Stars, Liebe, Sex & Partnerschaft, persönliche Entwicklung und Spiritualität.
ciando
eBooks
In Kooperation mit ciando.com